太平洋大战

风暴

FENG BAO

【美】王书君／著

1

海洋出版社
2020年·北京

图书在版编目（CIP）数据

太平洋大战．风暴/（美）王书君著．—北京：海洋出版社，2015.6（2020.7 重印）

ISBN 978-7-5027-9175-9

Ⅰ．①太…　Ⅱ．①王…　Ⅲ．①太平洋战争－史料　Ⅳ．① E195.2

中国版本图书馆 CIP 数据核字（2015）第 130297 号

责任编辑：肖　炜　高朝君

责任印制：赵麟苏

海洋出版社出版发行

http://www.oceanpress.com.cn

北京市海淀区大慧寺路 8 号　邮编：100081

北京朝阳印刷厂有限责任公司印刷　新华书店北京发行所经销

2015 年 6 月第 1 版　2020 年 7 月北京第 2 次印刷

开本：787mm×1092mm　1/16　印张：27

字数：442 千字　定价：68.00 元

发行部：62132549　邮购部：68038093

总编室：62114335　编辑室：62100038

前言

回想70余年前，1945年4月30日下午3时30分，欧洲的那个骄横狂妄、凶残暴戾的法西斯元凶希特勒在柏林总理府地下室饮弹自杀身亡，欧洲战场宣告胜利结束，5月8日，纳粹德国正式宣布无条件投降，5月9日被定为欧洲反法西斯战争胜利纪念日。

紧接着，1945年8月15日12时整，东京播放了日本裕仁天皇的“终战诏书”，日本军队放下武器，向同盟国方面投降。9月2日，日本政府代表在停泊于东京湾的美国“密苏里”号战列舰上向盟国签订了投降书，第二次世界大战正式宣告结束。

中国是“二战”期间，在抗击日本法西斯的战争中做出巨大牺牲和卓越贡献的主要国家，9月3日遂成为国家法定的中国抗日战争暨世界反法西斯战争胜利纪念日。

众所周知，第二次世界大战是迄今为止人类所进行的规模最大、伤亡最重、破坏程度最高的全球性战争。在这场战争中，先后有61个国家和地区、约20亿人口被卷入战争，占当时世界人口的80%；战火燃及欧洲、亚洲、非洲、大洋洲和太平洋、印度洋、大西洋、北冰洋，作战区域面积达2200万平方千米；直接参战部队达2900万人。德国、意大利和日本法西斯是发动第二次世界大战的罪魁祸首。

在这场血腥的战争中，无辜平民的惨烈伤亡是史无前例的，战争总共导致了6000万人死亡，1.3亿人受伤，死伤总数约1.9亿人。其中包括：纳粹德国针对犹太人和其他欧洲各国人民的大屠杀；日本法西斯对中国军民的大屠杀；日本法西斯对朝鲜人民、东南亚人民的大屠杀；因战争导致世界各国平民，包括妇女、儿童的非正常死亡；战争期间法西斯军队对各国平民进行的狂轰滥炸造成的死亡以及盟军针对德国与日本境内目标大轰炸造成的众多伤亡。

总之，这场战争给人类带来了空前浩劫，包括德国、意大利、日本在内的广大人民也都是法西斯军国主义侵略战争的受害者。

在亚太战场上打败日本法西斯，可谓“三箭齐发”：一是在亚洲战场上，中国军民艰苦卓绝的14年抗战，极大牵制和消灭了以日本陆军为主的法西斯军队；二是美军太平洋舰队从中太平洋反攻日本本土，由美海军上将尼米兹指挥；三是同盟国陆海军从西南太平洋反攻日本本土，由麦克阿瑟将军指挥。

拙著《太平洋大战》系列图书，作为纪念世界反法西斯战争胜利70周年的献礼项目，是在我原著《太平洋海空战》的基础上，将外延扩大到亚洲战场，以太平洋上的海战、空战、岛屿争夺战为主线，增加了中国抗战史简介、中国远征军滇缅作战、太平洋潜艇战、日美双方主力战舰资料、日美双方主要陆海军将领简介、日本军阀在亚太地区制造大屠杀惨案、开罗会议等有关国际会议以及中国战场受降情况等内容，分别用细线条和粗线条勾画出日本法西斯发动所谓的“大东亚战争”、梦想实现“大东亚共荣圈”的侵略行径和滔天罪行。

详言之，在结构方面，本套丛书的第一册《太平洋大战·风暴》主要写日本法西斯政权的兴起，以偷袭珍珠港而挑起太平洋战争，以战略进攻的态势大举南下，迅速击溃美、英、荷盟军。其中，也按战争的时间顺序记叙了中国军队远征滇缅、喋血苦战以及太平洋上战略相持阶段的中途岛海空战、瓜达尔卡纳尔岛争夺战、伏击山本五十六等历史事件，最后以1943年11月22日，中、美、英三国举行开罗会议及发表《开罗宣言》作为第一册的结尾。

第二册《太平洋大战·激流》以卡萨布兰卡会议开篇，记述了由海军上将尼米兹指挥的美军太平洋舰队从中太平洋反攻日本的一系列海战、空战、登陆战的战况，日美潜艇在大洋海底厮杀的简况，日美钢铁巨舰存亡的状况，日美双方主要陆海军将领的简介，并以控诉日本法西斯军队在亚太地区制造的骇人听闻、惨绝人寰的大屠杀惨案作为第二册的结尾。

第三册《太平洋大战·落日》以南太平洋决定性的俾斯麦海空战开篇，撰写了由麦克阿瑟将军指挥的同盟国陆海军从西南太平洋反攻日本本土的一系列海战、空战与登陆战以及同一时刻中国驻印军、中国远征军缅北滇西浴血反攻作战，为读者展现了规模空前的莱特湾大海战、盟军攻占菲律宾吕宋岛、对日本投掷原子弹、日本天皇宣布无条件投降、同盟国代表在“密苏里”号战列舰受降以及中国战区有关受降仪式的历史片段，以远东国际军事法庭正义审判、惩治罪大恶极的日本甲级战犯作为第三册的结尾。

这其中，以前写到美国对日本投了原子弹，日本就投降了，好像打败日本法西斯全靠美国，容易形成错觉。而此增订版本中，则力求将中国抗战巨大的民族牺牲、不屈不挠的斗志和丰功伟绩体现出来，所以在介绍美国投放原子弹的有关章节之后，增写了自1931年“九一八事变”开始，中国军民艰苦卓绝的抗战篇章。笔者用较大的篇幅，简明扼要地概括了中国军民团结一心，在正面战场浴血奋战以及在各敌后抗日根据地广泛开展武装斗争，打击日本法西斯侵略者的光辉业绩，之后，再写“日本投降”一章，以求符合战争的进程与历史的真实。

笔者力求此三册书既相互关联，又独立成书。

就史料方面，本书主要参考引用了美国海战史专家塞缪尔·埃利奥特·莫里森教授的战史专著《第二次世界大战美国海战史》、日本学者服部卓四郎所著《大东亚战争全史》、日本学者坂本金美所著《日本潜艇史》、珍珠港事件日军亲历者渊田美津雄所著《袭击珍珠港》和《中途岛海战》、麦克阿瑟将军著《麦克阿瑟回忆录》、日本前海军情报官实松让所著《偷袭珍珠港前的365天》；同时，又参考引用了美国、日本方面出版，包括近几年才发表的新史料。国内的资料主要来自北京图书馆、南京海军学院图书资料室和上海图书馆等，在这些馆藏资料及部分港台地区出版的书籍中，有不少是当年激烈战役的亲历者所写的回忆录以及战地报告等第一手资料。

在写作方法上，采用“流畅活泼的报道史学”这一文体，将丛书写成通俗性的战史读物。写作之前，先对整个战争进程与历史事件进行通盘了解、整理和研究，概括出主要的海战、空战、登陆战、岛屿争夺战及重大事件，随即将每一重要战役及事件的来龙去脉交代清楚，此为“画龙”，接着进行简短的评价和学术上的探讨，是为“点睛”。

在章节安排方面，每册均为12章左右，字数基本相当，每节叙事力求一环扣一环，在以纵线为主的同时，兼顾横向历史发展，即在每一个战役发生时对同一时期世界反法西斯战场上的重大事件相应地简单提及，而在纵向主线中，对每一战役及事件的述评，也有详有略，有近镜头，也有远镜头，有细线条，也有粗线条。

在战史图片方面，笔者尽最大努力收集了诸多有关历史照片和图片，并将其充实到每一章节中，力争图文并茂，以飨读者。这些珍贵的历史图片不仅可以使读者直接窥视当年战役的实况，将读者的视线带入炮火连天的战场，从而加深对战役和历史事件的了解，同时也具有相当高的保存价值。

第二次世界大战是20世纪人类历史上的一场空前浩劫，值得后人思考借鉴。“二战”后，纳粹主要战犯被交付法庭，接受严惩，无一漏网。战后，德国政府彻底根除了法西斯势力，并对希特勒纳粹政权给人类带来的巨大灾难表示了深深的忏悔，对遭受屠戮的犹太人给予各种赔偿与优待，承担了战争的责任，从而造就了战后德国政府及国民的彻底反法西斯化。

例如：1970 年 12 月 7 日，时任联邦德国总理的勃兰特在华沙犹太人区起义纪念碑前下跪，对德国发动的侵略战争公开忏悔谢罪。政府总理的“华沙之跪”，意味着德意志人民在道德法理上重新站立了起来。德国的悔罪赢得了举世认同，化解了与邻国的恩怨，成为创立欧盟的主要推动国之一。

再如：2014 年 3 月 7 日，德国总统约阿希姆·高克访问了希腊林吉亚迪斯村。在“二战”中，纳粹德国军队在 1943 年 10 月 3 日杀害了该村 93 名无辜平民，其中大部分是老人和孩子，还有数名犹太人。高克向该村的受害者纪念碑敬献花环后表示：“这里发生的是残忍的不义行为。今天，我满怀羞耻和痛苦，向受害者的家人深表歉意。在这里，我感到双重的耻辱。”

在道歉政治学方面，德、日两国差别极大，简直可以说是大相径庭。在德国，史学家若篡改纳粹罪行，会招致严厉的抨击，德国政治人物若想为纳粹暴行找借口，也会遭到严厉的政治惩罚。1988 年，德国国会议长叶宁格在国会演说，试图解释为什么德国人狂热支持纳粹主义，当他讲到一半时，有 50 多位议员离席抗议，后来他被迫下台。这一事件让所有德国政治人物牢牢记取了教训。

然而，日本方面的情况恰恰相反。日本法西斯军国主义分子发动的“大东亚战争”，给包括中国人民在内的亚洲人民带来了极其深重的苦难和巨大的物质损失。可是，70 多年过去了，人们不仅没有看到日本政要向受难者跪下赎罪，对当年日本法西斯犯下的战争罪行进行深刻忏悔和反省，一些日本政治人物反而歪曲历史，颠倒黑白，甚至倒打一耙。

一方面，因为日本军国主义思潮在日本“无条件投降”后，原本就没有得到彻底的铲除；另一方面，是因为战后美国出于“冷战”的需要，对日本军国主义一直采取纵容、扶植与支持的态度；再者，“二战”后，国际上没有将日本法西斯战犯斩草除根，没有对法西斯思潮进行彻底清算，导致战后日本军国主义思潮极易死灰复燃。

从日本战败投降至今 70 多年的时间里，日本国内一批右翼极端分子、一小撮军国主义分子肆意歪曲历史、坚持军国主义侵略立场，一直念念不忘“大东亚共荣圈”的美梦。

日本一些政治人物上台后，代表日本极右势力提出了“夺回强大日本、遏制中国”的外交政策；最近，又鼓吹“能战国”，说穿了，就是要找回日本军国主义当年的“荣光”，在亚洲乃至国际舞台上舞刀弄枪，彰显所谓“政治大国”“军事大国”地位；日本政府纵容鼓励学者篡改侵略战争的历史，并从教科书入手、从校园课堂开始，进行否认战争罪行、掩饰侵略历史的教育，甚至宣扬发动这场战争是日本为了给东亚国家带来“繁荣”；他们连“南京大屠杀”这样重大的战争罪行都矢口否认，甚至宣扬要复“战败受辱之仇”；又企图修改“和平宪法”，美化“神风特攻队”，否认慰安妇事件，凡此种种，不一而足！

尤其不能容忍的是，一些日本政要不顾世界各国反对，一意孤行地参拜靖国神社，对包括东条英机在内的14位甲级战犯顶礼膜拜，企图推翻日本发动侵略战争这一铁案，这不仅不符合“二战”中被侵略的中国、美国、朝鲜、韩国及东南亚各国的根本利益，也是对美国的极大讽刺。殊不知，偷袭珍珠港就是东条英机任日本首相时亲自批准进行的，美国在这一问题上应该有旗帜鲜明的立场，应该牢牢记住珍珠港事件这一惨痛的历史教训，不要沉湎在所谓“安保条约”里，应与世界各国一道，谴责与制止日本军国主义死灰复燃！

对当年给广大亚洲人民带来深重苦难，制造无数杀戮的军国主义战争狂人加以粉饰，意图歪曲历史，这种罔顾人类良知与正义的行为，举世震惊，天人共愤！其实质是美化日本军国主义对外侵略和殖民统治的历史，企图颠覆国际社会对日本军国主义的正义审判，否定人类反法西斯战争的成果，挑战“二战”后的国际秩序，妄图改变战后世界和平的新格局。

再者，“二战”结束后，根据《开罗宣言》《波茨坦公告》和一系列有关国际会议文件，规定日本作为发动侵略战争的国家和战败国，需向中国等国家进行战争赔款，必须归还包括钓鱼岛在内的被日本侵略者霸占、窃取的所有中国领土。

然而，近年来，日本政府策划所谓的“购岛”闹剧，企图将中国的固有领土钓鱼岛窃为己有，使其“国有化”。这种行为，既是日本国内军国主义势力的一种异想天开，也是对国际公约的公然践踏。诚如是，则东亚的和平与稳定将无从谈起，亚洲将无宁日，世界将无宁日，珍珠港的悲剧就会再次上演，世界将再次陷入战争的灾难之中，这决不是耸人听闻之言。

毋庸置疑，日本军国主义的死灰复燃将是世界的灾难，全世界都应该提高警惕！眼下，我们要将阻止日本复活军国主义列为捍卫世界和平的道德制高点，全力以赴维护“二战”胜利成果和战后国际秩序以及一系列国际法，维护人类的持久和平。

70余年前，日本输掉了战争，70年余后，日本不应再输掉良知。是继续背着战争历史的包袱不放，还是与过去的侵略行为一刀两断、彻底反省，这最终要由日本自己来选择，世界爱好和平的人们正拭目以待。

以史为鉴，缅怀先烈，珍爱和平，总结过去，借鉴当今，开辟未来，“前事不忘，后事之师”，即所谓“人之求多闻善败，以鉴戒也”。

王书君　于美国纽约

目　录

第一章

策划偷袭　山本得逞

第一节　刺杀案层出不穷的日本政局

对日本来说，第一次世界大战后的20年是动荡不安的多事之秋。这期间，其社会危机和经济危机日趋严重，导致一个规模不大但却十分凶残、顽固的军国主义集团逐渐兴起，并一步步地将这个国家推向了战争的深渊！

随着军国主义分子野心的急剧膨胀，日本在亚洲大陆不断觊觎新的殖民地，妄图掠夺他国的工业原料和其所需要的市场，再次狰狞地露出侵略牙齿。

然而，日本的侵略扩张因有损于西方国家的利益而惨遭制裁，但这反过来又激起了日本军国主义分子的惶恐与愤怒。对此，他们哀叹道："正当日本在这场攫取游戏中渐入佳境的时候，其他强国，因为已经拥有了他们所想要的一切，这时突然摆出一副道德面孔，宣布游戏即刻中止。"①

1930年11月14日，日本首相滨口雄幸在东京火车站遇刺受重伤，于1931年8月26日去世，时年61岁

因此，狂妄的日本军国主义分子鼓吹说，只有战争才是达到其政治和经济目标的最佳途径。于是，他们醉心于"刺、打、砍、杀"，并歇斯底里地叫嚣："火苗将会燃起，其他理想主义者都会加入进来！只有将盎格鲁撒克逊的罪恶侵占连根拔除之后，和平和美满才能得以实现！"①

这时，一个以残忍著称、被称为"特高课"的警察特务势力应运而生且不断膨胀，不遗余力地加紧对日本共产党的迫害，大肆逮捕共产党领导人，击垮了日本社会左翼力量，从而使右翼极端军国主义分子更加肆无忌惮，导致日本社会爆发了一系列刺杀事件。

1930年11月14日，日本首相滨口雄幸在

① 《战争中的日本》，美国《时代》生活版，第10页。

东京火车站遇刺受重伤，刺客是一个极端军国主义团伙的年轻成员。滨口首相的“罪过”是什么？他为什么会被刺杀？

很简单！原来，他只不过在7个月前批准接受了“伦敦海军裁军会议”上的条件，同意日本在建造主力舰方面与英、美两国按照3∶5∶5的比例进行，如此而已！

由此，日本国内开启了一段长达两年、被日本政治家称为“没头脑的爱国主义时期”。实际上，这是军国主义分子“开始利令智昏、开始丧心病狂的时期”。

这一时期，日本经济衰退、社会动乱，密谋的、流产的政变和暗杀接连不断，右翼狂热分子们企图通过暗杀“软弱”的政府领导人来“净化”日本，导致日本军方一步一步地控制了政府，并着手制定了一系列对外侵略计划。

此刻，另一个军国主义狂热分子石原莞尔大佐认为，日本在中国东北的扩张是解决日本国内危机的良药。于是，1931年9月18日，日本关东军少壮派一伙悍然发动了“九一八事变”，丧心病狂地侵占了中国东北三省，并在1932年3月成立了日本扶植下的傀儡政府——伪“满洲国”。

1932年年初，极端军国主义的另一个小团体“血盟团”又屡屡逞凶，前后共有11个日本政界和财界领袖人物被他们刺杀；2月7日，坚决反对军事扩张的藏相（财政大臣）井上准之助在东京踏出他的汽车时被枪杀；3月，三井财团的总裁团琢磨男爵在东京闹市区被人暗杀。

“九一八事变”后占领东北的日军装甲车队

令人不解的是，日本舆论竟普遍认为，这些刺客就像古代的武士一样，都是为了日本的福祉而不惜牺牲自己生命的勇士。

5月15日，日本帝国海军军官、日本陆军候补生以及民间右翼分子，将策划已久的暗杀行动重新搬上台面，以酬“血盟团”的未竟之志。

当天，就在举国瞩目对“血盟团”被抓刺客进行审判的时候，一群海军年轻军官冲进了现任首相、年逾75岁的犬养毅的官邸。

犬养毅毫不惊慌，很有礼貌地将他们引进屋里，然后说道：“有话好说！”然而，一位不耐烦的杀手情绪激动地大喊道：“谈判没有用处！开火！”随后，将无情的子弹一股脑地射向这位彬彬有礼的老者。

时任日本内阁总理大臣犬养毅，在 1932 年的“五一五事件”中被刺杀

犬养毅首相就这样被刺杀了，其“罪名”是：他批评了日本军方对中国东北三省的侵略，是日本满洲占领军的反对者。

刺杀目标还包括美国著名的喜剧明星查理·卓别林，当时他拜访日本。幸好，就在犬养毅首相惨遭杀害的同时，卓别林因为跟随首相三儿子犬养健在外观看相扑而逃过一劫。

暴徒们也攻击了警视厅、内大臣牧野伸显及立宪政友会会长西园寺公望的住处与办公室，还对三菱银行及东京周围几个变电所投掷了手榴弹。

发动袭击的暴徒事后搭乘出租车抵达警察总部时被宪兵队包围，然后束手就擒。

令人不可思议的是，社会公众舆论再次对刺杀事件表示了同情，来自全国各地的数十万人激情澎湃，集体为刺杀者请愿。许多人还写了血书，并潮水般地涌入法院；还有 9 个青年自愿替 9 名被告军人受刑，并砍下自己的小拇指来表达支持被告们的决心。

审判庭也竟然变成了极端军国主义分子进行宣传鼓吹的大舞台，其中一名被告还大义凛然地激昂道:“不要为我落泪，我要把自己的生命作为改革的祭品！”①

不久，1934 年年初，日本国内掀起了对所有“非国民”思潮的大规模镇压。所谓的“非国民”，就是指那些胆敢反对日本对中国进行军事侵略的人士，以及对极端崇拜天皇的思想持批评态度的人。军警们协助“特高课”大搞恐怖镇压，而军国主义暴徒们则在大街上到处寻找持不同政见者并肆意殴打他们。

同时，日本军队中两股势力的较量日趋激化。崇尚“皇道主义”的“皇道派”大体由青年军官组成，主张“天皇亲政”，以军事手段推翻现行政体。他们与主张保持军部中央统制，建立军部为主导的法西斯政权的军队中上层人士形成尖锐对立，后者被称为“统制派”。

事态继续恶化。1936 年 2 月 26 日凌晨，由激进的“皇道派”青年军官率领的约 1500 名日本陆军军人于凌晨 4 时冲出军营，在阴冷的冰雪天里，以迅雷不及

① 《战争中的日本》，美国《时代》生活版，第 18 页。

掩耳之势夺占了陆军省、国会大厦、警察总部和首相官邸，刺杀多位军政要人。此即著名的“二二六事件”。

凌晨5时，兵变分子闯进藏相高桥是清的家。带队的中桥基明中尉掀开高桥的被子，并向他连开三枪，其他人也持刀猛砍高桥。高桥在被刺杀前破口大骂他们是一群“白痴”，随后气绝身亡。当刺刀插进高桥是清胸膛的时候，他的妻子赶来了。一名刺杀者向她深鞠一躬，然后说道：“对于我的过火行为，深表歉意。”

中桥基明

另一批暴徒枪杀了内大臣斋藤实，他一共身中47发子弹。得手后，暴徒们又搜捕并枪杀了教育总监、陆军大将渡边锭太郎。

首相冈田启介同样也是刺杀的目标。面临暴徒的疯狂袭击，冈田的妹夫兼秘书松尾传藏急中生智，让他躲进了女佣的房间，使其侥幸逃过一死。松尾传藏却被兵变者们误认为是首相而惨遭枪杀。

在法西斯主义理论家北一辉的狂热鼓吹和煽动下，反叛的军人们希望这场杀戮能够达到“昭和维新、尊皇讨奸”的目的。这样就能使军队在全国范围内夺取政权的行为变得合法化。

兵变分子在宣言中叫嚣：“我们的国家正处在与俄国、中国、英国和美国发生战争的边缘。除非我们现在奋起，消灭那些阻碍进行真正改革的家伙，否则，天皇就会威望扫地。”

在连续四天的时间里，兵变分子占领并控制了有关机构，使首都陷入了瘫痪。裕仁天皇对此事件大为震怒，要求镇压。陆军高级将领们则踌躇不决、态度暧昧：是加入叛乱、静观其变抑或进行镇压？

后来，兵变分子接到一个直接从皇宫发出来的命令，要求他们立即返回军营。结果，反叛者遵从了这一命令，兵变被平息了。在随后的审判中，有123名反叛者在秘密军事法庭受审，法庭将北一辉为首的17人判处了死刑。

在对兵变的处理上，“皇道派”对叛乱分子持同情和支持态度；但陆军中的“统制派”以此为契机立即实施大规模“肃军”。“皇道派”受到空前清洗，“统制派”由此占据了上风。

事件过后，陆军高级将领们趁动荡混乱的局面，向首相提交了一个要求削弱帝国议会权力的动议。在这种情形下，1937年1月，政客们对军方发动了反击。

1936 年 2 月 26 日的第 1 师团叛乱官兵们，左立者为丹生诚忠中尉（后被处以死刑）

这时，德高望重的前议长滨田国松控诉了陆军的罪行：“你们损害言论自由，企图篡夺国内政权，大肆进行暗杀活动。由于你们在中国巨大的军事花费，导致了国内的高税收。”

陆军大臣寺内寿一反唇相讥，他指责滨田国松对他进行了毫无根据的侮辱，并要滨田以自杀来谢罪。滨田则回击他说：“检查一下记录吧，如果你能找到一个侮辱性的字眼，我就自杀谢罪。如果没有的话，那你就自杀谢罪！”

结果，两个人谁都没有自杀谢罪。但陆军大臣寺内寿一以辞职表示抗议，政府内阁也随之垮台了。接下来重新进行帝国议会两院选举，结果，温和派的候选人一败涂地。

从 1936 年 2 月到 1941 年太平洋战争爆发，那些抵制过任何一项军队侵略扩张计划的日本政客都生活在面临暗杀的恐惧之中。

由于日本军方侵占中国东北三省进而向华北伸出侵略魔爪，中日两国冲突日益加深。1937 年 7 月 7 日，“卢沟桥事变”爆发，日本全面侵华。日本军方迅速拟就了《国家动员令》，要政府授予他们全权，包括对工业、劳力和新闻的绝对控制权，帝国议会竟然顺从地给予了通过！

1940 年 2 月，帝国议会成员斋藤隆夫为中止军方扩张政策进行了最后一次努力。他表示对华战争是纯粹的侵略。当然，他的措辞经过了委婉的修饰：“如果我们失去了一次和平的机会，那么，今天的政治家们即使死后也洗不清自己的耻辱！”[①]

斋藤的大义凛然激怒了军方，他被带到了帝国议会的纪律委员会，然后被勒令辞职。6 个月之后，日本所有政党全部被取缔。

在柏林，日本驻德国大使大岛浩对纳粹政权不断进行游说；在日本国内，军国主义分子发动平民和士兵游行，以制造要求日本与德国和意大利结成“三国同盟”的舆论。

① 《战争中的日本》，美国《时代》生活版，第 24 页。

希特勒和墨索里尼当然十分欢迎日本加盟，认为这是抵制美国的一步好棋。于是，1940 年 9 月 27 日，日本、德国和意大利正式签署了《德意日三国同盟条约》，声称“要用各自全部的政治、经济和军事之力量相互协助”。这样，日本军国主义势力在国内再次占了上风。

东京银座街道上飘扬着日本、德国和意大利国旗

1941 年 6 月 22 日，德国对苏联发动了突然袭击。当希特勒势如破竹地横扫欧洲后，东南亚地区突然间形成了一个“权力真空”，这诱使日本去占领英国、法国和荷兰在那里的属地。日本军国主义的头子们认为：日本和德国、意大利已结成同盟，德国一定会同意日本把亚洲当作自己的势力范围。

此时此刻，因美国对日本石油、废铁等物资的禁运，日本对原材料的需求已经不亚于其对所谓“生存空间”的觊觎。而富饶的东南亚地区资源十分丰富：缅甸和马来亚储藏着大量橡胶、锡、钨和铁；印度尼西亚的橡胶种植业发达；东印度群岛拥有巨大的石油储藏量。

日本法西斯分子认为，作为东方最先进国家的日本，完全有权享用这些资源。毋庸置疑，这是不折不扣的强盗逻辑！同时，他们竟然利令智昏地认为日本负有一个神圣的“使命”，那就是要把亚洲带入一个经济扩张和所谓的“经济繁荣”的时代，就像他们 1940 年所宣称的那样，要建立一个“大东亚共荣圈”。

于是，日本军国主义狂人们开始实施筹划已久的南下入侵计划，紧锣密鼓地准备发动一场征服东南亚和西南太平洋的战争，借以摆脱在中国战场上的困境。

第二节 密室策划的偷袭遭强烈反对

1939 年 9 月 1 日，也就是山本五十六海军大将就任日本联合舰队司令长官的第二天，欧洲战火突起。纳粹德国闪击波兰，第二次世界大战全面爆发。

面对骤变的局势，一向反对贸然对美、英等国开战的山本，此刻已经预感到：日本与美国动刀动枪的日子已为时不远。

日月如梭，一晃几个月过去了。山本反复考虑：日本军队身陷中国战场的泥潭难以自拔，若再对英、美开战难有胜算，还要考虑对付苏联。因而，仅运用通常的邀击战打法，则毫无成功的希望。他盘算着这样一种策略：开战之前，孤注一掷，断然袭击珍珠港，斩断美国海军太平洋舰队这把刺向日本咽喉的“匕首”。那么，日本南下征服菲律宾、马来亚、新加坡和荷属东印度（印度尼西亚）等地的作战便能长驱直入，势不可当，舍此便无其他良策。

1941 年，时任联合舰队司令长官的山本五十六正站在联合舰队旗舰“长门”号战列舰舰艏

在 1940 年 3 月举行的一次春季演习中，由小泽治三郎海军少将率领的 2 支航空母舰编队集中使用飞机密集突击，一举“摧毁”了山本五十六指挥的由 2 艘战列舰和 1 艘重型航空母舰组成的舰队。看到这一战果，山本五十六忽有领悟，他自言自语地对身旁的福留繁海军少将说:“参谋长，难道我们就不能用飞机进攻夏威夷吗？”

此言一出，首次道出了山本要运用航空兵力袭击珍珠港的企图。依照这一思路，山本在“长门”号旗舰上日夜绞尽脑汁，冥思苦想，企图勾画出一个能出奇制胜的对美作战的绝佳方案。

深思熟虑之后，1941 年 1 月 7 日，山本五十六在 4 万吨级的“长门”号战列舰上，第一次用书面形式提出“奇袭珍珠港”的设想。他在给海军大臣及川古志郎大将的备战书中强调指出:“要有在开战之初就一决胜败之思想准备。如果敌主力舰队的大部停泊在珍珠港内，则用飞机编队将其彻底击沉并封闭该港。”①

一开始，远征 3500 余海里突袭珍珠港，一举击溃美国太平洋舰队，这一构思由于太危险和过于投机，连山本自己也举棋不定。但是，他把突袭珍珠港看成是关系到日、美之间你死我活的一场关键性战役，因而决心破釜沉舟，冒险一战。

① ［日］实松让:《偷袭珍珠港前的 365 天》，上海译文出版社，1980 年，第 4 页。

不料，就在山本上书20天之后，令人目瞪口呆的事情发生了：袭击珍珠港已成了东京的街头传闻。而且，1月27日下午，以“日本通”著称的美国驻日大使格鲁，竟然也获悉了这一消息。格鲁马上把这份耸人听闻的情报用密码发出：

国务卿：

据秘鲁驻日公使告知本大使馆工作人员说，他从包括日本人在内的许多人那里获悉，日本军队正在计划，一旦日本与美国发生事端，它试图动用全部军事力量对珍珠港大举突然袭击。他还补充说，这个计划似乎没有什么根据，但因为是从多方面探听来的，所以才向你转达这一情报。

格 鲁

这简直不可思议！20天前，山本是在极其秘密的情况下写信给及川古志郎海军大将的，他并在信中加注：“仅限于大臣阁下一人阅看，阅后请立即烧毁。”

那么，这一绝密计划是怎样泄露出去的呢？是否与来自另外渠道的信息不谋而合？是否为有关方面臆想猜测？迄今仍是一个不解之谜。

不过，令日本人大感幸运的是，美国并没有因此而感到震惊。格鲁的电文虽已抄送到美军高层指挥机构，可是，专家们却认为这“纯属虚构”，有关方面也认为：“这种流言蜚语不可信，在可预计的将来也看不出有这种计划。”

孰知，“纯属虚构”只不过是美国人的一厢情愿。此时，日本人正在紧锣密鼓地把“山本设想”具体化。

1941年2月初，在珍珠港，赫斯本德·金梅尔海军上将正沉浸在新任美军太平洋舰队司令这一光荣体面职务的兴奋之中。而在日本，海军少将大西泷治郎已经接到山本海军大将的命令：立即着手制定一个进攻珍珠港的初步方案。

这是一个初春的夜晚，在鹿屋航空基地，大西把他的密友、参谋源田实海军少佐秘密召到自己房间。在光线幽暗的屋子里，两个人面面相对，气氛显得格外紧张。

“这件事只能是你知我知！”大西先迸出一句，接着就转入正题：“最近，山本联合舰队司令长官私下跟我谈过一次。山本长官认为，太平洋战争的关键是美国舰队，只要美国太平洋舰队仍在，我们哪能轻松地搞什么南线作战！”

大西随即亮牌：“为此，能不能用航空母舰的飞机空袭珍珠港？这是长官的设想，并叫我研究一下具体作战问题……”

横渡太平洋，空袭珍珠港，就地歼灭美军太平洋舰队！源田感到这真是世界海战史上从来没有的先例，不由为之一震。室内一片沉寂，空气令人窒息。

“参谋长！”过了一阵子，源田开口道：“我想行得通，是不是现在就要作战方案呢？”

从这以后，源田埋头于堆积如山的文件资料中，考虑地形，研究兵力。他夜以继日，或伏案苦思，或挥笔计算，全力以赴地制定袭击珍珠港的具体计划。待到樱花含苞欲放的时候，他满怀信心地得出结论：“只要如数精选人员和指派兵力，奇袭可望成功！”

几天后，山本召集第一航空舰队的有关人员，极为秘密地讨论珍珠港作战问题。

会上，山本五十六正襟危坐，向与会人员说道：“希望在座的作战部队诸位官员，就夏威夷作战设想，毫无顾虑地提出意见。”

第一航空舰队司令长官南云忠一海军中将大唱反调，他说：“集中全部海军兵力南线作战，可以不必顾虑美太平洋舰队的牵制。我认为这个作战方案本身包含着过多的冒险因素，本职反对珍珠港作战方案。”①

但是，南云麾下的第二航空母舰战队司令官山口多闻海军少将则认为：“美国舰队对太平洋有极大的威胁，我们在进行南线作战之前，不可置之不理。”他坚持说：“我认为在作战上，首先要给珍珠港一击。”①

日本第一航空舰队司令长官、偷袭珍珠港的舰队指挥官南云忠一海军中将

于是，与会人员议论纷纷，形成“赞成”和“反对”两种尖锐对立的意见。

正当双方争执不休、各不相让之际，紧闭双眼，一言不发的山本大将突然开口了：“诸位对珍珠港作战的见解，我都听到了。我的意见是，无论如何一定要打珍珠港。”山本环视四周，斩钉截铁地说：“诸位，请你们明白，只要我还担任联合舰队司令长官这个职务，这一仗非打不可。希望你们研究万全措施。”①

当这一异想天开的作战方案递送到天皇面前时，裕仁天皇对赌博式的偷袭珍珠港计划提出了疑问。军令部总长永野修身无可奈何地解释道：“因为山本五十六最擅长赌博！”

① ［日］渊田美津雄：《袭击珍珠港》，商务印书馆，1980年，第20-21页。

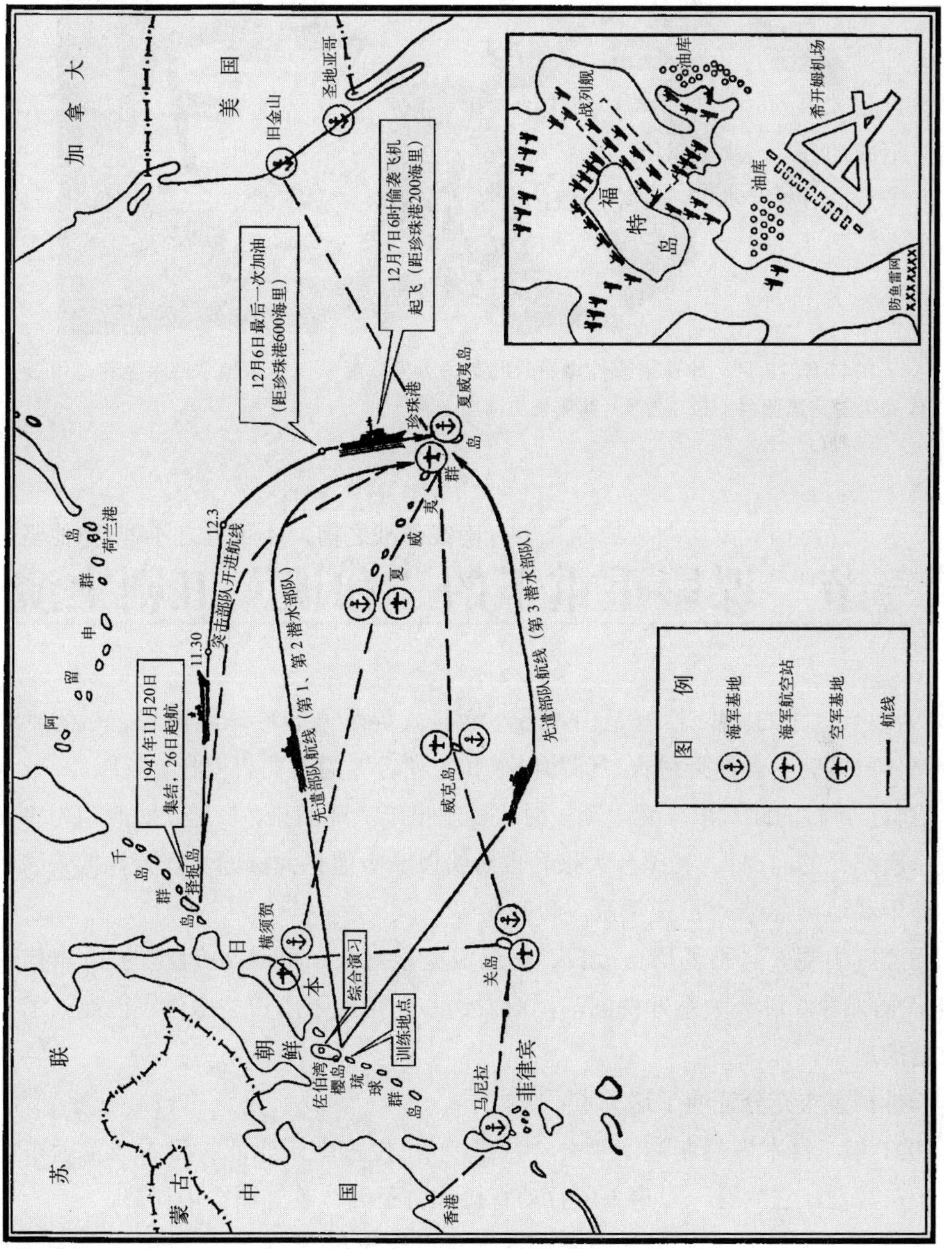

日军偷袭珍珠港要图（1941年12月7日）

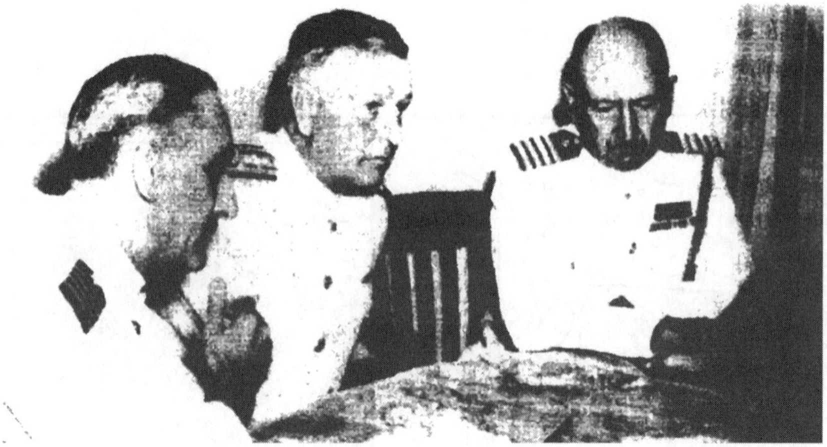

1941 年 12 月，珍珠港事件爆发时的美国太平洋舰队司令金梅尔海军上将（中）、作战指挥官第蓝尼上校（左）、参谋长史密斯上校

第三节　谍影重重下的“和谈”丑剧上演

1941 年 1 月 23 日，恰好是山本五十六正式提出偷袭珍珠港设想之后的半个月，新任日本驻美大使野村吉三郎却以“和平使者”的面孔启程赴美就职。

岂料，野村的此次出任竟轰动一时：日本报纸大肆渲染，声称此时此刻为“日美关系新纪元的前夕”。美国各大报刊也纷纷以头版通栏大标题刊登野村抵美的消息，并乐观地预言道：“日美关系，和解在望！”

而实际上呢？且不说历史上日、美已成冤家对头，单就 20 世纪的 30 年代至 40 年代初来看，日美关系方枘圆凿，双方钩心斗角，矛盾日益激化，已经到了不可收拾的地步。

一桩桩事实充分证明了这一点：

1931 年，日本悍然制造了“九一八事变”，侵占中国东北。日本成了远东新的战争策源地，它的这一军事入侵行动直接威胁了美、英等国在华利益。

1937 年 7 月 7 日，日本又一手制造了“卢沟桥事变”，全面侵华，直接损害了美、英集团在中国的重要政治经济权益，二者矛盾进一步加剧。

由于中国军民奋起抗战，日军“速战速决”的战略企图破产。日本军国主义

日军在中国大举进犯

者为了摆脱其内外困境，得以“死中求活”，意欲把战火扩大到东南亚，掠夺石油、橡胶、锡、镍、大米和茶叶等重要物资，占据通达欧洲、非洲及印度的海上咽喉要道。

但是，这里是美国、英国、法国、荷兰等国的势力范围和托管地，日本要想攫为己有，势必要向美、英等国开刀，因而日美关系暗伏杀机。

1939 年 9 月，纳粹铁蹄肆无忌惮地践踏欧洲大地，日本法西斯也按捺不住其侵略野心，高喊“不要误了公共汽车”，意欲在亚洲和太平洋地区大打出手。

1940 年 8 月 1 日，日本外相松冈洋右公开鼓吹建立“大东亚共荣圈”，把美国在远东的属地和权益都“圈”了进去。

9 月 23 日，日军进占印度支那北部，迈出了南侵的第一步；9 月 27 日，日本与德国、意大利法西斯政权签订了企图重新瓜分世界的《德意日三国同盟条约》，矛头所向，主指美国。

当然，美国也不是省油的灯。在此期间，美国不断地对日本进行报复：公开支持英国与德、日、意三国对抗；做出援华姿态，借以牵制日本“南进”；对若干日本急需的军用物资实行出口限制；正式宣告《日美通商航海条约》于 1940 年 1 月 26 日到期后不再续约。

1940 年 5 月，罗斯福总统又下令美国太平洋舰队这一“威慑力量”进驻珍珠港。

同年冬，日本军舰开到金兰湾海面示威，英国立即宣布马来亚和新加坡进入紧急状态，美国也急忙发出了远东撤侨的劝告。

因此，“和平使者”野村就是在这种严重而复杂的局势下抵达华盛顿的。从他下车伊始，便娓娓动听地说道：“不管两国之间存在什么问题，都能够以友好合作的态度加以解决，没有任何理由开战。”

1941 年 2 月 12 日，野村第一次晋见美国国务卿赫尔，两天后，罗斯福总统接见了他。野村在第一次世界大战时曾任驻美海军武官，与罗斯福素称友善，且有亲笔通信之谊。此时，俩人回忆了 20 年前的往事，罗斯福还亲密地称野村为

"海军大将"，而不是生硬地称其为"大使"。

会见气氛虽然表面上十分融洽，但宾主言来语往，显然貌合神离，免不了明争暗斗。

3 月 8 日，野村与赫尔开始进行第一轮会谈。此后，双方经常在卡尔顿饭店、威特曼公园饭店等处，你一"刀"，我一"枪"，软硬兼施，威逼利诱，一直到珍珠港事件爆发，双方总共进行了不下五六十次会谈。

此时此刻，虽然两国关系已经到了剑拔弩张的地步，但双方引而不发，各有自己的如意算盘。

老谋深算的罗斯福总统在军事上采取"先欧后亚"的战略方针，在政治上则安抚日本，企图以牺牲中国以至英国、法国、荷兰和印度的某些利益，同日本达成暂时的妥协，以换取日本放弃进攻南洋美国属地菲律宾的企图，求得所谓"太平洋上的平静"。

而日本挖空心思策划的方案是：利用欧洲局势，先让德国同美国干起来，在西方更多地吸引英、美力量之际，自己则加紧作南下入侵的准备。同时，利用美国来迫使蒋介石投降，以期能有巩固的"后方"，然后再迅猛南下，对美英大开杀戒。

所以，早在 1940 年 11 月，在野村到华盛顿上任之前，日、美双方就有所谓的"民间代表"奔走游说，大搞"业余外交"，以期调整"美日邦交"。

1941 年 4 月 15 日，由美国的"民间代表"詹姆斯·沃尔什神父、詹姆斯·德劳特和日本的"民间代表"井川忠雄、岩畔豪雄大佐等人合伙搞的《日美谅解方案》出笼。这个被美国史学家费思称为"出生在私人小医院双亲不明的婴儿"的方案，得到了日本新任驻美大使野村的赞同和支持。该方案的主要内容是：

日本在西南太平洋不诉诸武力改变现状；

只有在德国受到侵略攻击时，日本才履行《德意日三国同盟条约》义务；

由美国出面敦促蒋介石政府与日本谈判，如果蒋介石政府拒绝，美国即停止援蒋；

美、日共同宣告"亚洲门罗主义"，不允许第三国改变东亚现状；

美国同意恢复与日本的正常贸易，协助日本在西南太平洋获得战略物资；

承认经济领域的"门户开放"，美国从经济上援助日本等。

野村将这个文件作为非官方文件交给了赫尔。赫尔与罗斯福慎重考虑后，认为有的可以同意，有的需要修改或取消，并提出"四原则"（亦称"赫尔四原则"）作为对案：

（1）尊重相互和一切国家领土完整和主权；

（2）支持不干涉他国内政原则；

（3）支持平等原则，包括商业机会均等；

（4）太平洋现状不得受到干扰，除非现状的改变是出自和平手段。

5月12日，日本政府在《日美谅解方案》的基础上抛出《五一二试案》（亦称《松冈修正案》）。在该试案中，日本删去原方案中“不诉诸武力”南进的条款；决意恪守《德意日三国同盟条约》；坚持在中国的驻军权。

当赫尔收到《五一二试案》后，也不得不承认日本的方案就是要使日本成为亚洲和太平洋地区的统治者。尽管日本要价甚高，美国仍希望求得与日本的暂时妥协，同意继续谈判，并在5月16日提交了自己的试案，作为《五一二试案》的对案。

5月20日，赫尔与野村再次举行会谈。谈判桌上，日本拒绝考虑从中国撤军，意欲继续占领中国的河北、山西、陕西、察哈尔和绥远等共103.6万平方千米、拥有8000万人口的广大地区。赫尔对此寸步不让，双方未能达成协议。

不料，此时地中海战火突起，美国于5月27日宣布进入紧急状态。日本趁美国神经大为紧张之际，贪欲猛增，企图把美、英势力整个排除出中国及远东，美国当然不干。双方又互提了几个对案但均未达成协议，“和谈”走进了死胡同。

此时，世界反法西斯进步力量对美国绥靖日本群起反对。因此，这场曾被中国人民和国际舆论斥为“远东慕尼黑阴谋”的政治交易无疾而终，美、日之间第一次谋求暂时妥协的企图没有实现。

就在双方“和谈”丑剧紧锣密鼓地上演之际，夏威夷方面已现重重谍影。

决定夏威夷作战成败的因素很多。即使万事顺意，当日本机群得以长驱直入瓦胡岛（珍珠港所在之岛），而珍珠港内空无一物，其后果将会怎样呢？这确实是个要害问题！

1941年3月20日，肩负秘密使命的日本海军少尉吉川猛夫，以“外务书记森村正”的伪装身份，乘坐日本邮船“新田丸”号悄然驶离横滨码头向檀香山进发。吉川肩负的使命是：收集有关珍珠港美国舰只的状况及调动规律，飞机的机种和架数，防空状况，飞机和舰船的巡逻情况，等等。

吉川虽然不是间谍老手，但他善于随机应变，奉行“亲眼看，亲耳听，亲自动脑筋，冷静判断”这一信条，在漫长的谍报活动中颇多猎获。

1941 年 3 月，驶出长崎港的“新田丸”号邮船

他一到檀香山，便身着绿色西装裤和夏威夷衫，头戴插着羽毛的夏威夷帽，雇上一辆出租汽车满街兜风；名为观光，实则察看珍珠港军事要地。

以后，吉川大约每 4 天从珍珠港旁“路过”一次，把港内美军舰船的类型和数量，都暗暗地记在他那黑色的笔记本里。

吉川还经常穿着艳丽的夏威夷衫，与一位 19 岁的美貌日裔女郎一同外出，表面上情意绵绵，谈笑风生，暗中却干着刺探军情的勾当。因为对幽会的青年男女，美国联邦调查局的监视一向比较松。

同时，吉川还是一家日本酒馆“春潮楼”的常客。“春潮楼”位于阿勒瓦高地的山冈上，吉川发现从酒馆的二楼上能够俯瞰整个珍珠港。于是，他整天泡在酒馆里，狎妓豪饮，与一些日裔女郎厮混，然后装作醉醺醺的样子，躲在拉窗的背后，目不转睛地盯住珍珠港……

1941 年 5 月 12 日，吉川拍发了第一份密电，报告了 5 月 11 日停泊在珍珠港中美舰的数目和名称。日本军令部如获至宝，命令吉川在 5 月、6 月和 7 月中，每隔 10 天报告一次；而到 8 月，则必须每 3 天报告一次。到了 12 月之后，竟要每天报告一次了。

由于吉川挖空心思，不择手段地窃取情报，日本人很快就掌握了驻珍珠港的美军太平洋舰队活动的规律。

然而，随着日、美关系云谲波诡，日益险恶，美方的警惕性越来越高，监视也越来越严密了。吉川只得使出浑身解数，来完成上司下达的一个接一个的密令。

有一次，他发现从甘蔗田向外眺望，可将珍珠港尽收眼底，于是乔扮成菲律宾人，弄得满脸污垢，头发蓬乱，穿着素色的夏威夷衫到甘蔗田里去帮工……

有时，他漫不经心地在头上包一块毛巾，脸上露出一副百无聊赖的神情，大胆地把钓竿伸到珍珠港海湾……

10月23日，中岛少佐潜入檀香山，设法把军令部写给吉川的一封密信转交给他。信中要求吉川就97项军事情报立即做出回答。当晚，他根据7个月来搜集到的情报，通宵达旦地一一做了回答。其中有这样的问答：

问："最重要的一个问题是，在一般情况下，星期几在珍珠港内停泊的美国军舰最多？"

答：星期日。

问："舰队是否每个星期都出港？驶往何处？执行什么任务？特别是航空母舰的情况如何？"

答："大体上是每个星期都出港……"

吉川的这份重要情报，对日军袭击珍珠港起了重要参考作用。

在战争爆发之前，日本方面曾先后派遣200余名间谍，潜入夏威夷等地大肆活动，猎取各类情报，而所有这些间谍活动，都是在"和平使者"野村与美国进行"和平谈判"的同一时间进行的。

第四节 秣马厉兵 磨刀霍霍的鹿儿岛

正当夏威夷谍影重重、日本与美国秘密"和平"谈判陷入僵局时，1941年6月22日，苏德战争爆发。短短十几天之内，德军突破苏联边界600多千米。消息传来，日本军方兴高采烈，摩拳擦掌，蠢蠢欲动；在其统治集团内部，迅速爆发了一场是"南进"还是"北进"的争吵。结果，主张"南进"的实力派占了上风。

1941年7月2日，日本御前会议通过了《适应形势演变的帝国国策纲要》，决心"跨出南进的步伐"：为独霸中国，独霸亚洲和太平洋地区，"不辞对英、美一战"。

对于日本"南进"的企图，美国事先是有所察觉的。早在1940年秋，美国人就已成功地破译了日本主要的外交电报密码。更有甚者，他们在短短一年内，又联合拟制出日本的密码机，名为"紫色密码机"，这套破译技术被称为"魔术"。

在珍珠港事件前的日、美交往中，“魔术”发挥了很大的作用。但在国际风云变幻之际，美国政府对日本发动战争的野心和危险性估计不足，所以尽管“魔术”异常高明，也终究无补大局。

此时，日本军方摸准了美国避免立即摊牌的心态，进而采取了更加咄咄逼人的军事行动：7 月 24 日，日军肆无忌惮地在印度支那南部登陆，日、美矛盾随之加剧，从而导致两国秘密谈判暂时中断。

作为对日本人的回敬，7 月 26 日，罗斯福宣布冻结日本在美国的一切资产。不久，美国宣告对日全面禁运石油。

石油是日本人的命根子，如石油不能进口，日本的库存在两年之内就会消耗殆尽，军舰和飞机都将成为废铁一堆。日本人见此情形，杀气剧增。海军军令部总长永野修身海军大将叫嚷道：“与其坐待石油日渐枯竭，倒不如先发制人！”

8 月初，赫尔也承认：太平洋的形势，随时可能发展成为一个军事问题，而不是一个外交问题了。美国陆军部长史汀生高兴地写道：“他（赫尔）已经拿定了主意，我们已经到了绥靖日本的尽头，对它再也没有什么可说的了，除了坚定的政策和武力本身。”

8 月 17 日，罗斯福在结束大西洋会议之后，召见了野村。总统强烈警告日本止步，否则，美国将被迫立即采取任何和一切必要的步骤。日本见此势头，未敢轻举妄动，为进一步探查美国的意图和虚实，建议恢复“和平”谈判。

然而，当远在华盛顿的日、美“和谈”正热火朝天地进行的时候，9 月 6 日，在日本东京，御前会议讨论通过了由海军草拟的一项重大决议——《帝国国策实施要领》这一侵略方案。

该要领指出：“帝国为确保自存自卫，在不惜对美（英、荷）一战的决心之下，大致以 10 月下旬为期，完成战争准备。前项外交谈判，如果至 10 月上旬仍不能实现我方要求时，立即决心对美（英、荷）开战。”①

就在御前会议决定开战的当天晚上，近卫首相又玩弄政治手腕，秘密地约请美国驻日大使格鲁共进晚餐。席间，近卫表示赞同“赫尔四原则”，并再次建议在夏威夷举行日、美首脑会谈，其和平诚意使格鲁深受感动。可是，格鲁哪里知道，就是这个近卫，在几小时前，却将《帝国国策实施要领》这份杀气腾腾的对美开战决议案亲手交到御前会议上。

---

① ［日］服部卓四郎：《大东亚战争全史》，原书房日文版，1975 年，第 98 页。

日军“97”式鱼雷攻击机

格鲁不知道的事真是不胜枚举：

日本陆海军正在全力以赴，进行临战前的准备。特别是日本联合舰队绞尽脑汁，特意挑选了港口狭隘、四面环山、地势与珍珠港极为相似的鹿儿岛湾秘密进行飞行训练。

训练完全模拟即将对珍珠港发动的袭击模式：飞机从樱岛半山腰飞过去，降入甲突川峡谷，以 50 米高度在峡谷内曲折穿行；当飞抵海面时降至 20 米，立即发射鱼雷……

这种训练使驾驶员们胆战心惊，因为在 20 米高度上发射鱼雷，稍不留神，飞机就会一头扎到海里去。

在这发疯似的飞行训练中，首先被吓坏的是鹿儿岛上的市民。那些突然出现的鱼雷机，一架接一架几乎擦着屋顶掠过去，连晒衣服用的竹竿都被那强大的气流震倒了。

水平轰炸机的训练在离鹿儿岛不远的有明湾海军轰炸靶场进行。日本人在地面上画出同美国“西弗吉尼亚”号战列舰同样大小的白色标志，每天进行投弹训练，最后达到了在 3000 米高度投弹误差一般不超过 30 米的精准度，这就保证了 80% 的命中率。

同时，海军科研部门正积极研制浅海鱼雷，以便能在水深 12 米的珍珠港中使用。

眼看内定的 10 月上旬停止对美谈判的限期来临，不料，老奸巨猾的近卫首相竟临阵脚软，致使军部一伙人勃然大怒。在 10 月 12 日的会议上，东条英机凶相毕露，声嘶力竭地叫喊：“与其继续举行毫无意义的谈判，坐视时机飞逝，不如即刻动手。”

事已至此，军部决心把“不中用”的近卫首相一脚踢开，倒阁意图坚决。10 月 17 日，东条英机陆军大将上台组阁成功，攫取了日本政坛的生杀大权。

东条曾任日本关东军宪兵司令、关东军参谋长，绰号“剃头刀”，是一个双手沾满中国人民鲜血的刽子手，他不仅是发动侵华战争的主谋之一，又是恶贯满盈的发动太平洋战争的罪魁祸首。这一次，他身兼首相、陆相、内相三职，马上拉开了要大打出手的架势。

10月下旬，日本法西斯头目昼夜聚集在一起，进行了连续九天九夜的激烈争吵和疯狂策划……

第五节 欲盖弥彰 东京街头设迷魂阵

在日本偷袭珍珠港的日程表上，1941年11月5日是一个引人注目的日子。

在这引人注目的11月5日，经过一番激烈争论，御前会议按原案通过了《帝国国策实施要领》，决心对美国、英国和荷兰开战，并指令："发动武装进攻的时间定于12月初，陆海军应完成作战准备。"

日本法西斯分子还在通过的《帝国国策实施要领》中放了一个"和平"烟幕弹："对美谈判若在12月1日凌晨零时以前获得成功，即停止发动武装进攻。"

事实上，这完全是一句空话，日本人的开战决心早已下定。参谋本部的战争贩子们就曾狂吠："12月初发动战争，今后和美国谈判是伪装外交。"

御前会议还制定了对美谈判的甲、乙两个方案。"甲案"实际上是《五一二试案》的旧调重弹；"乙案"则闭口不谈"三国同盟"以及从中国撤军等问题，仅以日本从法属印度支那南部撤军为幌子，要求美国逼迫蒋介石投降、美国不得干预日中和谈、日美恢复资产冻结以前的贸易关系、对日本供应石油，协助日本取得荷、印资源。

凡此上述种种要求，无疑就是要完全由日本来独吞中国、称霸西南太平洋。

在这引人注目的11月5日，杉山元和永野修身两位总长相继发布了得到裕仁天皇批准的准备作战的命令：《大陆令第五五六号》和《大海令第一号》。

"大海令"就是意味对海军发布的"天皇命令"，全文如下：

大海令第一号

兹奉敕命令山本联合舰队司令长官：

1. 帝国决定为自存自卫计，预期于12月上旬对美、英、荷开战，并决定做好各项作战准备。

2. 联合舰队司令长官应进行所需之作战准备。

3. 有关具体事项，听候军令部总长指示。

军令部总长永野修身

昭和十六年十一月五日[①]

在这场战争大合唱中，山本五十六也不甘示弱，他闻风而动，于 11 月 5 日发布了《联合舰队机密作战命令第一号》，全文如下：

联合舰队命令

联合舰队在对美、英、荷作战中之军事行动应根据附件规定进行。

联合舰队司令长官 山本五十六

于佐伯湾“长门”号旗舰上[①]

山本在随即发布的“第二号”命令中进一步规定：“Y 日预定为 12 月 8 日。”这个“Y 日”指的是“开战的大概日期”，“X 日”才是真正的“开战日”。结果，随后开战的时间表明，“X 日”和“Y 日”重合了，恰好都是 12 月 8 日。

在这引人注目的 11 月 5 日，日本机动部队根据夏威夷作战实施计划进行的实战演习正达高潮。这一天，日军机群从 250 海里外的航空母舰上起飞，向停泊在佐伯湾内的日本联合舰队主力部队——这支假想的“美国太平洋舰队”发起了凶猛的空中攻击。

观看了这次特别演习的联合舰队参谋长宇垣缠少将抑制不住心中的兴奋，在其日记《战藻录》中写道：“今晨，海上适逢弥天大雾，参加特别演习训练的乙军飞机对佐伯湾基地进行了猛烈的空袭，技术颇为熟练，预计在不久的将来一定会取得巨大成功。”

在这引人注目的 11 月 5 日，赫尔通过“魔术”，获悉了东乡外相发给野村大使的一系列有关谈判的训令，其电文这样说道：

“我们向对方提出的这个方案，无论在形式上或实际上都是最终的方案……”

“如果美国对‘甲案’提出许多反对意见，确实不可能达成协议的话，那么我们打算提出‘乙案’，这是一个绝对的最后方案了。”

“希望不要给美方造成这一方案是最后通牒的印象。”[①]

电文中还指出：如果美国政府对此拒绝接受，那就“除了战争别无他法了”。并特别强调：“由于各种情况关系，绝对必须在 11 月 25 日以前将签署协定的一切

① ［日］实松让：《偷袭珍珠港前的 365 天》，上海译文出版社，1980 年，第 225 页。

准备办理完毕。”①

赫尔手拿破译的电文，深感局势异常严重。他心情沉重地说：“这对于我只有一种意义，那就是日本已经转动了它那作战机器的轮子，并已决定如果到了11月25日，我们还没有同意它的要求，它不达到与美国作战的目的，决不肯罢休。”①

在这引人注目的11月5日，美国海军首脑哈罗德·R.斯塔克和陆军首脑乔治·卡特莱特·马歇尔向罗斯福提交了一份备忘录，全面阐述了军方的观点。备忘录中这样写道：

> 1. 美、英两国基本目标是打败德国。如果日本被打败了，德国仍未打败，问题仍然没有解决。无论如何，不应该对日本进行不加限制的攻势。
>
> 2. 正当（美国）在远东集结防御部队时，应该避免美、日之间的战争，除非日本攻击或直接威胁对美国的安全至为重要的领土。
>
> 3. 如果与日本的战争无法避免，应该按照已有战争计划的战略路线行事，军事行动主要应是防御的，目标在于守住领土，并削弱日本的经济地位。
>
> 4. 从世界战略来考虑，日本进攻昆明或进攻泰国前述地区以外，或攻击俄国，都不宜作为对日开战的恰当理由。
>
> 5. 扩大对中国中央政府除战争行动以外的一切可能的援助。海军作战部部长和陆军参谋总长建议美国的远东政策应以上述结论为基础。

来栖三郎作为特使访美，协助野村对美谈判。左为来栖，右为野村

不难看出，日本人刀已出鞘，战火快要烧到家门口了，可是美国军方首脑还一厢情愿地在幻想和平，醉心于把战略估计放在对日妥协退让的基础上。遗憾的是，他们的观点，竟为罗斯福总统所采纳！

在这引人注目的11月5日，从临战的阴影中忽然又飞出一只“和平鸽”：东条英机加派“和平特使”来栖三郎赴美，协助野村进行谈判。这一天，来栖在凌晨4时就爬了起来，乘东京早班车赶到横滨，转道香港，飞往美国。

来栖曾任驻德大使，被认为是“一名通晓国内外形势的外交前辈”。他善于点头哈腰，笑脸迎人。他

① ［日］实松让：《偷袭珍珠港前的365天》，上海译文出版社，1980年，第225页。

在美国做领事时，曾娶了一位美国女子为妻，因此颇适合充任这一角色。

来栖一踏上美国土地，就向美国人大灌迷魂汤："日、美会谈形势尽管艰巨，但仍应不失信心。"他还装模作样地反问盘诘他的记者："如果不抱希望，我何必不远万里前来谈判呢？"

当时，不少美国人对来栖这套表演将信将疑。有人盲目乐观，竟然觉得来栖飞临华盛顿"好像是一线阳光刺破乌云，照射在太平洋的海面"。

但是赫尔却不以为然，他对来栖的评价是："我第一眼就觉得他是欺诈的。"实际情况是：来栖于 11 月 15 日到达华盛顿，22 天后，日本人的鱼雷和炸弹就突然倾泻到了珍珠港！

在这刀光剑影、山雨欲来、临近开战的诡危时刻，日本人又在一艘邮船上大做文章，大摆迷魂阵来麻痹美国佬。

1941 年 11 月 17 日，新的一轮日美谈判开始。由于美国破获了日方的外交密码，因此对它的真实意图了如指掌。11 月 26 日，赫尔国务卿提出了条件强硬的《美日协定大纲》，日本果然予以拒绝

"龙田丸"是日本一艘排水量为 16 955 吨的豪华邮船，它作为"第二次撤侨船"，原定 11 月中旬从横滨起航开往美国洛杉矶。可是令人不解的是，开船的日期一拖再拖，最后才决定于 12 月 2 日起航。

更令人捉摸不透的是，在开航的前一天，"龙田丸"船长木村庄平被叫到海军省，大前敏一中佐交给他一只长方形木箱，箱子沉甸甸的，里面装有 16 支手枪。大前敏一向木村船长面授机宜：届时要如何如何……

就在"龙田丸"即将离岸之际，海军省的林大佐还亲自登上邮船，严令木村船长："为了不让乘客们收听到广播，必须把所有真空管都拆下，船上不得拍发任何无线电报。"

12 月 2 日，"龙田丸"庞大的船身徐徐驶离了横滨码头。当日，《朝日新闻》晚刊以"第二次赴美撤侨，'龙田丸'起航驶向波澜壮阔的太平洋"为题，进行了大肆渲染式的新闻报道。

处在战争一触即发的关键时刻，日本人为什么甘心让"龙田丸"那样豪华的邮船自投罗网呢？原来，这是一个精心设计的骗局：日本人故做手脚，把"龙田丸"作为转移美国人视线、掩人耳目的诱饵，以掩护突袭作战的冒险之举。目的

是让美国人放心，开战的时间还早着呢！从而使美国人对日本的意图作出错误的判断。

而另一方面，木村船长早已接到密令：一旦战争打响，立即掉转船头返回日本！那16支手枪是用来对付客轮返航时乘客可能发生的反抗，特别是搭乘该船的十几名美国军人。

日本人的骗术层出不穷，令人眼花缭乱：

12月5—6日，东京市区显得格外热闹，3000余名头戴"大日本帝国海军"军帽、身穿蓝制服、裹着白绑腿的水兵，陆陆续续地出现在银座大街上。对此，街头议论纷纷，有的人皱眉道："在目前这样紧张的形势下还到东京参观游览，这在搞什么名堂？未免太悠然自得了！"也有人赞叹不已："真不愧为大日本海军，如此从容不迫！"

水兵们还涌到《朝日新闻》社，装模作样地去参观。安排参观报社的活动，自然是希望报纸予以报道宣扬，结果如愿以偿。12月7日，《朝日新闻》晚刊以《3000名海军勇士来社参观》的标题做了如下报道：

> 在波涛汹涌的太平洋上，夜以继日地进行紧张训练的大约3000名海军勇士分批抵达东京。他们排着整齐的队伍前往二重桥广场朝拜宫城；在他们参拜了明治神宫和靖国神社之后，于上午10时来到我社参观。我社编辑部主任野村秀雄在七楼礼堂致欢迎辞后，他们在报社内参观了大约1个小时。勇士们愉快地度过了这一天，直到傍晚时分才归队。

日本人用心何在？原来，由于美、英等国的谍报机关都在拼命刺探日本决定何时开战，因而日军大本营海军部便组织了军校学生冒充水兵，到东京街头故作姿态，巧设迷魂阵，麻痹对手，以掩盖其即将开战的真相，目的是使美国人深信日本海军仍然悠闲地驻在本土。相反，充当攻击主力的南云舰队则快马加鞭，"暗度陈仓"，企图出其不意，直取珍珠港！

第六节　潜行3500海里的航母编队

原来，山本五十六海军大将在接到11月5日的"大海令"之后，迅速命令全舰队投入作战准备，并向南云海军中将率领的计划空袭珍珠港的第一机动部队下达了如下命令：“机动部队务必极为隐蔽地于11月22日前在单冠湾集结，并加油完毕。”

单冠湾位于日本择捉岛中部南端，是日本北方的一个偏僻的港口。

11月中下旬，使岛民们大为震惊的事发生了：舰队进港！好奇的儿童爬上高坡，数呀数呀，大小舰只总共将近40艘，还有从未见过的战列舰和航空母舰。

更令岛民惊讶的是，择捉岛同外界的一切联系全被切断，全岛如同装在闷葫芦里一般。为了保障岛民生活，海军专门派遣了补给船，运进粮食和其他生活必需品。这铁桶似的戒严，直到12月8日偷袭珍珠港得手后才予以解除。

日本海军已箭在弦上

11月21日，山本向南云发出暗语“攀登富士山”的绝密作战指令：“机动部队务于11月26日自单冠湾出发，竭力保持行动隐蔽，12月3日傍晚进入待机海域并加油完毕。”

11月22日，日本机动部队集结完毕。第二天，南云召开各部门作战联席会议，对原计划中的各要点，又反复地进行了仔细推敲。

海上加油和奇袭是这次远程作战的关键，为此，日本在这两个问题上费尽了心机。

为达奇袭目的，南云编队这次走的是北风凛冽、浪大雾多的北航路；至于海上加油，日本人除对加油装置进行紧急改装外，在舰上又见缝插针地摆满油桶，并大量减少淡水储量，规定舰员不得洗澡，以备防万一加油不成，舰队仍然能够逃出美军战机的作战半径。

同一天，在机动部队旗舰“赤城”号航空母舰上召开了飞行军官联席会议，就飞机起飞的地点、时间、空中兵力、搜索和警戒做了进一步核定和落实。

直到这时，各舰才分别向舰员们传达了空袭珍珠港的作战企图。

11 月 24 日，各飞行队长和全体飞行员观摩了瓦胡岛和珍珠港的沙盘模型，空中攻击队总指挥官渊田美津雄对照沙盘模型，向各飞行队详细交代了各自的战斗任务。

就在日本机动部队从单冠湾出击前 4 小时，远在美国华盛顿的白宫里，召开了最高军事会议，总统罗斯福以及国务卿赫尔、陆军部部长史汀生、海军部部长诺克斯、陆军参谋总长马歇尔以及海军作战部部长斯塔克全部到会。

1941 年 11 月 26 日，偷袭珍珠港的日本南云舰队从本土单冠湾出发，全程保持无线电静默。图为南云的旗舰“赤城”号航空母舰

赫尔首先在会上发言，他指出：“几乎没有希望同日本达成协议……日本在任何时候都有可能突然用武力开始新的征服行动……日本也许会把突然袭击作为其战略的主要之点。”①

接着，罗斯福强调指出：“日本人素以不宣而战臭名昭著，因此，美国有可能在下星期一（12 月 1 日）前后遭到攻击。”①

可奇怪的是，他们面红耳赤争论的主要议题却是：怎样对付日本即将对东南亚发动的进攻？如果日本首先进攻马来亚或泰国，美国应以什么方式进入战争？

下午，斯塔克还给远在珍珠港

① ［日］实松让：《偷袭珍珠港前的 365 天》，上海译文出版社，1980 年，第 256 页。

的太平洋舰队司令金梅尔写信，发表高见说："我认为，日本向泰国、法属印度支那和滇缅三个方面采取行动的可能性最大。"

与此同时，史汀生收到了一份报告："日本陆军的大批部队从上海搭乘由四五十艘运兵船组成的一支船队正沿着中国海岸南下，驶往台湾南部……"[①]

史汀生马上把这一情报打电话通知了总统和国务卿。该情报加深了美国首脑们关于日军主要打击方向是在印度支那地区的错误判断。

然而，罗斯福、赫尔和马歇尔等人万万没有想到，恰恰就在此时此刻——东京时间1941年11月26日清晨6时30分，南云麾下的以"赤城"号、"加贺"号、"苍龙"号、"飞龙"号、"翔鹤"号和"瑞鹤"号6艘航空母舰为主（共载400余架飞机），由"比睿"号、"雾岛"号2艘战列舰、"利根"号、"筑摩"号2艘重巡洋舰、1艘轻巡洋舰、11艘驱逐舰、3艘潜艇和8艘油船共33艘舰只组成的庞大舰队，已经从单冠湾拔锚起航，在密云低垂、朔风怒吼的黎明，悄悄地消失在波涛汹涌的北太平洋洋面上。舰队以壮观的环形航行队形，向远在3500海里以外的珍珠港杀去……

箭，终于离弦了！

庞大的日本航空母舰编队已从本土出发，远在华盛顿的赫尔则于11月26日召见了日本大使，面交了一份被日本认为是美国提出的"最后通牒"——《美日协定基本纲要》草案。该草案含4条口头声明和10条备忘录，即《赫尔备忘录》。

原来，赫尔于11月6日收到日本递交的"甲案"后，美国方面勉强提出了一些对案，但无法找到达成妥协的途径。11月20日，日本又急令野村递交"绝对的最后方案"——"乙案"，美方便以《赫尔备忘录》作为答复。

美国在《赫尔备忘录》中，要求日、美两国保证双方恪守美国过去所主张的原则：提议缔结中、美、英、日、荷、泰各国多边的互不侵犯条约；要求日本政府从中国及法属印度支那撤出一切陆海空军和警察力量；要求日本实质上废弃《德意日三国同盟条约》。

日本大使野村和特使来栖看了赫尔提交的备忘录，顿时目瞪口呆。来栖说："这些条件是要日本立即举手投降。"

凡此种种，无疑是与虎谋皮，日本军阀岂甘俯首帖耳？但日本方面为了掩饰

---

① ［日］实松让：《偷袭珍珠港前的365天》，上海译文出版社，1980年，第257页。

已经展开的袭击珍珠港的军事行动，仍旧不露声色，继续以“和谈”来拖住美国。

此时，赫尔已深感苗头不对。第二天，他对史汀生说：“我对日、美谈判已束手无策，下一步要看你和诺克斯的了，也就是说，要看陆军和海军的了。”

可是，马歇尔和斯塔克在当天向罗斯福提交的一份《关于远东形势的报告》中，却再次强调了他们在11月5日申述的观点，并提到下列两点：判断日本将南进，特别是将入侵泰国；为了对抗日本的上述活动，美国在加强菲律宾的防御力量之前，要尽可能避免对日开战。

罗斯福总统没有采纳这一报告，他指令向当地指挥官下达最后的戒备令。当天，马歇尔向菲律宾和夏威夷等地的陆军部队发布了“战争可能随时发生”的警戒命令。斯塔克也给驻珍珠港的美国太平洋舰队司令金梅尔发了电报，电文中第一句话就是：“此电应视为战争警告。”

当东京方面收到《赫尔备忘录》时，日军大本营和政府联席会议经过讨论，一致断定“美国已下决心对日作战”。

不久，野村和来栖收到了东京来电。电文说：“《赫尔备忘录》对日本来说是无理的提案。日本政府断然不能以此为谈判的基础。日本政府对该提案的答复将在两三天内通知你们。”实际上，日、美“和谈”至此已经彻底破裂。

但是，东京方面却告诫他们俩：“不要给美国以谈判将要破裂的印象。对他们只讲你们正在等待训令，对政府的意图还不清楚……”

其实，美国通过“魔术”，对此一系列电报的内容早已一清二楚。

更有甚者，“魔术”还破译了东京方面11月30日致日本驻德大使的电报，电文如下：“日美谈判目前已处于决裂状态。请你特别秘密地转告希特勒和里宾特洛甫：日本同美、英之间存在着突然爆发战争的极大危险，开战的日期也许会比想象的来得更快”。①

战火迫在眉睫！12月1日下午2时，在日本皇宫的“千种大厅”里召开了决定命运的御前会议。会议决定：“根据11月5日决定的《帝国国策实施要领》而进行的日、美谈判终于未能成功，帝国宣布对美、英、荷开战。”

于是，12月1日下午4时，裕仁天皇终于下达了开战的决定。

这一天，军令部总长永野修身以《大海令第九号》下达了开战命令。第二天，又发布了指定开战期限的《大海令第十二号》命令：“联合舰队司令长官务必在12

① ［日］实松让：《偷袭珍珠港前的365天》，上海译文出版社，1980年，第281页。

月8日后根据《大海令第九号》发动武力。”[①]

12月2日下午5时30分，在北太平洋滚滚恶浪中向珍珠港进发的南云机动部队收到了暗语为“攀登新高山1208”的密电，意即：决定开战的时间为12月8日，按预定计划发动攻击！

这一精选的日子，把必需的两个因素都考虑进去了：这一天是夏威夷时间12月7日，星期天，是美军雷打不动的休假日，届时舰艇泊港，警惕性松懈；该日又是农历十月十九日，从夜半到日出前有下弦月，便于做突袭的准备工作。

此时此刻，日本的潜艇特遣编队也正秘密驶向珍珠港，以配合进攻行动。

在珍珠港，12月1日，美国太平洋舰队司令金梅尔对情报参谋莱顿提出的《11月30日日本航空母舰位置推测表》极为不满。他问：“第1、第2两个航空母舰战队（均属南云舰队）在哪儿？”莱顿支支吾吾地说：“尚在日本本土水域。”

金梅尔戏弄莱顿：“是不是这两支航空战队绕过钻石角（位于瓦胡岛南端），你还不知道？”自以为高明的金梅尔当时不过是信口一说，可哪里知道，他竟然一语成谶。事实正是如此：此时，南云舰队正风驰电掣般地扑向珍珠港！

12月6日，日本航母编队海上加油顺利完成。南云随即收到山本发来的一封训示电报：“皇国兴废，在此一战，我军将士务必全力奋战。”

这份电示，立刻传遍全舰队。不久，“赤城”号升起了“Z”字旗：1905年5月27日，在波涛汹涌的日本海上，在东乡海军大将的旗舰“三笠”号战列舰上，也曾飘扬着“Z”字旗，激励日本海军舰队在对马海战中一举击溃俄国舰队。

“Z”字旗在飘扬，南云舰队如脱缰的野马，自北向南高速开进！

1941年12月6日，星期六，在素有“太平洋心脏”之称的夏威夷群岛首府檀香山（又称“火奴鲁鲁”），夜幕刚刚降临。被美军官兵视为“神圣周末”的夜生活，像醇酒一样迷醉着人们：光怪陆离的霓虹灯，在黑夜中明灭闪烁，变换着绚烂的色彩；一阵阵疯狂的爵士音乐从舞场里滚滚涌出，在夜空中回荡；海滨大街棕榈和矮杉的树丛中，醉醺醺的美国水手挟着情侣在徜徉；在奢华的“太平洋夜总会”以及“夏威夷桥牌中心”，美国海军军官们纵情声色，酒意方酣……

美国太平洋舰队司令赫斯本德·金梅尔海军上将素称生活刻板，但在今天的晚宴上也略感微醺。晚上9时半，他忽然想起明天与陆军指挥官肖特将军还有一场高尔夫球的约会，便匆忙走出狂欢的哈莱克拉尼饭店，返回在麦克拉帕半山腰

① ［日］实松让：《日美情报战记》，图书出版社，日文版，1969年，第150页。

赫斯本德·金梅尔海军上将，珍珠港作战期间担当太平洋舰队司令官，因被指责对珍珠港事件负有重大责任，事后被解除职务降为少将军衔，直至退役始终在接受调查

的寓所。他躺在床上，觉得格外舒展，不知不觉，渐进梦乡……

可是，金梅尔做梦也没有想到，一支以6艘航空母舰为核心的庞大日本舰队，正以24节的航速，杀气腾腾地向美国太平洋舰队所在地珍珠港扑来！

这时，在华盛顿的野村和来栖接到东京急电："毁掉密码机、密码及密码缩语。"12月6日上午，野村又收到东乡外相的电报："政府对美方11月26日的提案进行了慎重的讨论，决定向美国提出备忘录。"

《致美国政府备忘录》实即"最后通牒"，被分成14个部分陆续拍发。当天，日本外务省发出了前面13个部分，被美方全部破译。

12月6日晚，在白宫椭圆形办公室里，罗斯福总统一口气把日本对美备忘录的前13部分匆匆看了一遍，随即把文件递给了在旁边的霍普金斯。据在场的舒尔茨中校回忆说："总统于是转向霍普金斯先生，大体上说——原话怎样我没有把握，但大体是说：'这意味着战争！'"

舒尔茨又说："之后，他们大约花了五分钟讨论日本部队的情况，但在讨论中没有提到珍珠港。我记得印度支那是唯一提到的地名。亦未曾讨论战争何时可能开始，而从讨论的态度看来，也没有迹象表明，明天必然就是这一天。我既然带着那种印象走开，因此当消息果然传来时，就使得我个人更加感到出乎意料了。"①

此刻，美国首脑们正在焦急地等待日本姗姗来迟的"最后通牒"的第14部分，可是，他们万万没有想到，静候而来的却是南云舰队铺天盖地的航空炸弹。

12月8日凌晨1时30分（东京时间），南云舰队抵达瓦胡岛以北230海里处。两小时前，南云收到东京传来的夏威夷潜伏哨吉川的密电，报告12月6日珍珠港舰船停泊情况是："战列舰9艘、轻巡洋舰3艘、潜水母舰3艘、驱逐舰17艘。进入船坞的舰艇有轻巡洋舰4艘、驱逐舰2艘；重巡洋舰与航空母舰全部离港。"

① ［美］舍伍德：《罗斯福与霍普金斯》，商务印书馆，1980年，第575页。

东京电文的最后两句话是："檀香山街市平静，亦未实行灯火管制。大本营海军部确信，此举必成！"

第七节　不宣而战　日机群猛扑珍珠港

突击的时刻终于来到了！

海空一片漆黑。舰桥上，风刮得呜呜直响；一艘艘战舰在海面疾速前行，透出腾腾杀气。飞行指挥所下达号令："开始发动！"刹那间，飞行甲板上的舰载机引擎隆隆作响，航空母舰转舵，逆风航行。旗舰"赤城"号主桅杆上的那面"Z"字旗以及战斗旗正迎风抖动。

日军舰载战斗机从"翔鹤"号航母上起飞袭击珍珠港。本照片于 1942 年在阿图岛被初次发现

"起飞！"命令一下达，一架接一架的日军舰载机在摇摆不定的飞行甲板上滑行、加速，蓦地离舰腾空。甲板上一片狂欢，舰员们挥动着帽子、手臂、小旗，为飞行员们送行。

东京时间 12 月 8 日凌晨 1 时 45 分（檀香山时间 12 月 7 日早晨 6 时 15 分），相继从 6 艘航空母舰上起飞的 183 架日机，编队组成第一攻击波，扑向珍珠港。

在日本空袭机群到达瓦胡岛之前，珍珠港水面已出现一些不祥之兆。

12 月 7 日凌晨，隐蔽在水下的 5 艘日本潜艇各携带 1 艘袖珍特种潜艇，偷偷地驶近珍珠港海面。凌晨 1 时 16 分，"咔嗒"一声，缚着袖珍潜艇的固定带解脱了，5 艘袖珍潜艇如脱缰之马，拖着蓝白色的航迹笔直地朝珍珠港口冲了过去……

同一时刻，远在华盛顿，负责破译日本外交电报的通信谍报处，已把班布里奇岛海军无线电所截获、通过电传打字机传送到华盛顿的日本政府"最后通牒"之最后一部分，即第 14 部分破译出来。该电文说："……鉴于美国政府所采取的

1941 年 12 月 7 日，“赤城”号航母上的飞机正准备起飞攻击珍珠港

态度，帝国政府不能不认为，即使今后继续进行谈判，亦无法达成协议，特此通知美国政府，并深表遗憾。”①

同时，“魔术”还破译了东京命令野村将“第 14 部分”于华盛顿时间 7 日“下午 1 时整递交美国政府”的电文。

情况紧急，陆军情报局远东科科长布拉顿上校立即向马歇尔参谋总长的寓所打电话，但到处找不到马歇尔。

马歇尔对昨天晚上以来的形势发展一无所知，此刻，“他正骑着他心爱的马，牵着一只白毛黑斑狗，在阿灵顿公园愉快地进行星期日早晨的散步。而且，透过公园的树丛，还可以听到附近教堂里传来的风琴声和赞美诗歌。”①

美国海军作战部部长斯塔克将军虽然昨晚获知日本“最后通牒”的前 13 部分，可是，此时他仍在自己寓所的院子里悠然地散步。直到 7 日上午 10 时，斯塔克才蹒跚地到达海军部。当他看完日本“最后通牒”的第 14 部分之后，海军情报局局长威尔逊向他建议：“现在是否立即用电话同金梅尔司令联系一下？”

此时，正是夏威夷凌晨 4 时 45 分。只见斯塔克慢慢地把手伸向电话机……忽然，他又把手缩了回来，说道：“电话还是不打了吧。”

改变其主意的理由之一是：在黎明前妨碍金梅尔的睡眠是一种罪过。

斯塔克决定在通知金梅尔之前，先同总统商量一下。然而，白宫电话总机却

① ［日］实松让：《偷袭珍珠港前的 365 天》，上海译文出版社，1980 年，第 339-340 页。

一架日本俯冲轰炸机正从航空母舰甲板上起飞

回答说：总统使用的那条电话线“正在通话”。

当马歇尔来到他的办公室，已过了11时。他看完了破译的电文，立刻斩钉截铁地说：“各位，我确信：日本军队将在今天下午1时，或1时过后不久便开始发动攻击。我决定向全军司令发出紧急戒备的指令。”

这时，恰是华盛顿上午11时25分。在珍珠港以北海面，前往偷袭的日本舰载机群已飞离了航空母舰。

马歇尔草草拟好电文，又加上了“也请转告海军部队”几个字，吩咐说：“把这份电报送到发报处，用最快、最安全的方法拍发给各指挥官。”

遗憾的是，这一指令没有用马歇尔桌上的电话、隔壁房间的秘密电话或海军短波无线电发出，而是通过最费时的西部联合电信公司拍发的，这中间还要转手三次。

当马歇尔的电文拍发完毕，正是珍珠港时间清晨6时30分。在港外海面上，美军驱逐舰“守护人”号几经波折，终于搜索到一艘日本潜艇。舰长奥特布里奇上尉立即下令：“右15度，目标潜艇，深水炸弹攻击开始！”随着一阵阵沉闷的爆炸声，一艘日本袖珍潜艇左倾翻转而沉没，附近海面上漂浮起一层油污。

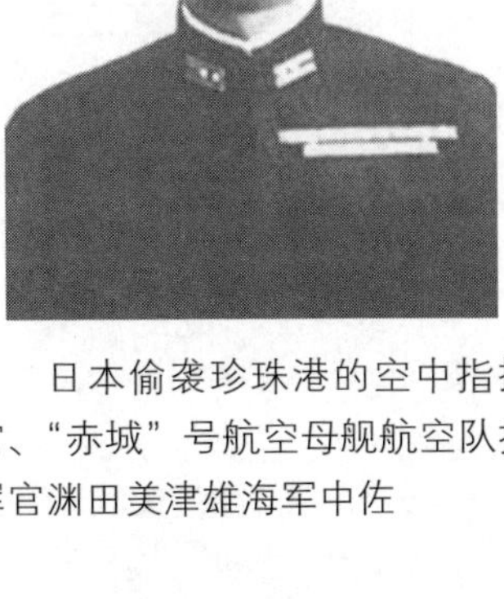
日本偷袭珍珠港的空中指挥官、“赤城”号航空母舰航空队指挥官渊田美津雄海军中佐

同时，美军巡逻机在防御水域内又击沉了另一艘来历不明的潜艇。

珍珠港海面上的情况马上被报告给金梅尔司令，金梅尔说：“我马上到司令部去。”

珍珠港早晨7时2分，设在奥帕纳山冈上的雷达站已按规定关闭。此时，两名新兵洛克哈德和埃利奥特出于好奇，又打开了雷达。突然，他们发现雷达屏上出现了一堆堆闪闪发光的亮点，方位北 3 度偏东，离珍珠港 221 千米。

密密麻麻的亮点越来越清晰。几经校核，他俩确信一支庞大的机群正朝瓦胡岛的方向飞来，并马上将这一发现报告了值班的泰勒中尉。中尉却把他们两人嘲弄了一番："少为这事操心吧！"

原来，有一支美军飞行队由旧金山的汉米尔顿机场起飞，途经瓦胡岛飞往马尼拉，预计夏威夷时间 12 月 7 日早晨 7 时到达珍珠港。这位中尉曾经和其中一位驾驶 B-17 轰炸机的朋友相约：飞行队来时将通宵播放夏威夷音乐。当接到这两位新兵的报告时，泰勒正陶醉在无线电传来的夏威夷音乐中，他盲目坚信是己方的 B-17 机群正在向珍珠港飞来。而受到嘲弄的两个新兵，眼瞅着雷达屏上的机群越来越近，心急如焚却束手无策。

在珍珠港事件中，这一小小的插曲作为一个疏于戒备、临阵麻痹、掉以轻心的典型实例，被永远载入美军太平洋舰队历史性大悲剧的史册中，给后人以深刻的启迪。

7 时 25 分，日军机群离瓦胡岛 100 千米；7 时 30 分，相距 75 千米；7 时 39 分，相距 35 千米……

空中，率领机群向珍珠港扑来的渊田海军中佐正为无法了解珍珠港上空气象状况而愁眉不展。突然，从机载无线电台中传来清晰的声音："半晴。山上多云。云底高 3500 英尺，能见度良好。北风，风速 10 节。"[①]——这是檀香山广播电台在播放本地区的航空气象。

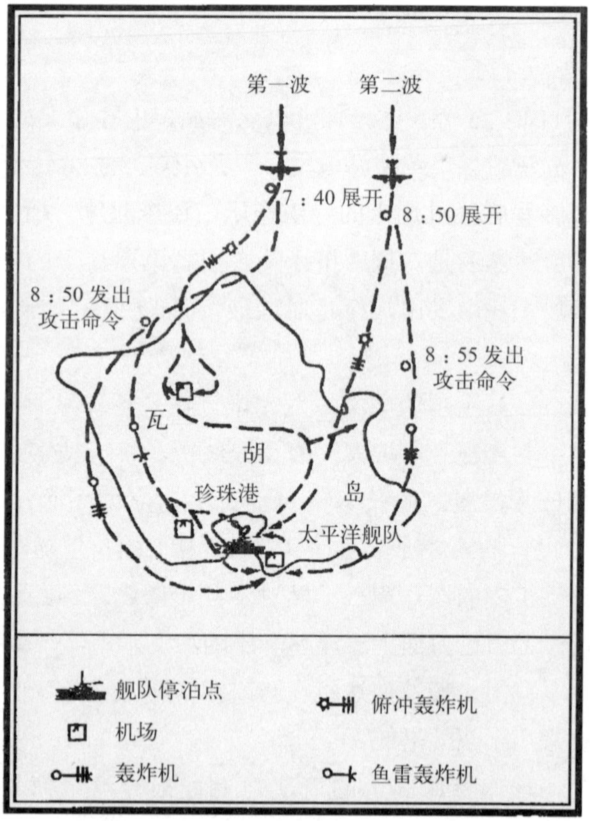

日军航空兵突击珍珠港美军太平洋舰队示意图（1941 年 12 月 7 日）

① ［日］渊田美津雄：《袭击珍珠港》，商务印书馆，1980 年，第 99 页。

渊田闻讯大喜，并迅速做了记录。

“报告队长，看到珍珠港了！”松崎海军大尉激动地喊道。

渊田举起信号枪，向座机外打了一发蓝色信号弹，这是攻击部队展开的信号。

此时此刻，正是东京时间1941年12月8日凌晨3时19分；檀香山时间12月7日早晨7时49分；华盛顿时间12月7日下午1时19分。

第八节 狂轰滥炸 珍珠港惨遭大劫难

12月7日，星期日，7时55分，由183架日军战机组成的第一攻击波，犹如晴空霹雳，自天而降，出其不意地出现在珍珠港上空。

这本来是一个普通的星期日早晨，在珍珠港，有些水兵还醉醺醺地到处闲逛，许多军官经过周末的寻欢作乐，还未起床。檀香山广播电台播放着轻音乐，教堂的钟声柔和地在层层涟漪的水面上缭绕荡漾，港内大小96艘美国军舰一动不动地静静地“睡”在那里，空中没有一架美机。

渊田见状大喜过望，在不见任何战果的情况下，就急不可耐地发出“我奇袭成功”的暗码:“虎！虎！虎！”

电波从3500海里之遥径飞东京，瞬间抵达日本联合舰队旗舰“长门”号战列舰的作战室里。

日本偷袭珍珠港曾拟定两种攻击方案：一是奇袭（鱼雷机先攻击），二是强攻（俯冲轰炸机先攻击）。分别以一发和两发信号弹指示对应行动。此时，由于云层遮蔽，担任警戒的战斗机队没有看到渊田的展开信号，渊田于是又打了一发蓝色信号弹。结果，俯冲轰炸机队的指挥官高桥海军少佐对发出的信号弹发生误判，以为是强攻，立即指挥他手下的53架俯冲轰炸机兵分两路，首先对美军机场实施轰炸攻击。

分布在珍珠港四周的希凯姆机场、惠列尔机场、埃瓦机场和卡内欧黑机场是日机第一批攻击的目标。特别是离珍珠港不远的希凯姆机场，巨大的机库鳞次栉比，重型轰炸机一架连一架地排列在停机坪上，好像正在“等待”日机前来把自己一网打尽似的，毫无戒备。

7时55分，日本俯冲轰炸机出现在美军机场上空。刹那间，炸弹如雨，自天

这是第一波攻击飞机上拍摄的港湾内情景。远处的美军机场遭到攻击，燃起浓烟

而降，美机被炸得四分五裂，七零八落。只有几架美机侥幸起飞，但很快就被高度灵活的“零”式战斗机揍了下来。美军地勤人员和飞行员从破烂不堪的飞机上抓起机枪进行抵抗，然而杯水车薪，无济于事。

在一阵阵巨大的爆炸声中，只见希凯姆机场黑烟腾空，福特岛机场硝烟弥漫，惠列尔机场也劫数难逃，瞬间升起了高大的烟柱。仅仅几分钟，美军机场已疮痍满目、弹坑遍地，几百架美机成了一堆堆冒烟的残骸——日本人迅速而彻底地敲掉了瓦胡岛的空防。

“哎呀，俯冲轰炸机队先干起来了！”事出意外，空中总指挥渊田海军中佐不禁大惊失色。

村田海军少佐此时正率领鱼雷机队从希凯姆机场那边穿过海军造船厂进入攻击位置。他已见到渊田座机发射一颗信号弹，清楚地知道这次作战方案是奇袭，应该由他的鱼雷机首先对海面上的舰船进行攻击。不料高桥却抢了先，他顿感大事不妙：一旦硝烟把海面上的战舰遮挡，他的鱼雷机队就无法下手了。于是，村田连忙率机队抄近路，在高桥的俯冲轰炸机队攻击后仅 2 分钟，就对珍珠港停泊的战列舰实施了鱼雷攻击……

趁机场上空的硝烟还没有广为扩散，由渊田海军中佐亲自指挥的高空水平轰炸机，也立即投入了高空炸弹攻击……

刹那间，日机的吼叫声，炸弹的爆炸声，一下子把珍珠港星期天早晨那平静安谧的气息撕得粉碎。

机场上，排列得整整齐齐的美机被炸得横七竖八、支离破碎、惨不忍睹。

海面上，水柱突起，火光冲天，燃烧的破片在飞旋，一艘艘锚泊的巨型战舰被炸得东倒西歪，狼狈不堪。

珍珠港遭到突然袭击

不出十分钟，珍珠港往日的粼粼碧波，顿成一片黑红色的火海；昔日蔚蓝色的海空，如今已是浓烟蔽日。沉浸在“桃源美梦”中的美军官兵，丈二和尚摸不着头脑，有的惊恐万状，有的呆若木鸡，较“聪明”一点儿的人则以为这是美国海军玩的鬼把戏：选择星期天搞“特殊演习”。

此时，在美军战列舰“内华达”号的后甲板上，麦克米伦正在指挥军乐队，准备在早上8时升旗。7时55分，一队日机已冲向附近的福特岛，接着便是一阵可怕的爆炸声，一团团黑烟翻滚而起。麦克米伦看到这一情景，也认为这大概是一次“特别演习”。

军乐队于8时准时奏起了美国国歌，一面舰旗随着乐曲声从舰艉的旗杆上徐徐升起。就在这时，一架日机擦着港内的海面飞来，向停泊在旁边的战列舰“亚利桑那”号施放了鱼雷，随后就从军乐队吹鼓手们的头顶上一掠而过。

不少人见此情景，还对美国海军大加称道，认为选择这样一个星期天进行演习，实在是“深谋远虑”。有人甚至既风趣幽默又唏嘘感叹地说：“火奴鲁鲁同美国好像是处于不宣而战的状态。”

当第一架日机超低空俯冲时，美国海军基地瞭望哨的官员还在记录中建议，要给这个飞行员记一大过，因为他违反了飞行纪律，可能是想露一手！

珍珠港空军基地指挥官克拉克正在用早餐。当他看到低空直转弯进港的飞机时，还暴跳如雷："这些糊涂的家伙，他们该懂得严格的规定是禁止直转弯的！"他的儿子喊他："爸爸，看啊，飞机的翅膀上还有红圈圈。"

克拉克顿感苗头不对，立即跳进汽车驰往司令部。尖锐的汽车喇叭声，竟成了珍珠港的第一声警报！

美军太平洋舰队司令部的值班参谋墨菲中校在震耳欲聋的爆炸声中一边急忙用电话通知金梅尔，一边火速下令马上向海军作战部部长斯塔克、美军亚洲舰队司令哈特、美军大西洋舰队司令金上将等拍发了一份十万火急的电报：

"Air raid on pearl Harbor，This is no drill（珍珠港遭受空袭，这不是演习）."

金梅尔上将正准备到司令部去了解"守护人"号驱逐舰反潜作战的情况。听到爆炸声后，他立即奔出麦克拉帕半山腰的寓所，向珍珠港那边眺望，不料被"亚利桑那"号战列舰剧烈爆炸的气浪冲撞在柱子上。

当他站稳脚跟，定睛注视着珍珠港所呈现出的噩梦一样令人难以置信的景象时，这个生活刻板、以恪守职责著称的、近一周来每天都对部属讲一次"美、日开战 24 小时内应采取之步骤"的金梅尔海军上将，完全惊呆了。他的面部表情就像绘画中的一个悲剧人物。此时，金梅尔眼前的美国太平洋舰队行将覆灭。

日本偷袭的主要目标是 8 艘美国战列舰。眼下，有 7 艘停泊在福特岛与海军工厂之间被称为"战列舰大街"的航道上，它们自东北向西南依次是："内华达"号（标准排水量 29 000 吨）、"亚利桑那"号（标准排水量 34 000 吨）与一艘油船，"西弗吉尼亚"号（标准排水量 32 000 吨）和"田纳西"号（标准排水量 33 000 吨）并舷，"马里兰"号（标准排水量 32 000 吨）和"俄克拉荷马"号（标准排水量 29 000 吨）并舷，最末一艘是"加利福尼亚"号（标准排水量 33 000 吨）。而第 8 艘战列舰、金梅尔上将的旗舰"宾夕法尼亚"号（标准排水量 34 000 吨）在南边海军造船厂船坞内。在福特岛北面和西面，则泊有轻、重巡洋舰、驱逐舰以及各类工作船。

日本鱼雷机群分为两批：一批 16 架，对福特岛两侧舰船实施鱼雷攻击；另一批 24 架，从东南方向进入，超低空接近"战列舰大街"。日军飞行兵曹森拾三驾机掠海攻击，他后来回忆说："忽见一艘战列舰隐隐约约出现在我的飞机正前方，像一座巍峨的山峰耸立在轰炸机前面。"

日机在距海面只有 12 米的高度上纷纷投下带有安定尾鳍的特制浅水鱼雷。只见海面上蓝白色的雷迹纵横交错，向停在航道外侧的战列舰飞蹿。顿时，战舰舷侧纷纷发出惊天巨响，水柱四起，火光冲天。

珍珠港在泊舰艇：8 艘战列舰（“宾夕法尼亚”号、“加利福尼亚”号、“马里兰”号、“俄克拉荷马”号 、“田纳西”号、“西弗吉尼亚”号 、“亚利桑那”号、“内华达”号 ）、3 艘轻巡洋舰、3 艘水上飞机母舰

日本偷袭珍珠港时，在希凯姆机场 15 号棚场外被炸毁的美机

渊田则带领由他亲自指挥的高空水平轰炸机队在战列舰上空穿梭往来，进行毁灭性的高空轰炸。

空袭5分钟后，岛上32个美军高射炮连中有4个连开始还击，炮火在日机航向前面构成一道道弹幕。渊田感到他的座机像挨了一大棒似的震了一下，但他全然不顾，仍旧指示向导机，把停在航道里侧、鱼雷无法攻击的战列舰“马里兰”号作为目标。当投弹的命令发出后，渊田回忆说：“我看到4颗炸弹像长了眼睛的魔鬼似的紧挨着，一个劲地往下落，不久，炸弹变得比豆粒还小，终于看不见了。再看那‘马里兰’号的甲板，有洗衣盆那么大，紧接着像草垫上掸起的灰尘那样，甲板上升起了两股白烟，两弹命中！”①

在日机准确而猛烈的攻击下，那些被炸毁的大型舰船悲惨地倒在珍珠港浅滩上，冒出浓浓的黑烟。惨不忍睹的情景在瞬间出现了：

“亚利桑那”号战列舰遭到水平轰炸机轰炸，一颗穿甲弹穿透了甲板，引起舰艏弹药舱大爆炸。目击者非常清楚地看到有人夹在爆炸物之中腾空而起，上百吨重的炮塔也飞上了天空；黑红色烟云升腾翻滚，火柱高达1000余米；舰桅歪斜，庞大的舰体被熊熊燃烧的烈火吞噬着。有人形容“亚利桑那”号因弹药库剧烈爆炸而发出的轰鸣时说：“这是自几百年前在这个平静的瓦胡岛上，蓬奇包尔和伐阿芒特头两座火山大爆发以来闻所未闻的。”

1941年12月7日，停泊在珍珠港内的美军战列舰“亚利桑那”号惨遭日军机群轰炸

该舰在水面上仅支撑了几分钟就和1100余名舰员一起沉入海底。

“西弗吉尼亚”号由于位于战列舰群中心，从而受到日本鱼雷机队集中攻击。它身中9枚鱼雷，左舷被炸开一道长37米，宽4.5米的裂口，像条破肚的死鱼一

① ［日］渊田美津雄：《袭击珍珠港》，商务印书馆，1980年，第115页。

样，船体倾斜着，半截沉到水里。附近海面上漂着一层乌黑的柴油，舰员死亡 105 人。

驳船正向被火舌吞噬的“西弗吉尼亚”号战列舰喷水救火

“田纳西”号战列舰与“西弗吉尼亚”号难解难分地纠缠在一起。由于“田纳西”号靠近福特岛一侧，仅中一枚鱼雷，但舰上大火猛烧，浓烟骤起，受创严重。

“俄克拉荷马”号位于外侧，结果被击中 12 枚鱼雷。甲板大火熊熊，左舷严重倾斜，右舷的舰壳如同巨大的鲸背一样露出水面，缓缓地转动着，最后歪着船身插入海水中。

只见许多舰员趴在难以兀立的舰壳上，害怕掉进燃烧的火海里。幸好舰舷旁是“马里兰”号战列舰。虽然该舰也已中弹燃烧，但尚未倾覆，因而，趴在“俄克拉荷马”号舰壳上的许多人在同伴的帮助下，爬上了“马里兰”号，但更多人却随舰沉入了海底。

在“俄克拉荷马”号沉没的第二天，许多救护人员用焊枪和汽锤在已经倾覆的舰壳上打开了几个洞口，继续抢救被封闭在舱里的舰员，但仅有 32 人被救出，那些远离洞口的舰员，即使在舱内大喊大叫，外面的救护人员也听不见。当他们

一名美军远眺冒着浓烟的“加利福尼亚”号

“马里兰”号战列舰，外侧是倾覆沉没的“俄克拉荷马”号。由于“马里兰”号停在内侧，“俄克拉荷马”号替它抵挡了所有的鱼雷，“马里兰”号只被命中 2 枚炸弹

明白外面的人不能来救他们的时候，就用粉笔在隔板上写上自己的名字及绝命书，最终极为痛苦地死去。

当这艘倾覆了的战列舰重新被打捞起来后，才知道那些被封在隔舱里的人一直幸存到12月25日，共坚持了17天。该舰有415人遇难。

“马里兰”号在渊田指挥的高空水平轰炸机攻击下，被命中两颗重磅炸弹。舰体受损，纵倾1.5米，损坏不是太重，但甲板也燃起大火，浓烟滚滚。

“加利福尼亚”号战列舰被命中两枚鱼雷，舰上的重油库中弹起火，一股巨大的火苗和浓烟升上了天空，舰上散发着一股难闻的气味。这时，为防止弹药库爆炸，舰长下令向弹药库注水，不料此举更加剧了“加利福尼亚”号的倾斜和下沉。油库燃烧造成了无法抗拒的可怕烈焰，舰长终于下令弃舰。

然而，人员怎样下舰却是个大问题。因为在“加利福尼亚”号和其他战舰周围的水面上，都有一层厚达30厘米的重油在燃烧，要跳进燃烧着的充满浓烟的火海里，只能在油层下面潜游，才能免被烈火烧伤，但这又是极难做到的事情。随着“加利福尼亚”号慢慢下沉，在火海里挣扎的舰员，大部分被烧伤后葬身鱼腹，舰员死亡近100人。

战列舰被炸得浓烟滚滚

即将倾覆沉没的“俄克拉荷马”号

“内华达”号也未能躲过鱼雷和雨点般落下来的炸弹。一枚命中爆炸的鱼雷先将船舷撕开一个约14米长、10米宽的大口子，随后，又有两枚炸弹落在该舰，黑烟滚滚而出，残骸碎片布满甲板。

旗舰“宾夕法尼亚”号由于临时泊在海军造船厂船坞里，侥幸逃脱了覆灭的命运，但仍在船坞中吃了几颗炸弹。而停在旗舰泊位上的“海伦娜”号巡洋舰，却成了“替死鬼”。

体型硕大的“犹他”号靶船

被当成战列舰加以攻击，身中 6 枚鱼雷。

空袭中，凡港内有机动能力的大小舰只，都惊慌失措地冒着弹雨在燃烧的海面上乱窜，均遭不同程度的攻击和毁坏。

当金梅尔上将来到太平洋舰队司令部时，他所指挥的这支舰队的主力——8 艘战列舰，或被击沉或遭重创。取得赫赫战果的日军第一攻击波于 8 时 25 分，从容不迫地扬长而去。

第一攻击波的日机仅损失 9 架。

美军战列舰“加利福尼亚”号被炸后烈焰熊熊，随后翻转沉没

日本偷袭珍珠港时，美军太平洋舰队旗舰“宾夕法尼亚”号战列舰在干船坞中遭受重创

第九节 战争狂叫器 匕首插进美胸膛

第一波空袭结束后，珍珠港内出现了暂时的平静。只见好几艘四周和顶部涂有红十字的白色船只出现在硝烟弥漫的海面上，以洁白的舰艏劈开火海，全速向正在燃烧的舰船驶去；救护人员冒着延时引信炸弹爆炸的危险和熊熊烈火去抢救伤员。

伤痕累累的“内华达”号最终搁浅

岂料，灾难并未就此结束，8 时 55 分，由 171 架日机组成的第二攻击波，在岛崎海军少佐的指挥下，又猛烈地攻击了被滚滚浓烟笼罩着的珍珠港。

这一次，“肖”号鱼雷快艇首先遭殃。它的弹药舱被 3 颗炸弹命中，巨大的火苗直冲海空，惊人的巨爆震撼了好几百米以外的舰艇。瞬间，珍珠港又处在危难之中。

在第一波攻击中遭受轻伤的战列舰“内华达”号，此时又遭到俯冲轰炸机走马灯似的攻击。“内华达”号正夺路逃向港口处，日机发觉后，立即蜂拥而来。结果，在冰雹一般的弹雨中，“内华达”号又中 6 颗炸弹，浓烟和烈火从甲板上升起，舰艉在下沉。在这万分危急的时刻，“内华达”号突然改变了航向，向左边驶去，这是为了避免该舰在沉没时堵塞入口处航道。结果，受重伤的“内华达”号在霍斯皮特尔角搁浅。

至此，港内 8 艘战列舰全部失去了战斗力。

日军机群第二次攻击又使珍珠港惨相横生、一片混乱。这时，清醒过来的美军已组成了防御火网，高射炮猛烈射出一道道柱形集束弹幕，布满珍珠港上空。但日机仍在硝烟中穿飞腾跃，对机场、舰只进行了持续近 1 个小时的攻击，进一步扩大了战果。

倒霉透顶的是，从美国西海岸远程而来的 12 架 B-17“空中堡垒”式飞机恰好在这个时刻飞临珍珠港上空；从返航的航空母舰“企业”号飞来的 18 架 SBD“无畏”式俯冲轰炸机，也如同参加约会似的赶来了。日军“零”式战斗机立即猛扑过去，其中有些美机根本来不及自卫就被击落了，其余的则成了没头没脑地向天空中所有飞机开火的美军地面高射炮火的牺牲品。

珍珠港事件中，被日军飞机扫射的平民车辆，当时周围并没有任何的军事设施和目标

一位美军飞行员对通话器高喊道：“不要开炮！不要开炮！这是美国飞机！”话音刚落，他的座机就被击中，一头栽了下来。结果，美军“无畏”式飞机被击落 7 架，“空中堡垒”式飞机被击落 1 架。

在日军第二攻击波机群反复轰炸和穿梭扫射之下，珍珠港的美军损失进一步加重。直到上午 9 时 45 分，日机才全部撤离。

日机在珍珠港上空的肆虐，前后历时 1 小时又 50 分钟。攻击中，美军太平洋舰队惊慌失措，乱成一团，电报全用普通明码拍发，这让截听到电文的日军大本营军官们捧腹大笑。

山本五十六在“长门”号旗舰上犹如在赌博中赢了一个“统吃”，兴奋得脸都红了。

一个日军参谋在日记中得意忘形地写道：“敌人毫无警戒，快哉，快哉！美国佬，你晓得了吧！ 30 年仇恨的匕首，今天插在你的胸膛上了。”

宿敌在瞬间被打翻在地，日本法西斯称霸远东及太平洋地区的野心似乎可以实现了。为此，日本法西斯分子彻夜狂欢。在“长门”号上的山本五十六为表达效忠天皇、誓死将法西斯战争进行到底的决心，还赋诗一首。诗曰：“以身为御盾，忠心为天皇，名誉何所惜，生命亦可抛。”

狂轰滥炸后珍珠港内的惨景

太平洋舰队司令赫斯本德·金梅尔的旗舰“宾夕法尼亚”号由于停在海军造船厂的干船坞内维修，侥幸逃脱了覆灭的命运，但还是吃了几颗炸弹

日军偷袭珍珠港的战果如下：击沉战列舰5艘（包括“犹他”号）、重巡洋舰2艘、轻巡洋舰2艘和油船1艘；重创战列舰3艘、巡洋舰2艘和驱逐舰2艘；中创战列舰1艘和轻巡洋舰4艘，总计炸沉炸伤美军太平洋舰队各种舰船40余艘。

日机的扫射和轰炸以及美军地面高射炮火误射，导致188架美国飞机被摧毁，155架飞机受损。此外，美军官兵死亡2403名，近2000人受伤；而日本方面仅以损失飞机29架、袖珍潜艇5艘的微小代价，就使美军太平洋舰队几乎全军覆灭。

经此一战，太平洋上的战略优势转到日本人手中。

值得一提的是，这次空袭，美军太平洋舰队的3艘航空母舰由于外出执行任务，侥幸逃脱了葬身海底的命运。另外，日机对油池群以及海军造船厂“秋毫无犯”，也颇令人费解。这对以后作战产生了极大的影响。

既然是偷袭，行事者不免心里发慌。在日机尚未全部返回航空母舰时，南云便坚持下令返航。偷袭舰队一溜烟地掉头跑掉了，连两架迷失方向的日本轰炸机的呼号也顾不得理会。

在东京，日本官方发布了下列新闻：《大本营陆海军部公告》（昭和十六年十二月八日早晨6时）“帝国陆海军于今天8日凌晨在西太平洋同美、英军进入了战争状态”。①

参加偷袭行动的日军飞行员为取得的战绩开怀大笑

日本举国上下，闻之大吃一惊。而战争狂热分子则兴高采烈地欢呼道：“只是28个字的一篇短文，但它却像一把锋利的匕首，刺向敌国的心脏。”

东京广播电台在发布《大本营陆海军部公告》时，还配上了蛊惑人心的《军舰进行曲》和《拔刀队》的乐曲。

上午11时，日本大本营发布第二号新闻公告：“帝国海军于今天8日凌晨对夏威夷方面的美国舰队和空军断然进行了猛烈的大规模空袭。”

11时40分，日军公布了裕仁天皇的宣战诏书。诏书如下：

“我们忠诚勇敢的臣民们，我们承上天之名，万世永继的，泽及尔等的日本天皇，在此向美利坚合众国和大英帝国宣示战争。

“在我们帝国祖先神圣精神的护佑下，依靠我们臣民的忠诚和勇气，我们祖先遗留下来的伟任一定能够发扬光大，我们一定能够迅速地铲除一切邪恶的根源。”

昭和的年号原本是意味着“昭示和平”，而如今却恰恰相反，它给人类带来了残酷的战争和无穷的灾难。

天皇对美英宣战的新闻广播立即震惊了7300万日本民众。当天早晨，在东京新桥车站买到报纸的民众，在迈出三步之后便立即收住了脚步，战争的到来使他们大吃一惊。

户崎明是一位东京的报纸编辑，他说：“我当时认为这是不可能的，因为大众并没有做好准备。”

钢铁厂的研究员五味川纯平说：“对我来说，那就好像天摇地动一样！”

家庭主妇松冈洋子说：“珍珠港事件对于日本人的震撼和对于美国人来说都是一样的大！”②

当时任英国首相的丘吉尔获悉日本偷袭珍珠港的消息后，轻松地点燃了一支雪茄，欣喜道：“我们终于可以睡一个好觉啦！”

---

① ［日］实松让：《偷袭珍珠港前的365天》，上海译文出版社，1980年，第376页。

② 《战争中的日本》，美国《时代》生活版，第28、第29页。

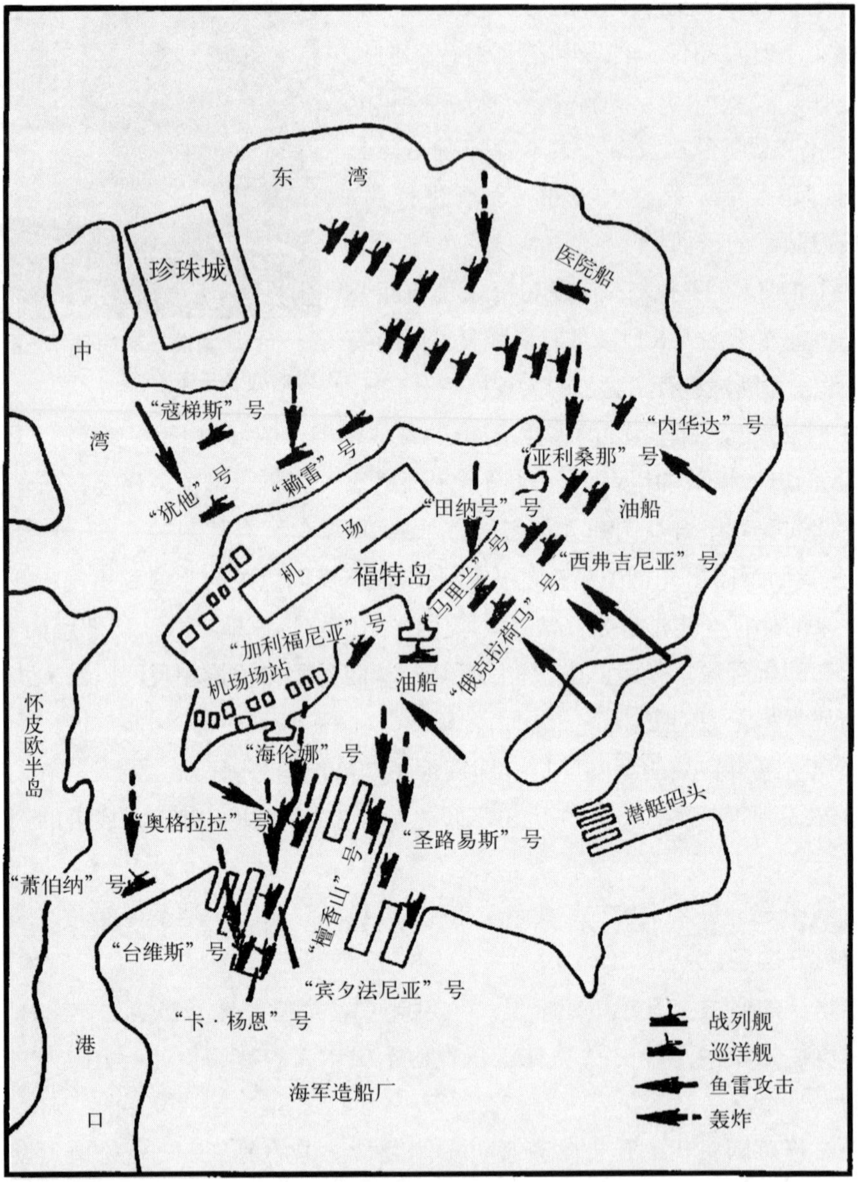

珍珠港攻击略图（1941 年 12 月 8 日）

航拍照片显示了水面的条纹状油污和夏威夷珍珠港美国海军的干船坞，这是 1941 年 12 月 10 日日军攻击之后的场景

第十节 罗斯福总统悲愤宣布国耻日

夏威夷时间下午 2 时 58 分，即日机袭击珍珠港后的 7 小时零 3 分钟，肖特将军收到了马歇尔发来的密码电报：“日本在今天华盛顿时间下午 1 时，将提出相当于最后通牒的文件。日本还下令立即销毁密码机。此时此刻会发生什么情况不得而知，但必须戒备。这一情况也请转告海军部队。马歇尔。”①

哭笑不得的肖特将军马上命令：“将这份电报的抄本送交金梅尔司令……”

金梅尔向参谋人员大声宣读了这份电报，由于紧张与激愤，他的声调有点抽泣。不一会儿，盛怒中的金梅尔把那份电报揉成一团，狠狠地摔向地板，随即转向窗口，目不转睛地凝视着珍珠港已被击溃的太平洋舰队的那些凄怆残骸。

镜头回放：12 月 7 日下午 1 时 50 分（珍珠港上午 8 时 20 分），华盛顿的美国海军部接到了珍珠港拍来的第一份告急电报：“珍珠港遭受空袭，这不是演习。”

① ［日］实松让：《偷袭珍珠港前的 365 天》，上海译文出版社，1980 年，第 372 页。

诺克斯读罢电文大声叫喊："不得了啦！这不可能是真的！那一定是意味着菲律宾！"

被炸成废铁的军舰

此刻，罗斯福正在白宫二楼椭圆形办公室里，一边津津有味地吃着一只色味俱全的苹果，一边向他的挚友哈里·霍普金斯夸耀其心爱的集邮册。

突然，电话铃响了。"我是诺克斯，我们侦获了一份美国太平洋舰队总司令发出的作战电报。"

"不可能！"总统说。

"看来已经干起来了。"

"不可能！"

"日本人正在进攻珍珠港。"

"不可能！"

满目疮痍的珍珠港

"我将电文念出来：'美国太平洋舰队总司令致夏威夷所有舰船：珍珠港遭受空袭，这不是演习。'"

"通知所有舰船和军港！"总统盛怒之下热血沸腾。

"进攻还在继续，"诺克斯说，"我几乎听到炸弹的爆炸声了。布洛克说，这回我们挨揍啦！"①

总统立即将这一消息通知了赫尔，随即，他一动不动地坐了整整 18 分钟。

此时，野村和来栖在日本大使馆门口已预备好汽车，正焦急地等待着《致美国政府备忘录》第 14 部分的英文译稿。

① ［美］奥尔登·哈奇：《罗斯福外传》，江西人民出版社，1982 年，第 301 页。

原来，为了避免“偷袭”的恶名声，日本政府训令递交该文件的时间是华盛顿时间“下午1时”，即日机袭击珍珠港前半小时。由于日本大使馆翻译工作迟误，直到下午2时20分，两位大使才急急忙忙地走进美国国务院的大门。此时，正是珍珠港早晨8时50分，日本第二攻击波机群已飞抵珍珠港上空。

野村将要递交的文件，赫尔早已通过“魔术”了如指掌。只见他装出一副匆匆看了一遍的样子，然后猛然转过身来，两眼盯住野村，愤怒地说：“我想直截了当地告诉你，我在过去同你进行历时9个月的谈判中，从未说过一句谎话。这一点只要看一下记录就会一清二楚。在我50年的公职生活中，从未见过这样厚颜无耻、充满虚伪和狡辩的文件。到目前为止，我做梦也没有想到，在这个星球上，竟有如此牵强附会和说出这么多谎言的国家。”①

野村正想说话，赫尔挥手加以制止，并用下颚指指门口。“和谈”丑剧就此落幕！

野村两眼饱含着泪水，灰溜溜地走出了国务卿办公室。当俩人尚在返回途中，美国广播电台已在反复广播：“Pearl Harbour attacked”（珍珠港遭到攻击）。紧张而激愤的播音员已失去平时那种沉着的语调，不时发出颤抖的声音。

这一爆炸性新闻使正在欢度星期日的美国人民遭受莫大的冲击。

珍珠港的炸弹把美国人从绥靖幻梦中惊醒，也使国内鼓吹“孤立主义”的人来了一个180度的大转弯。第二天，罗斯福总统身披深蓝色海军斗篷，乘车来到国会大厦，登上讲坛，开始了他一生中最难忘的演说：

“昨天，1941年12月7日，永远是耻辱的日子。这一天，美利坚合众国遭到了日本帝国海军和空军的袭击。

“在这以前，美国和日本处于和平状态……

“昨天，对夏威夷群岛的袭击，使美国的陆海军遭到了严重的损失，大批美国人遇难。

“昨天，日本政府出兵马来亚。

“昨天，日本军队进攻了香港。

“昨夜，日本军队进攻了菲律宾群岛。

“昨夜，日本军队进攻了威克岛。

“今晨，日本军队又进攻了中途岛……

“我们将永远记住，这种向我们的进攻意味着什么！

① ［日］实松让：《偷袭珍珠港前的365天》，上海译文出版社，1980年，第371页。

“不管要打多久才能挫败这场蓄谋已久的侵略，美国人民依靠正义的力量，一定能排除万难，赢得最后的胜利……

“战争已经爆发，我们不能不看到，我们的人民，我们的领土，我们的利益，都处在万分危急之中。

“只要信赖我们的军队，只要依靠人民无比坚强的决心，我们就一定能获得最终的胜利，愿上帝保佑我们！

“我要求国会宣布：自 12 月 7 日星期天无端发动这场卑鄙的进攻之时起，美国和日本帝国之间处于战争状态。”①

在日本偷袭珍珠港的第二天，即 1941 年 12 月 8 日，美国总统罗斯福在国会发表演说，抨击日本卑鄙无耻的偷袭，并向国会要求全国进入战争状态

偷袭珍珠港事件震惊了全世界，永远载入了人类政治与战争的史册。

① ［美］奥尔登·哈奇：《罗斯福外传》，江西人民出版社，1982 年，第 304 页。

罗斯福总统签署宣战书

从此，美国正式参加了第二次世界大战。12 月 9 日，中国对德国、意大利、日本宣战。接着，英国、加拿大、澳大利亚、荷兰、新西兰、南非联邦、古巴、尼加拉瓜、巴拿马、萨尔瓦多、自由法国和波兰等 20 多个国家，相继对日宣战。第二次世界大战成为名副其实的“全球战争”！

第十一节 空前浩劫的教训及谍报悬疑

历史回溯：1921 年，美国出版了《太平洋海上霸权》一书。4 年后，该书的部分内容被创作为小说，取名《伟大的太平洋战争》，书中描写了一支日本舰队偷袭珍珠港、关岛和菲律宾群岛等战事。

这本书被日本海军参谋部译成日文，列入海军大学的课程。该书出版时，山本五十六正在华盛顿任武官。这位孜孜不倦地钻研海军学术，又具有相当英语造诣的山本，不可能不注意到这本偷袭珍珠港的书。

因此，美国史学家埃德温·马勒认为：日本偷袭珍珠港，“这项计划并不是在东京首先想出来的，它实际上是由美国海军计划委员会在华盛顿拟订的。”①

故事要回溯到1932年。

原来，日本和美国都是后起的资本主义国家。日本对中国早有野心，美国也意欲在中国“分一杯羹”。因而，从19世纪末开始，为了夺取中国市场，在远东争霸权，日美双方矛盾不断加深，关系日趋紧张。

早在1904年，美国就根据当时的陆军参谋总长查菲将军的提议，着手制定对日作战计划——“橙色计划”。而日本方面也针锋相对地把美国视为假想敌国，1907年4月，日本海军制定了在近海截击并歼灭美军舰队的《用兵纲领》。

1931年，日本悍然制造了“九一八事变”，侵占了中国东北，触动了西方国家的在华利益，日美关系随之进一步恶化。在这种形势下，美军舰队举行了一次别开生面的演习。

1932年1月，一支规模空前、拥有200余艘军舰的美国舰队，在太平洋东岸的加州海域集结。舰队指挥官是哈里·亚纳尔海军上将。这位热心航空事业的将官，用航空母舰“萨拉托加”号和“列克星敦”号以及4艘驱逐舰组成的“特遣舰队”打头阵，指挥舰队“杀”向珍珠港，他要亲自检验一下珍珠港的防御力量究竟有多强！

亚纳尔上将亲自坐镇航空母舰“萨拉托加”号，率舰队高速西驶。真是天遂人意，在距瓦胡岛还有24小时航程的时候，天空中阴霾密布，乌云蔽日，亚纳尔舰队得以隐蔽地向目标接近……

1932年2月7日，也是一个星期日，亚纳尔率舰队进抵瓦胡岛东北180千米处。此时，黎明前的黑暗笼罩着波涛汹涌的海面，亚纳尔上将毅然下令：“出击！”刹那间，152架美军舰载机从颠簸的航空母舰上起飞，直取珍珠港，其攻击的时间、手段、方位，与9年后日本偷袭珍珠港如出一辙。

美军机群从珍珠港上空的云层中钻出后，立即发现世界上最大的海军基地就瘫在机翼下面，毫无还手之力。“空袭”的瞬间，舰载机没有遭到任何防守飞机的拦截，“攻击者”完全掌握了制空权，的确能将港内每艘停泊的舰只炸沉！

可惜的是，美国人未能从这次演习中吸取教训和启示。而日本人却对此演习大为关注。当美机“偷袭”珍珠港时，瓦胡岛上狡猾的日本间谍，分散到各有利

① ［美］埃德温·马勒：《间谍与秘密——二次大战内幕》，美国《读者文摘》社汇编，1964年，第3页。

地点进行观察，海港周围浓密的矮林中闪动着他们的身影，海面荡漾的舢板上有他们伪装的“垂钓者”。后来，在檀香山各地，只要有海军人员相聚，就有人靠过去竖着耳朵偷听……

日军偷袭夏威夷珍珠港之际，美军海员们站在福特岛海军航空站里的飞机残骸间，眼睁睁看着背景里的军舰在爆炸

这次收集的情报，在经东京审慎研究之后，成了日本人一系列秘密演习的根据。

1941年12月7日，日本人袭击了珍珠港。12月8日，一些在1932年曾驾机实施演习的美国飞行员，读到了偷袭的详情，惊呼道：“这一步，那一步，完全跟我们9年前演习时一模一样”。① 此时此刻，他们的心情极其沉痛，因为毕竟“……这不是演习”。

偷袭珍珠港，是日本帝国主义利用外交谈判掩护军事行动的一个典型战例，70多年过去了，它依旧发人深省，给人以深刻的启迪。

自称“世界上最强大的海军强国”的美国，为什么在珍珠港事件中被打得狼狈不堪，一败涂地呢？括而言之，有以下五点：

（一）绥靖恶果　纵虎贻患

长期以来，美国对远东战争策源地的形成采取纵容态度。在战前，美国把大量重要的军火、战略物资输往日本，仅在1931年至1939年的9年间，美国运往日本的废钢铁就达1200万吨，起了扶植日本侵略势力、助长日本侵略气焰的作用。《纽约时报》1939年6月5日载文说：“谁看了这个清单能不得出结论：美国是日本侵略战争的真正的兵工厂呢？”

美国史学家米勒写道：“日本多年来一直利用从美国得到的物资建立海军和陆军以打击美国。”

① ［美］埃德温·马勒：《间谍与秘密——二次大战内幕》，美国《读者文摘》社汇编，1964年，第3页。

1941年12月7日，夏威夷珍珠港上空硝烟弥漫，高射炮火密布

在珍珠港事件爆发前，美国政府为了尽可能地稳住日本，维持太平洋现状，使美国在战略上赢得时间，不惜绥靖妥协；而美国军方的一些高级人物，甚至把避免日本南进的希望寄托在日本北上攻打苏联上；加之美国国内的“孤立主义者”，对罗斯福采取的任何遏制日本的措施都强烈反对、中伤和阻挠，使总统通过国会试图做好战争准备的努力，往往都被遏止。

美国绥靖日本的结果是：日本利用和谈掩护武力偷袭，美国反被其害，自食其果。

（二）战备不足　兵力空虚

在珍珠港事件前，美国以两大洋作为天然屏障，企图隔岸观火，坐收渔利。那些所谓“孤立主义者”经常在国会里吵吵嚷嚷，强烈反对军事拨款，反对为对付咄咄逼人的世界法西斯霸权和其侵略政策而加强军备。因此，美国缺乏进行战争的精神准备和物质准备。

著名评论家李普曼写道：“直到欧战爆发时美国都没有提出一个认真的军备计划。”当炸弹落到珍珠港之际，太平洋上的日本海军力量与美对比处于明显优势。日本拥有航空母舰10艘，战列舰10艘，巡洋舰38艘和驱逐舰113艘；而美国拥有相应的舰只却是3艘、9艘、22艘和54艘。

美国陆军在战争爆发时虽已增至150万人，可其中100万人正在训练。美军在菲律宾以及所属的太平洋诸岛上的军事设施也较简陋，兵力相对单薄。

（三）墨守成规　判断错误

美军统帅部军事思想落后，墨守马汉的军事理论，认为在夺取制海权的斗争中决定性的力量是战列舰，战胜敌人的主要方法是海上决战，因而对当时以战列舰为中心的海上作战方式转为以航空母舰为中心估计不足。美国报纸一再宣称，太平洋海域辽阔，珍珠港距离日本约3500海里，“在日本舰队有效射程之外”。这只是看到战列舰而没有看到航空母舰的活动、打击半径。

美国新闻界在1941年9月6日出版的报纸上曾向读者保证:“日军进攻夏威夷，可以看作是世界上最不可能发生的事情，可以说连一百万分之一的成功机会都没有。不仅可以相信珍珠港比美国旗帜下的其他任何地点都更难攻克，而最重要的是距离在保卫着它。”①

另外，一旦日美战争爆发，美军原有的主导思想也仅是消极等待，并寄希望于在一次海上决战中打败日本海军。在这种落后的军事思想影响下，美方对日本发动战争的时间和地点都做了错误的判断。

在时间判断上，美国没有立足于早打，而是寄希望于“和谈”，立足于战争可能推迟这一厢情愿上面。

在地点判断上，美国军方以为日本有可能北上进攻苏联，即使南进，也将首先向东南亚地区开刀。虽然对日本远程奔袭珍珠港这一可能性有所估计，格鲁的电报也已直接通风报信，但美国人始终不相信这会成为现实。

在临战前一两个月的关键时刻，美国政府当局和罗斯福本人对日本的侵略实力和战争野心都做了错误的估计。

（四）疏于戒备 临阵麻痹

1941年11—12月，罗斯福总统并没有随着太平洋形势的急剧变化而迅速加强珍珠港的戒备，军方的一些首脑也对临战前的各种准备掉以轻心，对许多异常现象反应麻木。

战前，美国曾截获大量日本情报，又发现日本派到瓦胡岛上的间谍，但都未引起重视。特别是战争威胁已迫在眉睫，但夏威夷地区仍防御薄弱，珍珠港也戒备松懈。星期日，官兵照例上岸度假，情报中心停止工作，因而在遭到日本人突然袭击时，飞机无法马上起飞，舰船难以即刻起锚，高射炮不能迅速射击，通信联络完全失灵，调度指挥混乱不堪，处于束手待毙的境况，致使日本偷袭得逞。

（五）中国情报 美方疏失

珍珠港事件发生之际，正是中国军民全面抗击日本侵略、浴血奋战之时。因此，中方对日本侵略军的一举一动都倍加关注。从现今发掘的史料表明，中国方面在珍珠港事件发生前5天就已经获得了日本将要袭击珍珠港的情报，并把这一情报及时转告给了美国。现至少有四种主要说法。

第一种说法：情报是当时中国国民党军事技术委员会主任专员池步洲破译的。

---

①［日］永井阳之助:《山本五十六为什么要偷袭珍珠港》，载《世界史研究动态》，1985年10月，第31页。

破译日军偷袭珍珠港密电的国民党军事技术委员会主任专员池步洲

池步洲早年留学日本，后担任中国驻日本大使馆武官，并娶了日籍姑娘白滨荚子为妻。1937年，“卢沟桥事变”发生后，池步洲携妻子儿女回国参加抗日战争。1939年起，他开始从事密电码的破译工作，并取得重要突破。

从1941年5月起，池步洲注意到日本外务省与其驻檀香山总领事馆之间的密电往来突然增多，内容多是关于珍珠港的，这引起池步洲的重视。同年11月3日，池步洲截获并破译了一份由日本外务省发给驻美大使野村的密电，密电要求野村立刻烧毁机密文件，尽可能通知有关存款人将存款转入中立国银行，并说帝国政府决定召开御前会议，下一步将采取断然行动。

池步洲结合此前所破译的一些日本有关珍珠港的密电，认为日本可能偷袭珍珠港，时间是在星期天。他将这一密电和自己的分析交给了他的上级。有关方面又将这一情报转给了美国，但美国不相信中国情报部门的破译能力，未予重视。

第二种说法是，中方首席情报专家杨宣诚破译了偷袭珍珠港密电。

杨宣诚，1889年出生，1962年去世，湖南长沙人。少年时代赴日本学习海军，后留学美国。回国后先后在海军和国民政府中任职。“九一八事变”后，他出任中国驻日本海军武官，是有名的“日本通”。全面抗战爆发后，他回到中国并被蒋介石任命为军令部第二厅厅长，担当起搜集日军情报的重任。

在珍珠港事件前夕，杨宣诚命令一组监测电台日夜跟踪一道神秘波段，破译结果是日军不断地向太平洋地区部署和调动大批军队。杨宣诚通过分析，认为可能是日军要向美国在太平洋地区的战略要点采取行动，于是立即在重庆召开了盟军驻渝代表紧急会议予以通报。与此同时，中方又通过驻美武官郭德权向美国政府通报了这一情报。美国总统罗斯福接到情报后，连忙召开三军参谋长联席会议研究对策。会上，很多人质疑中国方面情报的可靠性，致使罗斯福也产生了疑虑。

不久，日本人果然偷袭了珍珠港。罗斯福立刻想起了中国人提供的情报，后悔不已。当他知道这一情报是由时任中国海军少将的杨宣诚组织人员获得的，便

国民党海军中将杨宣诚

对杨宣诚留下了很深的印象。

后来，罗斯福专门向蒋介石提出，要求中国派一位精通英文和日文的海军军事情报专家来美国，作为他的私人顾问。当时中国方面接到信函后，知道罗斯福选中的是杨宣诚。侍从室的林蔚将军打电话给杨宣诚，开玩笑说："罗斯福简直是寄了你的照片来要人，只差一点没说要有仁丹翘胡子的了。"蒋介石知道杨宣诚在军事情报方面作用很大，没有答应罗斯福的要求，只派了商震将军为首的军事代表团赴美。①

第三种说法是"军统"② 大员沈醉曾经在《中美特种技术合作所内幕》一书中提到的："1941 年冬，珍珠港事件发生前几个月，由于'军统'电讯处担任（破译）日本密码的技术研究室从日军空军的调动和种种部署中，侦译了解到日军有在太平洋地区进行活动的企图。戴笠经蒋介石同意，将此情况通知'军统'美国站站长、公开身份是国民政府驻美国使馆助理武官的肖勃，让他通过驻美武官郭德权通知美国国防部。"

原来，进入抗战时期不久，戴笠呈请蒋介石批准，成立了"军事委员会特种技术研究室"，专门从事日伪密码破译工作，由"军统"第四处电讯处长魏大铭兼任该室中将主任。姜毅英女士从警校毕业后，因工作勤奋、译电业务熟练，由译电员升任"军统"厦门电台主任报务员，兼任监察台密码破译工作。1941 年 12 月初，姜毅英破译了日本军部无线电密码，侦察得知日军将于同年 12 月 7 日偷袭珍珠港美国海军基地的绝密情报。她迅速将此情报交给戴笠亲自处理，戴笠极为兴奋，立刻将电报转呈蒋介石。蒋介石如获至宝，即批示："速通知美国政府。"

戴笠当即电令"军统"美国站站长肖勃，命他立即转告中国驻美国大使馆武官郭德权。郭德权接此重要情报自然不敢怠慢，迅速转致美国五角大楼海军司令

① 引自《环球时报》，2005 年 3 月 2 日，民国情报专家杨宣诚——破译偷袭珍珠港密电，作者：马骏杰。
② 全称为"国民政府军事委员会调查统计局"。

部。当年，美国人一向轻视中国，因而对中国提供的情报付之一笑。一位海军官员还说："哪有这种事？是中国故意挑拨美日关系的伎俩吧！"

由于美方丝毫没有采取预防措施，结果，珍珠港事件爆发，美军太平洋舰队遭到灭顶之灾。尽管如此，蒋介石对戴笠能及时获得日军情报并事先转告美国，仍感到十分满意，称"军统"情报工作做得好，提高了中国情报工作的声誉。戴笠则对姜毅英慰勉有加，晋升其为"军统"本部第四处电台台长，任译电科长，后将其由中校破格提升为少将。

日军的偷袭证实了"军统"情报的可靠性，傲慢的美军开始对"军统"刮目相看。后来，美国海军司令部主动找戴笠，协商成立了"中美技术情报合作所"，由戴笠任主任，美国海军准将梅乐斯做副手。从此，大批美国特务人员及特种装备源源进入中国。

第四种说法引自《人民网》军事频道。报道说，在获得日本偷袭珍珠港情报方面，中共也有斩获。日本发动太平洋战争的关键时刻，中共中央社会部经营的日本人情报小组得知，日本将在 1941 年 12 月 1 日或 8 日向美国发动攻击。与此同时，中共情报负责人潘汉年也得到香港情报，表明日本将南进，他立即将此报告了延安。当时，中共与美国之间缺乏情报交流管道，潘汉年部署将情报送给"军统"上海站的"21 号"，上海方面又将其转报重庆"军统"总部。

上述几种说法，不排除是分头齐进，各有斩获，然后情报汇总上峰。其实，当时的中国情报部门曾多次提供给美国重要情报。例如，有一次，中国情报部门破译了一份日本计划派三个飞行中队去轰炸马尼拉的密电，中方及时将这一情报转给了美方。美军航空部队立即做了部署，在南海上空进行了截击，结果使这些日本战机几乎全军覆没。

几十年来，有关珍珠港事件的争议从未停止过：这次偷袭对美国来说，真的是个意外吗？

对此，史学界有两种截然不同的看法：一种认为，美国人事先已得到日本人即将偷袭珍珠港的情报，但为了通过损失激怒美国人民，实现对日作战，而故意演出了一场"苦肉计"，这显然是罗斯福的阴谋；另一种则认为，美国人事先确实没有得到可靠的情报。

对此，有的历史学家认为：珍珠港事件调查委员会给出了长达 25 000 页的证明文件，将大部分责任归咎于驻珍珠港的指挥官们，并极力为罗斯福和他的顾问开罪。而他们拒绝相信这一面之词，并认为，事发几个月前美国就已经破译了日本海军的密码，日本能够发动这场偷袭，并且能够取得全胜的唯一可能，就是罗斯福和他的政府故意扣下了来自珍珠港的情报。罗斯福政府之所以故意让珍珠港被偷袭，是因为美国需要日本首先做出战争行为，他不想让美国海军实施保卫珍珠港的计划。于是，不到两个小时，军事历史上第一场以航空母舰为基础的空袭扫平了美国在珍珠港的军事基地。美国国内的“孤立主义”从此烟消云散了，原本不想加入战争的美国国民们被激怒。第二天，美国就对日本宣战。

可是，罗斯福事先真的知道日本要偷袭珍珠港么？尤其是，他知道确切的日期么？又有什么证据表明罗斯福是在得到情报之后，故意让日本偷袭得手呢？

大多数专家们认为：这是根本不可能的！就算在日军大本营内部，知道袭击珍珠港的人也极为有限；即便是出征舰队中的人，也不确切知道袭击的准确日期，日本的保密工作还是很彻底的。这就是为什么虽然各方面包括中国方面递交了若干情报，但由于说不清楚细节，因此，美国政府首脑最终也无法采纳。

退休的美国海军通信情报官员皮诺认为，那种说罗斯福总统想使美国卷入第二次世界大战而故意不把白宫已获得的通信情报下达给珍珠港司令部的论点，是对罗斯福的有意中伤。他说：“事实上，在 1941 年 12 月 7 日以前，美国还不具备破译日本海军通信密码的能力，故而得不到任何显示日本攻击珍珠港的情报；当时美国防卫情报体系建立在合作分享的原则上，而试图以最少的人力掌握最大范围内的情报。当时，美国取得的有关日本海军的情报，通常定期传达给华盛顿当局和驻在亚洲的舰队，但并没传达给珍珠港的太平洋舰队。珍珠港没能分享这些情报构成了一个非常严重的问题。”

皮诺的最终结论是：日本偷袭珍珠港之所以得逞，主要应归咎于美国保密工作与情报传达系统分配不得当。

另一位撰写过许多有关珍珠港事件论著的历史学家克斯特洛也支持皮诺的论点，他认为：日本偷袭得逞是美方情报通信传达不力造成的，不应把责任完全推到太平洋舰队司令、陆军总司令乃至罗斯福总统的头上。

美国马里兰大学历史系主任、美国史专家詹姆斯·莫尔教授指出：“所谓珍珠港事件是罗斯福总统有意为之的说法是完全没有史实根据，也与事实不符。就日方而言，这种说法的出笼旨在开脱日本不宣而战的责任。就美国而言，此说与 20 世纪 50 年代麦卡锡主义有关，目的不外乎诋毁罗斯福在新政上所做的杰出贡献。”①

① 引自《世界史研究动态》，1992 年第 7 期。

1941 年 12 月 7 日，日军攻击珍珠港之后，飘扬在硝烟中的一面美国国旗

珍珠港事件拉开了历时 3 年零 10 个月的太平洋战争的序幕。

历史雄辩地证明，日本法西斯虽然偷袭成功，但这无疑使其在发动侵华战争后又跳进了另一个大火坑。事件唤起了美国人民及世界反法西斯人民的觉醒，他们同仇敌忾地拿起了武器，投入到反侵略战争的洪流之中。因而，日本人战术上的胜利却埋下了战略失败的种子。

此后，在浩渺无际的洋面上，恶浪滚滚，战火熊熊；钢铁巨舰，血腥厮杀，描绘出惊心动魄的太平洋陆、海、空殊死血战的长幅画卷！

第十二节　决不容许珍珠港的悲剧重演

世界近现代战争史上，偷袭战是狂热的日本军国主义分子一贯采取的作战伎俩。譬如：1895 年的日清甲午海战、1905 年的日俄对马海战、1931 年的“九一八事变”、1937 年的“卢沟桥事变”以及 1941 年的珍珠港事件，凡此种种偷袭，皆为日本军国主义分子的“拿手好戏”。

日本和德国都是第二次世界大战的罪魁祸首。

“二战”后，纳粹战犯被交送法庭审判，得到了应有的惩罚，德国彻底根除了法西斯势力，并对希特勒及纳粹政权给人类带来的巨大灾难表示了深深的忏悔，对遭受屠戮的犹太人给予了各种赔偿与优待，承担了战争的责任，从而造就了战后德国政府及国民的彻底反法西斯化。

例如：1970 年 12 月 7 日，时任联邦德国总理的勃兰特在华沙犹太区起义纪念碑前下跪，对德国发动的侵略战争公开忏悔谢罪。政府总理跪了下去，这意味着德意志人民从此在道德法理上重新站立了起来。德国的悔罪赢得了举世认同，化解了与邻国的恩怨，成为创立欧盟的主要推动国之一。

再如：2014 年 3 月 7 日，德国总统约阿希姆·高克访问了希腊林吉亚迪斯村。在“二战”中，德国纳粹在 1943 年 10 月 3 日杀害了该村 93 名无辜平民，其中大部分是老人和孩子，还有数名犹太人。高克向该村的受害者纪念碑敬献花环后表示：“这里发生的是残忍的不义行为。今天，我满怀羞耻和痛苦，向受害者的家人深表歉意。在这里，我感到双重的耻辱。”

然而，日本方面的情况恰恰相反。

日本法西斯军国主义分子发动的侵华战争和太平洋战争，给包括中国人民、东南亚人民在内的亚洲人民以及美国人民带来了极其深重的苦难和巨大的物质损失，可是，70 多年过去了，日本当政者不但没有对当年日本法西斯分子犯下的战争罪行做彻底的检讨和忏悔，反而有恃无恐，频频“翻案”。

究其原因，日本军国主义思潮在日本“无条件投降”后，原本就没有得到彻底的铲除。战后出于“冷战”的需要，美国政府对日本军国主义一直采取纵容、扶植与支持的态度，没有将日本法西斯战犯斩草除根，没有对法西斯思潮进行彻底清算，导致“二战”后日本军国主义思潮极易死灰复燃。

请看下列事实：1948 年 11 月 12 日，远东国际军事法庭以 6 票对 5 票的微弱优势判处土肥原贤二、板垣征四郎、松井石根、东条英机、广田弘毅、木村兵太郎、武藤章 7 名被告绞刑，另有 16 人被判处无期徒刑，1 名被判处 20 年徒刑。当时的日本首相重光葵仅被判处了 7 年徒刑；而操纵伪“满洲国”的“五人帮”之一，人称“满洲之妖”“昭和之妖”，后成为东条英机得力干将，曾在对美宣战诏书上副署，全面负责战时经济，指挥军需生产和战争物资调配的甲级战犯岸信介，竟然在东条英机等 7 名甲级战犯被处死的翌日获释了。

岸信介

岸信介于 1953 年入选日本众议院，并曾在 1957 年、1958 年两度组阁，担任过三年多的内阁总理大臣，并于 1960 年 1 月参与制定并通过了《新日美安保条约》，加速了战后日本扩军的步伐。

此外，岸信介的胞弟佐藤荣作亦曾是日本第 61—

63 届首相；至于曾经担任日本第 90 届首相，后又复出担任日本第 96、第 97 届首相的安倍晋三则是岸信介的亲外孙。岸信介对安倍晋三言传身教，是安倍的精神导师。安倍之流继承其外祖父的“战犯基因”，其右翼言行比小泉纯一郎有过之而无不及。

1987 年 8 月 7 日岸信介去世时，《朝日新闻》社论曾这样写道：“由于被指名为甲级战犯的岸信介复出为首相，不少人认为这就是为什么日本人无法明确追究战争责任的原因。”

从日本战败投降至今，日本国内一批右翼极端分子、一小撮军国主义分子，坚持军国主义侵略立场，肆意歪曲历史，一直念念不忘“大东亚共荣圈”，继续做着妄图“主宰亚洲”的美梦。

在右翼极端分子猖狂的叫嚣中，日本一步步地改变了其“自卫队”的性质。2003 年年底，日本通过《支持伊拉克重建基本计划》，使日本自卫队自“二战”后首次走出国门；接着，日本又通过《防卫计划大纲》《应对海盗法》等，一步步给自卫队松绑，致使日本自卫队在国际军事舞台上日趋活跃，影响越来越大；2007 年 1 月，日本防卫厅升格为“防卫省”，使自卫队在向军队转变的路上迈出重要一步；2011 年 11 月，日本右翼媒体《产经新闻》抛出社论，呼吁修改宪法，将自卫队变成“国家军队”。

2011 年 12 月 27 日，日本政府同意大幅放宽基于“武器出口三原则”形成的禁运政策。这就不能不让人们认为：一旦日本实现了向其他国家出口武器，日本国内约束军国主义发展的法规、政策等或将像多米诺骨牌一样被冲倒。

自从安倍晋三出任首相后，他迫不及待地推动修改日本的“和平宪法”，以突破“专守防卫”，为解禁“集体自卫权”造势，企图将日本自卫队改为“国防军”，并一而再、再而三地为中日钓鱼岛之争火上浇油。与此同时，安倍代表日本极右势力提出了“夺回强大日本、遏制中国”的外交政策，以邻为壑。

不仅如此，日本极右势力还通过修订教科书、从校园教育阶段就展开否认战争罪行的宣传，甚至宣扬发动这场战争是日本为了给东亚国家带来“繁荣”。他们连“南京大屠杀”这样重大的战争罪行都矢口否认，甚至宣扬要复“战败受辱之仇”；又叫嚷修改“和平宪法”，美化“神风特攻队”，否认慰安妇事件；在钓鱼岛问题上屡屡摆出“不妥协”的姿态，对中国的固有领土钓鱼岛玩弄“购岛”、欲使之“国有化”的鬼把戏。凡此种种，不一而足！

尤其不能容忍的是，上台后的安倍晋三不顾世界各国反对，一意孤行地参拜靖国神社，对包括东条英机在内的14位“二战”甲级战犯顶礼膜拜。

安倍“拜鬼”的实质是美化并企图推翻日本军国主义对外侵略的铁案和殖民统治的历史，企图颠覆国际社会对日本军国主义的正义审判，挑战“二战”后国际秩序。这不仅不符合“二战”中被侵略的国家包括中国、韩国及东南亚各国的根本利益，也是对美国的极大讽刺。

殊不知，偷袭珍珠港就是东条英机任日本首相时亲自批准进行的，美国在这一问题上应该有旗帜鲜明的立场，要牢牢记住珍珠港事件这一惨痛的历史教训，不要沉湎在所谓“安保条约”里，应该与世界各国人民一起，制止日本军国主义死灰复燃！

道理很简单，如果日本极右分子即军国主义分子的阴谋得逞，亚洲将无宁日，世界将无宁日，可能再次陷入战争的灾难之中，这决不是耸人听闻！

当日本右翼势力不断为军国主义招魂之际，我们尤其要警惕日本的偷袭，因为偷袭是日本军国主义分子惯用的手法，加之其屡屡尝到偷袭的甜头。因此，从历史上看，日本若想以军事行动挑战对手，必然是以偷袭拉开战幕。

面对日本军国主义的死灰复燃，世界各国爱好和平的人们要共同维护人类良知与国际公理，决不允许过去的侵略者为侵略历史翻案，决不允许昔日的军国主义强权再度走上对外扩张的邪路，也决不允许法西斯主义和军国主义思想以任何形式死灰复燃，决不允许偷袭珍珠港的悲剧重新上演！

从珍珠港水底打捞上来的日本飞机残骸

第二章

凶猛南下　势如破竹

第一节 日本大兵压境 泰国俯首称臣

第一次世界大战后，大英帝国在远东地区的军事部署日渐衰微。至“二战”爆发前夕，英国人将人力和物资都优先分配到了中东及欧洲，其在东南亚的军力可谓捉襟见肘。

空军方面，英国一直承诺的、马来人所希望得到的拥有300~500架战机的空中打击力量，似一枕黄粱；就地面武器而言，当马来亚英军面对配备了200余辆坦克的入侵日军时，却发现自己连一辆坦克也没有；在海上，英国政府原计划在新加坡海军基地配备一支强大的海上舰队，万一战争爆发，以求有实力保卫英国的远东领土以及通往澳大利亚的航线。然而，直到1939年战争在欧洲爆发，这一计划仍然没有落实。

1941年7月29日，日本外务省代表加藤外松与维希法国政府首脑达尔朗海军上将在法国签订了《关于共同防御法属印度支那的议定书》。据此，日本军队可以进驻印度支那，逼近泰国边境，从而导致日本军舰和飞机常常擅自越境，且未经通告泰方便在泰国水域和领空内耀武扬威。

兵临城下，险象环生，日本企图入侵泰国的野心昭然若揭，立即引起泰国各社会阶层和集团的不安。最后，甚至连披汶·颂堪政府都慌了手脚，匆忙向全国发布了《保卫国家法》议案，并通过电台一遍又一遍地向国民发出紧急呼吁：“一切爱国的同胞兄弟姐妹们，让我们携起手来，共同抵抗胆敢入侵之敌！”

此时，英国对日本入侵泰国的野心也深感不安，因为一旦日本完全控制了泰国，将会对英国的属地缅甸和马来亚造成直接的威胁。

为了加强马来半岛和新加坡这一“直布罗陀以东最重要的军事基地”，英国政府从1941年8月起开始认真考虑对泰国进行“预防性占领”的可能性。为此，驻新加坡的英国远东军总司令布鲁克·波帕姆上将制订了代号为“斗牛士行动”（最初定名为“伊顿公学行动”）的入侵泰国的计划。计划中指出：为了防止日军在马来半岛泰国一侧登陆，最简单的方法是将英国军队的防线推进到日军可能的三处登陆地点：宋卡、北大年、万伦（今名“素叻他尼”）或克拉地峡北边的春蓬，三地分别冠名“A 线”“B 线”“C 线”。

“斗牛士行动”的关键在于其迅速性，即一旦发觉日本军队有穿越泰国领土、挥兵入侵马来亚的企图，迅即出兵，以先发制人的方式占领宋卡的铁路枢纽和机场。

但是，由于泰国当时仍是中立国家，因此，英方决定：须等到泰国有明显迹象破坏《英暹互不侵犯条约》，或者日本在泰国的势力威胁到泰国独立时再予以施行“斗牛士行动”计划。

起初，丘吉尔首相极力反对陆军部“斗牛士行动”作战方案，他固执地认为：日本不会在远东发起进攻，因此不需要加强马来亚英国驻军的力量，一旦英日开战，马来亚驻军完全可以得到驻印英军和印度军队的侧翼支援。

孰料，日趋危急的局面出乎丘吉尔的想象。1941 年 12 月 5 日清晨，鉴于日军咄咄逼人的南下态势，位于伦敦的帝国参谋部终于沉不住气了，指令布鲁克·波帕姆即刻实施“斗牛士行动”，电文如下：

英王乔治六世陛下政府已经从美国方面获得保证，在发生如下情况时对我方予以武力支持：

（一）作为对日本占领克拉地峡或任何其他泰国领土的预防措施，我方发动“斗牛士行动”；

（二）日本进攻荷属东印度，我方加以干涉；

（三）日本直接对我方发动攻击。

根据以上消息，你可以在发生如下两种情况时不经报请国内同意，即可执行“斗牛士行动”：1. 发现日本海军舰队和运输船队向克拉地峡和马来半岛方向航行时；2. 日本军队以任何方式进入泰国领土时。

帝国参谋总长约翰·迪尔

布鲁克·波帕姆接到这封电报后，感到沉重的历史责任宛如大山压顶，其原因是：如果抢在日本人前面入侵中立的泰国，不仅会给大英帝国的声誉带来不可挽回的损失，而且势将导致英日战争以及美日战争的爆发。

布鲁克·波帕姆也对自己将来的历史地位毛骨悚然：他担心自己的行动将成为太平洋大战的导火线。另外，克罗斯比公使于 12 月 5 日晚上从曼谷发来的另一封电报更让布鲁克·波帕姆犹豫不决，电文称：“看在上帝的面上，不要让不列颠军队侵占泰国一寸土地，直到日本人发动第一次打击为止。”

可是，日本人却不这样瞻前顾后，举棋不定。此时，日军大本营经过几个月的反复研究，决定将南下的作战计划分为三部分：①迅速攻占菲律宾和马来亚；②进军荷属东印度，实施爪哇作战；③巩固占领地区，相机进行缅甸作战。

为达此战略目标，在东南亚，日军将泰国作为进攻的第一个目标。这是因为泰国的战略地位十分重要：它西北与缅甸接壤，南临马来亚，是日军大本营觊觎已久的前进基地和起跳板。

日本南下作战的南方军总司令是寺内寿一。寺内生于1879年，他是第18任日本首相寺内正毅的长子，1899年毕业于日本陆军士官学校，后加入日本陆军，曾先后担任过第5军团司令、驻朝鲜军参谋长及驻台湾军司令官。

寺内寿一

1935年10月30日，寺内寿一晋升为大将，两年后任广田弘毅首相的内阁陆军大臣。1937年“卢沟桥事变”爆发后，他出任华北方面军司令官，指挥日本侵略军由北平一路攻下山西、陕西、甘肃，又挥军直取兰州。在平型关战役中遭到八路军林彪部沉重打击的板垣师团便是他的部下。

1941年11月8日，寺内寿一出任南方派遣军总司令的第二天，便立即将尚在中国长春的山下奉文召返东京。次日，寺内任命山下为日本第25军司令官，负责有关战事的指挥。

11月26日，一架日本专机把山下奉文运到了中国海南岛的三亚港。为了保密，从飞机上走出的山下奉文身穿和服、头戴礼帽，化装的他后来被人称作“蒙面将军”。山下的任务是在开战100天内指挥日军越过马来半岛，从背后入侵英国在东方的统治中心、有“坚不可摧的堡垒”之称的新加坡要塞。

为了报答寺内寿一将军的知遇之恩，山下奉文全力以赴。经过仔细计算，他认为胜券在握，便满怀信心地退还给寺内原本要补充给他的一个加强师团。

12月1日晚7时30分，山下中将接到“日出为山形”的暗语电令，即：开战日定为12月8日。好战的山下接令后摩拳擦掌，激动万分，下令正在加紧训练的部队马上进入临战状态。

12月4日清晨7时，寺内寿一大将麾下的、由山下奉文中将亲自指挥的日军第25军，辖第5、第18师团和近卫师团，共11万余人，从中国海南岛三亚港出发，在南遣舰队46艘舰艇、陆军第3飞行集团450架飞机的掩护下，浩浩荡荡杀向了马来半岛。

12月6日，3架英国轰炸机在哥打巴鲁北边300海里处发现了日本船队，日本人在马来亚北部登陆的意图已昭然若揭。布鲁克·波帕姆立即下令驻马来亚的英军第11师迅速征用火车和汽车，准备夺占宋卡和北大年。但是，经过一天的反复权衡，布鲁克·波帕姆最终还是取消了进兵泰国的行动。

战后，波帕姆对此解释说：考虑到日、美华盛顿会谈还没有正式破裂，日本船队有可能是去占领荷属东印度群岛；而且，他已经得到了情报，据称日本人可能通过佯动来诱使英国人先进攻泰国，然后以此为借口将泰国拉入自己的阵营；更何况，丘吉尔曾命令他尽可能推迟与日本人交战的时间；再说，"斗牛士行动"至少要在日本登陆前24小时发动，否则就来不及组织抗登陆作战。但是，等到英国侦察机发现日本军舰即将在宋卡登陆时，为时已晚，已经来不及实施"斗牛士行动"了；最后，还有一个重要原因是，波帕姆上将此时业已接到丘吉尔首相的调令，他已经被解职，伦敦将要派一名新的将军来接替他的职位。

因此，当强大的日本军队在泰国边境集结的时候，泰国政府同时向伦敦和华盛顿发出了救援的呼吁，但是，英、美政府均表示爱莫能助。

1941年12月7日，日本向泰国政府发出最后通牒：务必在8日零时前就日军进驻一事做出答复。但是，泰国代首相拒绝了日本人蛮横无理的要求。

12月7日晚（夏威夷时间为6日），日本大使坪上在使馆内设宴邀请泰国政要。除了不在首都的披汶·颂堪首相，泰国内阁、国民议会和军方要员大多出席了日本人的宴会。宴会举行到半夜时，坪上大使突然把脸一沉，下令关闭使馆大门，将泰国的达官要员全都扣留在使馆内，随后向他们提出"允许日军进驻泰国"的要求。

与此同时，当天夜里，曼谷的日侨男女老幼以"观看电影"为由在日侨学校集合，随后趁夜色溜上了停泊在曼谷港的"巴达维亚丸"商船。这些日侨中留下来的"在乡军人"（退役军人）摇身一变，全都穿上了军装，然后以"纳凉"为借口，分乘20多辆汽车赶到湄南河口和曼谷港码头去接应日军登陆部队，并为其引路。一夜之间，曼谷城满街都是身穿黄军装的日本军人。

12月8日凌晨1时30分，日本海军"川内"号巡洋舰、"天雾""朝雾""白云"号驱逐舰击退了泰国海岸炮兵的零星抵抗后，日本陆军第15、第25军先遣部队开始在宋卡、北大年、万伦、华欣、曼谷等7个地点大举登陆。

此时，宋卡灯塔上的青白色灯光映入山下奉文中将的眼帘，巨浪拍岸的声音

在珍珠港遭到袭击的前20分钟，山下奉文率领的第25军乘14艘运输舰在泰国南部的宋卡登陆，揭开了马来亚战役的序幕

越来越大。凌晨3时许，一声令下，日军涉水蜂拥上岸。如果英军此时实施“斗牛士行动”，这里恐别有一番景致：除了浪花滚滚翻腾，还会有瓢泼的弹雨肆虐。然而，英军临阵脚软，彻底退缩了，致使日军得以长驱直入。

与此同时，由饭田祥二郎指挥的日军第15军主力也越过法属印度支那与泰国的边境，迅速解除了边境泰军的武装。披汶·颂堪获悉日军登陆成功的消息后，连夜乘车赶回曼谷。次日上午9时，披汶下令各地守军停止抵抗。

12月10日，泰国政府被迫与日军展开交涉。翌日上午，披汶·颂堪首相与日本大使签署了临时攻守同盟协定。12月21日，日、泰双方在曼谷王宫佛寺内的玉佛面前签署了正式的《日泰同盟条约》。根据该条约，泰国须给予日本政治、经济以及军事上全面的支援；日本则支持泰国收复历史上被英法侵占的领土。

在曼谷的日本侨民挥舞旗帜欢迎日军进城

就这样，日本法西斯轻而易举地就把泰国绑架到日本侵略东南亚的战车上，从而给泰国人民带来了深重的战争灾难。

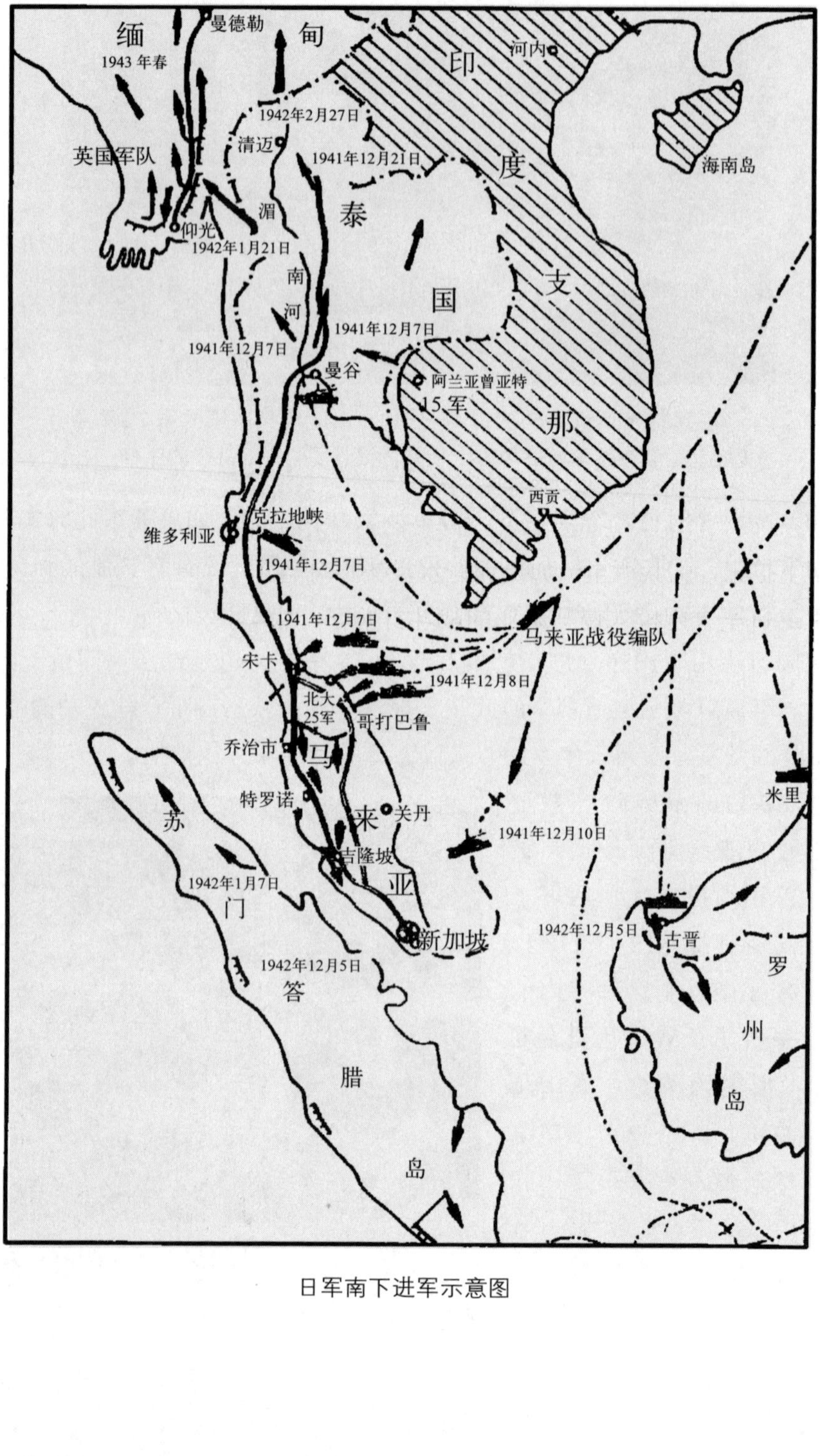
缅
曼德勒
甸
1943 年春
印
河内
1942年2月27日
清迈
1941年12月21日
度
海南岛
英国军队
湄
泰
仰光
1942年1月21日
南
河
国
支
1941年12月7日
1941年12月7日
曼谷
阿兰亚曾亚特
15 军
那
西贡
克拉地峡
维多利亚
1941年12月7日
1941年12月7日
马来亚战役编队
宋卡
1941年12月8日
北大
25军
哥打巴鲁
乔治市
马
特罗诺
关丹
米里
苏
来
1941年12月10日
吉隆坡
1942年1月7日
亚
门
新加坡
1942年12月5日
古晋
1942年12月5日
罗
答
州
腊
岛
岛

日军南下进军示意图

第二节　马来海面濒临险境的英舰队

珍珠港上空的硝烟尚未消散，马来亚海面又起战端。1941 年 12 月 10 日，人类有史以来岸基航空兵对海面舰队进行的第一次大规模攻击上演了，厄运又迅速地降临到英国皇家海军的头顶。

“一支日本舰队运载大量登陆部队，正全速侵入暹罗湾的宋卡！”

1941 年 12 月 8 日清晨，正在新加坡港摩拳擦掌的英国远东舰队司令、海军上将汤姆·菲利普爵士当即获悉了这一情报。

原来，日本军队在偷袭珍珠港的同一时刻，侵略矛头急速南指；从本土列岛成扇形南下扩张，大兵所至，如决堤之水，势不可当。

眼下，日军大规模入侵马来亚的战斗打响了，大英帝国的属地危在旦夕。菲利普海军上将迅速召开高级军官会议，与会者一致认为，海军决不能在这危急存亡之秋袖手旁观。菲利普表示，日军正在登陆，自己的舰队无论如何不能待在港内无所事事！

“面对危难局势，我们不应有任何惶恐，我期待明天就袭击敌人的运输舰，并希望能遇见日本战列舰‘金刚’号，我相信届时每个人都能恪尽职守！”菲利普慷慨陈词道。

满怀斗志的菲利普决心依靠三件“法宝”来与日军舰队决一雌雄，这就是：奇袭、快速、猛烈的舰炮火力。然而，他怎么也没有料到，摆在他面前的居然是舰毁、人亡和彻底的覆灭！

菲利普是一位经验丰富的参谋军官，曾任皇家海军参谋部副参谋长，但在战争岁月里直接从事海上战斗指挥，对他来说还是第一次。这且不说，单就兵力而言，菲利普麾下的番号为“Z 舰队”的大英远东海军的实力，并不如想象的那样雄厚。

“Z 舰队”指挥官汤姆·菲利普海军上将（右边）和他的副手海军少将阿瑟·帕利泽，于 1941 年 12 月 2 日摄于新加坡海军基地码头

1941 年 12 月 8 日，“威尔士亲王”号战列舰驶离新加坡

开战前，英国人一直筹划在远东太平洋地区保持一支强大的舰队来遏止日本南下入侵，可心有余而力不足。直到 1941 年 8 月，英国海军部才计划派 6 艘主力舰和 1 艘航空母舰来新加坡加强远东舰队的实力。然而，由于欧洲战事的需要，此议终成一纸空文。只是在首相丘吉尔的强烈干预下，海军部才象征性地派出 2 艘战舰奔赴太平洋。这样，在珍珠港战火突起的前六天，“威尔士亲王”号和“反击”号终于驶抵新加坡。

两舰的编入无疑使“Z 舰队”力量大增，成为日本人在东南亚的心腹大患。日本人日夜焦虑：“怎样才能击溃新加坡军港中停泊的英国远东舰队旗舰‘威尔士亲王’号和‘反击’号？”

一名日本海军大尉说：“英国所自夸的最新锐的‘威尔士亲王’号，对于我国作战显然有极大的不利，无论如何必须击沉它，无论是谁也都在这样想着。”[①]

“威尔士亲王”号是第二次世界大战前建造的“乔治五世”型战列舰之一。该舰 1937 年动工，1939 年下水，1940 年服役，满载排水量为 43 000 吨，最大长度为 227 米。舰体分成 23 个主水密隔舱，享有“不沉战舰”之美誉，加之速度快、装甲厚、炮火猛，因而颇具声名。该舰曾在击毁德国新式战列舰“俾斯麦”号的海战中征战大西洋。1941 年 8 月，在举行著名的“大西洋会议”时，美国总统罗斯福还亲临该舰与丘吉尔会晤，并一起在“威尔士亲王”号上做礼拜。

战列巡洋舰“反击”号，长 242.1 米，满载排水量为 36 800 吨。该舰 1915 年动工，1916 年下水，虽然舰龄大点了，但它曾在 1922 年以及在第二次世界大战爆发的前夜进行了现代化更新，因而颇具威力。

当然，两舰也各有其弱点。“威尔士亲王”号通风设备差，不适宜在热带长期服役；“反击”号的装甲较薄，防空武器过时，加之英国新服役的航空母舰“无敌”号在西印度群岛进行训练时触礁受伤，这些因素对“Z 舰队”的实力都有一定影响。

① ［日］大本营海军报道部：《大东亚战争与日本海军》，1943 年，第 29 页。

在“Z舰队”出发之际，菲利普要求给予空中保护，但空军的答复是：无力提供这样的援助，理由是日军步步紧逼，许多飞机和机场落入敌手！

没有空中掩护，舰队是不能贸然出海的。正在无可奈何之际，菲利普忽然得到通知，说新加坡附近的森巴旺有一支布鲁斯特“水牛”式战斗机中队已奉命做好准备，能够随时起飞为“Z舰队”提供空中掩护。

出发之际，菲利普又获悉：日军在西贡附近集结了一支规模可观的鱼雷轰炸机部队。这无疑对即将出征的“Z舰队”是一个很大的威胁。但菲利普分析后坚信：日本鱼雷机不可能远离印度支那基地飞越400海里，跑到登陆滩头来威胁他的舰队！

殊不知，正是这一错误的判断，最终使菲利普葬身海底。

12月8日晚5时35分，菲利普亲自率领“威尔士亲王”号和“反击”号以及驱逐舰“伊列克特拉”号、“特快”号、“吸血鬼”号和“坦尼多斯”号拔锚起航，信心十足地驶离了新加坡港。

“Z舰队”在航行中严格保持无线电静默，避开了日军布设的水雷场和潜艇巡逻线。舰上官兵忍受着热带的湿热，在静寂的夜晚悄然北驶，矛头直指宋卡。

12月9日，天不作美，气候恶劣，暴雨如注；风急浪大，视线模糊。这给航行带来了极大的困难，但幸运之神此时尚偏爱着菲利普。

原来，当菲利普率舰离开新加坡十几个小时后，一架日本侦察机冒险飞临戒备森严的新加坡上空，把停泊的两艘大货船误认为是战列舰，随即发回错误的报告：“威尔士亲王’号和‘反击’号停在新加坡港内！”

此刻，在西贡附近的日本海军第22岸基航空队由“银山”“鹿屋”“美幌”三个航空队组成，共拥有141架飞机。接到电报的日本人信以为真，兴高采烈。只见基地一片忙碌，攻击新加坡英舰的战斗准备正在紧锣密鼓地进行。

“每个人都在忙着了解新加坡海军基地的水深、最好的攻击角度和最有利的飞行队形。”高井定男海军大尉后来回忆道。

“声望”级战列巡洋舰“反击”号

与此同时，海面上，“Z舰队”正以纵队形继续向北破浪前进。傍晚5时10分，在附近巡逻的日军潜艇“伊-65”号突然在潜望镜里发现了几个大黑点。经研判后，“伊-65”

号立即向基地发回报告:“发现敌‘反击’号战舰两艘，地点在昆山群岛196度、225英里[①]处，航向340度，航速14节。”[②]

“伊-65”号发报完毕，立即逼近英舰，企图进行攻击。不料，一阵猛烈的暴风雨袭来，使潜艇失去了追踪目标。

孰料，“伊-65”号发出的急电，在送往日军司令部时被耽搁了。此时，日军岸基航空队继续做着空袭新加坡港的准备。当潜艇的急电最终传到西贡时，天色已晚。

接电后，日本人又喜又怕。喜的是，早就渴望英国主力舰能离开新加坡港，在广阔的海面上对其进行毁灭性打击，如今，这一机会终于来到了！但恐惧随之而来，因为它毕竟是赫赫有名的“不沉战舰”，舰上10门365毫米口径的主炮随时可能使日本运输舰和补给船遭受灭顶之灾！

面对危机，日本人立即命令登陆船只急速向暹罗湾内退避，并令马来亚作战部队迅速进入战斗状态，一切可以出动的舰船和飞机都接到命令:“全力搜索并攻击英国军舰！”

日军“一”式陆上攻击机

南海的天空渐渐暗了下来，但53架日本轰炸机仍奉命急速起飞，夜袭英国舰队。

夜幕笼罩着海空，浓云漫无边际，能见度很低，飞行搜索十分困难。突然，一架日机发现海面上有两道闪闪发亮的长带。飞行员认定这就是英国军舰的航迹，立即发出了“发现目标”的急电，并随即投放了一枚照明弹。

照明弹的闪光划破了漆黑的海空，吸引日本轰炸机争先恐后地冲向目标。高井大尉在回忆中形容了当时的情形:“我们让发动机使出最后一把劲儿，使飞机飞得快些，再快些。”

就在他们顶风冒雨实施攻击的一刹那，不由大吃一惊：原来，这是小泽治三郎海军中将的旗舰“鸟海”号重巡洋舰和由他率领的日本巡洋舰编队。

① 1英里≈1.6千米。

② ［日］服部卓四郎:《大东亚战争全史》，原书房日文版，1975年，第240页。

日机驾驶员人人出了一身冷汗，真是千钧一发啊！原来，由于匆忙出战，连己方军舰的识别办法都没有来得及规定。为了避免发生误伤，日本人决定天亮前停止进攻。

真是徒劳无益的出击！日军飞行员个个灰心丧气，疲惫不堪。更令他们头疼的是，还要在这风雨之夜携带着鱼雷冒险着陆。

菲利普真是幸运儿！此时，他的舰队仅与小泽的巡洋舰编队相距5海里左右。可是由于暗夜的恶劣气候作祟，谁也没有发现对方。

第三节　“反击”号战舰出师未捷身先死

然而，夜幕中，从小泽的巡洋舰上起飞的3架日机却意外地发现了“Z舰队”，它们巧妙地飞行在英舰大炮射程之外，报告了英国舰队的位置。菲利普见此情形，十分懊丧，他曾寄以很大希望的奇袭作战，如今却像肥皂泡似的破灭了。

晚上9时5分，“反击”号舰长传达菲利普的命令时说：“刚才接到司令官的命令，让我们‘中止作战行动’。我们今天整日回避敌人的侦察机，但仍旧被敌人发现了。我想，作为我们作战目的之敌人运兵船队，大概早已逃散。而敌人的航空部队正在努力准备之中。事已至此，我们若仍继续进行作战，并非善策。司令曾说，诸君对于这种主张，想必一定同意。若遭敌袭，我们缺乏航空机队的掩护，非常危险。所以，我们决定向新加坡急速撤退。”①

12月10日，天还没有亮，在西贡的日本航空基地上，9架侦察机、31架轰炸机和51架鱼雷机早已做好了起飞准备。飞行员们在自己的座舱里大口嚼着包有小豆馅的黏米饼和瓶装加糖咖啡，随时准备投入战斗。

黎明时分，日军侦察机首先起飞，南下搜索英舰，轰炸机和鱼雷机随后呼啸腾空，被引向目标。与昨天的恶劣气候恰恰相反，此时，只见天空中点缀着片片雪白的断云，能见度良好。日机群爬升到3000米高空，分成八九个编队，向南

① ［英］欧·茄赖格：《马来海战目击记》，引自《杂志》，1942年第九卷第五期，第22页。茄赖格是《伦敦每日快报》的随军记者，在所乘坐的“反击”号沉没后脱险，事后写了一篇关于马来亚海战的亲身经历的报道。

扑去！

根据昨晚已获情报，日机群飞抵预定的海区，不禁大失所望：只见海水茫茫，哪有英舰的踪影！日机几乎飞到新加坡，始终没有发现猎物。海军大尉高井十分恼火地骂道：“我们的侦察机是干什么吃的？怎么还没有发现敌人！”

由于燃料消耗太多，日机被迫开始返航。

那么，“威尔士亲王”号和“反击”号究竟跑到哪里去了呢？

原来，12 月 9 日深夜，“Z 舰队”在向南转向回驶新加坡途中，收到新加坡发来的言称日军正在关丹登陆的电报。菲利普不知道这是一个误电，他认为这一战机不可错过，于是通报整个舰队：“接获报告，敌军正在新加坡以北大约 180 海里的地点登陆，本舰队决定驶往该地，实施袭击！”

于是，“Z 舰队”改变航向驶往关丹。但为了保持无线电静默，菲利普没有把他将要袭击关丹的决定通知司令部，他还认为既然是新加坡方面来电，那里的参谋部肯定会根据敌情，自动派出战斗机掩护“Z 舰队”。

可惜，想当然代替不了作战命令。实际上，受命掩护“威尔士亲王”号和“反击”号的英国战斗机仍然停在机场上，对菲利普进击关丹一事毫无所知。

12 月 10 日清晨，正当日本轰炸机南下搜索“Z 舰队”之际，菲利普率舰驶抵关丹附近，发现并无日军登陆一事。这时，菲利普没有火速返回新加坡，而是花了些时间去搜索先前发现的几艘日本拖轮和小舰艇，从而陷入了险恶的境地。

接近中午，一架日本侦察机发现了似乎是英舰的 6 个黑点，立即降低高度，钻出云层。正在这时，只见遥远的海上目标突然冒出一缕白烟，舰炮喷出了红色火焰，炮弹随即在侦察机旁边炸响。无疑，这正是英国舰队！

为主力舰护航的“坦尼多斯”号驱逐舰

电键启动，嗒嗒作响，日机发出了渴望已久的情报：“发现 2 艘敌战列舰。关丹东南 70 海里。敌主力舰由驱逐舰 4 艘保护前进。”

正在返航的日本轰炸机群接电后立即改变航向，扑向英国舰队。据当时参战的高井大尉回忆说："当我瞪大眼睛盯着'威尔士亲王'号和'反击'号时，我紧张得浑身直发抖，真像竞技比赛之前的那种感觉。下午1时3分，在我们前方的云层下直接看到几个黑影，哈哈，是敌舰！"①

据中国方面的资料透露：1941年12月10日上午10时，国民党"军统"驻成都、重庆两个侦听站监听到了日本侦察机与西贡日军航空基地的通信联络，说新加坡北方百余海里处发现英国的两艘大型兵舰，请求迅速派飞机轰炸。"军统"方面得知日军发现并即将攻击"威尔士亲王"号，便立刻将这一重要情报通知了英国驻华大使柯尔。日军要轰炸英舰的消息，着实让英国大使吃了一惊，但遗憾的是，柯尔未能及时通知"Z舰队"早作准备，从而贻误了战机。

此时，"Z舰队"正在匆忙南返："威尔士亲王"号一马当先，"反击"号紧紧追随，4艘驱逐舰前后护卫，仿佛忠实的猎犬。

将近正午，大队轰炸机黑压压地飞临英舰编队上空。日军的空中指挥机下达了"突击"的命令，日机便一架接一架钻出云层，重点向两艘主力舰发动了攻击。英舰顽强抵抗，赤色的火和青色的烟，从每个炮口猛烈喷出。日机在炸裂的弹片和弥漫硝烟的隙缝中穿行，然后低空飞来，首先扑向了"反击"号。

乘坐"反击"号的《伦敦每日快报》随军记者茄赖格形容说："'反击'号舰上的'砰砰炮'及4英寸（约合101毫米）口径的高射炮一齐怒吼，猛烈的炮声，宛如万雷齐鸣，我觉得我的耳朵快要震聋了。"

突然，两架轰炸机从低空向"反击"号的右舷袭来，舰上的人们清楚地看到摇曳而下的炸弹。茄赖格的战地报道说："一声震天巨响，'反击'号舰身发生大震动，舰上的人员一个个惊得面如土色。因为震动过于剧烈，连烟囱上的油漆也纷纷脱落，坠至甲板上。"结果，一颗巨弹命中"反击"号左舷舰载机库，灰黑色的舰体开始喷吐着茶色的火焰。

日军轰炸机群刚刚肆虐完毕，鱼雷机群又接踵而至。一队从右面向"威尔士亲王"号逼近，另一队从左面向"反击"号扑来。"反击"号舰面高射炮火比较弱，拦阻火力不猛，抵不住日军鱼雷机群的两面夹攻。日机一直冲到近距离内才发射鱼雷，仅靠坦南特舰长高超的操舰本领，才暂时使"反击"号免遭鱼雷击中。

此刻，这艘第一次世界大战时的老舰，像一艘驱逐舰一样灵活地进行急速回旋和机动，规避了向它冲来的一枚又一枚鱼雷。在这万分危急的时刻，坦南特不

① ［美］N. 米勒：《海军空战》，海洋出版社，1981年，第55页。

从空中鸟瞰，正被日军轰炸机空袭的“反击”号

得不打破无线电静默，电告新加坡：“Z舰队”遭到了攻击。

英军司令部获此噩耗，立即下令在森巴旺严阵以待的“水牛”式战斗机队迅速起飞，但它们几乎需要1个小时才能抵达激战海域。

经过短暂的间歇，12时10分，日机又发起了猛烈攻击。此时，“反击”号上虽已大火熊熊，但防御炮火仍然很顽强地向8架扑来的日军鱼雷机开火。茄赖格描述道：“炮弹从许多炮口连珠般喷出，空际宛如下着大粒的砂雨。同时，无数黄铜弹壳从炮身下滚出，仿佛水流一样。”

就在第二架日机向“反击”号发射鱼雷的瞬间，它突然中弹凌空爆炸了，甲板上欢呼声突起，大叫：“又杀死了一只鸭子！”接着，第三架日机出乎意外地在“反击”号的左舷出现，虽然它也被猛烈的炮火撕成了碎片，但它发射的鱼雷恰好在该舰的中部爆炸。“反击”号如同受伤的巨鲸，猛烈地转舵，旋起一排巨浪，舰艄低低地拖着一缕鲜红的火焰烟幕，飞也似的向左逃去。

紧接着，又有9架日机巧妙地从几个方向一架接一架地向“反击”号发起猛攻，至此，这艘英勇的、久负盛名的老舰又先后被命中了4枚鱼雷。只见黑烟笼罩着战舰，舷侧逐渐倾斜。然而，“反击”号上的水手仍然不离炮座，顽强地对空射击。

最后一枚鱼雷的爆炸使“反击”号发生了一次强烈的震动，左舷倾斜更加严重，舰员们在歪斜的甲板上奔跑，像青蛙一样纷纷跳入海中。

随军记者茄赖格也在混乱中跳入布满厚厚重油的海面。他回忆说：“突然，一个很大的波浪当头撞来，把我的身体打横了，然而我也因此获得对‘反击’号做最后一瞥的机会，亦殊可自慰。只见舰体水线以下涂着的红漆，发出一道殷红的色彩，映入我的眼帘，舰艄高举若石笋。数分钟后，但见一个巨大漩涡，海波乱撞，那小山似的巨型舰体瞬间便消逝于波浪之中。”

就这样，从被命中第一枚鱼雷起，“反击”号在海面上总共支撑了15分钟。

大约在12时33分，当横倾达到约70度后，该舰翻倒沉没了，海面上留下了奋力挣扎的水手、破片、油迹，留下了团团翻滚的黑烟……

第四节　“威尔士亲王”号凄惨葬身海底

在“反击”号遭到攻击后10分钟，“威尔士亲王”号的厄运也随之降临了。

日本海军大尉高井率领一队鱼雷轰炸机径直冲向“威尔士亲王”号，其速度之快，使英国水手们大吃一惊，他们看惯了自己笨拙的“剑鱼”式飞机，对日机神奇的速度简直不可理解。

“威尔士亲王”号拥有10门356毫米口径的主炮，16门133毫米口径副炮，48门40毫米口径高射炮以及30门20毫米口径高射炮，全舰大小火炮百余门，每分钟能发射炮弹6万发。此时，该舰倾其全部火力，拼命对空射击，穿织起来的炮弹如同冰雹一样密集。天空中一片黄色硝烟，炸裂的炮弹片就像撒落的沙子一样四散迸射，在海面上激起一片片浪花。

“天空中充满了炮弹的弹片和硝烟，以及高射炮与机枪发射的一道道曳光弹弹迹。我的飞机像被敌人的密集弹幕击中似的，一个劲儿地往下冲，差不多都要贴到水面了，速度表的指数超过了200节。我压根儿记不得我是怎样飞行，怎样瞄准，在离敌舰多远时投放的鱼雷……”① 高井这样回忆当时的战况。

日机不顾死活地鱼贯俯冲而下，只见9枚鱼雷在水中飞蹿，在海面上划出一道道雪白的航迹，径直奔向“威尔士亲王”号。11时44分，巨舰左舷后舰桥部位被两雷命中。

一位皇家海军军官报告说:“突然，军舰猛烈一震，令人毛骨悚然，伴随着一声震耳欲聋的爆炸，一道巨大的水柱夹着浓烟突入云空，高达200英尺，我们至少中了一枚鱼雷。”①

中雷后，“威尔士亲王”号的航速从25节骤降到15节。更有甚者，一架鱼雷机发射鱼雷完毕，拖着长长的浓烟，一头撞在“威尔士亲王”号右舷前部，整个

① ［美］N. 米勒:《海军空战》，海洋出版社，1981年，第55页。

军舰被熊熊火焰所笼罩。连续几批鱼雷机攻击，使“威尔士亲王”号出现45度角的倾斜。

12时22分，奇怪得很，“威尔士亲王”号又渐渐正过舰身，恢复了原状。日机驾驶员见此情景不禁赞叹道:“虽然中了数枚鱼雷，但它还能逐渐恢复原状，这实在是值得敌人自夸为‘不沉’的主力舰！”

其实不然，原来，此时“威尔士亲王”号右舷又被两枚鱼雷命中，造成大量进水，歪打正着地将战舰扶正。

激战至此，“威尔士亲王”号伤势极重，舰上许多部门电源中断，失去照明，火炮的动力也没有了；甲板下面机械通风失灵，鱼雷在靠近舰艉的左舷一侧爆炸，把一根螺旋桨大轴卡断，撕开了轴隧，海水汹涌地冲进舰内。

几分钟后，6架鱼雷机又从不同方向逼近“威尔士亲王”号，舰上仅有几门高射炮还在开火。由于没有动力，炮手们只好用铁链和绳索拼命地拉拽着炮管旋转，顽强地进行抵抗。而遍体鳞伤的巨舰，此时缓缓向南蠕动，左倾加剧，火焰更猛，速度降至7节。

沉没中的“威尔士亲王”号舰员撤往驱逐舰“特快”号。过了一会儿，“威尔士亲王”号突然快速下沉，“特快”号不得不撤走

不久，后续的日本轰炸机载着巨弹又飞临“威尔士亲王”号上空。日机正欲投弹攻击，一艘英国护卫驱逐舰快速驶来，放出浓浓的烟幕来掩护“威尔士亲王”号，但无济于事。密集的炸弹呼啸而下，“威尔士亲王”号舷侧突起凄惨的水烟。接着，一弹又落到后部桅樯上，另一弹正中后部甲板，随着轰然巨响，黑魆魆的烟团可怕地向天空冲腾。

渐渐地，倾斜的后甲板离海面仅一米了，重油向海面流出。突然，“威尔士亲王”号速度停滞，左横倾急剧增大。在连续发出惊天巨响之后，雄风一时的巨舰倾覆扣倒，舰底朝天，头朝上尾朝下地被马来海涛吞噬了。英国远东舰队司令汤姆·菲利普海军上将及司令部的幕僚一同随舰沉没。时间：1941年12月10日13时20分。

在“威尔士亲王”号沉没前3分钟，英军“水牛”式战斗机才赶到悲剧现场。如果菲利普早一点儿呼叫英国战斗机的话，战局也许会有所不同。而现在，大势

"威尔士亲王"号沉没

已去，英机爱莫能助，无可奈何地在沉舰海面的上空盘旋。

就在"威尔士亲王"号和"反击"号被炸沉后30分钟，即13时50分，国民党"军统"负责人戴笠几乎同步听取了汇报，并命令"军统"第二处国际科科长代表蒋介石，把英国的两艘大型主力舰在激战近两个小时后沉没的不幸消息，用电话向英国驻华大使柯尔通报。第二天，柯尔代表英国政府向中国政府致谢，并对"军统"情报的迅速与准确，表示了极大的惊奇和钦佩。

第五节　英首相丘吉尔哀叹末日来临

满载着英国皇家海军的荣誉、企图给南下日军以致命打击的英国最新式的、被誉为"不沉战舰"的"威尔士亲王"号战列舰以及高速战列巡洋舰"反击"号，惨遭日军攻击，转瞬之间，葬身鱼腹。面对这一残酷的现实，全世界为之一震。

12月10日，远在伦敦的英国首相丘吉尔正在开箱子，他床边的电话铃响了。电话里传出第一海军大臣有点奇特的、带有咳嗽和吞咽的声音："首相，我不得不向您报告，'威尔士亲王'号和'反击'号都被日本人击沉了，我们认为是被飞机击沉的。汤姆·菲利普已经淹死。"

"你确信这是真的吗？"

"一点儿没有疑问。"①

丘吉尔痛苦地放下话筒。此刻，他感到末日似乎即将来临。后来，丘吉尔在回忆录中哀叹道：在全部战争过程中，我从来没有受到过比这一次更直接的震惊。

① ［英］温斯顿·丘吉尔：《第二次世界大战回忆录》，第三卷第三分册，商务印书馆，1974年，第900页。

他感慨道:“这是对我一生中最沉重和最痛苦的打击。”

马来亚海战以英国远东舰队主力彻底覆灭而告终。海空战结果，日本仅以损失4架飞机、负伤27架、战死21名官兵的微小代价，就击沉英国两艘赫赫有名的战舰，英军870余名将士葬身大海。

12月12日，为庆祝马来亚海战的辉煌战果，日本天皇于宫中向联合舰队司令长官山本五十六赐予敕语:“联合舰队航空部队歼灭敌方英国远东舰队主力于南海，宣扬威武于中外，朕特嘉奖。”①

在珍珠港惨遭偷袭之后，“Z舰队”亦被彻底击溃了，这在战略和战术上都对太平洋战场态势产生了深远的影响。

就战略而言，马来亚在战前是英国在亚洲的重要据点，在航海、经济和军事上都具有重要的战略地位。为了阻止日本南进，英国把“威尔士亲王”号和“反击”号当作“无敌王牌”派到远东来，一则显示威力，二则加强实力。岂料，太平洋战争开战仅3天，两舰就悲惨地葬身海底。

战后日本画家所绘《马来海战》

当日本海军扫除了盟国海军部队这一海上“拦路虎”之后，其南下步伐愈发不可阻挡，先前估计的马来亚作战所面临的种种困难，亦随着两舰的沉没而烟消云散。因此，随后日军向马来亚进行的一系列海上运输，均一蹴而就，畅通无阻。

与此同时，日军陆上的进攻也以决堤之势不可阻挡。日本战史学家伊藤正德评论道:“完全可以这样说，在马来亚海面一举击沉英国巨舰的海空军的功勋，就在于它一日之间奠定了南方作战的整个战局。”②

英国军事史学家富勒说:“这个损失对新加坡的精神影响是灾难性的，而且，它预示着未来的灾难。事实上，至少是在这个时候，新加坡本身存在的可能性也同这两艘军舰一齐消失了，它现在成了一个没有舰队的海军基地。”③

① [日]大本营海军报道部:《大东亚战争与日本海军》，1943年，第29页。
② [日]伊藤正德:《联合舰队的覆灭》，光人社日文版，1981年，第100页。
③ [英]富勒:《第二次世界大战》(1939—1945年)，1948年，伦敦英文版，第141页。

从战术上看，这次战斗显示了航空兵在海战中的重大作用，它与珍珠港事件一起，宣告了空中打击时代的到来，对以后的海战有着深远的影响。它用本身的战例战果告诉在海洋上进行殊死决斗的指挥者：一支大舰队必须有相应的空中支援力量，否则难逃倾覆沉没的命运。

在战前，丘吉尔以及英国海军部首脑对战列舰被日机击沉这一可能性嗤之以鼻。然而，海战的严酷现实证明他们大错特错了，正如丘吉尔所说的那样："我们和美国这次都大大低估了日军的空战效率。"

两艘主力舰倾覆，对士气也有极大的影响。英军斗志由此竟一蹶不振，甚至到了不堪一击的地步，很快就被迫退向槟榔屿。而槟榔屿也已经朝不保夕，关丹也命悬一线，事到如今，首府吉隆坡也难逃沦为日军囊中之物的命运。

更令大英帝国寝食不安的是，马来亚海战的惨败，使之苦心经营了20年的"东方直布罗陀"、世界著名的第四大军港新加坡的最终沦陷，也只是时间问题了。

沉没前的"威尔士亲王"号

面对一败涂地的局面，丘吉尔在回忆录中无可奈何地叹道："……有多少努力、希望和计划，都随着这两艘战舰沉入了大海！"

谈到后果，丘吉尔一语道破："当我躺在床上辗转反侧时，可怕的消息死死地纠缠着我。无论是在印度洋还是太平洋，都没有英国或是美国的主力舰……在这浩瀚辽阔的大洋上，日本至高无上，而我们无论在哪里，要么十分微弱，要么就是空白！"①

凭借马来亚海战大获全胜的余威，日军势如破竹地杀向了马来半岛。

① ［英］温斯顿·丘吉尔：《第二次世界大战回忆录》，第三卷第三分册，商务印书馆，1974年，第937页。

第六节　山下奉文挥军猛攻马来半岛

1941 年 12 月 8 日，当珍珠港偷袭得手的电波飞传到东南亚，日本先遣部队蜂拥在泰国的宋卡、北大年和马来亚的哥打巴鲁大规模登陆，迅速越过马来半岛与泰国边境，大举进攻马来亚西部地区，马来亚战役旋即爆发。

12 月 8 日凌晨 4 时整，17 架日本海军轰炸机首次对新加坡进行了狂轰滥炸，61 人被炸死，700 余人被炸伤。由于浓浓云层阻碍了英军高射炮的还击，结果，日机没有一架被击落，竟奇迹般地全部安全返回西贡空军基地。

1941 年初，驻扎新加坡的皇家空军第 62 中队的“布伦亨”式轰炸机，它们正准备起飞前往吉打州首府亚罗士打的空军基地驻防。中队长佰翠·汉南从 1941 年 6 月起驻防亚罗士打，后因向日本透露英军的情报于 1942 年 2 月被处决

据称，日本军事情报部门当时策反了一名叫佰翠·汉南的英军上校，这名空军联络官反叛成为日军间谍后，向日方提供了大量英军机密情报。至 9 日，日本海军第 22 航空战队和陆军第 3 飞行集团数次轰炸了新加坡及关丹等地的英军基地和机场，导致日军在短短的三天内摧毁了马来亚北部的所有英国空军基地，致使 158 架英机只剩下了 10 架。转瞬之间，日军牢牢掌握了马来半岛的制空权。

此时，海岸线上，在泰国北大年登陆的日军第 5 师团很快击败了印度第 3 军及数个英军旅的抵抗；从马来亚东北部哥打巴鲁滩头登陆的日军快速向内陆推进。英军首战失利后，节节败退，只能凭借隘路、河流来迟滞日军的进攻，以争取时间加强南部新加坡的防御工事。但由于盟军飞机被摧毁殆尽，日本航空兵主宰了天空，地面上的英联邦军队及平民不断遭到日军猛烈的空中轰炸，损失极其惨重。

英军“水牛”式战斗机性能远远落后于日军“零”式战斗机

12月10日，马来海面上又传来噩耗：“威尔士亲王”号和“反击”号被日本航空兵击沉，马来亚东海岸门户顿开，登陆日军以破竹之势蜂拥上岸。

在日军夺取了制空权和制海权以后，12月12日，山下奉文中将采取“中央突破”的快速机动战术（自称“电钻战”），一举突破英军马来亚北部防线，然后挥师迅猛南下，9万英军殊死抵挡，且战且退。

当日军在公路上遭到英军的顽强阻击后，立即转道原始丛林，跋涉突进，绕到英军的侧翼与背后开火，导致英军在马来半岛的防御全线溃败。山下见状喜不自胜，严令：“争取时间，不惜一切代价，直逼新加坡！”

与此同时，马来半岛的槟榔屿自12月8日起，每天都遭到日机狂轰滥炸，守军焦头烂额，不得不于12月18日放弃抵抗。接着，武器、船只、物资以及一座运作良好的电台全部落入日军之手，大批欧洲人被迫从槟榔屿仓皇撤退。

此时，日军主力沿马来半岛由北向南继续快速推进。12月23日，日军击溃了由大卫·里昂指挥的印度第11步兵师；12月31日，在海军的配合下，日军占领了关丹；7天后，即1942年1月7日，整个马来亚北部地区已完全落入日本人的魔掌。接着，日军又把进攻矛头指向了吉隆坡。

印度第11步兵师奉命在吉隆坡阻击日军，但经过浴血的仕林河之战，2个印度步兵旅已溃不成军。1942年1月11日，日军攻占了吉隆坡。至此，不足330千米外的新加坡面临空前危机。

1942年1月14日，日军抵达马来亚南部省份柔佛州，他们在这里遇到由亨利·哥顿·本尼特指挥的澳大利亚第8师的顽强阻击，双方围绕争夺金马士桥展开血腥争夺战。澳军依托坚固的防御工事，让日军在此地付出了死伤600余人的代价，大桥也在激战中被炸毁。

最残酷的战斗于1月15日在半岛西海岸的麻坡河一带爆发。本尼特派出已被削弱的印度第45旅去防卫麻坡河南岸，但遭到从海上登陆的日军侧翼攻击，整个旅被彻底击溃，其旅长及属下3个团的团长全部喋血沙场。

血战继续进行。在澳军中将查理士·安达臣的指挥下，撤退的印度军队在澳军的支援下组成“麻坡军”，拼死拼活地进行了4天的鏖战，掩护英联邦军队的残部得以从马来亚北部南撤，避免了被日军围歼的厄运。

但是，当“麻坡军”到达巴里梳龙时，发现桥梁已被日军占领。安达臣下令手下残部不顾死活地硬冲过去。结果，一部分人冲入附近的丛林、沼泽地及橡胶林地，135名受伤的官兵则成了日军的俘虏。

日军势如破竹，当他们攻入柔佛州开阔地带后，加快了进军速度。1月31日，日军第5师团先头部队冲进新加坡对岸的柔佛巴鲁市，英军被迫后撤到新加坡，并炸毁了连接新加坡的石桥，企图凭借柔佛海峡抵御日军进攻，死守孤城。

2月8日夜，日军兵分两路强渡柔佛海峡，在新加坡滩头登陆，次日晚占领廷加机场。第二天，日、英双方在武吉知马高地激战。2月11日早晨，日军观测飞机向英军投下了“劝降书”。次日，日军推进到新加坡市郊，占领了新加坡沿岸的英国海军基地。

至2月14日晚，英军没有任何投降的迹象，双方继续在布基帖马高地展开生死之战。至2月15日，日军虽然拼死攻下了这个高地，但其第25军已经疲惫至极，副参谋长池谷丰二郎大佐建议暂停攻击。

“敌人也很困难！”山下闻言后厉声喝道。他认为，疲劳的军队在停止进攻后会更加疲劳，因而坚决反对稍事喘息。

双方继续死战。下午2时许，在攻入布基帖马街道的日本第5师团先锋部队的前面，有三个扛着大白旗的英国人向他们走来，其中一人便是英军司令帕西瓦尔中将。原来，在日军强大攻势和重重包围之下，大英守军士气低落，决定放弃武力抵抗。

英军中将帕西瓦尔和山下奉文签署无条件投降书

帕西瓦尔中将还想提出一个投降的条件，可山下奉文却蛮横地回话道：“你只需要回答‘YES’或者‘NO’。”

英国人屈服了，11万人就此当了俘虏，这是英国历史上投降人数最多的一次。

仅仅花了70余天的时间，日军以伤亡9824人的代价，自北向南席卷马来半岛，迅速占领了槟榔屿、关丹和吉隆坡，一举攻下了新加坡。激战中，被

“马来之虎”山下奉文

杀、被俘的英联邦士兵接近5万名，投降的盟军官兵总计达13万人之多。

随后，日本人将新加坡改名为“昭南岛”，行政上称作“昭南特别市”。

就这样，英国人苦心经营了20余年的“东方直布罗陀”、世界著名的第四大军港、举世闻名的“狮子城”要塞，从此陷入日本人的魔掌。“蒙面将军”山下奉文中将又得到了一个新的绰号——“马来之虎”。

战役结束后，得意忘形的日本人向全世界炫耀其武力。日本报纸大张旗鼓地宣传道：“大东亚战争大局已定；短短三天内攻下新加坡，只有我神武皇军才能立此殊勋。”

大本营宣传部部长大平秀雄则趾高气扬地吹嘘道：“日本乃是照亮世界和平的太阳。沐浴在阳光下者茁壮成长，抗拒阳光者唯有毁灭一途。美、英两国都应深思我日本千年炽热的历史。”好一副不折不扣、得志便猖狂的丑恶嘴脸！

马来亚之战，是日本陆军有史以来最大、最成功的一场陆战胜利。经此一战，印度洋的门户就此打开了，进攻荷属东印度的战略通道打通了，从而给盟军在太平洋战场的防御作战造成极为不利态势。

第七节　马来半岛顿成日军血腥屠场

1942年2月16日，就在山下奉文攻占新加坡的第二天，天皇的侍从武官专程抵达新加坡，向山下传达了天皇对其倍加赞赏的嘉奖令。面对此一殊荣，山下像一个赢得了“统吃”的赌徒，激动不已，感激涕零。

更有甚者，马来之战得手之后，日本国内还召开了庆祝会，举行了提灯游行，民众还纷纷寄来贺信，顷刻间，访问山下奉文家乡的游客也多了起来。这还不说，远在欧洲的德国国防军军官学校还把马来作战作为经典战例写到了战史教科书里面。

日军攻占新加坡后，德国驻新加坡总领事馆武官等一行前来庆贺山下奉文的胜利。在山下为他的盟邦同仁举行的晚宴上，一位德国上尉高举酒杯致敬道：“干杯！虎将军！”山下奉文立即拒绝道：“不，我不是虎将军！”

山下对此赞誉显然不感兴趣，他甚至讨厌“马来之虎”这一绰号。为什么呢？他解释说：“虎这东西，归根到底不过是胆小而危险的兽类，专从背后袭击比自己弱小的对手；等到年老体衰时，它就找动作迟缓的人，成了吃人的老虎，可以说是品质低劣的野兽！”

此番高谈阔论，歪打正着，山下奉文评价的这头令人厌恶、凶残至极的“品质低劣的野兽”，恰恰是南下入侵日军的自画像！

成为马来半岛的征服者之后，日军大肆劫掠东南亚人民的财产。山下奉文更是明火执仗，他要南洋华侨交出5000万元奉纳金。对此勒索，他给出的理由是：“华侨支持重庆政府抗日，这笔奉纳金，是你们向日军赎罪的买命钱。”

在劫掠勒索的同时，山下奉文为了切断当地与中国大陆抗日力量的联系，下令专门制订了残酷的《肃清华侨计划》，对当地华人进行了血腥大屠杀。约有10余万华裔在大屠杀中惨遭重机枪扫射而丧命。到后来，为了节约子弹，日军干脆把人绑成一串押上船，驶离到距海岸十余千米的海面上将其推进大海。

这便是臭名昭著的新加坡大屠杀。

侥幸从日军手下死里逃生的71岁老人萧汶虎，悲愤地控诉了日本侵略者当年杀戮他们一家的惨痛经历。

1942年1月，日本侵略军占领马来半岛后，大开杀戒。马来半岛变成了日军疯狂杀人的屠场，无数当地人及华侨被日军野蛮屠杀，村庄悉被夷为平地。

“我们家遭难的时间是1942年3月16日，在瓜拉庇唠港尾村。我们一家人都住在那个村里。一天，有个人敲锣打鼓叫我们每个人都出来领粮食。日占时期，我们每个人都很凄苦，没有东西吃。听到有派米粮，我母亲就拉着我们家大大小小出来，在街旁拿着个米袋等分配粮食。

“我们村全部人都出来了，大概有600多人在排队等，一直等到下午大约五六点钟的时候，就看到日本人载了三车的兵来到街上，叫我们排好队，然后把我们赶进山包里去。进了山包后，他们就把我们一批一批地分开了。

“当场，我看到一个十多岁的年轻人往外跑，日本兵撒腿就拼命追，追上后就猛地给了他一刺刀。我亲眼看到日本兵把那个人刺倒，很悲惨的，所有人见状都害怕了。

“这时，我看见前面有三个日本兵，拿着刺刀朝我们就是一阵乱刺，血喷得满地都是，到处都是惨叫的声音。我的母亲看到这个杀人场面，就急忙抱着我趴下，用肚子来保护我。这时，我弟弟就在我的脚底下，我就看见他啊，那个肠子全都流了出来。我妈妈卧在地上紧紧地抱着我，背后任由日本兵猛刺。到了晚上 6 点多，山包里没有声音了，人几乎全部被杀光了。

“夜里，有个老伯来找人，看到我还没有死，就把我拉起来。那时，我亲眼看见我的母亲眼睛睁得大大的，她死不瞑目啊！我一直喊：妈妈！起来啦，我们跑啊，可是，我母亲再也听不到他儿子的呼唤声了。

“后来，我们又听到有脚步声，日本兵来巡逻了！我们又趴下去假死。到了晚上 7 点多钟的时候，日本兵开始烧我们的房屋，满山都是火啊！那个老伯就带我们跑到瓜拉庇唠山顶。那次，没有被杀死的只有我们五六个人。有一个女的，肠子全部流了出来，没得救了，就又死在半路上。那时，我们跑的时候，看见满山都是尸体，很多的尸体。后来，那位老伯在山上采草药给我治疗多日，我才终于脱离危险，从此成为孤儿，四处流浪。”

最后，萧汶虎回忆说：“在马来西亚很多地方都发生过类似这样的大屠杀，杀死人最多的是在芙蓉、梅兰州。”

曾经住在橡胶园里的李木胜老人回忆说：“疯狂屠杀村民的日军离开后，我与父亲等人赶到港尾村，只见一堆堆大大小小的尸体满山遍野，死状恐怖，多数喉部中刀，惨不忍睹。暴晒荒野的尸骨，一直无人敢去收拾。直到一年后，才由当地村民用脚踏车一袋袋地运到港尾村后面，挖了一个 2 米多的深穴，草草地埋葬了。”

港尾村大屠杀后第三天，知港县余朗村全村 1474 人也被日军杀害，男女老幼竟无一幸免。

在日占东南亚时期，像萧汶虎一家的悲惨遭遇以及李木胜老人讲述的这些恐怖杀戮现场，何止成千上万！那时，华人殉难同胞的坟场随处可见，日本法西斯对东南亚人民，尤其是对华裔、华侨犯下的滔天罪行，真是罄竹难书！

日军攻占吉隆坡

实际上，屠杀马来西亚人民的刽子手山下奉文并没有因其“战功”而平步青云。他没有获得凯旋东京都的荣誉，却在东条英机的运作下于 1942 年 7 月被平调至中国东北，任满洲第一方面军司令官，又去重操屠杀中国人民的屠刀。

这一任命对于山下奉文来讲无疑是当头一棒。在“马来之虎”的光环下，他完全可以就任更高的职务，或是得到晋见天皇的机会，但这一切都因与之交恶的东条英机而变为不可能。

日军占领整个东南亚之后，便把南方派遣军总指挥部设在新加坡，山下奉文的顶头上司寺内寿一在此坐镇。1944 年 5 月，寺内又把总指挥部转移到菲律宾。不久，因面临盟军的大反攻，他又把总指挥部转移到越南的西贡。

马来西亚各地的华人坟场，到处可见殉难同胞纪念碑

1945 年 4 月 10 日，寺内寿一在接获缅甸被盟军收复的消息后突患中风，无法于 9 月 12 日来新加坡向盟军地区最高统帅蒙巴顿勋爵投降，他只好派板垣征四郎代表自己出席签署投降书仪式。

同年 11 月 30 日，病情略有好转的寺内寿一在西贡亲自向蒙巴顿勋爵投降后，旋即被关押在马来亚半岛的柔佛州。1946 年 6 月 12 日，68 岁的寺内因病死于柔佛州战犯关押处。

第八节　入侵香港日军大屠杀之暴行

1941 年 12 月 7 日，香港地区一片繁荣祥和的景象：电影院里人头攒动，场场爆满；酒吧间坐满了欢声笑语的顾客，阵阵爵士乐从舞场里滚滚涌出；年轻人成群结队地到新界农村去远足郊游。人人都在期盼着，因为再有 18 天，温馨欢乐的圣诞节就要来到了。虽然前几天当局也搞了几次防空演习，但大家都觉得那简直是在开玩笑！

然而，香港人做梦也没有想到，12 月 8 日清晨，36 架日本轰炸机在战斗机的掩护下，迅猛袭击了香港启德机场、九龙水上飞机泊地和停泊在香港海面的英军舰船，机场附近的一些民房也被炸弹击中。呼啸的日机轰鸣声、猛烈的炸弹爆炸

日军进攻尖沙咀火车站

声和高射炮的还击声震耳欲聋，把香港人惊得目瞪口呆！

就在同一天，传来日本人偷袭美军太平洋舰队基地珍珠港的消息，太平洋战争爆发了，日军南下入侵香港的战幕一下拉开！

就在日机对启德机场狂轰滥炸的同时，日本陆军兵分4路，以52 000人的压倒性优势兵力，在酒井隆中将的指挥下越过深圳河，向新界发起了猛攻。

此时，负责防守香港的兵力包括驻港英军、英属印度陆军、印度香港防卫队、香港警务处、加拿大军队，总兵力14 000余人。虽然港府此前多番宣称驻港英军的战斗力是如何强劲，但面对优势日军的突然袭击，英军猝不及防，因而战局日趋险恶。

激烈的抵抗在城门水塘西南的黄金山阵地爆发，在这里，日、英双方短兵相接，展开了生死肉搏战，英格兰步兵营营长亦喋血沙场。激战五天，终因双方兵力相差悬殊，英军纷纷败下阵来。英军司令马尔比少将见战况不力，决定放弃九龙，命令“半岛旅”撤回香港岛。至12月12日晚，日本侵略军占领了整个九龙半岛。

被迫转守香港岛后，日军向英军发出通牒，勒令英军立即投降，结果遭到拒绝。12月12日晚，英、日双方隔着维多利亚港海面相互炮击，战况呈胶着状态。

第二天上午，一艘插着白旗的小艇，由九龙油麻地码头向香港岛驶来，艇上载有日军劝降使者多田中佐，还有被挟持的香港总督私人秘书李夫人等，但英军断然拒绝了日军的招降。

至12月17日，日军再次派人乘两艘小艇掠海劝降，香港总督杨慕琦再次拒绝，并且警告日方说，如果再有所谓的“和平使者”过海骚扰，香港方面将随时开枪，格杀勿论！

劝降不成，恼羞成怒的日军于12月18日深夜发起了渡海攻势。在凶猛的炮火掩护下，百余艘日军汽艇、橡皮舟分别在北角、不莱玛、水牛湾强行登陆成功，日军在黄泥埇与英军展开短兵相接的厮杀。

激战中，日军若松大队长受重伤，英军“西部旅”司令约翰·罗臣（加拿大人）准将不幸喋血沙场。英军节节败退，防守港岛的“东部旅”与“西部旅”之间的联系也被切断。日军进而占领了黄泥埇贮水池，切断了英军的水源。

12 月 21 日，英军“东部旅”向黄泥埇山峡反攻，“西部旅”向尼克松山反攻，但均未成功。12 月 24 日，日军再次对英军劝降，仍被英军严词拒绝。

这时，中国方面决定以三个师的兵力驰援英国守军，先头部队已经抵达广九铁路之樟木头，并在今深圳布吉地区与日军发生遭遇战。但是，此时英方却在动心眼，盘算着“主权”问题，他们认为：一旦容许中国方面派遣军队前来增援，日后不免陷入“请神容易送神难”的困境。

据当时英国的高级军官透露，总督杨慕琦最后一次与首相丘吉尔通电话，丘吉尔指示杨慕琦：务必向日军投降，以避免中国军队来港。

12 月 25 日上午，日军飞机及炮兵集中火力对仓库山峡、湾仔山峡、歌赋山、扯旗山、西高山的英军阵地狂轰滥炸。英军司令认为此时已无力继续抵抗，在与港督商议之后，决定无条件投降。

当晚，东线、西线的英军相继停火，一辆挂着白旗的汽车由中环开往跑马地日军司令部。接着，香港总督杨慕琦代表英国殖民地政府，与总部设于香港九龙半岛酒店三楼的日军代表签订了投降书，杨慕琦本人则做了日军的阶下囚。

至此，历时 18 天的香港战役以日军占领整个香港地区、英军彻底失败而告终，香港就此正式沦陷！

这天夜里，绝大部分香港居民都躲藏在黑暗的房屋或防空洞里，往日灯火辉煌的“不夜城”顿时变成了腥风血雨的恐怖世界，所以，人们称这一天为香港的

进犯香港的日本兵

"黑色圣诞节"。

经此一战，大英帝国在香港的殖民统治就此中断，从而开始了"香港日占时期"，又称"香港日治时期"或"香港沦陷时期"。这一时期从1941年12月25日香港总督杨慕琦签署"停战协定"起，至1945年8月15日日本无条件投降为止，历时3年零8个月。

12月26日，日军举行了占领香港的入城仪式。

香港沦陷后，华盛顿方面千方百计地让日军遣回在香港的美国俘虏，而英国方面则无动于衷，表面上是无力兼顾，实则深谋远虑：意在战争结束时有足够的人手马上就地恢复对香港的管制，继续由大英帝国来统治香港。

日军入城后大肆抢掠，许多华人的大店铺，如先施、永安、大新等国货公司以及五金行、汽车行等，都被日军封了门。日军还将香港的95万担存米，抢走80万担充作军粮，造成香港严重的粮荒。

除了抢劫财物，日本兵往往在半夜里四处游荡，不少妇女惨遭凌辱，甚至有的被数个日本兵轮奸致死。在日军入城后的那些夜晚，许多妇女吓得到处躲藏，有的妇女在三四层楼的房顶上被日本兵追得乱跑，瓦片被踏得发出"叭、叭"的破裂响声。妇女们说，她们不怕炸弹和机枪，因为那样死得干净利索，最怕的就是日本兵的手电筒照射及令人胆寒的砸门声，继之而来的就是野兽般的凌辱和残杀。

日军进城后，视人命如草芥，杀害无辜居民的暴行屡屡发生。例如，在离跑马地不远的蓝塘道，一户居民全家八口皆被日军杀害；在皇后大道西，一名老年妇女因为听不懂日语想通过岗哨东行，被日军当场开枪打死；在湾仔，一名青年不小心闯入了所谓军事区域，日本兵上来就是一刀，将他野蛮刺杀；在深水元州街，一名妇女背着小孩上街买菜，回来时恰巧赶上戒严，她那九岁的长子想横穿马路迎接妈妈，不料母子三人竟悉被日军开枪杀害。

在日本人统治香港3年零8个月的时间里，其屠杀暴行可谓罄竹难书，集体大屠杀事件不胜枚举：

（一）赤柱圣士提反书院大屠杀：1941年12月25日，150余名日本兵闯进大楼，将56名英籍、印度籍及加拿大籍伤兵以及部分医护人员和书院职员杀害。日本兵还肢解了2名加拿大人，数十名女护士被轮奸，受害者100余人。

（二）港岛南区杀人事件：1941年12月底，日军将一整车的人送到玛丽医院附近海边，用刺刀全部杀害。

发生大屠杀的赤柱圣士提反书院原址

（三）放逐苦工至海南岛事件：1942 年 3 月，484 名被囚禁在湾仔告士打道合记公司的平民被驱逐上“榆林丸”驶往毫无医疗设施的海南岛，日本人强迫他们在该处干苦力。待到香港光复后，能返回香港者仅百余人，虐打及饥饿导致 300 多人丧生。

“日治时期”，总共有 2 万余名香港人和 2 万余名中国内地人被强行带到海南岛开矿，因虐待和饥饿致死的人数约达 35 000 人。

（四）难民船沉没事件：1942 年 5 月 19 日，日本宪兵队将一万余名被拘留者送至西环，分批登上 19 艘船只。上船后，遂将这些难民推入舱底，封闭舱门，不让登上船面。孰料，开航后不久即遇到台风，日军斩断船缆任由这 19 艘船只自行漂流，结果，其中 14 艘完全沉没，酿成约 3000 人丧生。其后获救的生还者大部分因饿极而不能行走，当中多人在沙滩上自然死去，沿途尸体相枕。

（五）人口普查杀害无辜事件：1942 年 9 月 18 日，香港在“日治时期”举行首次人口普查。在清查中，日军杀害大量平民，据文献记载，此次遇害及被捕后失踪者达 2000 余人。

（六）“里斯本丸”被美军潜艇鱼雷击中事件：1942 年 9 月 25 日，日军将深水埗集中营 1816 名盟军战俘押上停泊在昂船洲的客货轮“里斯本丸”，两日后起航前往日本做苦工。10 月 1 日，“里斯本丸”于浙江舟山海面被美军潜艇“鲈鱼”号发射鱼雷击中，至 10 月 2 日该客货轮沉没。日军疏于救援，酿成 1000 余人死亡，伤 384 人的悲剧。

（七）放恶狗咬人事件：1943 年某日，薄扶林道近坚尼地城有 10 名华人妇女割草，被日本宪兵捕去，囚禁于一混凝土小屋内，然后放犬入屋。结果，10 名妇女皆惨被恶犬啮毙。

（八）放逐难民至荒岛事件：1944 年 7 月，日军将 400 余名难民驱至螺洲荒岛任其自生自灭。其后，螺洲对岸鹤咀村居民经常听见从螺洲传来惨叫声，更见岛上到处是骸骨，死者多为饿死或游水逃生时溺毙，岛上亦曾发生人相食的惨剧。

（九）惠州平海屠杀事件：1944 年 12 月 1 日下午，有数名妇女到山边捡拾柴枝，突有日本宪兵持刺刀前来拘捕，随即带往香港仔警署内监禁。次日，又用车载往北角难民营，营内亦有多人被囚，营门有持武器的日本宪兵及华警把守。有当事人称，营中每日只有 2 餐，晨 8 时给稀粥一碗，无盐无菜，除进食外，整日均困在监内。稍为光鲜的衣服均被脱去，连裤头亦被除去。

两星期后，营内人数累计达男女 400 余人。当日下午 4 时，全体被逼迫到北角海边登上一艘船。众人被锁入船舱内被困 24 小时后抵达惠州市平海镇，所有难民在舱面由 4 名宪兵挑选，身体强健者转去干苦工，剩下 70 余名身体残弱及病患者均被逐一斩杀并推之落海。

（十）帆船蒲台岛入水事故：1944 年 6 月，赤柱海边难民营中原有 800 多名无故被囚拘的平民。一星期后，营内人数增至 1000 多人，日军即动用数只帆船，将他们带至深圳南澳。帆船行至青衣，天气变坏，遂折回蒲台岛。此时船上入水，水深及膝，船上 50 余名老弱者因此被淹死。

（十一）中央警署私刑：在“日治时期”，从中央警署获释者多数在不久后死亡，估计因饥饿或遭虐打致死，死者达百余人。警署亦曾用囚车将部分并未被审判过的囚犯载往刑场杀害。

日军攻占香港后随即成立军政厅，由酒井隆出任最高长官，直至矶谷廉介抵任首位日占香港总督。在日本人管治香港期间，日军在香港滥杀无辜，又推行“皇民”化教育，除了禁止使用英文及强迫使用日文外，香港的街道地区名称亦被更改成日文。香港市民在安全、民生及经济等诸方面皆受摧残，市民对日军抗争日益加剧，更不时有平民在香港岛山头伏击日军将领。至日本统治中后期，更有香港市民毅然加入东江纵队，投入到武装反抗日本侵略者的第一线。

1945 年 8 月 15 日，昭和天皇宣布日本无条件投降，第二次世界大战结束。8 月 30 日，英国海军少将夏悫率领皇家海军特遣舰队驶进维多利亚港，从日军手中接收了香港。

9 月 16 日，在中国代表潘国华少将、美国代表威廉臣上校和其他同盟国代表的陪同下，夏悫少将在总督府正式接受驻港日本陆军司令冈田梅吉少将和日本华南舰队指挥官藤田类太郎中将的投降。香港地区在沦陷 3 年零 8 个月之后，又重新回到英国的殖民统治之下。

率军入侵香港的酒井隆中将作恶多端、罪大恶极。日本投降后，1946 年 8 月 27 日，酒井被南京军事法庭判处死刑，9 月 30 日在南京雨花台被枪决。

香港“日治时期”成为“人间炼狱”的中环中央警署（今称“旧中区警署”）

第九节　中太平洋诸岛惨遭日军蹂躏

在浩渺无际的中太平洋上，有一个新月形的、看上去仿佛要被大洋的汹涌怒涛吞没的珊瑚礁岛，它就是威克岛。

当珍珠港上空战火突起，太平洋战幕骤然拉开之际，日、美之间另一场殊死拼杀在这里展开了……

威克岛，东北距中途岛 1100 海里，西北距东京 1950 海里，西南距关岛 1500 海里，东距夏威夷 2000 海里。它由三个小珊瑚礁岛组成：中间是威克岛，右为皮尔岛，左为威尔克斯岛，三岛总面积不过 10 平方千米。

若将这三座小岛相连，便成“U”字形状；这“U”字形中间是一座礁湖，它是三岛之间小小的“内海”，水深达数十米，可以进出停泊数千吨级的舰船。礁湖由三面环礁屏护，既可遮断太平洋上的狂风巨浪，使湖内成为风平浪静的理想抛锚地，又天然而成一座易守难攻的海上要塞。

太平洋上的威克岛

这个由白色珊瑚围成的像花环一般的环礁岛，曾于1796年为德国探险家据为己有。1899年，该岛被美国格林将军所占领，始归美国海军部管辖。1940年，美国海军开始着手改建其为海空军基地。经过短时间努力，岛上的防卫已初具规模：在该岛的高地上，水上飞机严阵以待；在岛中央建有海军营房；飞机场的跑道长达2000米；在环礁所拥抱的礁湖内，美国人将水下的珊瑚礁击碎，凿成了潜艇基地。

为进一步加强威克岛的防御，1941年12月4日，即珍珠港事件爆发前4天，美国海军中将哈尔西曾率领“企业”号航空母舰把12架F-4F“野猫”式战斗机送上该岛。

说来可笑，“企业”号在返航途中，由于气候恶劣，耽误了行程，未能及时于12月7日赶回珍珠港去度那“神圣的周末”，当时哈尔西为此还大为懊恼。

在太平洋战争爆发前，小小的威克岛上已备有十几架飞机，布设6门127毫米、12门76.2毫米口径的火炮及许多机枪。人员方面，除了有1400人在从事军事工程建设外，守岛美军已达四五百人，司令官是温菲尔德·坎宁安中校。

威克岛虽然面积很小，但战略地位十分重要。由于它位于关岛与夏威夷之间，遂成为两者海上交通线的中间站；它位居夏威夷之西，又成为美军太平洋舰队的前哨阵地。因而，日本人在战前就精心制订了攻占威克岛的战斗计划。

进攻威克岛的日军部队隶属南洋部队，其兵力编成是:“以第4舰队司令部特别陆战队、第6根据地队的派遣陆战队编成的登陆部队、第6水雷战队‘金龙’号和‘金刚’号以及第32号和第33号巡逻艇等组成的海上部队，在支援部队第18战队和航空部队、潜水部队等协助下进行作战。”①

日军大本营的计划是：一旦珍珠港方面奏捷，便迅即对威克岛下手。

12月8日，当夏威夷之战刚刚结束，在珍珠港以西2000海里的洋面上，一群日机冒着雨雹艰难地在空中穿行。

① ［日］服部卓四郎:《大东亚战争全史》，原书房日文版，1975年，第255页。

1942 年初，日本“零”式战斗机是当时性能一流的战机，是盟军战机的“杀手”

此刻，从飞机的收音机里已传出“珍珠港遭大空袭”这一重大消息，同时也传来日本内地狂欢的喧嚣声和煽动人心的《军舰进行曲》。就在这一片狂热的战争气氛中，24 架日机迅猛扑向威克岛！

这时，威克岛上的守军已经收到美军太平洋舰队特急电报：“珍珠港遭受空袭，这不是演习！”随即进行了紧急戒备，并命令 4 架飞机腾空巡逻，其余 8 架飞机迅速加油。

与珍珠港相反，此时，威克岛上空的气候极其恶劣，在直达 5000 米的高空中翻卷着层层密云，并时时袭来雨雹。日机不得不冒着可能遭到地面高射炮火射击的危险，超低空飞行，寻找着那在高空中看来只不过是广袤无垠的太平洋上的一个小点、汪洋大海上一叶孤舟似的渺小礁岛。

突然，在团团乌云的隙缝中，日军机群看见了四周翻卷着无数浪花的威克岛！

当日机机翼掠过乌云直冲而下的时候，美军机场的防空高射炮立即开火进行拦阻。日机不顾一切地冒死低空掠飞，一面投掷重磅炸弹，一面用机枪肆意扫射。机场上，正欲起飞的 8 架美军战斗机被打了个措手不及，应声而毁，机场顿成一片火海。爆炸产生的震动和凌空飞舞的碎片，竟给低空飞行的日机以猛烈的冲击。

哈尔西辛辛苦苦送来的 12 架飞机，有 7 架当场被炸毁，1 架受伤。随后日机又转移轰炸目标，对准宿舍、营房、燃料库和仓库疯狂进行轰炸扫射，致使 25 人

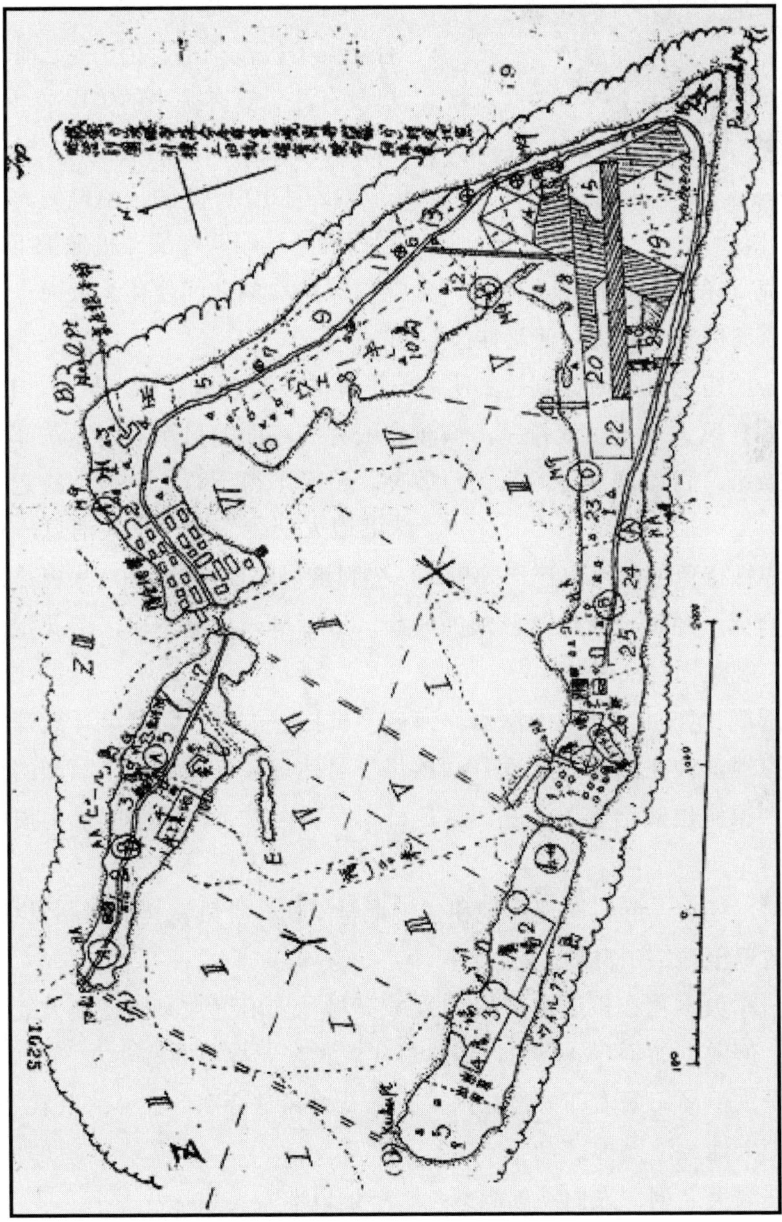

日军为进攻作战绘制的威克岛军用地图

威克岛上被击毁的美机

死亡。粮库被毁，淡水短缺，岛上浓烟滚滚，混乱不堪。

此时，在威克岛4000米上空，尚有4架美机在徘徊。由于密云作祟，日机没有注意到高空中的美军战斗机，因而双方避免了一场空战。

12月10日凌晨，由梶冈海军少将指挥的登陆船队在战斗机掩护下，浩浩荡荡地向威克岛杀来。在日本人眼里，堂堂珍珠港片刻之间便化为火海，攻取弹丸之地的威克岛似囊中取物，何足挂齿？

岂料事与愿违。日军原计划趁黎明前一举登陆，袭夺威克岛。然而，12月10日凌晨，海面狂风大作，巨浪排空，偷渡到威克岛海面的日军舰艇无法卸载，登陆部队无法换乘。百般磨难之际，天已放亮。日军不得不背水一战，决定实施白昼强行登陆。

此时，守株待兔的美军早已严阵以待，当日舰驶至离海岸4300米时，岛上美军立即猛烈开火。经过一夜惊涛骇浪的颠簸，日军早已疲惫不堪，遭此炮击，人人惊慌失措，舰队顿时乱成一团。

日军驱逐舰"如月"号上的深水炸弹被美机扫射击中，随着震耳欲聋的爆炸声，该舰迅速地消失在汹涌的波涛中；"疾风"号驱逐舰被威克岛上猛烈的炮火打得遍体鳞伤，很快也被送进了海底。这是日本海军在太平洋战争中最早损失的两艘军舰。

与此同时，还有一艘日军巡洋舰和一艘炮艇受伤。登陆受挫的日军见状不妙，仓皇逃走，败退至马绍尔群岛。

事后，日军大本营在报道中声称："夏威夷与马来附近大海战之绝大战果，我们姑且不谈，但威克岛争夺战真可以说是最代表大东亚战争的战斗之一。"①

日本海军大臣岛田繁太郎大将在报告威克岛战况时特别形容说："其壮烈程度，真可以说是惊天地、泣鬼神。"①

透过这些溢美之词，人们不难洞察：这一仗日本人显然吃亏不小。

事实的确如此。在对弹丸之地威克岛的进攻中，日军遭到美军出乎意料的阻

① ［日］大本营海军报道部：《大东亚战争与日本海军》，1943年，第45页。

击。伊藤正德在他的《日本军血战史》一书中指出："在威克岛，日军所遭受到的损失竟然比珍珠港还大，不但失去了驱逐舰'疾风'号和'如月'号、巡逻艇第32号和第33号共4艘舰只，且战死和受伤者也不在少数。"

对开战后美军的首次胜利，美国军事史专家莫里森教授认为："这是美国军事史上应当永远值得骄傲的一天。"战后，日本海军一位权威人士说："这是我们海军历史上曾经遭受过的最耻辱的失败之一。"①

就在威克岛登陆首遭挫败之际，12月10日，日本第4航空战队主力和南海支队共5400余名入侵者，在由马里亚纳群岛起飞的日机掩护下，又向关岛发起了攻击。此时，关岛守军仅由427名美国海军士兵和247名地方军人组成，面对强敌，关岛的末日降临了。

日军首先实施空袭。接着，日本海军陆战队的370名先头兵于凌晨时分在关岛首府阿加尼亚北边抢滩登陆，成功地攻占了政府大楼，并袭击了美军陆战队营区。

另一支日军部队自关岛西北的一个海湾成功登陆后发起进攻。不久，日军登陆部队与美军陆战队在阿加尼亚市区西班牙广场爆发激战。战至凌晨5时45分，美军关岛指挥官麦克米伦海军上校见大势已去，遂放弃抵抗并宣布投降。日本人为了羞辱这位降将，竟命令他脱去短裤亮相！

当山本五十六得知首攻威克岛出师不利、惨遭溃败之后，不由勃然大怒，立即电令从珍珠港凯旋、正值途中的南云海军中将派部队增援。

接令后，南云马上派出拥有航空母舰"苍龙"号和"飞龙"号的第2航空战队以及拥有巡洋舰"利根"号和"筑摩"号的第8战队和部分警戒兵力，奔赴威克岛海域助战。这部分兵力于12月16日16时30分驶离南云机动部队主力编队，准备对威克岛进行大规模空袭。

威克岛守军在12月8日遭到日机空袭以及击退日军在12月10日发动的第一次进攻之后，司令官坎宁安立即向珍珠港发出告急电："人员、武器、装备和物资都已受到严重损失，消耗极大，急需补充！"

金梅尔司令接电后犹豫不决，踌躇再三。然而，鉴于固守威克岛在战略上具有重大的意义，他最终决定增援该岛，下令海军少将弗莱彻率领一支以航空母舰"萨拉托加"号为首的特混舰队，于12月16日驶离珍珠港，赴威克岛增援。但由于该编队中执行途中补给任务的油船"尼切斯"号的时速仅达12节，迫使弗莱彻

① 《肆虐的太阳旗》，美国《时代》生活版，第90页。

不得不命令整个编队降低航速。编队慢腾腾地走了好几天，途中给驱逐舰加油又延误了一些时间，这时威克岛海面战局已急转直下。

继12月10日第一次登陆威克岛失利之后，12月20日，梶冈海军少将在优势的空中火力掩护下又卷土重来。此次，在兵力方面，日军又增加了曾成功攻占关岛的第6战队以及南云麾下的第2航空战队。

然而，日军这次向威克岛发动的登陆作战仍然没有交上好运！

12月22日夜半，猛烈的飓风以每秒13米的速度掠过黑暗的海面，星光虽多，月影却无。进攻部队在暗夜中与排山的巨浪搏斗着，凶猛的波涛摇撼着舰艇，随时都有冲撞暗礁、船毁人亡的危险。狂涛使登陆兵无法换乘，眼看对威克岛的第二次攻击又要“流产”了。在这万分危急的时刻，登陆指挥官田中光夫中佐决心破釜沉舟，以第32号和第33号两艘巡逻艇为敢死队，开足马力直接抢滩，搁浅后再让乘坐该艇的陆战队士兵跳下艇，直接涉水登陆。

“准备冲岸！”黑暗中，田中光夫中佐终于下达了这一决死的命令，全体登陆人员都低低地伏在甲板上，两艘巡逻艇径直向威克岛滩头冲去。渐近海岸时，两艇的底部碰撞着珊瑚礁，发出令人心悸的“嘎、嘎”的响声。

“登陆！”当两艇搁浅后，田中下达了战斗命令。伏在甲板上的日军迅速爬起来，孰料立足未稳，突然遭到机枪的猛烈扫射。美军射出的探照灯光，蓦地又把黑暗中的日舰照得雪亮，光柱所到之处，炮弹应声而至。轰然一声巨响，一发炮弹在日舰甲板上炸裂，周围顿时出现一片血流满面的死者……

“快！快！”日军曹长们发出霹雳般的巨吼，登陆士兵立刻跳入水中，但水仍相当深，脚趾仅能偶尔触到岩礁。日军士兵只好一手紧紧握枪，一手拼命划水，顶着劈头打来的巨浪，在冰冷的海水里挣扎着向岸边靠近。

然而，在滩头搁浅的两艘日军巡逻艇却已成美军炮火轰击的靶子。在雨点般的炮弹落下之后，巡逻艇熊熊燃烧起来，发出烛天火光。

美军重机枪拼命地扫射，暗夜中穿织如梭的曳光弹，像燃烧着的一根根粗大的火柱，不断地在水面掠过。由下水处到美军阵地，仍有50米的距离，日军在齐胸的海水中一寸寸地挪进，激流随时可能把人卷入漩涡，再摔向珊瑚礁。

这里虽然是热带海域，但12月的气候仍寒气逼人，入水者周身被冰冷的海水侵袭得战栗起来。突然，瀑布般的大雨又落了下来，暴雨一过，弹雨又至。这真是日军难以想象的特种“海战”！

在离岸20米的地方，“突击”的命令一下达，日军立刻从海水中蹿起来，枪

岛上的美军炮兵掩体

刺在炮火中闪闪发光。美军士兵此刻也猛地直起腰来，端着机枪“嗒嗒”地扫射着……

经过两小时的激战，日军在凌晨3时首先夺占了海岸一角的美军阵地。

躲藏在灌木林中的日军曹长，在观察美军火炮阵地时，突然遭到大口径机枪的扫射，惨叫着倒了下去。日本兵立即向炮台投掷手榴弹与燃烧瓶。凌晨4时，日军攻占了炮台阵地，但离威克岛中心地带，尚有4000米的距离。

天亮后，从日本航空母舰“苍龙”号和“飞龙”号上起飞的舰载机，呼啸着飞临威克岛上空，开始对美军阵地进行空中轰炸。

这时，向左翼威尔克斯岛登陆的日军，也冒着美军的正面炮火，在殊死苦战。不久，日军占领了该岛中央处的高射炮阵地，但美军马上从三面包围，使日军陷入重围，争夺又趋白热化。激战至下午时分，威尔克斯岛和皮尔岛陷落。

而威克岛方面，经过长达6个小时的肉搏冲锋，日军登陆部队逐渐攻占了美军阵地。美军指挥官坎宁安中校见大势已去，乘坐一辆小型汽车慌忙逃走，却不幸被俘。他只得手持白旗，高喊“Stop Fire”（停火），命令英勇抵抗的美军士兵缴械投降。

这时，弗莱彻的支援编队离威克岛尚有600海里之遥，显然已鞭长莫及了。之后，弗莱彻接到珍珠港发来的命令：“立即返航，火速支援中途岛！”

威克岛虽然被日军占领了，但为这一小岛，日本人付出了相当大的代价。12月24日上午11时，大本营海军部发布了如下公告：

> 帝国海军冲风破浪，于22日夜攻击威克岛。我方陆战队逐渐排除敌人的顽强抵抗，大胆地在敌前登陆，23日上午10时半完全占领该岛。
>
> 此次作战，我方损失2艘驱逐舰。[①]

这时，在威克岛东岸原坎宁安司令官的官舍前面，日军贴出布告，宣告威克岛全部归大日本帝国所有。这一为日本入侵者的侵略行径狡辩的布告贼喊捉贼地说道：

---

① ［日］大本营海军报道部：《大东亚战争与日本海军》，1943年，第44页。

爱好和平、尊重正义之大日本帝国，由于罗斯福总统之挑战，不得已遂起而应战，故我军本着大日本帝国固有之和平精神，对于无敌意的敌国人民的生命，则不加任何危害，盼即安居乐业。如违反指示，或不服从者，则按军法严惩不贷。①

不久，日本人改威克岛为“大鸟岛”，皮尔岛为“羽岛”，威尔克斯岛为“足岛”。与此同时，日军又攻占了吉尔伯特群岛中的马金岛和塔拉瓦岛。

威克岛是中太平洋东部与中途岛同等重要的一个岛屿，它的失陷，使美军太平洋舰队失去了一个前哨阵地，失去了一个中太平洋上的坚固堡垒，由“太平洋上不沉的航空母舰”变成了日军进攻中途岛和珍珠港的桥头堡。这对珍珠港而言，大有唇亡齿寒之势。

同时，威克岛的失守，使美国至菲律宾之间的运输线被切断了。在日本海空兵力占优势的情况下，美军增援菲律宾的可能性几乎成零。因而，菲律宾方面，道格拉斯·麦克阿瑟将军指挥下的美菲军队，只能以现有的兵力与物资来抵御疯狂南下的日军，处境日趋险恶。

第十节　本间中将攻陷菲律宾马尼拉

对马来半岛大开杀戒之际，气势汹汹的日军也马不停蹄地扑向“千岛之国”的菲律宾。

菲律宾位于西太平洋，北望中国的台湾，南临荷属东印度（今印度尼西亚），扼太平洋、南海和印度洋的交通要冲，战略地位十分重要。

日本人认为，由于美国在菲律宾的克拉克和甲米地建有亚洲最大的空军和海军基地，构成日军南进的障碍并威胁日本本土安全，所以，日军的战略企图是：攻占菲律宾群岛，夺取美军基地，控制日本本土与东南亚之间的海上交通线，为进攻荷属东印度创造条件。

日军具体的战役计划是：以驻台湾的航空部队实施空中火力突击，消灭驻菲

① ［日］大本营海军报道部：《大东亚战争与日本海军》，1943年，第46页。

美军航空兵主力，夺取制空权；先遣部队在海空支援下在吕宋岛多点登陆并占领机场，以保障陆军主力在仁牙因湾登陆并攻占马尼拉；与此同时，在南部攻占菲律宾第二大岛棉兰老岛，然后南北夹击，一举占领菲律宾全部岛屿。

入侵菲律宾的日军总指挥官是本间雅晴中将，其主力部队是陆军第 14 军，下辖 2 个师团，1 个旅团；支援作战的海军部队是第 3 舰队，司令为高桥伊望中将，兵力为 10 艘巡洋舰、29 艘驱逐舰、1 艘航空母舰和 3 艘水上飞机母舰，外加 100 余艘运输船和辅助船只；空中兵力是拥有 200 余架飞机的陆军第 5 飞行集团，司令为小冰英良中将，外加拥有 300 余架飞机的海军基地航空兵第 11 航空队，司令为冢原二四三中将。

菲律宾方面，为加强防御，阻止日军南进，1941 年 7 月，美国在菲律宾成立了远东美军司令部，守军为驻菲美军和当地部队，总司令是麦克阿瑟中将。作战开始时，美、菲共有陆军近 14 万人，其中美军 1.9 万人，菲军包括民兵共 12 万人，拥有飞机 270 余架（其中可作战的仅有 142 架）。海军方面，美国亚洲舰队共拥有 45 艘战斗舰艇，司令为托马斯·哈特海军上将，任务是协同陆上部队抵御南下入侵日军。同时，美菲军又紧锣密鼓地构筑巴丹半岛和科里吉多岛的防御工事。

1941 年 12 月 8 日晨，驻菲律宾的麦克阿瑟将军在接到珍珠港发来的急电之后，为避免遭到日机空中轰炸，急令马尼拉附近的克拉克和尼古拉机场上的 200 余架美机腾空环绕吕宋岛进行飞行规避。岂料，11 时 30 分，返航美机刚刚着陆，一大批因晨雾影响而姗姗来迟的日机恰巧飞临机场上空，一举将机场上的 18 架 B-17 式轰炸机、55 架 P-40 式战斗机及其他各类飞机炸得支离破碎！

1941 年 12 月 8 日，日军空袭菲律宾的卡威提美国海军潜艇基地，现场残骸满目

谁也没有料到，才短短数分钟，100 余架美机就这样轻而易举地被炸毁了！

12 月 10 日，132 架日机又对马尼拉附近的美国海军基地甲米地进行了狂轰滥炸，美国亚洲舰队司令哈特上将报告说：“烈火从一边烧向另一边，整个海军船厂和甲米地大约三分之一的城区全被大火吞没了。”

经过连续三天的空袭，日军基本摧毁了麦克阿瑟的空中力量。唯有美国亚洲舰队的基本兵力由于驻扎在菲律宾南部而得以幸免。

同日，就在英国远东舰队主力舰倾覆沉没、日军攻占关岛和海空攻击威克岛的同时，日本先遣部队第48师团田中支队和菅野支队共4000余人，分别在吕宋岛北部的阿帕里和维甘登陆并迅速攻占了机场。12月12日，日军第16师团木村支队约2500人又在吕宋岛南部的黎牙实比登陆，占领了机场并进一步扩大战果。随后，日军第5飞行集团进驻并使用这些已攻占的机场，掩护地面部队顺利登陆。至此，日军完全掌控了菲律宾的制海权和制空权。

自1941年12月22日起，日军在菲律宾吕宋岛多处登陆

日军登陆部队在大批战列舰和巡洋舰的护航下，很快到达位于菲律宾西北部的仁牙因海湾。12月22日午夜，日本第14军第42师团在大批飞机、战舰的支援下，成功登陆仁牙因湾。

此时，日军的对手是由乔纳森·温赖特少将指挥的北吕宋部队，这支主要由民兵、正规骑兵和童子军混编而成的部队，训练不足，装备极差，几乎不堪一击。他们在进行了象征性的抵抗之后，纷纷向山林中溃逃。

战斗持续到第二天，日本士兵及坦克像潮水一样被驳船送上岸。到了中午，登陆日军除了偶尔遭到美军机枪扫射，没有再遇到像模像样的抵抗，几乎就像平时演习一样，轻而易举地得以向纵深地带快速推进。

12月24日，日军第16师团又在吕宋岛东南部的拉蒙湾登陆。两支虎狼之师分兵合击，形成围歼之势，矛头直指菲律宾首府马尼拉。

在日军的凶猛攻势下，美菲军全线崩溃。

就在12月24日，麦克阿瑟下令撤出马尼拉。12月26日，他又发布如下公告："为使首都地区免遭空中或地面攻击的毁坏，特此宣告马尼拉为一个无军事目标特征的不设防城市。"[①]

① ［美］道格拉斯·麦克阿瑟：《麦克阿瑟回忆录》，上海译文出版社，1984年，第15页。

随后，麦克阿瑟下令吕宋岛的79 500名美菲军撤向巴丹半岛预设的阵地以及科里吉多岛要塞，准备进行长期抵抗。

日本步兵在靠近一辆被击毁的美军M3轻型坦克

这时，日军从南北两面直逼马尼拉，气势如虹，但本间雅晴中将忽略了切断美菲军撤向巴丹半岛的退路，致使近8万美菲军得以脱逃。

1942年1月2日，日军进驻马尼拉市。就在当天傍晚，在曾经是美菲高级军政人员住所前的草坪上，一名日军水兵降下了星条旗，把它踩在脚下；仪仗队开始高唱日本国歌《君之代》并举枪致敬，一名水兵升起了太阳旗。

在此次菲律宾战役中旗开得胜的日本派遣军司令长官本间雅晴中将，于1887年11月27日生于日本新潟县，毕业于日本陆军士官学校第19期，日本陆军大学第27期，曾留学英国牛津大学，英语流利，爱看西方电影，在战争期间还挥毫写诗作画，有“诗人将军”之绰号。他被认为是一名优秀的军事理论家，但缺乏实战指挥能力。

占领马尼拉后，日军又以一部分兵力占领了甲米地和八打雁。与此同时，日军又在棉兰老岛和霍洛岛登陆成功。至此，战役主要目标业已实现，日军乐观地认为菲律宾之战大局已定，胜券在握。

入侵菲律宾日军总指挥本间雅晴

至于退守巴丹半岛的美菲军，日军视之为瓮中之鳖，手到擒来只是时间问题而已，遂将海军主力和第48师团调往荷属东印度，前往大举进攻爪哇；将第5飞行集团主力调往缅甸，而仅以第14军的剩余兵力清剿吕宋岛美菲残余部队。

然而，过于自负的本间中将没有想到，狼狈不堪地逃到巴丹半岛的美菲军竟然是一根硬骨头，他发起的第一波攻击居然没有啃动！

1942 年 5 月，日本首相东条英机（敬礼者）视察马尼拉

第十一节　麦克阿瑟将军败逃科里吉多

面对日军在吕宋岛南北夹击的迅猛攻势，美菲军无心恋战，节节败退。当麦克阿瑟宣布放弃马尼拉后，马尼拉出城的三条公路上刹那间挤满了美菲军的大卡车、拖着大炮的牵引车以及小轿车、牛车等，一窝蜂地退往巴丹半岛。

原来，对此不利的战况，麦克阿瑟将军似乎已有预感。早在 1941 年 12 月 23 日，他就决定重新启用一个古老却很实用的计划：将吕宋岛的所有部队撤退到 48 千米外巴丹半岛上的一个密林覆盖的山丘，以作长期抵抗。

巴丹半岛是一个长 40 千米，宽 32 千米的小半岛，科里吉多岛与它隔海峡相望，如果美菲军队在这里坚守，就可以控制马尼拉海湾入口处的科雷吉多岛要塞，成为刺向日军咽喉的一把刀。用麦克阿瑟的话说，就是：“他们也许占有瓶子，但我们却拥有瓶塞。”

麦克阿瑟决定“三十六计走为上”，这一招着实出乎本间中将的预料。本来，他还以为攻占马尼拉肯定会有一场殊死血战，却没有料到麦克阿瑟会不战而撤。

1942 年 2 月，当日军长驱直入菲律宾时，美国远东军司令官麦克阿瑟将军（左）正在同菲律宾总统曼纽尔·奎松商讨科里吉多岛的防卫战略

马尼拉北面有两处重要的桥梁，坐落在涉隆比特河上，是美军向巴丹撤军的咽喉要道。这时，只要日军在桥上扔两颗炸弹，就能够切断美军撤退的道路。然而，就像在敦刻尔克的德国人没有对正在候船的英法军队发起致命攻击一样，日本人此时也没有出动航母编队、没有利用空中优势来摧毁这两座桥梁，更没有对这两座公路桥上拥挤不堪的车辆和美菲士兵进行狂轰滥炸。

原来，本间雅晴错误地认为这是美军全线溃败，因而没有采取任何追剿行动，认为当务之急应是马不停蹄、全力以赴地直捣马尼拉。

到处是震耳欲聋的爆炸声。为防止落入登陆的日军之手，100 万桶石油被放火点燃，黑暗的夜空升起浓烈的火焰。麦克阿瑟命令帕克将军火速赶到巴丹半岛，着手加固岛上的防御阵地。

在此期间，温赖特将军和帕克将军的继任者琼斯少将一直在组织部队向巴丹撤退，忙得焦头烂额。当北上的南吕宋岛部队最后一批火炮和卡车在新年第一天通过了帕姆帕尼嘎河之后，琼斯少将赶在日军先头部队抵达前半小时惊险地炸毁了这座大桥。

当部队向巴丹半岛撤退的时候，麦克阿瑟正准备把他的司令部转移到科里吉多岛上。在那里，菲律宾总统曼纽尔·奎松将和他会合。

当新年的第一周结束时，麦克阿瑟一共从吕宋岛撤出近 8 万美菲联军以及 2.6

万菲律宾难民，并在横贯巴丹岛沼泽地和纳蒂布山两座火山峰的阿布凯防线上挖壕固守，计划在半年内或更长的时间里，在此阻击日本人的进攻。

如此一来，美国人突然从一个大输家摇身一变，成了一个小小的赢家。本间雅晴忽略了打击敌人有生力量这一最基本也是最重要的战场准则，只是心急火燎地去占领大城市马尼拉，结果放走了大量美菲军，为其日后发起的攻坚战增加了相当的难度。

1942 年 1 月 9 日，日军开始进攻巴丹半岛，他们集中炮火猛轰半岛北部的尖端地带。1 月 10 日，麦克阿瑟接到了日军的劝降书：

> 将军，你清楚地意识到你的命运已定，末日将临。问题是你还可能抵抗多长的时间，你已经只有一半给养了。我钦佩你自己和你的军队的斗志，你的军队一直英勇地进行战斗，你的声望和荣誉已经保住了。可是，为了避免不必要的流血和挽救你的各个师和各辅助军队的残余，我们奉劝你投降……[①]

对此，麦克阿瑟嗤之以鼻。

与此同时，日军还在巴丹前线大量散发如下内容的传单：

> 目前的战斗结局已定，你们已注定是走投无路了。但是，不管怎样，由于不能认识现在的形势，失去判断力的麦克阿瑟将军愚蠢地拒绝了我们的建议，并以你们宝贵的生命为代价，继续进行无益的挣扎。亲爱的菲律宾士兵们！还有一条路为你们留着，这就是在为时已晚之前立即放下你们的所有武器，向日本军队投降，那时我们将充分保护你们……[①]

麦克阿瑟在回忆录里记载道：“那天夜里，巴丹的每个散兵坑都荡漾着嘲笑之声。”

1 月 12 日深夜，在这日军最喜欢发起攻击的时刻，日本士兵向美菲军阵地发起冲锋，试图以持续的猛攻，突破半岛上 32 千米宽的从阿布凯到马乌班的德芬哥防线。进攻的日军用身体扑在铁丝网上，架起了一座座人桥，使后续的部队能够成功地翻越铁丝网，然后像公牛撒欢般地冲向美军阵地。但在凶猛的交叉火力下，日军第一次进攻被击退了，并在阵地前抛下 300 余具尸体。

在接下来的两个星期里，日军猛烈攻击，美菲军顽强抵抗，双方展开激烈的山地战、丛林战和阵地战。交战中，木村支队被围剿，前来救援的日军亦被歼灭。2 月 8 日，日军因伤亡严重丧失了攻击力，被迫转入防御，稍事喘息。

---

① ［美］道格拉斯·麦克阿瑟：《麦克阿瑟回忆录》，上海译文出版社，第 18 页、第 19 页。

在这期间，侵菲日军大部分人染上了疟疾，美军也有五分之四的人员因患疟疾而失去了战斗力，巴丹半岛的战局一度陷入胶着状态。

2月间，罗斯福总统颁发了“决不投降”的命令，但“事实上，华盛顿已经在思想上放弃了巴丹半岛上的守军”①。不久，华盛顿方面建议：军政领导人员及其家属都有必要撤离科里吉多岛②。

但是，麦克阿瑟自己拒绝撤离。他向总统回电说：“我深为感激把我自己和家属也列入了这个名单，但他们和我已经决定，我们将与守岛部队共存亡。”②

2月22日，罗斯福总统直接给麦克阿瑟下达了要他本人必须撤离科里吉多岛的官方命令。于是，麦克阿瑟决定遵从总统的指令。

3月11日傍晚，麦克阿瑟在乘“PT-41”号鱼雷快艇撤离前，与接替他指挥权的温赖特少将握别。他说：“如果我能到达澳大利亚，你知道，只要有可能，我会很快回来的，能带多少部队就带回来多少。同时，你得在这里坚守。”①

1942年4月9日，在11万精锐日军的攻击下，在饥饿和疾病中挣扎的7万余美菲官兵在巴丹投降

踏上鱼雷快艇的甲板后，麦克阿瑟对艇长约翰·布尔克里说：“小伙子，当你准备好了的时候，我们就可以开船了！”

当鱼雷快艇穿过科里吉多岛的雷区开往公海的时候，麦克阿瑟挥动着帽子，向岸上送行的人们行礼致谢。

麦克阿瑟经达尔文港辗转抵达墨尔本，疲惫不堪的他在新闻记者面前发表了一个简短但却强有力的声明，他说：“美国总统命令我突破日本人的战线，从科里吉多出发来到澳大利亚，按照我的理解，目的是组织美国对日

---

① ［美］小克莱·布莱尔：《麦克阿瑟》，战士出版社，1983年，第77页、第82页。

② ［美］小克莱·布莱尔：《麦克阿瑟》，战士出版社，1983年，第85页、第94页。

本的攻势，其中主要目标之一是援救菲律宾。我来到了此地，但是，我还要打回去！”[①]

对此次应答新闻记者，麦克阿瑟回忆说：“我当时说的很随便，但是，‘我还要打回去’这句话对菲律宾人民似乎是有魅力的保证，它点燃了一股火焰，这股火焰已成为集中表现这个民族不屈不挠意志的象征，它被划写在海岸沙滩上，它被涂抹在村镇的墙壁上，它被打印在邮件上，它在教堂的走廊中被人低声辗转相告，它已经变成任何日本刺刀都不能使之缄默的巨大的浪涛下的战斗口号。而在这火焰神殿上，最后获得了胜利，并再次赢得了自由。”[①]

① ［美］道格拉斯·麦克阿瑟：《麦克阿瑟回忆录》，上海译文出版社，1980年，第38页。

第三章

日寇逞凶　攻陷荷印

第一节　美亚洲舰队仓皇败逃爪哇岛

事态越来越紧张，局势越来越严重。日军在陆上势如破竹，在海上所向无敌，令盟军惊恐万分的噩耗纷至沓来。

1942 年 1 月间，日本南下入侵的战略态势恰似一只巨大的章鱼，从东、北、西三面向马来亚、菲律宾和荷属东印度伸展其侵略魔爪。

此时，日军已经掌握了马来半岛的控制权和制海权；已经攻占马尼拉，菲律宾之战胜利在望；在此情况下，挥戈荷属东印度已是利箭在弦，即刻待发！

荷属东印度位于亚洲、澳大利亚两大陆和太平洋、印度洋之间，东西长约 5500 千米，面积约 192 万平方千米，由 17 508 个大小岛屿组成，人口多达 6000 万；这里不仅是控制两大陆、两大洋海上交通的咽喉要道，又是盛产石油、橡胶、锡、生铁、煤等物资的战略要地。

该地区最大的油田位于苏门答腊的巨港、婆罗洲的巴厘巴板。1939 年，该处石油年产量已达 800 万吨，超过了当时日本 500 万吨的年需求量。

在东印度地区，2/3 的人口集中于爪哇岛，当地政府位于巴达维亚（现在的雅加达），军事中枢则位于万隆。

太平洋战争爆发前，日本垂涎东印度群岛丰富的石油资源已久，从偷袭珍珠港到南下作战，其主要目标即为石油。而占领菲律宾和马来亚则是为了掩护其侧翼，急速扩张海上势力，也是为了在攫取该处战略资源后，能够将其安全运抵日本本土。

更为重要的是，占领荷属东印度之后，即可与巽他群岛连为一线，建立起拱卫日本本土的“绝对国防圈”，从而维持日军长期作战的能力。

此时此刻，荷兰本土已在 1940 年沦于德国法西斯的铁蹄之下，无暇东顾。因此，战略形势对日本侵略者极为有利。

南下入侵荷属东印度的日军主力是第 16 军，司令官为今村均中将。1941 年底，其兵力仅一个半师团，即第 2 师团、第 56 混成旅团和川口支队，因此无法组织大规模进攻，只得分两阶段实施：先扫清外围，再强攻爪哇岛。

1942年1月初，日军大本营将刚完成香港和马尼拉作战的第38和第48师团划归给第16军，再由日本第3飞行集团和第11航空战队负责空中支援，加之海军第2舰队南方部队负责海上支援，致使今村均实力大增，从而加快了南下入侵的步伐。

话说盟军方面。荷属东印度作为荷兰的殖民地，当时主要兵力为65 000余名荷印军和16 000余名美澳联军，但荷印军下级军官和士兵多为印度尼西亚当地人，与中上级荷兰军官矛盾重重，而且装备低劣，训练又差；美澳军则是刚从菲律宾撤下来的溃败之军，身心疲惫，士气低落。因而，战前形势对盟军极为不利。

此时，美国亚洲舰队已狼狈不堪地从菲律宾撤退到荷属东印度，与驻泊爪哇的盟国其他海军舰队完成集结。盟国陆海军将领亦云集爪哇，紧急商讨应敌对策。

1月10日，英国魏菲尔上将抵达爪哇，就任荷印地区盟军最高指挥官。空军和陆军分别由英国和荷兰的将军担任指挥官。其中，老资格的美国海军上将哈特任美、英、荷、澳联合海军司令部指挥官，荷兰海军少将杜尔曼任盟国海军攻击部队司令官。

合并后的盟国海军颇具实力：美国亚洲舰队拥有重巡洋舰“休斯敦”号、旧式轻巡洋舰“马波亥德”号、性能极佳的新式轻巡洋舰“波伊斯”号以及13艘旧式驱逐舰，另外还拥有飞机28架、潜艇25艘；雷顿海军上将指挥的英国海军舰队拥有“厄克塞特”号重巡洋舰以及澳大利亚的2艘轻巡洋舰和7艘驱逐舰；康拉德·赫尔弗里克海军中将指挥的荷兰海军舰队拥有轻巡洋舰“特隆普”号、“爪哇”号、“鲁特”号，7艘驱逐舰以及16艘潜艇。①

荷兰轻巡洋舰“爪哇”号

① ［美］普拉特：《美日海战纪要》，1944年，第16页。

同时，美国海军第10巡逻机大队的轰炸机、荷兰小队的战斗机以及爪哇基地的若干B-17“空中堡垒”式轰炸机，受命为盟国联合舰队担任空中掩护。

综观盟军海空军兵力，即使不能认为是强大的，至少也颇为可观。难怪64岁的哈特海军上将刚一走马上任，就称其为“东方最有效力的舰队”。

1月的大部分时间，盟军都在设法调集各类舰只，同时赶派护航队到新加坡去增援。孰料，盟国海军还没有来得及摆好阵脚，日本人已跃马挺枪，滚滚南下，气势汹汹地杀来了！

日军计划兵分三路占领东南亚最大的荷属东印度群岛：西路部队，集结在金兰湾，准备进攻南苏门答腊、巴邻旁和巨港，计划在占领巨港后，再进攻西爪哇；中路部队，集结在达窝，准备占领打拉根岛、巴厘巴板、马辰，最后夺取东爪哇；东路部队，集结在达窝，用于占领万雅老、肯达里、安汶、望加锡（旧称“马加萨”）、帝汶岛和巴厘岛。

进攻中，日军采取的战略步骤是：逐岛夺取，先扫清外围岛屿，并夺取机场，掌握制空权和制海权，切断荷属东印度群岛与澳大利亚和印度的联系，形成战略包围态势，最后集中兵力夺取东南亚盟军海军的指挥中心、盟军联合作战司令部所在地爪哇岛。

其中，西路主要兵力为川口支队和第38师团。川口支队主要为第35旅团长川口清健少将指挥的步兵第124联队，另拥有海军陆战队和工兵一部。该部已于12月16日在米里登陆，然后兵分两路向婆罗洲纵深推进。2月14日，久米精一大佐指挥的第1空降旅在苏门答腊岛巴邻旁伞降着陆，经过激战，攻占了巴邻旁。次日，第38师团先遣部队赶来，协同空降兵巩固巴邻旁。2月18日，第38师团主力也突击抵达，完整夺取了巴邻旁油田。

中路则以坂口支队为主要兵力。坂口支队由第56混成联队联队长坂口靖夫少将指挥，另拥有炮兵和工兵一部，负责夺取婆罗洲东南的打拉根岛、巴厘巴板和马辰。1月11日，该部在打拉根岛登陆，但遭到荷印军顽强抵抗，激战至1月14日才攻取打拉根岛，但此时岛上的石油设施已遭严重破坏。

1月24日，坂口支队又在巴厘巴板登陆，三天后攻占机场和巴厘巴板城；对马辰的攻击采取的是海陆夹击。2月10日，日军海上攻击部队登陆成功，陆上进攻的部队经过9天的急行军后也同时发起攻击，两路夹击迅速逼近马林机场和马辰。

东路日军以东方支队为主，即第38师团一部和海军陆战队组成，主力于1月31日和2月20日猛攻安汶和帝汶岛；日本海军陆战队则于1月11日和24日、2

月 9 日和 19 日连续向万雅老、肯达里、望加锡和巴厘岛发起攻势。

至此，三路日军马不停蹄，锐不可当，以破竹之势将盟军置于险恶境地。在东西 500 余海里辽阔的爪哇海面上，战火熊熊，炮声震天，一系列悲壮的陆海空激战如火如荼，空前惨烈！

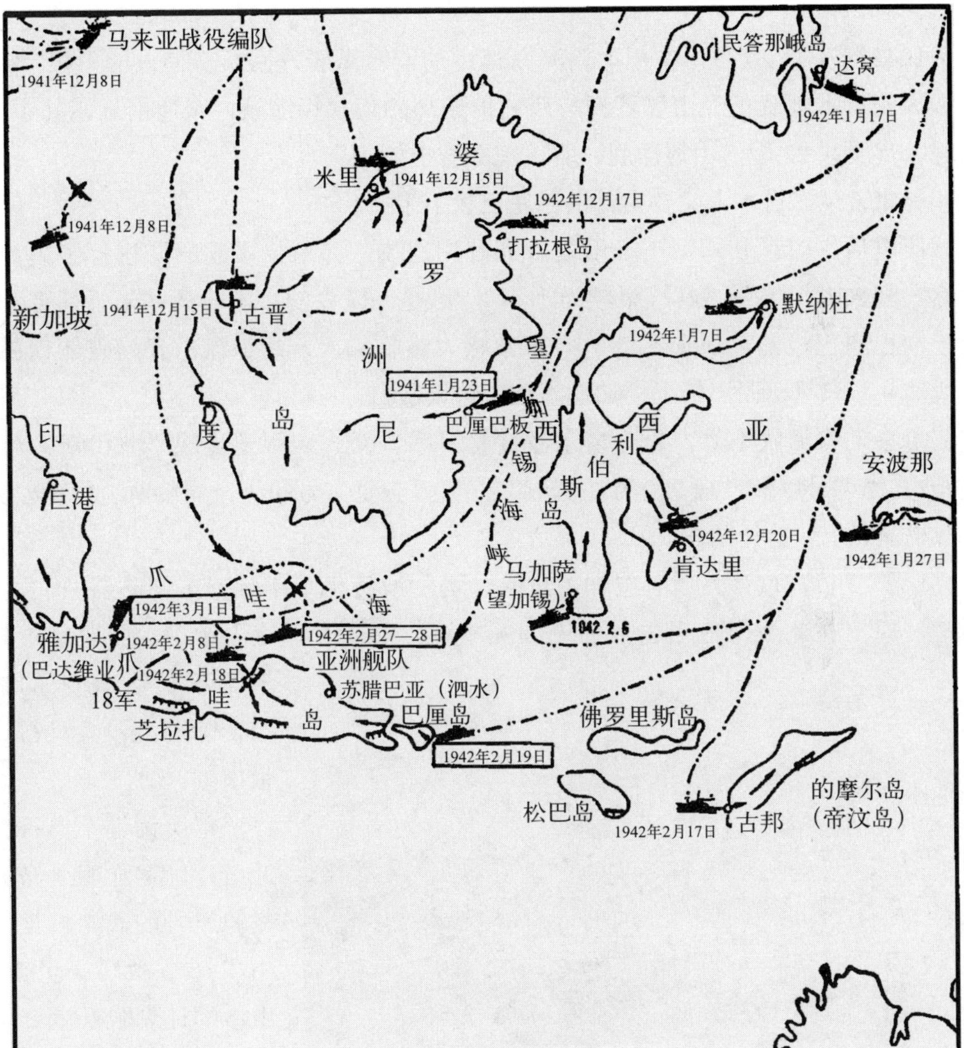

爪哇海海战示意图

（1942 年 1 月 24 日至 3 月 4 日）

第二节　巴厘巴板海战与爪哇海海战

1942 年 1 月 20 日，在望加锡海面巡逻的盟军潜艇发回一份惊人的电报："一支强大的日本舰队正经由婆罗洲与西利伯斯岛的望加锡海峡，全速南下，其中运输舰、货船共 22 艘，由巡洋舰、驱逐舰多艘护航。"

毋庸置疑，日本人又要向油港巴厘巴板下手了！

接电后，盟军立即派飞机沿婆罗洲海岸巡飞，并对日本舰船队进行了轰炸。虽然发回来的报告说"其战果颇为不小"，可是，庞大的日本船队并未折其锋芒，继续向巴厘巴板油港进逼。港上守军顿感大难临头，一片惊慌，开始破坏设施，炸毁油井。只见巴厘巴板上空油烟滚滚，遮天蔽日。

哈特上将见状不妙，急令塔尔波特将军率领新式装甲巡洋舰"波伊斯"号、"马波亥德"号以及"福德"号、"鹦鹉"号、"教皇"号和"保罗詹斯"号 4 艘驱逐舰迅速北上，前往阻击。

1 月 23 日，夜幕笼罩着望加锡海峡，塔尔波特将军率领盟军舰队劈波北上。不幸，原定在此战中充当主力的王牌舰"波伊斯"号在途中触礁，舰底部被划开一条长达 38 米的裂口，险些沉没，只得饮恨出列。

为实施爪哇战役，日军投入的有第 16 军（3 个师另 1 个独立旅）、海军第 3 舰队、第 11 航空队。第 3 航空兵团部队也参加了这次战役。与日军相比，盟军兵力处于劣势

正所谓祸不单行！此时，轻巡洋舰"马波亥德"号的涡轮机又发生了严重故障。至此，出击的计划眼看就要中途夭折了，但 4 艘驱逐舰上的官兵斗志正旺。"福德"号上的鱼雷官史洛特·加龙省中尉说：

“既然巡洋舰的大炮不能指望，那么此行便完全是鱼雷发挥作用了，养兵千日，我们的驱逐舰现在正是用武之时。”

歼敌心切的塔尔波特将军审时度势，毅然决定继续前进。4艘驱逐舰成“一”字形悄然绕过西利伯斯岛的曼达尔角，隐蔽地驶入望加锡海峡。

夜晚11时，各舰投入战斗准备。午夜时分，忽听有人高喊：“左舷前方发现亮光。”接着，瞭望哨报告：“发光处是一艘巨型舰船在焚烧。”但见海面上，通红的火光在闪烁，活像漂荡不定的“鬼火”，原来那是早上被荷兰轰炸机击毁的日本油船。

夜色如墨，盟军舰队继续前进。1月24日凌晨2时，忽见远方透出微微闪光，海风又送来阵阵焚油的气味。航程员史密斯报告：“前方正是巴厘巴板！”盟军驱逐舰编队闻讯，顿时加倍警觉起来。

凌晨3时，黑暗中忽见一支庞大的日本驱逐舰编队破浪而来，与盟军驱逐舰队擦身而过。由于速度极快，距离太近，盟军舰队竟然来不及下手。在此危急时刻，日本人却仍然蒙在鼓里，对敌舰毫无察觉。

不一会儿，“福德”舰上的瞭望哨首先喊道：“四周尽是日本舰船！”只见由1艘巡逻艇和12艘运输船组成的日本运输船队慢吞吞地沿着巴厘巴板海湾南下。塔尔波特见此良机，喜出望外，立即下令：“准备攻击！”

4艘驱逐舰开足马力，向日本船队冲去，在相距几百米时，迅速发射了第一批鱼雷。一艘日本运输船当即中雷，浓烟烈火腾空而起。接着，另一艘日船亦惨遭厄运。刹那间，鱼雷在海面上飞蹿，日舰编队乱成一团。

由于双方舰只相距很近，盟舰指挥官回忆说：“日舰炸裂时所产生的震动，几乎把人从舰桥上震下来。”

遭到突袭的日舰晕头转向，不知所措。只见探照灯强大的光柱刺向夜空，高射炮发出的炮弹也频频在空中炸响。原来，日本人以为遭到了空中夜袭，那些动作快的日舰已向空中发射了曳光弹。

盟舰纵横驰骋，如入无人之境。遭到攻击的日本船只在被油田烟云所笼罩的海面上燃起了烛天大火，照亮了巴厘巴板海面。

当前方看不到任何日舰时，塔尔波特就率舰返回再度冲入敌阵。“福德”号首当其冲，其他三舰紧紧随后。就这样，在塔尔波特的指挥下，驱逐舰编队往来冲杀了4次，舰上每个人都在全力以赴。

玛克中尉回忆说：“我曾一度看到5艘日舰炸裂开来，并在火焰中逐渐下沉。

闪光中可以看到日本士兵纷纷离舰，海面上布满救生艇和晃动着的人头……”

不久，塔尔波特接到报告：48 枚鱼雷全部发射完毕。于是，他下令炮击。直到这时，日本运输船编队才弄明白是遭到了盟舰的袭击。

几乎同时，日舰也开炮还击了，但他们的炮术不甚高明，除“福德”号中了一颗小口径炮弹，辅助无线电台被打坏外，其他三舰安然无恙。而作为回敬，“福德”号发射的一排炮弹，准确地击中了一艘大型运输船。

当漆黑的海空渐渐变为铅灰色的时候，塔尔波特下令退出战场，南返泗水港（今苏腊巴亚）。经清点战果，这次出击共击沉日本运输船 4 艘，击伤多艘，盟军大获全胜。美中不足的是，塔尔波特司令官在胜利的归途中心脏病突然发作。

巴厘巴板海面夜袭战，被认为是“自从美海军 1898 年杜威将军驶入马尼拉湾击溃西班牙舰队以来，远东海面上的第一次成功的作战”。①

美国太平洋舰队司令切斯特·威廉·尼米兹评价此次海面夜袭战时说：“在整个荷属东印度群岛作战期间，这次夜袭战是盟军部队所取得的唯一成功的一次海上作战。”②

但是，巴厘巴板海战毕竟是一场小规模的夜间突袭战，此战并没有阻止日军南下的步伐，局势仍然十分严重：远在西面，新加坡正在崩溃；东面，日军 1 月 27 日登陆并占领了斯兰岛。而且，日军在很短的时间内就补充了在巴厘巴板海战中的损失，又要挥戈南下了。

面对危局，盟军又派遣一支由巡洋舰与驱逐舰组成的混合舰队，向巴厘巴板再度实施突袭，不料这次却惨遭不测。

2 月 2 日，当美、英、荷、澳联合海军司令部在泗水举行战前会议时，盟军将领们对战局还颇有信心。当海军上将哈特得知日军正在巴厘巴板附近增援，企图突破望加锡海峡进击爪哇时，立即命令荷兰海军少将杜尔曼集合泗水港内现有舰只，再次北上袭击巴厘巴板的日本舰船。

杜尔曼海军少将是一个意志坚强的人。他身材矮胖，背稍佝偻，一副红脸庞上常挂着笑容。2 月 3 日，他率领“休斯敦”号、“马波亥德”号、“爪哇”号、“鲁特”号和“特隆普”号 5 艘巡洋舰及 4 艘驱逐舰，信心十足地踏上北上袭击日本舰船队的征途。

---

① ［美］海莱：《太平洋战线》，大公报小丛书，大众报馆，1945 年，第 77 页。

② ［美］C. W. 尼米兹，E. B. 波特：《太平洋海战史》，英文版，“日军入侵荷属东印度”一节。

“休斯敦”号巡洋舰

舰队刚起航不久，70 余架日本轰炸机就对泗水海军基地进行了首次大规模轰炸。这是日本航空部队在这一战区内最猛烈的一次空袭，泗水港损失惨重。更为不妙的是，荷兰的战斗机被炸得支离破碎，致使岸基飞机掩护杜尔曼舰队的计划顿成泡影。

2 月 4 日清晨，晴空万里，海波不兴，能见度极高，高速北上的盟军舰队不幸被日军侦察机发现了。54 架日机立即奉命从婆罗洲和西利伯斯岛的临时机场起飞，直扑杜尔曼舰队。

日机每 9 架结成一队，首先向目标显著的“休斯敦”号和“马波亥德”号冲来。盟军舰队无战斗机空中掩护，处境十分险恶，只得一边分散闪避，一边对空射击。

“休斯敦”号发出的猛烈炮火击中了一架向其俯冲轰炸的日机，但却招致了其他日机马蜂般的集中攻击。中午时分，一颗 454 千克重的炸弹命中“休斯敦”号，将其后部炮塔炸成一堆废铁，50 余名舰员当场毙命，舰面燃起了熊熊大火。

巡洋舰“马波亥德”号此刻也处境垂危，它极力向西北转舵，闪避一颗又一颗凌空而下的炸弹，但不幸于 13 时被一弹命中舰艉，炸坏了驾驶装置，引起大火。舰上火舌飞蹿，死伤累累。在此危急时刻，军需队的一名中国厨师虽然身负重伤，却临危不惧，奋力将遇险者全部抢救了出来。后来，普拉特在他所著的《美日海战纪要》一书中称赞道：“这位厨师名叫梁福，其舍己救人的精神，值得人人称赞。”

不久，“马波亥德”号又连中数弹，大量海水涌入舱内，处境危急。

杜尔曼见战况不妙，急令撤退。2 艘受伤的巡洋舰在驱逐舰的掩护下，穿过海峡驶往爪哇岛南部的芝拉扎军港。

此次空袭战被日本人称为“爪哇海海战”。经此一战，日军得以顺利调派大量舰只开至西利伯斯岛的望加锡，虎视爪哇岛。加之日方有陆基作战飞机掩护，从而掌握了爪哇海的制空权，盟国舰队处境日趋险恶。

第三节　杜尔曼少将夜海突袭日船队

不久，爪哇战区西线又传噩耗：日军蜂拥登陆苏门答腊岛。

杜尔曼少将闻讯后焦急万分，立即率领“鲁特”号和“特隆普”号等 5 艘巡洋舰和 10 艘驱逐舰拔锚起航，向西远征，前往支援苏门答腊东部的大油港巨港。

2 月 13 日，盟军舰队驶抵邦加岛海域。据报，该区有由轻型舰只护航的日军运输舰 14 艘。杜尔曼少将下令搜索海面，但没有发现日舰踪影。

翌日清晨，正在搜索日舰的杜尔曼舰队突然遭到一大批日机的袭击，盟军舰队被迫应战。经过 3 个小时的海空鏖战，数艘盟军舰只受损，幸而没有造成重大损失。杜尔曼不敢恋战，连忙率舰返航，途中又遭日机轰炸。

2 月 15 日，杜尔曼舰队驶抵巴达维亚港。就在这一天，新加坡在细雨蒙蒙的黄昏中凄惨地陷落了。战局不利，令人懊丧，杜尔曼舰队两次惨遭空袭，盟军元气大伤。

2 月中旬，老资格的哈特将四国联合海军司令部的指挥权交给了荷兰海军中将康拉德·赫尔弗里克，并留下了资历颇深的美国海军将领格拉斯福指挥舰队，自己返归美国养病去了。不久，盟国海军司令部接到报告：日军正在靠近爪哇岛东端的巴厘岛登陆！

赫尔弗里克闻讯大惊，因为，巴厘岛与爪哇岛近在咫尺，一旦失守，对爪哇威胁极大。他立即与格拉斯福以及英国将军巴里塞尔商讨，决定倾全力阻止日军夺取巴厘岛。

杜尔曼也极力主张趁登陆日军立足未稳，用重兵给以毁灭性打击，夺回巴厘岛，粉碎日军对爪哇岛采取的钳形包围攻势。

巴厘岛形如棒槌，东端较大，其“柄部”有一个飞机场。2月19日下午，盟军侦察机发现日本的护航运输船队就在该岛附近海面。赫尔弗里克决心以三组攻击波，连夜持续向登陆巴厘岛的日军舰船进行突袭。

当日黄昏，杜尔曼少将率舰队从芝拉扎港出发，对日本登陆舰船队实施第一波攻击。他制定的战术是：由巡洋舰一马当先，惊扰日舰，诱其首先开火。一旦日舰暴露了自身的位置，再由驱逐舰“皮特汉”号、“福德”号和“教皇”号趁机进行鱼雷攻击。

夜海漆黑一片，不见一丝月光。当杜尔曼舰队开足马力驶入狭窄的龙目海峡时，不幸首先被日舰发现。日舰突然打开探照灯，炮弹随之雨点般地向盟舰袭来；

爪哇战役中日军轻巡洋舰

紧接着，日舰发射的鱼雷也在黑魆魆的海面上飞蹿。

数分钟后，盟舰“爪哇”号首先被击中，舰面火焰冲腾；“皮特汉”号被一道强光柱捕捉，随即遭到2艘日本巡洋舰的凶猛炮击，转眼之间遍身大火，须臾便像手风琴一样缩成一堆，很快在洋面上消失了；唯独“福德”号仍能以30节高速向前猛冲，并向日舰发射了鱼雷。只见一阵闪光之后，便传来一声巨响，一艘日军运输舰瞬间便燃起了烛天大火。

然而，这时日军舰船队已完全警觉，铁壁似的挡在海峡要冲，使杜尔曼舰队无法冲过龙目海峡。深夜11时，杜尔曼被迫撤离战场折返芝拉扎港，盟军第一波攻击遂告失利。

但奇怪的是，盟舰撤离后，海面炮声仍此起彼伏，探照灯光纵横交叉。原来，这是日舰夜里误认目标，正在自相残杀呢！

当海军中校宾福德带领4艘驱逐舰作为第二攻击波从泗水起航开抵巴厘岛海面时，已是2月20日凌晨1时。他看到一艘巨型运输舰正在海面焚烧，断言3小时前杜尔曼少将的第一波攻击已经重创日舰。孰料，此时日舰阵势仍然很强固，警觉性也很高，从日舰上发出的强烈探照灯光柱，持续不断地掠过黝黑的海面。

凌晨1时34分，盟军第二攻击波发起攻势，驱逐舰“司徒华”号首先向日舰发射鱼雷，“鹦鹉”号也随之猛烈开火。顿时，巴厘海夜战又掀高潮。

这时，日军舰只和运输船密密麻麻地排在海峡两边，盟舰编队被围困在日舰中央位置。尽管盟舰连连发射鱼雷，舰炮与机关枪也同时开火，致使日舰周围水柱四起，险象环生，但日舰并没有遭到重创，还击的炮火仍然相当凶猛。

1时38分，一颗203毫米口径的炮弹击中盟军旗舰“司徒华”号的舵舱，另一颗152毫米口径的炮弹炸掉了舰上一艘救生艇，炸伤了领航员，该舰遭受重创；担任掩护的盟舰“特隆普”号此刻也不甘示弱，趋前向日舰猛烈开炮，不料该舰舵舱被一发炮弹击中，遭受重创；在此千钧一发之际，“鹦鹉”号的舵机不幸又发生了故障。

参战的荷兰驱逐舰

幸而此时盟舰发射的鱼雷已经奏效，其中一枚鱼雷击中了一艘日军驱逐舰舷侧，发生了大爆炸；“司徒华”号发射的鱼雷也击中了一艘日舰的舵机，舰员们两度看见了该舰爆炸的情形；“爱德华”号发射的鱼雷也击中了一艘日本巡洋舰。

此时此刻，双方舰船厮杀正酣，胜负难分。但面对优势的日舰编队，宾福德中校左冲右突，难操胜券，只好下令撤退。

凌晨2时，6艘荷兰鱼雷快艇由南面开来，充当第三攻击波，向日舰船编队发起殊死突击。巴厘岛海面再起战火，结果，盟军快艇仍然没有冲破日舰海峡封锁线。

对于盟军来说，这是一次损兵折将的夜袭战。虽然盟舰击伤了几艘日本舰船，但自己的损失更大：旗舰“司徒华”号在返回基地后倾覆，“皮特汉”号沉没，“特隆普”号遭重创，多艘舰只负伤。

巴厘海战，盟军在兵力上占了优势，但未能集中优势兵力，给日军以致命一击；相反，却分成三个攻击波，各自突击，犯了兵力分散的大忌，从而招致失利。

经此一战，盟军欲把日军逐出巴厘岛的战略意图旋即告吹，爪哇岛更加孤立无援，危机局面日益加深。

第四节 轰轰烈烈的爪哇泗水大海战

1942 年 2 月 22 日，日军第 48 师团搭乘 41 艘船只，在第 4 水雷战队、第 2、第 9 驱逐舰队护航下，自巴厘巴板出发，摆成前后达 30 千米的长蛇阵，沿着薄雾弥漫的爪哇海面迤逦南下。

这支护航船队计划于 2 月 26 日晨在婆罗洲东南端的拉乌特岛南方与日本海军第 5 战队和第 2 水雷战队会合后，于当天下午驶抵泗水西北 60 海里海域，伺机打响泗水登陆战。

至此，关系到整个爪哇岛的前途和命运、决定盟军能否在南洋群岛一带存身立命的泗水大海战一触即发，风平浪静的爪哇海面顿起杀气！

2 月 26 日下午，盟军侦察机突然发回急电:“在亚陵岛西北 25 海里处，发现日本巡洋舰 2 艘、驱逐舰 4 艘、运输舰 30 余艘，以 10 节航速向西偏南方向行驶。”①

盟军司令部闻报，急令杜尔曼少将率舰队起航，准备对日舰船队实施夜袭。

可是，出击后的盟军舰队没有捕捉到日舰踪影。杜尔曼遂于 2 月 27 日下午 2 时半率舰返回泗水。不料舰队刚一抛锚，忽又接到急电:“在马威安岛之西 20 海里处，发现日本巡洋舰 2 艘、驱逐舰 6 艘、运输舰 25 艘；在岛西北方 65 海里处，另有日本驱逐舰及运输舰数艘，该船队之后方尚有日巡洋舰 1 艘。”①

接电后，杜尔曼再次率舰队起航迎敌。此时，盟国舰队的阵容是：英国驱逐舰“伊勒托拉”号、“周比特”号和“英康特”号担任前卫；杜尔曼亲率巡洋舰“鲁特”号、“厄克塞特”号、“休斯敦”号、“伯斯”号和“爪哇”号为中军；左翼是荷兰驱逐舰“威斯”号、“厄佛仙”号和“喀登涅”号；4 艘美国驱逐舰“爱德华”号、“福德”号、“阿尔丹”号和“保罗詹斯”号为后卫。

① 宋锷:《第二次世界大战海战检评》，台北市中国新闻出版公司，1957 年，第 112 页、第 113 页。

盟舰如此编队，可谓阵势雄壮、气派非凡，舰队浩浩荡荡地驶离泗水港。

但是，由于舰上官兵在战斗岗位上已达37小时，不少人双目熬红，面容憔悴。途中，杜尔曼少将给设在万隆山上的盟国海军司令部发电，言称将士们“已达到精疲力竭的程度”。显然，双方尚未交手，盟舰方面已状况不妙。

2月27日下午3时30分，杜尔曼获悉庞大的日本运输船队和护航舰队的确切位置在马威安岛西北60海里处，立即下令：“全舰队全速前进！无须顾及空袭！搜索和攻击日舰！”

此时，日本护航舰队也接到侦察机发来的急电：“敌舰位于泗水海面310度，63海里处，航向80度，航速12节。”[①] 从而也掌握了杜尔曼舰队的动向。

可是，由于当时盟军舰队向东行进，日舰指挥官便错误地判断说：“以巡洋舰为主力的敌人海上大部队，受我舰队的威压，已成袋中之鼠，正向泗水方面逃逸！”[①]因此，日军护航舰队对敌情全然不顾，继续向预定的登陆地点航进。

此刻，日军指挥官竟然摆出了一副胜利者的姿态。在日舰舰桥上，军官们一边喝着甜茶，一边高谈阔论。正当他们得意忘形之际，一盆冷水当头泼下，日机又发回报告：“敌舰队回转，航向西北，速度18节，成单纵阵向我舰船队驶来！”[①]

“啊呀！”当日本人确信盟军舰队正向他们杀来时，不由惊慌万分，立即命令速度缓慢、火力微弱、最易受捕捉的“羔羊”运输船队迅速向北退避。

大战在即，可是，第5战队主力舰、1万吨级的重巡洋舰“那智”号和“羽黑”号尚未及时赶来。于是，第2水雷战队指挥官田中赖三少将当机立断，以轻巡洋舰“神通”号为首，率仅有的4艘驱逐舰成单纵阵趋前应敌。同时，日舰上所有人都翘首急盼主力舰“那智”号和“羽黑”号能奇迹般地出现。

就在这个时候，瞭望哨中山一等军士欣喜若狂地大声报告：“看到桅杆了！”果然，在遥远的海面上，隐隐约约看到数根巡洋舰的桅杆，而且越来越显眼。待日本人定睛看清楚之后，不由大吃一惊：这不就是曾经在照片上见过的荷兰巡洋舰“鲁特”号那高大的桅杆吗？

“啊，这可不得了啦！如果没有重巡洋舰‘那智’号和‘羽黑’号的支援，我大船队必定会被歼灭。”日本人惊呼道。

在此危急时刻，水雷战队指挥官原为一认为：“在第5战队到达之前，我水雷战队必须单独作战，立即阻止敌舰袭击，不得让敌舰接近大船队。”

---

① ［日］原为一：《日本海军的崩溃》，香港马尾杰文化事业公司，1968年，第21页、第22页。

“轰！轰！”下午5时46分，盟军军舰炮声大作，数十发炮弹落在日本船队左前方，激起了高大的水柱。日军驱逐舰由于舰炮射程有限，无法还击，只好眼睁睁地挨打。

原为一回忆说：“我们水雷战队只有顿足捶胸，眼望着船队被炮轰。而我们除了向敌舰作殊死的突击猛冲之外，别无良策。”

突然，从日舰的后方传来一声声巨大的轰鸣。原来是第5战队司令官高木武

“那智”号和“羽黑”号同属“妙高”级重巡洋舰

雄中将率领重巡洋舰“那智”号和“羽黑”号十万火急地赶了过来，并在27 000米的远距离上开炮了。

5分钟后，双方舰只在25 000米的远距离上开始互射。最初，盟军巡洋舰“休斯敦”号、“厄克塞特”号和“伯斯”号以及旗舰“鲁特”号的炮火纷纷击中了日舰，但是，日舰在3架弹着观察机的指挥下，命中率也相当高。“鲁特”号和“厄克塞特”号立即被弹着散布面所笼罩，其他几艘盟舰也中近弹多枚。

炮战中，日军已制定出新的战术：秘密实施远距离鱼雷偷袭，尔后趁目标混乱之际，迫近猛攻，一举围歼！

于是，日军第2水雷战队冒着呼啸的炮火，向距离盟军舰只9000米的位置上突进；西村少将指挥的第4水雷战队，在掩护运输船队北撤之后，也加入了攻击行列；日军支援队中的“潮”号、“涟”号、“山风”号和“江风”号4艘驱逐舰也会同各战队一起扑向盟军舰队。

岂料，杜尔曼少将毫不畏惧，指挥各舰勇猛还击。此刻，盟舰官兵哪里还顾得上疲惫之躯，人人奋勇作战，射出的炮弹雨点似的倾向日舰。

日舰在弹雨中向前猛冲，准备抵近到距目标6000米时再实施雷攻。不料，日

军驱逐舰“时津风”号率先被命中，舰上的小艇被炸成碎片凌空飞舞。惊恐之际，“时津风”号立即施放烟幕以蔽行踪，可是，蒙蒙的烟云，反而遮蔽了向前猛冲的日舰视线。

当日舰逼近到7000米时，为防不测，田中赖三下令提前雷攻。“神通”号首先发射了数枚鱼雷，紧接着，“雪风”号、“时津风”号、“天津风”号和“初风”号实施了雷攻；“潮”号、“涟”号、“山风”号和“江风”号也不失时机地向盟舰施放了鱼雷。

刹那间，40余枚鱼雷在海面飞蹿，形势万分危急。杜尔曼少将临危不惧，率舰队突然向外侧作90度大回转，同时放出浓浓的烟幕……

杜尔曼少将这一巧妙而彻底的闪避运动，挽救了盟国舰队。见此情景，日军“天津风”号舰长惊叹道：“今天杜尔曼少将所采用的鱼雷闪避运动，和过去我联合舰队演习时，名将大谷幸四郎中将所采用的闪避运动完全相同……敌人在规避鱼雷的运动中利用烟幕，很巧妙地阻挡了我方的炮击，且第5战队始终以远距离炮战与敌周旋，枉费弹药，毫无战果……综合地说，是我方海军的失败。”①

交战近1小时，双方胜负难分。但见爪哇海面，轰轰隆隆，惨烈无比；泗水血战，正达高潮！

下午6时48分，一艘受重伤正欲退出战场的日舰向盟国军舰射出了最后一炮，不料正中“厄克塞特”号的锅炉，把大蒸气管炸裂，14人当即毙命。由于受伤极重，“厄克塞特”号航速降至15节。

“伯斯”号恐其再度遭到日舰攻击，立即施放烟幕进行掩护，其他盟国军舰奉命加速向冲过来的日舰猛烈开炮。

这时，只见冲在最前面的日舰“神通”号，首先被“伊勒托拉”号的炮火命中，但“伊勒托拉”号旋即也被日舰击中，二号锅炉被炸毁。

激战中，日本第4水雷战队的“那珂”号、“朝云”号、“峰云”号以及“村雨”号、“五月雨”号和“春雨”号等舰饿狼般扑向盟舰，但遭到猛烈反击。结果，“朝云”号和“峰云”号两舰连连中弹，舰体遭到严重损坏。

黄昏时分，双方炮战又趋白热化，泗水海战再掀高潮。

短兵相接的炮战导致盟国军舰损失也相当惨重。驱逐舰分队长宾福特中校亲眼看见一枚鱼雷命中“喀登涅”号驱逐舰腰部，该舰几乎被炸成两截，瞬间沉没，

---

① ［日］原为一：《日本海军的崩溃》，香港马尾杰文化事业公司，1968年，第29页。

海面上挣扎着落水的舰员……两天后，有一个穿着短裤的人狼狈不堪地走进宾福特中校位于泗水的办公室。宾福特不禁大吃一惊，后来终于认出此人，他竟然是落水的“喀登涅”号驱逐舰舰长。

晚 6 时 59 分，杜尔曼重整队形，率舰队转向东南方退却。日舰为了保证登陆兵力的安全，也向北退避，然而双方仍炮击不止，并互射了鱼雷。

此时，杜尔曼少将希望能成功地避开日军护航舰队并捕捉到那群对战局至关重要的运输船队。他不断地转换航向，全力以赴地搜索海面。

晚 10 时 30 分，杜尔曼率舰队沿海岸西驶，不幸驶进盟军自己布设的雷区，“周比特”号触雷爆炸沉没，杜尔曼只得下令远离雷区向北搜索。此时舰队弹药已经告罄，疲惫不堪的舰员早已难以支撑，盟军舰队处于不利的境地。

2 月 28 日零时 40 分，盟舰突然发现“那智”号和“羽黑”号等日舰正趁月色南航，位于盟军舰队左正横方向，相距不到 6000 米。盟舰措手不及，失去攻击机会。几分钟后，日舰忽然掉头北驶，并在相距 7200 米，方位 70 度的绝好位置上，向盟舰发射了 12 枚鱼雷。

日舰此次雷击十分成功，盟军旗舰“鲁特”号及“爪哇”号躲闪不及，皆被命中。两舰在熊熊大火中很快沉没了，南征北战的杜尔曼少将壮烈殉职，与旗舰一同葬身海底。盟军舰队立即陷入混乱状态，日舰抓住战机，欲将之一网打尽。不料雷声大作，暴雨如注，残余盟舰趁机逃匿。

位于荷兰鹿特丹的杜尔曼将军纪念碑

凌晨时分，美军巡洋舰“休斯敦”号和澳大利亚巡洋舰“伯斯”号以及荷兰驱逐舰“厄佛仙”号等盟国军舰利用天时地利，巧妙地在黑暗中紧贴海岸，向巴达维亚方向撤退。

日本的一篇战地报道在描写这场海战的最后镜头时大加渲染：“在大泗水海面上，已无敌影，兵士们都像演习训练完毕时一样，非常安定。那因彻夜激战血丝充溢的双眼，闪烁着欣喜的光辉……这巨大的战果完全是老天保佑的，

1942 年 2 月 27 日，美军“兰利”号护航航空母舰在载运 P–40 战斗机至爪哇时，被日机攻击而重创，弃船后由护航的驱逐舰击沉。图为弃船中的“兰利”号，驱逐舰“艾德索”号正靠近其舷侧

是神助的！”①

泗水海战结束，盟军损失巡洋舰 2 艘，伤 1 艘，损失驱逐舰 3 艘；日军损失 9 艘运输船，伤巡洋舰、驱逐舰多艘。

经此一战，盟军赖以保卫爪哇岛的海上力量渐趋崩溃。盟军舰队虽奋力苦战，然大势已去，无力扭转败局。泗水海战仅使日军的登陆比预定时间推迟了一天。

美方称此次海上夜战为“爪哇海海战”。

第五节　今村均挥兵攻占荷属东印度

1942 年 2 月 28 日凌晨，盟国军舰“休斯敦”号、“伯斯”号和“厄佛仙”号等舰只从血染的泗水海面逃脱，于清晨 7 时抵达爪哇岛西北的丹戎不碌海军基地，准备当晚乘夜幕驶往巴达维亚，再突破巽他海峡，穿过印度洋驶往澳大利亚。岂料，舰队再次接获紧急战斗情报：“今村均中将指挥的日军第 16 军主力，搭乘运

① ［日］大本营海军报道部：《大东亚战争与日本海军》，1943 年，第 100 页。

输船 56 艘，在第 7 战队和第 5 水雷战队的掩护下，将于 2 月 28 日夜抵达万丹湾泊地，准备在巴达维亚地区强行登陆。”

闻此战报，“休斯敦”号等巴达维亚港剩余的盟军舰只再次进入临战状态。

此时，日军已获悉巴达维亚海面潜伏着盟军舰只，原打算将运输船队避于海峡南口，由日舰各战队首先出击，击溃盟军残余舰只后再登陆，但考虑到不知盟军舰只究竟匿身何处，且日军自恃实力雄厚，遂决心强行登陆。

2 月 28 日午夜，当日本第 16 军主力部队开始换乘，准备登陆时，盟军巡洋舰“休斯敦”号和“伯斯”号率领“厄佛仙”号等数艘驱逐舰和高速鱼雷艇突然冲出，扑向日本船队。夜幕笼罩的巴达维亚海面上，又爆发了一场殊死激战。

日本运输船队在猝不及防的情况下遭到突袭，秩序大乱，自相射击。日军指挥舰首遭误击，迅即沉没（据考证，入侵荷属东印度的日军总指挥官今村均中将就在此舰，他落水后大难未死）。赶到的盟军飞机凌空投放照明弹，将日舰形迹暴露无遗，立即成了盟军舰炮射击的活靶子。

在此危急时刻，日军驱逐舰队长山下镇雄中佐机智地通报联络，召唤在附近海域作战的第 7 战队及第 5 水雷战队等日舰立即前来驰援。

不一会儿，日舰迅速赶到，实力顿时大增。刹那间，曳光弹的弧影在夜空中交错，照明弹、探照灯将猛然上喷的粗大水柱照得雪亮，巨弹如雨，铺天而降，盟舰逐渐处于劣势。

3 月 1 日零时 10 分，“休斯敦”号被 203 毫米口径炮弹击中，舰上蒸气管被炸裂；接着又中鱼雷一枚，前部主炮塔座被击毁。10 分钟后，该舰第二炮塔底部又被击中。不久，排水量 9050 吨的“休斯敦”号沉入爪哇海底。

“伯斯”号此时已中 4 枚鱼雷，奄奄待毙之际，又连遭 6 枚鱼雷攻击，几乎与“休斯敦”号同时倾覆沉没，驱逐舰“厄佛仙”号此刻也遍体鳞伤……

海面夜战持续时间虽短，但盟军 2 艘巡洋舰、1 艘驱逐舰永眠大海；日军 1 艘扫雷艇和 1 艘运输船被击沉，伤 6 艘运输船。

巴达维亚海战是爪哇海面进行的最后一场海战。激战结果，盟军不仅没有阻止日军从海上登陆，反而使残存的盟军舰队再次损兵折将。

海战失利，致使爪哇岛上的盟军完全处于束手待毙的境地。面对险恶局势，美、英、荷、澳联合海军司令部做出决定：凡剩余舰只，火速经龙目海峡、巽他海峡向澳大利亚方面突围。

在万隆山上，盟国海军将领赫尔弗里克、格拉斯福和巴里塞尔在司令部的桌子上摊开好几幅地图，通宵研究如何突围。会议期间，曾接到正在巴达维亚海面上激战的“伯斯”号发来的告急电，之后，再也没有获得“伯斯”号和“休斯敦”号等舰的信息。

此时，由日军航空母舰“赤城”号、“加贺”号、“苍龙”号和“飞龙”号为主力的南云舰队以及近藤指挥的第2舰队和南方部队本队，为围剿从荷印地区向澳大利亚逃跑的残余盟舰、防止美军太平洋舰队前来增援，已奉命向爪哇以南海面出击。盟军舰队已经到了日暮途穷、山穷水尽的地步！

3月1日黎明，在泗水海战中受伤的英军巡洋舰“厄克塞特”号，在“英康特”号和“教皇”号护卫下，从泗水起航，准备取道巽他海峡逃往澳大利亚。上午11时左右，3艘盟舰在马威安岛西北方被高桥中将指挥的日本联合舰队第3舰队及第5舰队发现。激战结果，3舰悉被击沉。

3月2日晚，南逃的英军驱逐舰“斯德伦戈华特”号在数分钟内被日舰炮火击沉；2小时后，美军轻巡洋舰“麦浦尔海特”号在夜幕中急驶，被日舰探照灯光捕捉，雨点般的炮弹倾向该舰，其中一弹命中了舰桥。不久，该舰便沉入波涛之中。

次日晚，日舰击沉了美军炮舰“阿善维尔”号；3月4日晨，又击沉了澳大利亚大型炮舰“耶拉”号。自3月1日至4日，日军舰队共击沉企图逃往澳大利亚的盟军轻巡洋舰2艘、驱逐舰3艘、普通舰船13艘。至此，庞大的盟军舰队已支离破碎，仅有4艘驱逐舰侥幸逃出爪哇海。

在这期间，3月3日，从南云舰队起飞的180架日机攻击了爪哇岛南岸的芝拉扎军港，把大约20艘盟军舰船一网打尽，彻底解除了盟军在爪哇地区对日军的海上威胁。

1942年3月，英军驱逐舰“英康特”号被日本南云舰队击沉

在3月初的一个阴郁的清晨，设在万隆山上的美、英、荷、澳海军联合司令部被迫宣布解散。美国海军上将格拉斯福和他的参谋长卜尔奈尔海军少将一同到

了芝拉扎，乘坐一架匆忙修好的飞机逃往澳大利亚。

爪哇海面一系列海战的胜利，为日军南下攻占爪哇岛打开了大门。盟国舰队崩溃之后，整个爪哇就像熟透的梅子一样，轻而易举地落入日本人的魔掌。

从3月1日开始，日军第2师团和第16军直属部队在孔雀港和万丹湾登陆，第38师团的东海林支队在坎丹奥登陆，第48师团和坂口支队在克拉甘登陆，三面夹攻苦守爪哇岛的盟国军队。

东海林支队于登陆当天就迅速攻占了加里茶机场，并切断巴达维亚和万隆之间的交通线。3月5日，东京宣称，经过10小时激战，巴达维亚已被日军占领。3月6日，日军攻占了茂物；3月8日，日军第48师团攻占了爪哇重要军港泗水；同日，坂口支队占领了芝拉扎港，彻底切断盟军撤向澳大利亚的退路。3月9日，日军攻占了万隆。至此，驻荷属东印度的盟军全线崩溃。

除了马来亚、新加坡、菲律宾，日军在1942年上半年还陆续攻占了荷属东印度群岛、缅甸以及太平洋上的诸多岛屿

3月12日，荷属东印度总督正式向日军投降，万隆以东的11 000余名英、荷、美、澳军队也放下了武器。至3月15日，日军占领了整个荷属东印度。

入侵荷属东印度的日军总指挥官是今村均中将，他于1886年6月28日出生于宫城县仙台区，父亲今村虎尾是法官。今村均小时候多病，体质很差，直到9岁还在尿床；因为睡眠不足，天天上课时打瞌睡。后来，他转入新发田中学读书，身体才好起来。可是谁也没有想到，1915年，他竟然以第一名的成绩毕业于日本陆军大学第28期，获大正天皇赐刀，而同期的本间雅晴获第三名，东条英机才获第十一名。

从此，今村均开始以陆军精英的身份一路高升，1935年任步兵第40旅团旅团长，晋升陆军少将；1936年3月，接替板垣征四郎出任关东军副参谋长；1938年任陆军省兵务局长、第5师团师团长，晋升陆军中将，曾率部队攻入中国南宁并指挥昆仑关战役。1941年6月任驻广东的第22军司令官。太平洋战争爆发后，他受命指挥爪哇战役。

今村均在出发前对全军的训令是："我会冲在第一线，如果本司令官淹死在海里，师团长接任本司令官指挥；如果师团长淹死在海里，本司令官就是旅团长。"

反复提到淹死，说明今村均对海军的掩护支援很不放心。结果，他还真的掉到海里去了。后来晋升为大将的今村均在回忆爪哇海战时说："我从来没有看过海战，更不要说海上夜战了，我只觉得像礼花大会一样非常好看。但是，不论怎么看，怎么总有些我方舰队在往后撤、而敌方舰队在进攻的感觉？为了打消我的顾虑，运输舰的大佐舰长对我说起了大日本帝国海军的辉煌。正在这时，突然一声巨响，大佐说：'长官，看来我们被鱼雷击中了。'而我正努力回忆在小学里学到的有关如何游泳的要领。"

今村均大将

为争夺石油而入侵爪哇的第16军司令官今村均中将，是在漂满重油的海里漂泊了3小时后才终于游抵爪哇岛的。不过，直到战后，今村均才从海军互相揭老底的回忆录中得知，那时他的座舰不是被盟军击沉的，而是被己方的军舰打沉的。

爪哇战役历时不到一月，南下日军即围剿歼灭10万余盟国军队。侵略铁蹄践踏在192万平方千米的荷兰属地上，基本实现了其南下作战的战略目标。

1942年11月，在瓜岛血战即将结束之际，今村均出任日本第8方面军司令官，指挥百武晴吉的第17军和安达的第18军在腊包尔作战。1943年，他晋升为大将。1945年8月，今村均大将在腊包尔向澳大利亚军队无条件投降。

日本战败后，今村均被中国政府和英、美等国指控为乙级战犯嫌疑者并将其关押。1947年，今村均被澳大利亚军事法庭判处10年有期徒刑。1968年10月4日，今村均因心肌梗死于东京都世田谷区的家中，时年82岁。

第四章

远征滇缅　喋血苦战

第一节　远征滇缅　走向抗日国际战场

太平洋战争爆发后，日本法西斯为实现其“大东亚共荣圈”之美梦，于1941年底和1942年初，以破竹之势入侵东南亚，相继攻占了马来亚、新加坡和荷属东印度，截断了大英帝国的东方航线，并欲乘胜进兵缅甸。

缅甸是通向中国和太平洋的西大门，是东南亚半岛上具有重要战略地位的国家。它西屏英属印度，北部和东北部与中国西藏和云南接壤，其间的滇缅公路又是中国重要的国际交通线。所以，缅甸的存亡对于中英双方来说举足轻重，无疑也是日本法西斯南下攻占东南亚的一个重要战略目标。

早在1938年，中国沿海各地通往海外的港口先后被日军占领，中国只能靠滇越铁路通过越南的海防等港口将抗战所需的物资从国外运进来。为了另辟一条与国际联系的交通线，1938年1月，中国政府决定修建一条从昆明经楚雄、下关、保山、龙陵、畹町进入缅甸的滇缅公路。

滇缅公路全长930千米，这段路必须横跨海拔近3000米的滇西横断山脉的几座大山和漾濞江、澜沧江、怒江三条大江，地形之险要，工程之浩大，构建之困难，与当时世界上所有公路相比，均堪称第一。美国和英国的评论家皆认为：中国既贫穷又落后，用5年的时间也休想建成！

老人、小孩和妇女用双手修建公路

然而，出乎他们意料的是，重庆当局责成云南省政府必须在一年内把公路修好，其中，工程上大的桥梁涵洞由中央政府负责，土石方工程则征调滇西民工来完成。开工后，在这段绵延千里的工地上，民工们不怕苦和累，不避艰难险阻，不怕流血流汗，晚上也燃起篝火披星戴月地干，每天平均出工 15 万人次以上，有时竟多达 30 万人。其气魄之恢宏，场面之壮观，真可谓举世无双。至完工时，有 3000 多人为修筑这条公路献出了宝贵的生命。

就这样，滇西各族民工们用短短的 10 个月就完成了这项世界罕见的艰巨工程，赢得了举世赞誉。英国人连声赞曰:“真令人惊奇！”美国人则竖起大拇指惊呼:“简直不可思议，棒极了！”

1940 年 9 月 23 日，日军占领法属印度支那（越南），滇越铁路的通道即被封死，中国与国外的唯一通道只能靠刚修建起来的滇缅公路。该公路正式通车后，平均每天有三四千辆运输车通过，最多时达万余辆，强有力地支持了中国的抗战，为抗战做出了巨大的贡献。这条公路当时被誉为“中国抗战的‘大动脉’和‘生命线’”。

这段公路从抗战后期就被全世界当作滇缅公路、中印公路的代表照。实际上该处公路被叫作“二十四拐”，位于贵州省晴隆县县城南郊 1 千米，属于贵昆公路。而滇缅公路终点是昆明。援华物资经滇缅公路到达昆明后，还需进入贵州经由“二十四拐”，才能最终运往“陪都”重庆和抗日前线

此时，国际形势云谲波诡，英国期望凭借中国的军事力量挽救其缅甸、印度、马来亚等远东殖民地的危机，开始同中国协商建立“中英军事同盟”；1941 年 5 月，又与中国在新加坡达成协议，商定由中国派 3~5 个军赴缅，共同防御缅甸，英方并对中方承诺多项支持远征军入缅的条件。

日本偷袭珍珠港、太平洋战争爆发后两周，即 1941 年 12 月 22 日，英国印缅军总司令韦维尔和美国陆军航空队长勃兰特，从仰光飞抵重庆，参加“东亚军事会议”。

次日，由中、英、美三国将领参加的“东亚军事会议”决定：（1）在缅甸成立中英联军统帅部；（2）成立中国

远征军，派 3 个军开赴缅甸（英军司令只同意中国派 2 个军）；(3) 由美国向中国入缅作战部队提供武器装备，并派空军入缅协同中国远征军作战。

同日，中、英两国政府又签署了《中英共同防御滇缅路协定》，正式建立中英军事同盟。

为支援英军在滇缅抗击日本法西斯，保卫中国西南大后方，同时亦为了确保滇缅公路的畅通，避免滇缅公路的出口仰光市落入日本人的魔掌，中国方面迅速组建起一支赴缅作战的远征军，编制是：

中国远征军第一路指挥系统（1942 年 3 月至 8 月）

第一路司令长官卫立煌（但他一直没有到任，后由罗卓英继任）。

第 5 军，军长杜聿明，下辖第 200 师，师长戴安澜；新编第 22 师，师长廖耀湘；新编第 96 师，师长余韶 。

第 6 军，军长甘丽初，下辖第 49 师，师长彭壁生；新编第 93 师，师长吕国铨；暂编第 55 师，师长陈勉吾。

第 66 军，军长张轸，下辖新编第 38 师，师长孙立人；新编第 28 师，师长刘伯龙；新编第 29 师，师长马维骥。

游击支队，黄翔；工兵团，李树正；装甲兵团，胡献群；炮兵团，朱茂臻；汽车兵团，洪世寿；骑兵团，林承熙。

司令长官部直辖第 36 师，师长李志鹏；长官司令部下设一个参谋团，团长为林蔚中将。

组建后的中国远征军集结在滇缅公路楚雄、下关、保山、龙陵、畹町一线以及滇缅边境的车里、佛海、南峤 (即现今的西双版纳) 一带，随时准备入缅作战。

但居心叵测的英国人既想要远征军入缅帮助他们抗拒日军，又疑虑中国对缅甸有领土野心，怕远征军先行入缅后“请神容易送神难”，多次拒绝我军先行入缅布设阵地的合理要求。

此时，日军大本营的如意算盘是：夺取缅甸后，一方面由缅北入侵中国，截断供应重庆政府战略物资的滇缅公路，从西南方向策应其侵华主力，夹击中国军队；另一方面，挥军西进，伺机进犯印度，以达与“轴心国”德国会师于中东之战略企图。

1941 年 12 月 23 日早晨，大约 60 架日本轰炸机对仰光进行了狂轰滥炸，缅甸战役旋即爆发。面对严酷的局面，1942 年 1 月 3 日，同盟国正式成立了中国战区统帅部，蒋介石担任最高统帅，美国史迪威将军任参谋长兼驻华美军总司令，

到缅甸去，走上抗日的国际战场

负责指挥包括中国、越南、泰国在内的全部盟国军队。

1942 年 1 月初，在新加坡陷落之前，日军便以泰国为空军基地继续空袭缅甸首都仰光，并派遣日军第 33 师团一部从泰国入侵缅甸，偷袭最南端的维多利亚角和士瓦赫等萨尔温江下游的东岸一带。

1 月中旬，由饭田祥三郎中将任司令的日军第 15 军，下属第 18、第 33、第 55、第 56 共 4 个师团，从泰国境内向缅甸南部发动了大规模地面攻势，他们穿过丛林地带，推进到毛淡棉周围平坦的稻米产区和橡胶种植园区。

1 月 20 日，日军第 55 师团一部在萨尔温江入海口东岸袭击英军，英军一触即溃。日军轻而易举地攻占了缅甸南端的著名重镇毛淡棉，被歼英军达 1500 人之多。至此，直到缅甸局势岌岌可危，“临时抱佛脚”的英方才不得不请中国军队入缅助其一臂之力。

但是，由于受到英方诸多刁难，入缅部队无法全面布局、统筹规划，往往一批人马刚入缅，还未站稳脚跟，连敌情都还没有搞清，更来不及着手布阵，日军就攻了上来。远征军只好被迫立即投入战斗，因而一开始就坐失战机，处于被动挨打的局面。

第一次远征滇缅，中国军队先后出兵 7 批，抗击入侵的日军。

第一批：英国驻华军事代表团团长丹尼斯奉命恳请我远征军的一个团为先遣队，进入缅东北部的景栋、大其力一带，接替英缅军对泰缅边境的防务。于是，1941 年 12 月 10 日，中国远征军派出甘丽初为军长的第 6 军新编第 93 师的第 277 团 (团长刘观隆) 从滇南的佛海入缅作战。

第二批：1942 年 1 月初，应英缅军司令赫顿（又译为“胡敦”）中将的邀请，我第 6 军暂编第 55 师入缅作战。

第三批：1942 年 1 月 19 日，缅甸最南端的士瓦赫、维多利亚角失守，赫顿这才又邀请我第 6 军新编第 93 师两个主力团从滇南进入缅甸东部开始布防。

第四批：1942 年 1 月 22 日，侵缅日军的 4 个师团全部进入缅南后，英方又邀请我第 6 军司令部及军直属单位和第 49 师入缅增援。

第五批：1942 年 2 月 14 日，英方又邀杜聿明为军长的第 5 军迅速入缅。我第 5 军第 200 师于 2 月 22 日先行从畹町入缅。3 月 17 日，在师长戴安澜将军指挥下，苦战 12 昼夜，取得同古保卫战大捷。其他两个师，即新编第 22 师、新编第 96 师则于 3 月 18 日相继入缅作战。

第六批：1942 年 3 月 9 日，缅甸首都仰光陷落，滇缅公路的出海口即被封死。3 月 18 日，以张轸为军长的第 66 军的两个师，即新编第 38 师及新编 28 师入缅作战。此时，英缅军和英印军节节败退。4 月 19 日，孙立人率新编第 38 师的一个团取得仁安羌大捷。

抗日名将戴安澜将军

第七批：1942 年 4 月 25 日，英、印、缅军绝大部分已撤入印度，腊戍面临危机。我驻大理的远征军第 66 军新编第 29 师师长马维骥突然接到远征军参谋团团长林蔚的紧急电报：务必于 4 月 28 日赶赴腊戍布防。

中国远征军入缅后的布局大体上分东、中、西三路：东路由第 6 军的新编第 93 师、暂编第 55 师、第 49 师，在萨尔温江东西两侧布阵作战；中路由第 5 军的第 200 师、新编第 22 师、第 96 师、军直属单位，在仰光、曼德勒铁路及锡唐河东西两侧同古至曼德勒一带作战；西路由新编第 38 师在依洛瓦底江马格威和仁安羌以北地区作战。

第二节 中国远征军打响同古保卫战

入缅后，中国远征军扬名的第一战即同古保卫战大捷。

同古是南缅甸平原上的一座小城，拥有人口 11 万，距离缅甸首都仰光大约有

260 千米，它扼公路、铁路和水路之要冲，战略地位十分重要。

据当时缅甸华侨抗日志愿队队长、驻英军联络官楚英回忆说：“远征军入缅作战，第 200 师戴安澜师长坐我开的专车由遮放进入腊戌。1942 年 3 月 1 日，国民政府军事委员会驻滇参谋团团长林蔚，随蒋介石来到腊戌。当时我任驻缅英军第 17 师的联络参谋，林蔚即召我由仰光飞回腊戌，我们到了腊戌时已是 3 月 2 日凌晨 4 点多了。蒋介石住在波特酒家。战事迫在眉睫，蒋介石在波特酒家连续召见戴安澜等人面授机宜。

入缅作战的中国士兵

“当日下午，我开车送走了韦维尔将军，即从南窑军营接戴安澜来波特酒家，由林蔚陪其晋见蒋介石。蒋介石听取了戴安澜关于第 200 师现况的汇报，并详细垂询其训练、装备、士气和官兵健康状况，然后对戴安澜和林蔚说：‘日军即将有大规模的作战行动，攻占仰光只是他们作战行动的第一步，其战役目标当在夺取全缅甸，进而威胁印度和昆明。现英军战力尚未完全恢复，我第 6 军仅有两师在缅，第 6 军余部和第 5 军全部正在来缅途中，照眼下的运输能力和行军速度，至少要两至三周后方能全部入缅。届时日军的后续增援兵团就有可能到了缅甸。如出现这样的状况，缅甸战役的前途就不容乐观了。为今之计，拟以第 200 师前出同古附近，构筑工事固守，掩护我军主力向平满纳附近集中，趁日军兵力分散或攻势顿挫之机，断然反攻，先歼其一部，再破其余，以期收取各个击破之效。此乃后发破敌方针，你们以为然否？’他还关切地问戴安澜有什么困难和要求。

“戴师长答道：‘蒙校长厚爱，委我重任，至感荣幸。当率全师官兵奋勇作战，誓歼日军，达成任务。本师尚缺士兵 1306 名、轻机枪 90 挺、重机枪 18 挺、迫击炮 18 门、战防炮 8 门，请予补充；因应日军装备好、火力强的特点，决定采取夜战、近战对敌，故请从待运回国的军械中，先发给本师冲锋枪 300 支，以利作战。’蒋介石当即首肯，嘱林蔚从速办理。”

3月3日上午10时，蒋介石再次召见杜聿明、戴安澜，在座的还有商震、林蔚和周至柔，大家共同研究第200师守同古和第5军入缅后的集中问题。战役开打之前，史迪威将军还亲临第200师作了战前动员。

3月4日，戴安澜将军率部赴战场。他在行军途中激情满怀，遂赋《七绝·远征》以明壮志：

万里旌旗耀眼开，王师出境岛夷摧。
扬鞭遥指花如许，诸葛前身今又来。
策马奔车走八荒，远征功业迈秦皇。
澄清宇宙安黎庶，先挽长弓射夕阳。

3月8日，第200师所属各部相继到达同古，戴安澜亲率全师军官到各处侦察、研究地形、判断敌情，采取集思广益的方式来确定阵地选择、兵力配备和作战方案。

同古正面之敌为日军第55师团，西路为第33师团，另有两个增援的主力师团正从海路赶往仰光登陆。此刻，戴安澜的第200师面临的战场形势十分不利：仰光陷落，缅甸国门洞开，日军长驱直入，英、印、缅军一触即溃，而此时中国国内援军尚在1000千米以外。

面对数倍于己的日军，戴安澜抱定了决一死战的坚定信念。他说："此次远征，系唐明以来扬威国外的盛举，虽战至一兵一卒，也必定挫敌凶焰，固守同古。"

战前，戴安澜宣布："本师长立遗嘱在先，如果师长战死，以副师长代之，副师长战死，参谋长代之，参谋长战死，团长代之，团长战死，营长代之……以此类推，各级皆然。"

中国远征军装备的反坦克炮

3月18日上午，英缅军第2旅刚刚经卡纽昆北撤，日军即跟踪而至。戴师长得报，即令林承熙团长以两个骑兵连和598团第1连分别在铁路和公路桥两侧设伏，其余部队移至皮尤河北方15千米处良赤道克设伏。

次日中午，日军700余人在大炮、装甲车掩护下猛攻皮尤，我伏击部队立即向其开火，同时炸桥。震天巨响之后，行进在桥上的 4 辆日军装甲车和数十名日军顿时葬身河底，已抵北岸的日军也被打得非死即伤，但幸存的日本兵仍负隅顽抗。经过激战，是役毙敌 200 余人，毁损其装甲车 4 辆。

入夜后，日军使出惯用伎俩，派出一小分队偷袭戴安澜指挥部。双方通宵激战，通信联络曾一度中断，戴师长亲自持一挺机枪向日军开火，黎明时分将其击溃。

两天后，日军开始向同古大举进攻。黎明时分，在飞机、坦克和大炮掩护下，日军分兵猛攻开威布威、坦德宾、屋墩、耶索等外围阵地，同第 200 师激战两昼夜。

3 月 23 日晚，在屋墩激战中，黄景升率预备队向突入阵地之敌背后迂回，以期将该敌围而歼之，却遭敌狙击，不幸牺牲。但第 200 师将士同仇敌忾，奋力苦战，击毙日军第 55 骑兵联队副队长横田大佐和第 112 步兵联队第 2 大队大队长冈田少佐以下官兵 500 余人，毁其坦克 3 辆、装甲车 7 辆，俘战马 38 匹，获轻、重机枪 9 挺，92 式步炮 1 门、步枪 266 支和其他弹药装具，该部日军最终被击溃歼灭。

在俘获横田大佐的战阵日记中，发现他这样写道：“南进以来，皇军所向披靡，敌军望风而溃，今日之战始遇劲敌重庆军第 200 师。”

一连三天，日军第 55 师团第 143、第 144 两联队伤亡惨重，攻击已呈疲软势头。在同古城外竟遭缅战以来中国军队最为猛烈的抵抗，大出日军意料，不得不急调另外两个联队投入战斗；从仰光机场出动的百余架日机也对同古进行狂轰滥炸，并大量投掷燃烧弹。

面对强敌，同古战场第 200 师的将士们表现出大无畏的战斗勇气和高度的牺牲精神。他们凭借简陋的工事和武器，始终拒敌于城外。城市被夷为平地，阵地断粮断水，每天都有肉搏战发生，每天都有官兵拉响手榴弹与敌同归于尽。日军恼羞成怒，竟向城内发射糜烂性芥子毒气弹数百发。

这时，英缅军队在尚未通知远征军的情况下，仓皇撤退，把戴安澜所部侧翼暴露给日军，而日军的增援部队第 56 师团此时已星夜兼程赶往同古！

战况紧急，戴安澜给杜聿明发电：“杜军长副司令长官台鉴：敌与我接触战自十九日，激战至二十八日，凡十余日矣。我已濒弹尽粮绝之境，官兵两日无以果腹，仍固守同古铁路以东阵地……自交战之初，敌势之猛，前所未有，尤以二十四日至今，敌机更不断轰炸，掩护其战车纵横，且炮兵使用大量毒气弹，昼夜轮番向我阵地进攻……援兵不至，我虽欲与同古城共存亡，然难遏倭寇之凶焰……何益之有？”

3月29日晚，强悍的日军第56师团又投入了对同古的进攻。日军在坦克、装甲车掩护下突入同古城内，并从南北两面将第200师分割开来；另一部日军占领锡塘河以东阵地，掐断了第200师往东突围的最后一线希望。

此时，戴安澜亲自指挥部队在城内各交通要道修好坚固的堡垒，轻重武器构成交叉火力网，多次击退日军进攻，他和参谋及后勤人员也拿起武器参加了巷战。

面对危局，杜聿明下令第200师突围撤退，以图集结兵力，伺机再与日军决战。就在杜聿明下令第200师突围的时候，史迪威持反对意见，但因此举有利于今后的战局及远征军的生死存亡，杜聿明没有顺从史迪威的意见。

经过缜密部署，杜聿明下令新编第22师的两个团，配属3个战车连，向包围同古的日军发起进攻，配合戴安澜部突围。3月29日傍晚，第22师迅即对正面之敌实施猛攻，成功占领了南阳车站；而远征军游击司令黄翔率部利用森林掩蔽，迂回到同古近郊向日军发起进攻，一度迫敌停止对同古的攻击。

两军反复争夺，激战至3月30日。与此同时，同古城内第200师一部向敌佯攻，主力则迅速撤离同古，安全渡过色当河转进，但蒙在鼓里的日军仍不断地向空城猛烈炮击。

在重创日军之后，同古保卫战以中国军队主动成功撤离而告结束。

此役，戴安澜率第200师浴血奋战，在没有空军协同作战的情况下，与4倍于己且配备了步兵特种兵和航空部队的日军第55师团苦战12天，最终毙伤日军4500余人，迟滞了日军的进攻锋芒，掩护了英军的撤退，取得了出国参战的首次重大胜利。

英国《泰晤士报》称赞道：“同古之命运如何，姑且不论。但被围守军，以寡敌众与其英勇作战之经过，实为中国军队光荣簿中增添了新的一页。”

中国远征军将士

美国官方亦称，同古保卫战是“所有缅甸保卫战所坚持的时间最长的防卫行动，并为第200师和他的指挥官赢得了巨大的荣誉”。

日军方面也不得不承认，同古战役是他们所经历的“最艰难的战斗之一”，甚至连东条英机也在日本议会上声称：“同古一役是日军自日俄战争旅顺攻城以来所从未有过的苦战。”

同古之战也是日军自发动太平洋战争以来遭到的最强有力痛击。第二次世界大战后，由日本防卫厅编纂的军事回忆录记载：“同古攻略战，历时十天结束，师团于30日占领了同古，正面守军为重庆第200师。该部队自始至终战斗意志旺盛，特别是退却收容部队，固守阵地抵抗直至最终。虽是敌军但令人佩服！自司令长官饭田中将以下各将官无不赞叹其勇气。”

战斗结束后，蒋介石评价此役说：“同古之役的胜利，是中国军队的黄埔精神战胜日本军队的武士道精神。”

第200师成功撤出同古后，3月30日晚，杜聿明命令新编第22师在斯瓦河南北两岸构筑数个梯形阵地，正面摆下地雷阵，两侧布设伏兵，以消耗和杀伤日军有生力量，阻敌进军的步伐，以便为全军集结赢取时间，以打响平满纳会战。

接令后，新编第22师采取“利用隘路预设纵深阵地，逐次抵抗优势敌人攻击”之战术，机动灵活，处处设障，虚虚实实，使日军捉摸不透，如坠五里云雾。日军虽拥有第55师团3个联队、第18师团2个联队及优势炮兵、战车及战机，但仍不敢轻举冒进。

而新编第22师先攻后守，用逐次抵抗战术与日军5个联队激战达12次之多，致使日军伤亡惨重，每前进一步，都需付出极大的代价，从而达到了以少胜多，以劣制优的战役目的。

此即滇缅之战中著名的“斯瓦逐次阻击战”，以新编第22师以不足万人的兵力，抗击日军2个师团近5万人达半月之久，毙伤日军达4000余人，而己方只伤亡1500人，为远征军抗战史上又一成功的战例。

第三节 震惊中外的缅北仁安羌大捷

为了给侵缅日军以更大的打击，蒋介石偕夫人宋美龄于4月6日抵达梅苗。第二天上午，他与史迪威一起召集罗卓英、杜聿明、戴安澜等共同研究在缅的作战大计。

当蒋介石征询戴安澜的看法时，戴安澜表示要与日军大战一场，否则不足以立威树信。他的这个想法与大家一致，所以，会议决定中英军队联合与日军在平满纳会战。

4 月 8 日，蒋介石又带领杜聿明、戴安澜前去巡查曼德勒。看到从梅苗到曼德勒之间的汤彭山脉一带山峦重叠，地形险要，蒋介石即对杜聿明说："平满纳会战十分重要，一定要鼓励将士一举击破日军，进而收复仰光。如果日军后续部队增加，远征军不要勉强决战，退一步准备曼德勒会战，守住梅苗与曼德勒间山口，与日军作持久战。"

如果当时按照这个部署，中英军队联合阻击并歼灭日军，然后实施反攻是完全有可能的。然而在确定平满纳会战时，英军完全是另一种打算，因为从 4 月 1 日起，西路的英军与日军一接触即溃不成军。4 月 13 日，英方竟气急败坏地要求远征军全面接防其西路阵地，并乞望掩护其撤退。

日军向缅北仁安羌油田进攻

4 月 14 日凌晨，日军第 33 师团第 214 联队约 3000 之众，迅速占领仁安羌油田一带，切断了英军后路，将英缅军 7000 余人包围于仁安羌油田东北、平墙河以南地区。英缅军总司令亚历山大急电中国远征军司令部，请求参谋团团长林蔚中将火速派远征军解救被包围在仁安羌的英缅军。

接到求援电后，林蔚即令距仁安羌最近的新编第 38 师火速赶去救援解危。新 38 师师长孙立人接到命令后，认为英军 7000 多人既然会被日军包围，那日军的兵力至少也应该在万人以上，若全师出动前往又恐自己驻守的防地有失。为慎重起见，他决定亲率一个团前往仁安羌救援。

4 月 18 日下午 5 时，新 38 师师长孙立人、副师长齐学启和第 113 团团长刘放吾率兵马不停蹄地直扑仁安羌油田。

跟随新 38 师入缅的孙克刚在《缅甸荡寇志》中详述了仁安羌之战的情形：

19 日，东方鱼肚白色还没有出现，攻击便开始了。破晓时，左翼部队便将敌军的第一线阵地完全攻占，战斗转进到山地里，敌军不顾一切猛烈反扑，我军已得到的阵地，三失二得。在敌军优势兵力的压迫下，我军必须处处防备敌人侦知我军实力，所以用种种方法设置疑兵，虚张声势，又用小部队进行扰乱突击，从而使敌人无从判断我军虚实。

主攻部队在山炮、轻重迫击炮及轻重机关枪的掩护下，反复肉搏冲杀。第三营营长张琦流尽了自己最后一滴血，还拼死喊出“兄弟们，杀呀！”的呼声。弟兄们眼看着自己的长官壮烈地倒了下去，心头热辣辣地默念着他最后发出的口令，含着眼泪，前仆后继，拼死冲杀上去，一直冲上了油田、山坳里，油田边积起一堆堆的尸丘。

这是一场弹雨中夹杂着白刃肉搏的大战，从午前四时连续苦战到午后三时，敌人的第33师团完全被击溃了。下午五时，我军攻克了全部仁安羌油田地域，枪炮声渐渐地稀远，敌人显然是在加速往后撤退。我军首先将被围的英军、美国传教士和新闻记者500余人解救出险境，并将被敌人抢去的英方辎重汽车100多辆夺回后交还给英方。接着，英缅军第一师的步兵、骑兵、炮兵、战车队等7000余人和1000多头马匹，都在我军的安全掩护下，从左翼向平墙河北岸退出。三天的煎熬已使他们狼狈不堪，一路对着我们的官兵，个个竖起大拇指，并高呼中国万岁！

就这样，孙立人率部仅用一昼夜时间就将日军全部击溃，第113团以伤亡官兵500余人的代价，打死打伤日军官兵1200余人，将被围堵的7000余名英缅军以及被日军俘虏的英缅官兵、美国传教士和新闻记者500余人悉数救出。

名噪一时的孙立人将军

仁安羌之战是中国远征军入缅后继同古保卫战和斯瓦逐次阻击战后又一大胜仗，第113团以不满千人的军力，击退强悍日军，救出英缅友军。消息传出，中、英、美三国轰动。

大捷之后，美国总统罗斯福授予孙立人丰功勋章；英王乔治六世授予孙立人大不列颠帝国司令勋章；副师长齐学启及刘放吾等也都获得英国政府的嘉奖；蒋介石则颁发四等云麾勋章表彰孙立人、颁发六等云麾勋章表彰刘放吾。

仁安羌之战后，英缅军无心再战，开始向

1992年，英国首相撒切尔夫人会见当年参战的中国远征军团长

印度大撤退，致使平满纳会战无法进行，只得放弃。

这时，英缅军又节外生枝，硬说在缅甸西部的乔克巴当发现3000余日军，电请远征军出击，史迪威命令第200师火速前去支援。对此，杜聿明判断说，如果在仁安羌以北的乔克巴当出现这么多的日军，当时解救英军的孙立人部一定会发现，显然此情报有误，因而不同意第200师向西出击。他认为当务之急是东进占领棠吉，以防日军进攻腊戍，切断中国远征军的后路。但英缅军司令部不断来电催促，史迪威和罗卓英贸然独断，在没有彻底摸清敌情的情况下，当即下令第200师西进前往救援。

此时，戴安澜与杜聿明看法相同，无奈军令已下。两个人商量后决定，由第200师两个团向西出击，一个团留下来断后，如西面无敌，赶紧掉头向东出击。

为防止第200师不执行西进的命令，史、罗二人加急督促，并于4月20日用汽车连夜将第200师主力运送过去。可是，当部队抵达乔克巴当时，根本就没有发现日军，第200师不得不重新再返回棠吉。这样一来一往，三天时间白白浪费掉，其间日军乘虚攻占了棠吉，并将其大部队快速向腊戍推进。

疲于奔命的远征军再掉过头来东进，不仅来回折腾了500千米，而且耽搁了三天的宝贵时间，战机已失。4月23日，戴安澜又接到上峰命令：率第200师攻克日军重兵驻守的棠吉！

4月25日拂晓，棠吉战役打响。激战中，戴师长亲临前线，指挥炮兵将大炮推至步兵阵地前沿，以猛烈炮火轰击防守高地的日军。此法事半功倍、立竿见影，位于棠吉西面、南面和北面的三处日军高地顿时被炸得狼藉一片。阵地随即被勇猛的第200师将士们在喊杀声中一举攻占，然后，乘胜突进市区与日军展开巷战，双方拼死争夺至午夜时分。此役，我军全歼守城日军，棠吉重新回到了远征军手中。

在收复棠吉的战斗中，戴安澜师长的两个贴身卫士一死一伤，可见争夺战之激烈。

棠吉之战捷报传来，国人无不欢欣鼓舞。史迪威将军对此役给予了极高的评价，他说："近代立功异域，扬大汉之声威者殆以戴安澜将军为第一人。"

棠吉战役不仅极大地鼓舞了中国远征军的士气，而且也让戴安澜的名字多次出现在世界各大媒体上，成为英勇善战的中国军人的代名词。

就在第200师攻占棠吉之际，在日军凶猛攻势下，远征军第6军被迫放弃雷烈姆，日军随后从雷烈姆向北推进。因东西两路告急，至此，死守棠吉已非上策。于是，4月26日，戴安澜的第200师主动放弃了棠吉。

这时，总指挥史迪威等连续下令：攻下棠吉后，除留下第200师继续进攻和邦、莱林一线外，第5军直属部队和正在向东集结的新编第22师和第96师转向，进行曼德勒会战。

对此，杜聿明坚决反对。他认为，这一错误调动正好与战场形势的实际要求南辕北辙，将会铸成大错。

原来，面对棠吉被迫放弃、瓦城危在旦夕、英缅军仓皇溃逃印度的局面，所谓的曼德勒会战实际上已成泡影。经过审时度势，史迪威、罗卓英遂放弃曼德勒会战，重新规划瓦城会战，准备在此与日军一决雌雄。但是，他们疏忽了必须固守通往腊戍的要道，而是以守株待兔的方式等待日军前来进攻瓦城。

孰料，狡猾的日军没有正面强攻瓦城，而采取迂回出击的办法：先派一部佯攻瓦城，主力则于4月26日猛扑棠吉，后又于4月29日拂晓以机械化部队猛攻腊戍。当史迪威和罗卓英两位指挥官获悉腊戍危急时，已来不及赴援。结果，日军重创甘丽初的第66军，远征军伤亡惨重，各部不得不退守新维。

4月29日中午，日军占领了腊戍，随后又将瓦城团团围住。史迪威这才大梦方醒，似热锅上的蚂蚁。4月30日，史、罗二人急令各部向伊洛瓦底江后撤；5月1日，又下令放弃瓦城，紧急增援莫八和密支那，试图先固后方，再图进取。

晚了！一切皆为时已晚。日军攻占腊戍后，继续沿东线猛进：5月3日，占领中缅边境重镇畹町，然后飞兵八莫，全速抢占密支那。5月8日，缅北重镇密支那失守。5月9日，腾冲亦沦敌手。至此，缅甸落入日军魔掌，10万入缅远征军的归路被切断，开始了悲惨的大撤退。

第四节　滇缅大撤退　戴安澜为国捐躯

鉴于西线英军一战即溃的大败退，加之负责东线的甘丽初指挥的第 6 军亦未能阻止日军北上，原先在东线行踪不定的日军第 56 师团此时忽然北进至腊戍、畹町等地，竟以千里奔袭之势深入中国境内，抵达怒江边上的惠通桥，欲“关我后门，断我退路”。至此，缅北战局急转直下，中国远征军回国之路被截断。

面对危局，史迪威只身退向印度，委任罗卓英负起指挥中国远征军的全责。岂料，史迪威前脚走，罗卓英后脚也跟着去了印度。杜聿明将军派参谋长罗又伦去追寻他，竟到处都找不到他的人影，中国远征军一度陷于无人指挥、雪上加霜的境地。

由于日军迂回包抄，陷入重围的 10 万中国远征军不得不兵分数路与敌周旋，不断冲破日军的围追堵截，且战且退，向云南境内和印度方向大撤退。

此时，罗卓英命令戴安澜:“第 200 师应沿着向腊戍奔袭的日军进军路线，自敌背后给以狠狠打击”。

这样一来，远征军只能在尾追打击日军同时，择路回国。接令后，戴师长深感此行极为险恶，因为在回国途中，要经过日军五道封锁线。但为了挽救缅甸战局危机，他决心赴汤蹈火，万死不辞。

于是，戴安澜率领第 200 师 6200 余人及黄翔的游击支队，在掸邦高原的密林中，历尽千辛万苦，艰难跋涉，于 4 月 29 日到达雷列姆附近。他们正准备对敌展开攻击，忽接获林蔚、杜聿明的急电，方知腊戍失守。林蔚电令第 200 师退到景东，归甘丽初节制，而杜聿明却电令他“向北突围，到卡萨归建”。

何去何从？戴安澜斟酌再三，决定沿途突破敌人的封锁线，北上寻找第 5 军归建，经南盘江、梅苗、南坎以西回国。

5 月 10 日，戴安澜率第 200 师官兵安全渡过了南渡河。这是在撤退路上遇到的第一条大河。渡过南渡河，越过曼腊公路和铁道后，部队进入缅北热带丛林。官兵们在阴暗闷热的密林里，历尽险阻，艰难行军。

此时，日军电台不断广播:“要奠定东亚和平，非消灭第 5 军，尤其是第

200 师不可。”可见日军对戴安澜的第 200 师惧怕到何种程度！这也是第 200 师的光荣！

5 月 18 日黄昏，第 200 师官兵隐蔽行军至腊戍西南侧的朗科地区，逐渐接近腊戍西侧细包至摩谷公路。这是归国途中要穿越的最后一条公路。离国境线只有 70 余千米，回国的路程已走完十分之九。

是夜，大雨滂沱。在通过细摩公路西南侧森林时，戴师长走在最前面，周之再参谋长走在他身后，战士们紧跟在后面。他们正准备越过公路，不料被近在咫尺的敌人发现，突遭拥有装甲车的大批日军围攻。

突围中，戴师长腹部连中三枪，倒在草丛中流血不止。在密林中激战两昼夜后，第 200 师官兵终于突出了敌人的重围。

此后，身负重伤的戴安澜被担架抬着进入山区。这时，部队不仅断粮，更没有药品，连块干净的绷带也找不到；加上连日大雨，蚊子叮，蚂蟥咬，戴安澜身上的伤口开始感染、化脓，还长了蛆。

在担架上，戴安澜忍着伤痛，以必胜的信念指挥部队突围。他屡次询问距离云南的远近，并手指地图，示意部队在茅邦渡河，沿西岸前进。由于连日风吹雨淋加上缺医少药，戴安澜伤势迅速恶化。

5 月 26 日，第 200 师人马行至缅甸北部的茅邦村，此地离国境仅剩几天的路程了，可戴安澜已经心力交瘁，几次昏厥。他预感自己走到了生命的尽头，于是，他在给妻子的遗书中写道：“现在孤军奋斗，决以全部牺牲，以报国家养育！为国战死，事极光荣。”

弥留之际，戴安澜当众叫来参谋长周之再和第 200 师步兵指挥官兼第 598 团团长郑庭笈，拉着他们的手断断续续地说道：“如果我殉国了，你们一定、一定要把部队带回祖国。”并伤感地叹道：“我是有心杀贼，无力回天了！”众人闻之，不禁潸然泪下。

接着，戴师长让随从替他整理了一下衣冠，并扶他坐起来。戴安澜向北遥望着祖国，嘴里喃喃地说道：“反攻、反攻……”然后奋力大呼一声：“祖国万岁！”

5 月 26 日下午 5 时 40 分，一代抗日名将戴安澜与世长辞，享年 38 岁。

官兵按照戴安澜的遗愿，将他的遗体抬回国内。一路上，戴安澜的遗体开始腐烂，官兵们纷纷把军装脱下来裹在他的遗体上。那些军装什么样的军衔都有，有士兵的，有尉官的，也有校官的。

5 月 27 日，第 200 师开始渡瑞丽江。6 月 2 日，官兵终于通过了中缅边境的国境线，回到了祖国。至此，日军在瑞丽江西岸设伏，意欲全歼第 200 师的企图遂成泡影。6 月 5 日，部队顺利抵达云南章凤。

当戴安澜的灵柩从云南昆明运抵广西全州时，每到一地，市民无不静默致哀，迎灵的队伍从数万人到十几万人不等。对这位用热血染红了中国远征军战旗的抗日英雄，国人报以无限的尊敬和怀念。

与此同时，各界对抗日名将戴安澜沙场捐躯表示深切哀悼：

1942 年 10 月，国民政府颁布命令，将戴安澜由陆军少将追晋为陆军中将。并批准将戴安澜的英名列入南京忠烈祠。

1943 年 3 月，毛泽东在延安写下纪念戴安澜将军的一首《五律 · 海鸥将军千古》：

外侮需人御，将军赋采薇。
师称机械化，勇夺虎罴威。
浴血东瓜守，驱倭棠吉归。
沙场竟殒命，壮志也无违。

周恩来的挽词是：黄埔之英，民族之魂。

为了表彰戴安澜将军在滇缅战场上所做的巨大贡献，美国国会授权罗斯福总统，在戴安澜去世后向他颁发了美国军团功绩勋章。罗斯福在签署颁发勋章的命令中写道："戴安澜将军于 1942 年同盟国在缅甸战场协同援英抗日时期，作战英勇，指挥卓越，圆满完成所负任务，实为我同盟国军人之优良楷模。"

戴安澜成了第二次世界大战和中国抗日战争中获此美国勋章的第一位中国军人。

1956 年 9 月，中华人民共和国内务部追认戴安澜为革命烈士；同年 10 月，毛泽东向其遗属颁发了《革命牺牲军人家属光荣纪念证》。

此后，芜湖市政府拨款整修了戴安澜烈士陵墓（1947 年，戴安澜由贵阳葫芦坡被迁葬到与其故乡一江之隔的芜湖市）。改革开放后，陵墓又得以重修。

如今，作为芜湖市爱国主义教育基地，总有络绎不绝的群众来戴安澜烈士墓前瞻仰祭扫，寄托哀思。

第五节　险恶的归途　野人山死亡之行

5 月 8 日上午，日军攻占缅北重镇密支那，杜聿明按蒋介石的命令向国内撤退。5 月 9 日，由于在杰沙（又译为“卡萨”）发现日军，杜聿明担心遭南北夹击，因而下令新编第 93 师在右翼掩护，同时命令各部队自寻生路，分路回国。

杜聿明亲率第 5 军直属部队和新编第 22 师，由密瓦公路改道向西北方向撤离，转打洛到新平阳。5 月底，数万名疲惫不堪的远征军战士进入野人山，迷路后在森林里转来转去，开始了他们的“死亡之行”。

杜聿明将军

野人山位于中国、印度和缅甸交界处，绵延数百里，纵深 200 多千米。山上树木遮天，终年难见日光；猛兽成群，蚂蟥遍地，方圆数百里没有人烟，传说还经常有野人出没其中，遂被称为“野人山”。

入山后，每到晚上，战士们就用芭蕉叶和树枝搭成棚子，一个棚子大约有 3~4 平方米，能睡 10 个人，大家都挤在棚子里过夜。这时，豺狼虎豹全都跑了出来，黑夜里野兽凄厉的吼叫声回荡在山谷，令人毛骨悚然。

进山 10 多天以后，热带原始丛林的雨季来到了。天天都下着倾盆大雨，道路泥泞不堪，战士们举步维艰，下山的时候就在泥水里滚。有时山洪“轰隆隆”地冲了下来，一下子能冲走很多人。有一次，女战士刘桂英亲眼看到整个班的战士一起被山洪冲走了。

事到如今，军部的那张地图竟也不管用了！战士们经常是走了好几天之后又回到原点。在这片原始丛林里面，他们迷失了方向，回国的路艰险而漫长。

一个月后，部队开始断粮，许多战士饿死了，杜聿明只得把驮物资的 100 多匹战马都杀了，让战士们饱餐。战马吃光以后，大家就开始吃皮鞋，吃皮带，就连手枪套也成了他们的食物。当这些东西全都吃光以后，大家就只能靠树皮和草根来维持生命了。

一天，一位极度饥饿的战士看到河边长着野生魔芋，急忙挖了一小块儿，只是用舌头舔了舔，岂料，他的舌头马上就肿了起来，连话都不能说了。直到四天以后他的舌头才消肿。有的战士误食了有毒的植物，痛得满地打滚，哀号不止，但是因为没有药品，大家只能眼睁睁地看着他们被毒死。

连续多日以树皮和草根果腹，很多战士的身体开始水肿起来，步履蹒跚。有的战士走着走着，突然“扑通”一声跌倒在地，就再也爬不起来。

一路上，到处都是远征军将士的尸体。有的战士半夜爬到路边窝棚里睡觉，早上起来发现自己竟睡在一排排死人中间。有的尸体腐烂膨胀，竟把军装撑开一个个大口子；在尸体上蠕动的蛆、苍蝇、蚂蚁不计其数，个大得也出奇。人们在跨过一具具尸体时，如果看到自己认识的人，便会找一些树叶把死者的脸遮挡起来。

雨季的丛林是蚂蟥的天下。战士们走在路上，这些嗜血的“魔王”就昂着头在树叶上等候，人体一接触到树叶，它们就趁机爬到人身上吸血。蚂蟥原本细长纤瘦，它们会通过衣服的缝隙爬上人的皮肤，不知不觉间，它们就把人体内的血吸了出来。等到战士们发现的时候，蚂蟥已经变得又粗又大了。

和蚂蟥一样猖獗的还有蚊子。野人山的蚊子个头大得吓人，翅膀一张开简直就像蜻蜓似的，战士们个个被咬得满身都是包，又红又肿，奇痒无比。细皮嫩肉的女兵是蚊子的重点攻击目标。有一天早上醒来，白净漂亮的何珊发现自己脸上满是大红包，都是被蚊子咬的。她数了数，竟然有 20 多个。她觉得痛痒难忍，只好用手拼命地抓脸，结果把脸面抓得鲜血淋漓。有时走到低洼处，埋伏在那儿的成千上万只蚊子如同一片黑云，径直向战士们扑过来，大伙儿只能紧急疏散。

越往山林深处走，就越觉得阴森恐怖。这时，更可怕的事情发生了：瘴气开始在队伍里肆虐横行！成百成千名战士倒下了，路边和草棚里堆满了战士们的尸体，散发出的恶臭，闻之使人晕眩。

后来，一架美国飞机在野人山上空发现了这支军队。盟军随后空投了电台、粮食、药品，使得大家终于走出了野人山。由于预定要经过中缅国境的回国路线已有大量日军驻守，杜聿明只好率部改道前往印度。

据战后统计，有 3 万余人葬身在野人山原始森林里。第 5 军新编第 22 师野战医院的护士刘桂英是唯一走出野人山的护士班女兵。

中国远征军部分官兵撤入野人山的丛林

在大撤退中，东线方面，远征军第 6 军于 4 月 24 日被迫放弃雷列姆之后，且打且退，于 5 月 12 日退到萨尔温江东面，随后撤回国内。

中线方面，除第 5 军军部和所属的新编第 22 师误入野人山之外，第 96 师主力于 4 月 26 日黄昏由皎克西乘汽车、火车向曼德勒转移。5 月 1 日全部撤至伊洛瓦底江以西、以北地区，后经孟拱、孟关、葡萄、高黎贡山回国。历时 90 余天，幸存者只有 2000 余人。

新编第 38 师师长孙立人没有听从杜聿明的命令，而是向西撤往了印度。该师是第一次远征缅甸战役结束后，唯一保存了建制的部队。

“一万忠烈死疆场，五万冤魂葬深山。”在撤退回国途中，远征军历经千辛万苦，遭遇了常人难以想象的磨难。可怜 10 万远征军，活着撤离战场并成功返回的只有 4 万余人，而在缅北与日军作战伤亡的人数仅占总伤亡数的五分之一，其余皆是撤退时的伤亡。其中，团级以上将领有 4 人，真是凄惨悲壮！而戴安澜将军之死，更令人扼腕叹息！

无数没有倒在日军枪炮下的中国远征军将士却意外丧生在茫茫不见尽头的热带丛林中，因此，野人山有“十万军魂”的传说，成了中国抗日军人在正面战场上一幕最惨烈的悲剧；这是一次中国军队震撼人心、激昂悲壮的远征之战。

中国远征军第一次入缅作战，出动 103 000 人，伤亡 56 480 人（绝大部分伤亡在胡康河谷的野人山里）；日军伤亡 9800 余人，英军伤亡 1.3 万余人。

占领缅甸后，1942 年 6 月，日本驻缅甸占领军司令饭田祥二郎中将宣布在缅甸成立日本军政机构，各级行政机构的工作由日军司令部负责监督，建立起了军事殖民政权。

缅甸失守对盟国抗日作战极为不利，日军可以由此直接威胁到印度，打开了西攻印度的大门。同时，滇缅公路被切断，使中国失去了唯一的国际陆上交通线。

此时，美国总统罗斯福已深深感到中国战场的重要性，决心开辟一条空中运输线来维持对中国的援助。此航线由印度的汀江出发，途经缅甸北部的密支那，然后经云南南部飞往昆明。

不久，日军第 5 飞行师团进驻密支那，他们以此为基地打击航线上的中美飞机，迫使盟军不得不把航线北移，以躲开密支那日本航空兵的打击范围。这样一来，航线就北移到喜马拉雅山上空，这就是后来著名的“驼峰航线”。

第一次滇缅之战是在太平洋战争爆发后，中国军队与盟军直接进行军事合作、协同作战的典范。综观此战，中国远征军走上国际战场，英勇顽强，不怕流血牺牲，沉重打击了南下日军的嚣张气焰，开辟了抗战的“第二战场”，为中国的抗日战争和世界反法西斯战争立下了不可磨灭的功勋。他们在客观条件极为困难和处境极其不利的情况下浴血苦战，战绩辉煌，震惊世界。

丘吉尔在评价中国远征军入缅作战时说：“如果日本进军西印度洋，必然会导致我方在中东的全部阵地崩溃，而能防止上述局势出现的只有中国。”

中国远征军第一次入缅作战最终失利，其原因是多方面的。

首先，矛盾重重的中、英、美三方联合作战，是一个极复杂的过程，协调配合难度很大。

珍珠港事件后，从 1941 年 12 月 11 日中国方面第一次下动员令起，至 1942 年 2 月 16 日远征军正式开拔，在这两个多月的时间里，由于英方瞻前顾后，反复无常，致使中方时而动员入缅，时而停止待命；时而东调，时而西进，结果坐视仰光沦陷，导致滇缅国际交通线的起点被日军攻占。

再者，中国远征军入缅后发现；英缅军系统混乱，上层指挥多次变动，权限不明，各有所私。既未能适时适地集中主力与敌决战，以期收复仰光，又未能退而凭据险要、保全腊戍的军用物资，与敌作持久战，而是风声鹤唳，步步败退，徒使我将士疲于奔命，浴血苦战，得而复失。

第三，史迪威作为总指挥，连连失误。罗卓英作为远征军的司令长官，出于各种考虑，他对史迪威的决策唯唯诺诺，盲目顺从。例如，史迪威执意调第 200

师到乔克巴当增援，杜聿明坚决反对，而罗卓英不仅不向史迪威说明英军的情报有误，反而强令戴安澜的第200师出击，结果，此一臭棋坏了中国远征军的大局。

如果史迪威、罗卓英在紧急关头不出现两次调兵失误，中国远征军正常应对的结果，是在激战中各部队交替掩护、向后方做有秩序的退却，而不是全线崩溃。

史迪威将军在缅甸

第四，从战术上讲，根据参战将领的各种回忆录、中国大陆和台湾地区选编出版的历史文件，以及史家研究的观点来看，一般认为远征军失败的具体原因是：因兵力不能及时集结、中路的主力会战迟迟不能展开、同时忽视了东线侧翼防守，被日军从侧翼席卷后方，从而导致整个战局的溃败。

第五，鉴于当时日军正处于战略进攻阶段，计划周密、武器精良、士气高昂；反之，英缅军士气低落、战力悬殊、一触即溃，从而拖累远征军正常战力的发挥，导致远征军惨烈的败退。

从1942年2月中国远征军第一次入缅开始与日军作战，至8月初远征军及英缅军撤离缅甸，历时半年多。在这一段艰苦卓绝的日子里，远征军将士们转战1500余千米，英勇战斗，屡锉敌锋，先后取得了同古保卫战、斯瓦阻击战、仁安羌解围战、棠吉收复战等辉煌胜利，重创日军精锐师团，使日军遭到太平洋战争以来少有的沉重打击，多次给英缅军有力的支援，掩护了英军撤退，赢得了时间、保存了力量以保卫印度。

同时，中国远征军粉碎了日军从缅北进攻中国西南大后方的战略企图，配合国内部队阻滞日军于云南怒江天险一线，遏制了日军的侵略锋芒，形成了战略相峙的局面。

谈到第一次滇缅之战的战略意义，一些军事评论家说：当我们在谈论第二次世界大战时，一定要谈到中国战区；在谈到中国战区时，一定要谈到中国远征军；而在谈到中国远征军时，一定要谈到戴安澜将军的同古保卫战和棠吉收复战，以及孙立人将军的仁安羌解救英军之战。

这次远征作战，也是中国军队自甲午战争以来首次出国作战，它弘扬了中国人民的国际主义和民族牺牲精神，大大地提高了中国的国际地位。

中国抗日远征军的战歌这样写道：

中国不会亡，中国不会亡，远征军健儿浴血拼杀上战场。
枪，在我们肩上，血，在我们胸膛，庄严的军旗在炮火中飘扬。
宁死不后退，宁死不投降，日寇强敌不敢挡，不敢挡！
中国不会亡，中国不会亡，远征军健儿浴血拼杀上战场。
枪，在我们肩上，血，在我们胸膛，到缅甸去吧，走上国际的战场。
宁死不后退，宁死不投降，日寇强敌不敢挡，不敢挡！

第五章

奇袭东京　重整士气

第一节 尼米兹出任太平洋舰队司令

日军偷袭珍珠港，导致美军太平洋舰队几乎全军覆没的爆炸性大新闻，一时间举世皆知。局势万分危急，诸事千头万绪。

有鉴于此，时任美国海军部长的诺克斯立即向罗斯福总统建议：解除此次军事失利中负有不可推卸责任的美国海军总司令兼太平洋舰队司令金梅尔海军上将的职务。

罗斯福对此表示完全同意，同时也完全同意诺克斯提名欧内斯特·约瑟夫·金海军上将出任美国海军总司令。

那么，由谁来接替金梅尔担任美军太平洋舰队司令呢？罗斯福总统陷入深深的思索中。

珍珠港事件以后，美军太平洋舰队新任司令尼米兹上将。罗斯福对他的指令是：去收拾珍珠港的局面，直到战争结束

1941 年 12 月 16 日，诺克斯又来到了白宫，希望就太平洋舰队司令的人选与总统达成一致意见。最后，经过深思熟虑的罗斯福对诺克斯说道："告诉尼米兹，马上去珍珠港坚守岗位，等战争打赢了再回家！"

诺克斯奉命立即派人把切斯特·威廉·尼米兹找来，问他的第一句话就是："你最快什么时间能出发？"尼米兹丈二和尚摸不着头脑："这要看派我去什么地方，在那里待多久。"

"去指挥太平洋舰队，要做长期打算！"诺克斯斩钉截铁地说道。

尼米兹惊呆了！出任太平洋舰队司令？可以说，这是每位美国海军将领梦寐以求的荣耀，可是自己的资历确实有点浅：三年前，自己才不过是太平洋舰队战列舰第 1 分队的司令，如今要去接替与自己交情甚笃的老朋友金梅尔的职位，尼米兹颇感为难。

但总统的信任以及军人的职责，使他在略微考虑之后，终于信心十足地答应下来。

来到珍珠港后，尼米兹看到“亚利桑那”号战列舰浓烟滚滚、惨不忍睹的照片，心如刀绞，那可是三年前他自己的旗舰啊！

午饭过后，一脸沮丧和无奈的金梅尔海军上将来了，他那惯有的傲慢神态如今已荡然无存。尼米兹上前紧紧地握住他的手，诚挚地安慰说：“我同情你，这种事在任何人身上都是难于避免的。”

面对满目疮痍、一片狼藉、死气沉沉的珍珠港，何去何从？就在这严酷的形势下，尼米兹主张团结一致，增强信心，重振士气。因此，万事从头做起，正式就任太平洋舰队司令的事不能再拖，必须马上提到议事日程上来。

12 月 31 日，在停靠潜艇基地码头的“鳟鱼”号潜艇甲板上，尼米兹正式接替了海军上将金梅尔的职位，走马上任美军太平洋舰队司令长官。

就职典礼结束后，尼米兹走上岸，对包括金梅尔等高级将领在内的军官们发表了内容简短但富有激情和战斗性的讲演：“我们已经遭受到了一次巨大的打击，但是，最后结局是我们会胜利则是毋庸置疑的！枕戈待旦，积极准备，把握时机，去争取胜利吧！”

在此艰难困苦的时刻，尼米兹主张积极主动出击，逐步扭转不利的局面。为

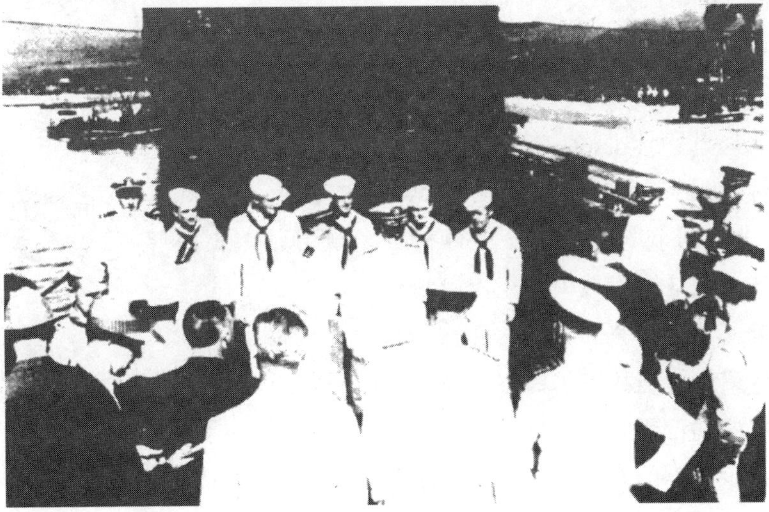

1941 年 12 月 31 日，在珍珠港“鳟鱼”号潜艇甲板上，海军上将尼米兹出任美军太平洋舰队司令长官

此，他绞尽脑汁，思考着锦囊妙计，并亲自制订了一系列先发制人的军事行动。

“美国海军究竟在哪里？”[①] 此时此刻，日本战争狂人在一系列连自己都没有料想到的巨大胜利面前欣喜若狂、大有飘飘然之感。东京电台的英语广播得意忘形地反复播送着这样一句“名言”。

“在远东形势日趋严重和日军先声夺人、处处占优势的情况下，我们的太平洋舰队在尼米兹海军上将的指挥下，实施了首次海空反击战。”美国海军司令兼作战部部长金海军上将这样评论道。

军事历史学家艾德温·帕尔玛·霍利曾说：“哈尔西能在一场海战中取胜，斯普鲁恩斯能在一场战役中取胜，而尼米兹能在一场战争中取胜。”

1942 年 1 月底，在尼米兹的决策下，海军中将哈尔西奉命从珍珠港率领几乎整个美军太平洋舰队，秘密地向指定的目标航进。

这支编队由航空母舰“企业”号和“约克城”号、巡洋舰“圣路易斯”号和“彻斯特”号、“路易斯维尔”号、“北安普顿”号和“盐湖城”号以及 10 艘驱逐舰组成。寻遍整个舰队，连一艘护航的战列舰都没有！

大部分美国海军将领出海时，像一名棒球运动员似的，头戴一顶帽舌很大的棒球帽，穿着黄褐色的衬衣，敞着领口，除了衬衣上的几颗表示军衔的衔星，一般不佩戴肩章。

哈尔西也正是这样：天气冷时，他穿一件衬着羊毛衫的皮制飞行服；天气潮湿时，穿油布上装，衣领上嵌着星，背上印着粗大的字母“ADM”。另外，在他的右肩上总是带着一个船锚图案刺绣。

当舰队离开珍珠港后，哈尔西中将宣布了舰队攻击的目标是日本占领下的马绍尔群岛和吉尔伯特群岛。“企业”号舰长默里上校还宣布：“我舰开往马绍尔群岛，在这次作战中将充当旗舰！”

舰员们闻讯异常兴奋，纷纷跑去查阅太平洋海图，看看马绍尔群岛和吉尔伯特群岛究竟在哪里？

马绍尔群岛位于加罗林群岛东部中太平洋的浩瀚洋面上。该群岛的东南方向是吉尔伯特群岛，两

哈尔西中将（后晋升为五星上将）

① ［法］乔治·布隆：《太平洋海战的幸存者》，法国斯德出版社，1973 年，引自第 2 章。

个群岛都是由珊瑚礁组成的。假如从高空俯瞰，珊瑚礁在太阳光的照耀下，犹如一块块翠绿的、色彩斑斓的明珠，又恰似带有金黄色条纹的绿色指环，四周附有白色浪花般的图案。

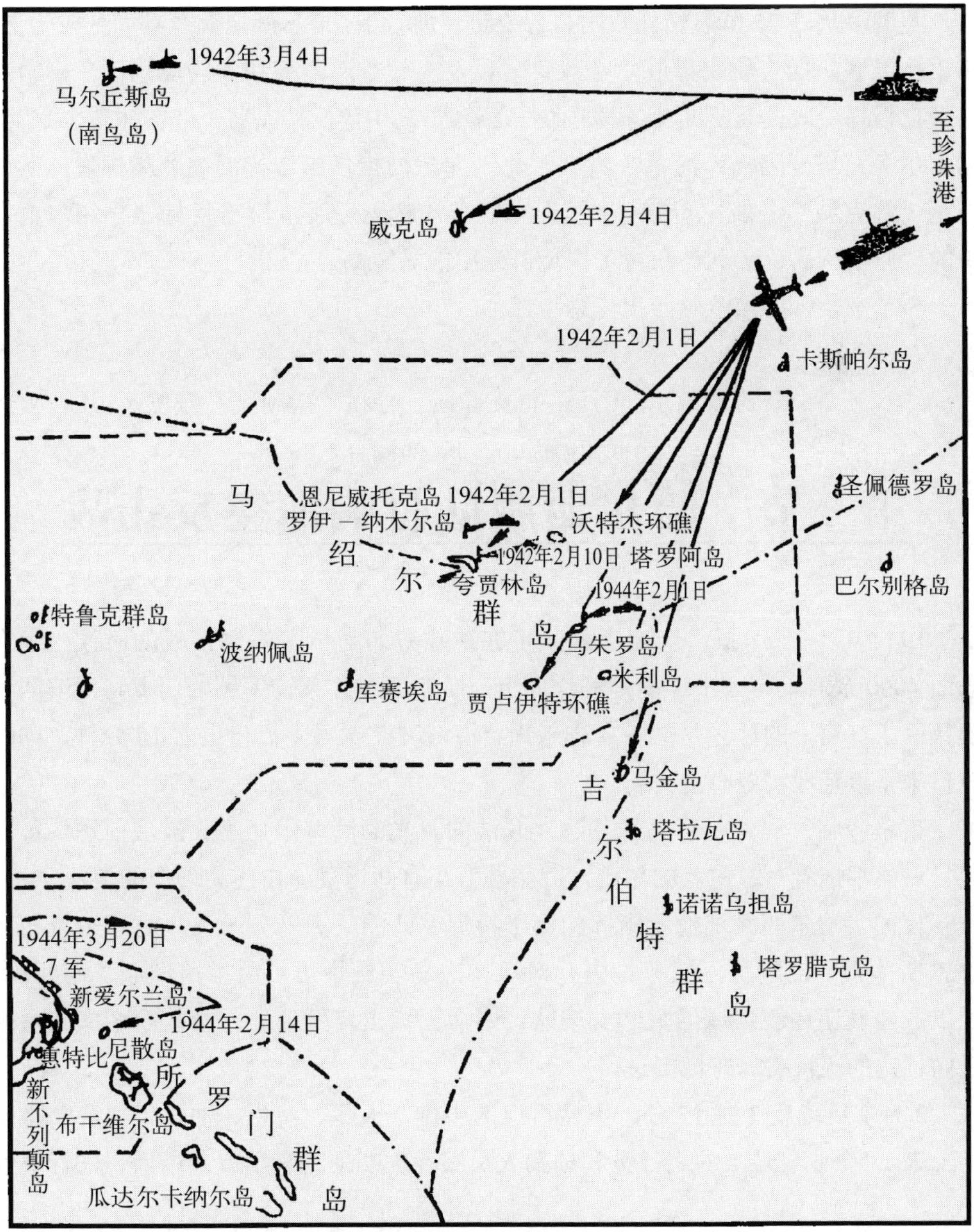

美军对日海空反击战示意图（1942 年 2 月 1 日至 3 月 4 日）

美军袭击马绍尔和吉尔伯特群岛的目的是："首先，不惜一切代价在所有可能的地方搞出点名堂；其次是因为怕日本人切断美国到澳大利亚这条生死攸关的航线。因为这条航线一旦被切断，美军势必孤立无援，舰队等于是瓮中之鳖，美国的处境就像一个被逼到比赛场角上的拳击手一样。"①

美舰编队以25节航速向攻击目标挺进。航行中，哈尔西把突袭兵力分成两支：第1特混编队拥有航空母舰"企业"号以及3艘重巡洋舰和6艘驱逐舰，由哈尔西亲自指挥，攻击目标是工事坚固的马绍尔群岛中的沃特杰岛、夸贾林岛、罗伊-纳木尔岛和塔罗阿岛；海军少将弗兰克·弗莱彻担任第2特混编队指挥官，其兵力是"约克城"号航空母舰、1艘巡洋舰和4艘驱逐舰，攻击目标是马绍尔群岛中的贾卢伊特岛、米利岛和吉尔伯特群岛中的马金岛。

整个空袭行动由哈尔西担任总指挥。

第二节　哈尔西舰队打响海空反击战

1942年1月31日，当盟国舰队正在爪哇海面与日军浴血苦战的时候，远在东面4000余海里中太平洋的滔滔洋面上，哈尔西和弗莱彻率领的两支特混编队分道扬镳了，双方的计划是：各自进入预定海域，在2月1日日出前15分钟，同时对日本军事基地实施海空突袭。

夜幕降临，一轮明月高悬苍穹，皎洁的月光洒满海面。美舰破浪前进，每艘舰只后面都拖着一道白色的尾迹，舰艏柱旁还有两道犹如白色胡须似的浪花。

夜间，哈尔西又把他所指挥的第1特混编队的兵力一分为三：海军少将斯普鲁恩斯率领一支编队，任务是先行对沃特杰岛实施炮击；由重巡洋舰"彻斯特"号以及两艘驱逐舰组成的另一支编队，奉命去炮击塔罗阿岛；哈尔西亲率其余舰只向预定的沃特杰岛海域挺进。

2月1日凌晨3时15分，丰盛可口的牛排、火腿、鸡蛋、油炸土豆和咖啡端了上来，"企业"号上的飞行员和地勤人员狼吞虎咽地进食早餐。饭后，飞行员们

---

① ［法］乔治·布隆德：《大洋余生》，新华出版社，1983年，第49页。

飞行甲板上的“野猫”式战斗机

集中坐在休息室的安乐椅上，整装待命。当战斗警报拉响时，飞行员们纷纷跑向飞机，迅速跨进座舱。

“人员远离飞机螺旋桨……发动飞机！”舰上扬声器播发着命令。几分钟后，甲板上发出震耳欲聋的马达声。

“飞机准备，起飞，起飞……”只见灯光指挥棒转动了一下，一道道蓝色的电火花从排气管里喷出。飞机在慢慢滑动中突然强力加速，终于像离弦的箭一样射向海空。

首先起飞的是前往攻击夸贾林岛、罗伊－纳木尔岛的37架“无畏”式俯冲轰炸机和9架携带炸弹的鱼雷机，由杨中校指挥；不久，格雷中校又率6架“野猫”式战斗机腾空而起，飞向塔罗阿岛。“企业”号送走空袭飞机之后，继续向沃特杰岛海域行进。

沃特杰岛是一个香蕉形的珊瑚岛，在弧形岛的“怀抱”里有一个天然停泊场。此时，9艘日本巡逻艇正停泊在那里。

不一会儿，一股股网形的浓烟从该岛徐徐上升，使本来就阴沉沉的沃特杰岛上空显得更加乌烟瘴气。接着，传来了一阵阵沉闷的爆炸声，这是斯普鲁恩斯的巡洋舰在对岛炮击。

为了分散日军的抗击力，哈尔西又指令“企业”号上的6架战斗机对沃特杰岛进行空袭。美机冒着地面高射炮火，对准停泊在礁湖内的日军巡逻艇以及日本机场进行了扫射，并压制日机起飞。

黎明中的沃特杰岛在颤抖，日军地面设施被炸塌了，停泊在港内的日军舰船也被摧毁。不久，从“企业”号起飞的8架“无畏”式俯冲轰炸机又对该岛进行了轰炸，将岛上建筑物夷为平地。

夸贾林环礁是马绍尔群岛中的主要岛屿，它包括两个礁岛：夸贾林岛和罗伊－纳木尔岛，两岛相距40海里，岛上建有设备完善的舰艇基地。

晨6时58分，空中指挥官杨中校率46架美机向夸贾林岛进击，在飞抵该岛之前分成两路：霍林沃思少校率37架“无畏”式俯冲轰炸机飞往罗伊岛，杨中校率9架鱼雷机向夸贾林岛进发。

当进入目标区后，杨中校发现在罗伊岛南部100千米处的海面上猎物极多：2艘巡洋舰、1艘驱逐舰、2架水上飞机、3艘油船、5艘潜艇、1艘由“八幡”级邮船改装的水上飞机母舰以及若干艘货船。他立刻指挥美机对这些目标实施轰炸，但遭到日军高射炮火的凶猛反击，空中充满了红色的曳光弹。美机舍生忘死，在编织着弹幕的空中争先恐后地抢猎目标，空中顿时发出一片激烈的呼喊声，震荡在各个战机的舱室里。

这时，“企业”号上的舰员们都在出神地向沃特杰岛方向凝视，突然，从扬声器中传来正在夸贾林岛上空激战的美军飞行员们的叫喊声。瞬间，航空母舰仿佛也卷进了空战之中。

这一空战实况的播音，是第二次世界大战中引人注目的发明之一，空战在距航空母舰很远的地方展开，而舰员们却能从扬声器里收听到空战实况，如同电台听众在收听有关体育比赛实况转播似的。

此时此刻，远离航空母舰200余千米处的夸贾林岛上空激战正酣，通过舰上通信设备收听飞行员间的无线电通话，再接通舰上的扩音喇叭，就连机舱、厨房和餐厅里的人员也都听得一清二楚。损管队员和消防队员们头戴专门的防护帽，身穿厚厚的石棉衣服，也在静听空战实况转播。

“多贝！你炸那艘潜艇！”

“我来收拾那艘巡洋舰！”

“让开！你们这些家伙，那艘补给舰是我的猎物！”

美机在密集的高射炮火中向日军舰船投下了一颗又一颗重磅炸弹。然而，可攻击的目标太多了，杨中校感到兵力不足，立即电告在罗伊岛上空的霍林沃思少校：“马上率领18架‘无畏’式俯冲轰炸机与我会合！”

7时10分，杨中校又向哈尔西报告：“最好用鱼雷去攻击停泊在夸贾林岛海面上的敌舰！”哈尔西接电后立即命令9架鱼雷机前往助战。

此时，霍林沃思少校率领的37架“无畏”式俯冲轰炸机正在对罗伊岛进行狂轰滥炸，对地面的轰炸取得了显著效果：岛上一座弹药库被炸毁，周围建筑悉遭破坏；油库被炸起火，电台和地面大多数设施都遭到毁坏。当霍林沃思少校接到杨中校的急电后，马上率领18架“无畏”式飞机从罗伊岛飞抵夸贾林岛上空。

7时15分，夸贾林空战又掀高潮。日军损失惨重：一艘潜艇中了一颗重磅炸弹，因沉得太快，几乎把和它连在一起的补给舰也拖到海底；第二艘潜艇也在瞬间被炸毁；一艘巡洋舰中部中弹一颗，舰面上的高射炮也无法射击了，正狼狈地夺路逃窜；一艘停泊的驱逐舰被炸成两段，很快就沉入海底；一艘油船熊熊燃烧，油助火势，愈发不可收拾；那艘由邮船改装的水上飞机母舰，艉部也中了一弹，开始燃烧；同时，炸弹还夷平了岸上多处军事设备。

不久，哈尔西派出的 9 架鱼雷机也飞抵夸贾林上空，向礁湖内停泊的日军舰船实施了鱼雷攻击，进一步扩大了战果。

就在对夸贾林岛狂轰滥炸的同时，由格雷中校指挥的机队袭击了马绍尔群岛中的塔罗阿岛。当美机飞抵目标时，格雷中校立刻发现，该岛机场设施比预先所想象的要完善得多。它是一个完备的空军基地，设有油库、大型建筑物和好几条飞机跑道，机场上停放着 14 架战斗机和 14 架轰炸机。格雷中校见状大喜，立即率机突破了日本巡逻机的截击，纷纷向目标投弹。

此时，“彻斯特”号巡洋舰也按计划抵达，开始对塔罗阿岛实施凶猛炮击。虽然“彻斯特”号遭到日军轰炸机的数次攻击，中弹 1 颗，8 人殒命，34 人受伤，但炮击一直没有中断。后来，夸贾林岛上空的霍林沃思少校的机队也飞抵塔罗阿岛上空助战，摧毁了日机场上的战机、燃料库和若干地面设施。

至此，对沃特杰岛、夸贾林岛、罗伊－纳木尔岛和塔罗阿岛的空袭已获巨大成功，而美军仅损失 5 架飞机、11 名飞行员。另外，有 4 名飞行员受伤，加上“彻斯特”号轻伤，美军总的损失微不足道。

然而，由弗莱彻少将指挥的第 2 特混编队的空袭行动相当不顺。当航空母舰“约克城”号上的飞机在向预定目标进击时，突然遇到了猛烈的暴风雨。飞机在电闪雷鸣中颤抖，整个编队被截成好几部分。当接近马绍尔群岛的贾卢伊特岛之前，不幸又遭到比第一次更猛烈的暴风雨，编队又一次被冲散。有的飞机不得不紧贴海面，以 15 米的高度实施掠水飞行，有的则上升到 4000 米高空。

在与暴风雨搏斗中，美军机群终于在贾卢伊特岛发现了一个停泊场。一艘日军供应舰首先遭难，舰上的舵和螺旋桨被炸毁，舰身起火，舰艉下沉；海滩上的两架水上飞机也被击毁；日军的无线电台和几座高大的水塔被炸塌。美方有 6 架鱼雷机在暴风雨中坠毁，机上人员无一幸存。

马绍尔群岛的米利岛上什么也没有，进击的美机只发现了一片可可树林和林中的一块空地。另外，在对吉尔伯特群岛的马金岛的攻击中，也收效甚微，仅击沉了一艘小型飞机补给舰。

2月1日中午12时，各路空袭停止。美舰向在沃特杰岛附近海域的“企业”号航空母舰靠拢，整个编队凯旋返航珍珠港。

“企业”号航空母舰

返航途中，下午1时，在“企业”号航空母舰舰艄右舷2000米处，有5架日本轰炸机编成“V”字队形，冲出云层，对“企业”号进行报复性轰炸。虽然美舰进行了密集的炮火拦截，但日军轰炸机仍然成功飞抵航空母舰上空500米处，投下了15颗炸弹。“企业”号采取了“Z”字形机动，15颗炸弹都白白地落进了大海。

日机在投弹之后佯装飞走，然后趁美舰不备，突然调转机头，做了个“S”形飞行，又一次冲向航空母舰。只见特大的机身，以令人恐惧的速度掠过航空母舰上空，凶猛地进行俯冲扫射，子弹犹如雨点似的密集洒向甲板。

这时，一架日机似出弦的利箭，没头没脑地向“企业”号扑来，摆出一副要拼命的架势，令舰上每个人都紧张万分。刹那间，眼看就要撞中舰艉了。此时，舰长默里上校准确及时地下达了转舵命令，庞大的舰体迅速转向；与此同时，舰炮猛烈开火。日机被炮弹击中了，残骸溅落到大海里。至此，极度紧张的舰员们才长长地舒了一口气。

这就是日军自杀飞机，战争后期称之为“神风特攻队”。但在开战之初，日本人并没有专门组织这种攻击机队。然而，那些受过武士道精神熏染的日本飞行员和那些受伤的驾驶员在飞机严重受损不能返回基地的时候，往往就疯狂起来，不顾一切地去撞击攻击目标。

历经这一风险之后，美舰编队又继续返航。下午 2 时，一架日机在较远处突然飞出云层，迅速向美舰编队扑来，但立即被航空母舰的护航飞机揍了下来，没有构成任何威胁。

黄昏时分，在“企业”号后方 5000 米处，瞭望哨又发现了两架大型日本轰炸机，舰员们又紧张起来。这次，狡猾的日机在防空火炮的射距之外飞行，“企业”号的护航机急速前往拦截，但日机从夕阳方向而来，又急速地由一块云层钻进另一块云层，因而对其截击未获成功。

忽然，日机利用落日余晖和云层隐蔽地向“企业”号扑来。只听舰上防空指挥官急促地喊道：“近点！再近一点……开火！”顿时，有一架日机被击中，尾部拖着一条烟带，但它仍顽强地扔下炸弹，随后就往云端里钻。护航美机哪肯放过？迅速地追了上去。

这时，舰上的扬声器传来空战实况。大家先是听到飞行员们激动的喊叫声和机枪声，随即看见一架日机窜出云层，机尾处拖有一条又黑又粗的浓烟带，就像一只受了伤的动物拖着肠子，一头掉进了大海。

片刻之后，舰员们又听到飞机俯冲时引擎的咆哮声和一阵特别密集的机枪扫射声，接着又听到麦克拉斯基少校欣喜若狂的声音：“瞧啊！打中了！”

在浓厚的积云处，只见日军飞机的残骸在缓缓地下坠，同时，人们还看到了一个黑色的长条状物体，那就是日本飞行员的尸体。

太阳落山了，美军特混编队继续向珍珠港航进。在珍珠港码头上，一些还包扎着胳膊的人激动地挥动着手臂，欢迎美舰凯旋。

2 月 4 日，美国电台广播了美海军成功袭击马绍尔群岛和吉尔伯特群岛的消息。当时，日本海军南云舰队正高速向东追击哈尔西编队。当收到广播后，才知道美舰编队早已撤离，便掉头返航了。

综合战果：“美军共击毁日本舰船 16 艘，其中由‘八幡’级邮船改装的 17 000 吨级的水上飞机母舰 1 艘；击毁日机 41 架，其中有多架是双引擎三菱‘九七’式的轰炸机；美方只损失了俯冲轰炸机 11 架，其中至少有 6 架是因为气候恶劣而失事的，此外还有 1 艘巡洋舰受了些轻伤。”①

对这次海空反击战，美国电台和报刊皆大肆宣扬了一番。这是美国海军在太平洋大战中的第一次得分，突袭成功大大振奋了美军的士气。从某种程度上讲，这是自珍珠港事件后对美国公众舆论的一种抚慰。

随后，尼米兹又开始秘密策划空袭东京，但这一计划因困难重重，在 2 月被束之高阁了。主要问题是：美军所有太平洋基地均离东京过远，无法发动这样一场远距离空袭；若依靠航空母舰发动打击，舰载轰炸机航程又极为有限；如果航空母舰明目张胆地靠近日本本土发起攻击，显然又太过于冒险。

对此，尼米兹踌躇再三，举棋不定。

第三节　秘密训练　重新踏上空袭征程

成功的空袭使美军大受鼓舞。2 月 11 日，哈尔西中将奉命制订空袭威克岛的作战计划。10 天后，哈尔西就率领特混编队踏上了空袭威克岛的征途。

2 月 24 日黎明前，海空袭击开始了，但气候令人沮丧。这是一个少有的恶劣天气，风雨交加，伸手不见五指。“企业”号顶风冒雨，全速航行。在甲板上，飞机的螺旋桨在雨中飞转，产生了云状蒸气，在每架飞机前面形成一个彩虹色发光的盘状物，犹如一面镜子，能反射机尾排气管排出的蓝色火苗，大大妨碍了驾驶员的视线。

恶劣的气候令起飞异常困难。时间在飞逝，一刻也不容迟缓，因为准备炮击威克岛的美军巡洋舰正期待着轰炸机的预先轰炸。所以不管天气如何恶劣，起飞令还是下达了。

只见一架轰炸机在航空母舰上空摇摆着，突然坠到海里。驱逐舰立即打开探照灯前往救援，结果除飞行员得救，其他人员均溺死海中。

此时，起飞成功的机队在漆黑的航空母舰上空转向，随时都有撞机的危险。

① ［美］海莱：《太平洋战线》，大公报小丛书，大众报馆，1945 年，第 20 页。

哈尔西见状十分恼火，不得不下令推迟轰炸威克岛。奉命炮击威克岛的美军巡洋舰怕等到天亮被日军发现而遭到攻击，不得不单枪匹马地先干了起来，凶猛的炮击令岛上不断翻滚着团团大火和浓烟。

不久，天亮了，哈尔西的轰炸机也终于成功飞临威克岛上空。此时，美机的轰炸与美舰炮击交替进行，小小的威克岛在颤动，日军损失惨重。

攻击威克岛之后，美国海军的胃口越来越大。哈尔西中将率舰队从威克岛向珍珠港返航途中，又接到了新的命令——空袭马尔丘斯岛。

马尔丘斯岛位于威克岛西北 700 海里，距日本只有 975 海里。这个岛并不是日本开战后占领的，而是从 1880 年以来就属于日本领土，日本人叫它“南鸟岛”。对该岛进袭，无疑等于在日本人家门口摆战阵，危险性极大。但根据中央情报局透露，该岛有一座机场，一座电台，一座大型气象台，猎物颇为诱人；且一旦轰炸得手，对日本人心理上的打击必定很大，因而美国海军决定冒险一试。

3 月 4 日黎明前，月光极好。31 架美军轰炸机由 6 架战斗机掩护，在距马尔丘斯岛 125 海里处起飞了。

“当时，在岛上，日本人都在熟睡之中。”一名幸存的日本记者在战后回忆说。

由于马尔丘斯岛处在日本列岛近海，日本人做梦也没有想到美国人胆敢前来虎口拔牙，因而懈于防守。当美国人的航空炸弹从天而降的时候，高枕而卧的日本人才从梦中惊醒，他们手忙脚乱地对空开火，然而已经晚了。炸弹击中岛上的油库，燃起冲天大火。当岛上的电台用最大功率的电波向东京报警时，一颗炸弹将电台的建筑物炸成废墟。早上 7 时 5 分，轰炸结束，美军只损失 1 架飞机。

就这样，美国海军巧出奇兵，利用珍珠港作跳板，成功地对马绍尔群岛、吉尔伯特群岛、威克岛和马尔丘斯岛实施了海空袭击。

对日海空反击战提高了美国海军的士气，振奋了人心，打击了日本入侵者的嚣张气焰，增强了美国人必胜的信念。

与此同时，一项绝密的通令下达到美国陆军所属的轰炸机部队，要求一些飞行员志愿去完成一项极为秘密的、十分危险的使命。不久，从踊跃报名者中选出 100 多候选人。

一天，在美国佛罗里达州爱格林机场上，基地司令把英睿的海军飞行员米利埃上尉介绍给这批应选者：“这位就是你们的教官，以后一切都得听他的指挥！”

随后，为完成使命而必须进行的一系列严格、奇怪的训练开始了，谁也闹不清楚这葫芦里面装的是什么药！

最初，米利埃先教这些飞行员尽可能地慢速着陆，在这个基础上，又要求飞行员们尽量缩短起飞距离。后来，当米利埃指着一块较小的场地，要他们在上面驾驶 B-25 式轰炸机起飞时，学员们认为这简直是在开玩笑！因为即使作为中型轰炸机，B-25 的起飞重量也有 13 吨，在这样短的起飞距离上要使这么个庞然大物腾空而起，这太令人不可思议了。

然而，功夫不负有心人。经过稍长一段时间的刻苦训练，学员们终于掌握了在这种场地上起飞的技术。

训练逐步升级。不久，米利埃又把学员们领到另一个机场。当学员们看到画有白线、短得要命的跑道，不禁愕然了：这哪里是什么机场跑道！这不就像航空母舰的飞行甲板吗？此时此刻，学员们谁也不相信米利埃上尉的鬼话：“就是这么短的跑道也能够使我们起飞和降落。”

训练又开始了，其难度简直如同马戏团里的动物训练！但正如上尉所说的，学员们终于能够以每小时不到 100 千米的速度在这样短的距离上起飞，有的甚至比所要求的起飞距离还要短。

经过两个多月紧张严格的训练，学员们都成功地掌握了在短距离内以及在微弱灯光下进行起飞与着陆的技巧。但是，进行这样的训练究竟意欲何为？尚无一人知晓！

B-25 轰炸机

第四节　忧虑与恐慌中的山本五十六

“在我的周围，是一片美丽而又幽静的土地，到处都是盛开的鲜花……”在太平洋开战初期，东京的英语广播经常这样吹嘘。

不料，正当日本人得意忘形、自我陶醉之际，16 架美国 B-25 式中型轰炸机直捣龙潭虎穴，于 1942 年 4 月 18 日中午时分突然出现在东京上空。象征着死亡的炸弹凌空而下，无情地在“圣土”上纷纷炸响，那“盛开的鲜花”在刹那间被笼罩在硝烟迷雾之中，日本本土遭到了历史上第一次空袭！

日本人为之目瞪口呆，全世界反法西斯人民惊喜万分。美国轰炸机是从什么地方起飞的？又是怎样飞临到戒备森严的日本本土上空的呢？

罗斯福总统在美机成功地轰炸东京之后，发表了鼓舞人心的广播演说。他声称:“美机是从‘香格里拉’出击的！”

“香格里拉”(Shangri-La）一词，原出现于美国作家 J. 希尔顿的小说《消失的地平线》，意为“仙境”，系指虚构的世外桃源。在罗斯福引用之后，“香格里拉”竟风靡一时，家喻户晓。后来，有人还为此谱写了一支曲子，盛行于大战期间。

而有谁能料想到，这“香格里拉”竟是哈尔西统率下的航空母舰“大黄蜂”号！

原来，太平洋开战 4 个月以来，日本纵然在各条战线上取得了辉煌的战果，但日本陆海军某些首脑，特别是山本五十六海军大将，一直未能摆脱不安和忧虑，他担心美国人可能空袭帝国首都东京。

山本大将清醒地看到，夏威夷一战，并没有把美国的航空母舰和重巡洋舰送进坟墓，相反，这些舰只仍然完好无损，完全有能力随时对日本本土特别是东京进行打了就跑的小规模突袭战。

对美国空中威胁特别恐惧的主要原因，当首推日本人那种无法用理智来说明的、对天皇接近宗教性的迷信，这是长期以来日本民族的心理特征，军队尤甚。如果天皇的安全因空袭而受到威胁，他们必将诚惶诚恐，感到这是无法容忍的。

其次，任何对日本本土的空袭，都是对开战后日本军队的“辉煌”战绩兜头浇了一桶冷水，无疑是莫大的耻辱。

根据日本陆海军国土防卫的协议，本土的防空由陆军负责。但很明显，对日本本土的任何空袭必定来自海上，海军应该首先在海上拦截和歼灭敌机。

山本大将特别意识到海军的这一责任。他本人用舰载机偷袭了珍珠港，难保美方不用同样的手段加以回敬。再说，他自己在华盛顿任日本驻美武官多年，十分了解美国人好勇斗狠的性格，他似乎已经预感到：美军会尽早寻机对日本本土进行空袭。

必须绝对保证天皇所在地东京的安全，已成为山本朝夕惦念的事情。为此，他甚至表现出病态的敏感，哪怕他在遥远的西南太平洋指挥作战，整天被繁多的军机大事搅得晕头转向，可他仍然几乎每天早晨都不厌其烦地问一下东京的天气如何，若被告知天气晴朗，他便暗暗地为东京的空中安全捏一把汗。

山本对日俄战争期间发生的一桩事一直记忆犹新。那时，一支俄国舰队突然出现在东京湾外面，首都一时人心惶惶，老百姓纷纷跑到山里避难。负责对付俄军的第二舰队司令长官上村海军中将的住宅立刻遭到愤怒群众的石块攻击。

一想到这里，山本心有余悸。他反复思忖：如果东京现在遭到这样的空袭，具有那种特殊的、不稳定性格的日本民众，会不会如法炮制？帝国首都会不会由此而出现一场混乱呢？

从 1942 年 2 月 1 日开始的美国海军舰载机对马绍尔群岛、吉尔伯特群岛和威克岛等一系列大胆的空袭，进一步加深了山本的忧虑。为防止悲剧发生，山本设立了一条舰艇瞭望线，其范围离日本本土东岸 600 到 700 海里，南北约 1000 海里，每天还辅以海军飞机远程巡逻。

当马绍尔群岛遭到空袭后，山本又迅速从西南太平洋调回海军中将南云指挥下的“瑞鹤”号和“翔鹤”号两艘航空母舰，以加强对本土东面的空中防御巡逻。同时加派航空战队，夜以继日地进行空中巡逻，以防东京遭到美军舰载机的突然袭击。

山本果然没有空忧一场。作为对珍珠港事件的一种报复，美军海军司令金上将已经接受了他的助手弗朗西斯·洛海军上校的建议，通过与尼米兹积极互动，决计对日本发动一次引人注目的海空袭击，而东京自然而然就成了极其诱人的首要攻击目标。

这是一项极为艰巨的任务。首先，美国在浩瀚无际的太平洋上缺乏足以进袭日本本土的航空基地；再者，当时美国最大的轰炸机，其续航力也无法从夏威夷飞达日本本土。但是，尼米兹和美国海军参谋总部想出一个大胆离奇的计划：由航空母舰运载续航力很大的B-25式中型轰炸机，在距日本本土一定距离上，轰炸机从航母甲板起飞，单程前往东京轰炸，然后飞抵中国机场降落。

这就是在佛罗里达神秘训练的目的！

计划进行得既秘密又顺利。就在美方进行神秘训练的同时，在中国，当时动员了数万名民工，在浙江衢州兴建机场，以便迎接这些美机的到来。此举曾被侵华日军发觉，但他们压根没有想到这竟然与美机空袭东京有关联。

这一构思巧妙的空袭计划是不是纸上谈兵呢？尽管空袭东京的“领头羊”杜立特上校说：“这决不是蛮勇之举，也不是侥幸的偷袭。我们计划得很周密，并经过长时间的训练。”①

但此举毕竟史无前例，非同凡响。能否成功？殊难预料！

第五节　中美联手　杜立特驾机袭东京

B-25中型远程轰炸机全长16.48米，翼展20.6米，总重量约13吨，时速507千米，续航能力为2170千米。

1942年4月2日，满载着B-25式轰炸机的航空母舰“大黄蜂”号，在“维森斯”号重巡洋舰和“纳希维耳”号轻巡洋舰等6艘舰只的护卫下，告别了美国西海岸旧金山巍峨的金门大桥，劈开汹涌的太平洋波涛，向西疾驶。

航行中，米切尔舰长迫不及待地打开印有“绝密”字样、内装上级命令的密封信袋，向全体舰员宣布：“大家听着，再也没有什么比我们接受这项任务更为光荣的了，这是人们对我们的信任。‘大黄蜂’号要运载杜立特上校以及飞行员横渡太平洋，一直到离日本海岸几百海里的地方，用从航空母舰上起飞的陆军轰炸机去轰炸东京。”②

善于激动的舰员们立刻发出了欢呼声，那些从事神秘训练的飞行员更是欣喜若狂。

① 周康靖等编：《第二次世界大战史料》（第三年），大时代书局，1946年，第85页。

② ［法］乔治·布隆：《太平洋海战的幸存者》，法国斯德出版社，1973年，引自第2章。

在“大黄蜂”号甲板上举行了一个特殊的仪式，杜立特在米切尔舰长的陪同下，来到准备装上 B-25 轰炸机的炸弹旁，将一些勋章系在炸弹上。这些勋章是战前日本授予美国海军一些官兵的，这些人委托海军部长诺克斯和太平洋舰队总司令尼米兹将勋章“还给”日本人

远在夏威夷，由哈尔西率领的担任护航掩护任务的“企业”号航空母舰及其护航舰只于 4 月 1 日便从珍珠港出发，向西北方向航行。当编队到达中途岛北部以后，就开始在海面上莫名其妙地旋回航行。舰员们个个都在纳闷，不知此行开往何处，加上天气较冷，波涛汹涌，颠簸不堪，舰员们为此肝火大动。

一直到 4 月 14 日，航空母舰“大黄蜂”号与“企业”号终于会合了。“企业”号上的舰员们一眼看到“大黄蜂”号上载有特大的轰炸机，都有一种茫然的感觉，不免议论纷纷。有的说：“这么大的轰炸机在满载的情况下，既不能在航空母舰上起飞，又不能降落，这些飞机肯定是去支援某一基地的。”有人不相信，反唇相讥：“在这茫茫一片的海洋中，会去支援哪个基地呢？”最后，大家竟荒唐地普遍认为：特混编队将开赴阿留申群岛，这些轰炸机是运送给西伯利亚地区某一“秘密基地”的。

翌日，“企业”号上的扬声器广播道：“‘大黄蜂’号将遣送 16 架 B-25 式轰炸机及其机组人员去执行一项特殊的任务。”虽然对空袭东京一事，“大黄蜂”号上已人人皆知，但“企业”号上的舰员们还被蒙在鼓里。

直到4月18日凌晨，哈尔西中将终于向整个编队宣布了轰炸东京的消息。当哈尔西在舰桥上发出微笑的时候，舰员们一次又一次发出欢呼声。

出击的时刻即将来临。在“大黄蜂”号航空母舰上，人们躬着腰，在查看日本地图和中国地图。具体而详细的作战计划是：美军特混编队尽可能从东部海域接近日本列岛的主岛本州岛。4月19日夜间至20日凌晨，当编队驶抵距东京450海里海域时，由杜立特上校第一个起飞。在飞赴东京途中，他以灯光和投放照明弹为其余飞机指示航向，其余15架B-25式轰炸机紧随杜立特飞行，对东京、横滨、川崎、横须贺、名古屋、四日市、和歌山以及神户等地区进行空中轰炸。整个作战计划都是在夜间实施。当轰炸机飞离航空母舰后，为确保航空母舰的安全，舰队迅速返航。B-25式轰炸机起飞后不再返回航空母舰，完成轰炸任务后将在中国机场降落。

尽管山本五十六对美军空袭日本本土早有预感，并有所准备，但美军空袭计划如此别出心裁，却大出山本的意料！

4月18日晨，太阳从阴沉汹涌的大海上冉冉升起。日本海军第5舰队征用的“日东丸23号”渔船，正在东京以东720海里的警戒线上值勤。突然，这条30米长的武装渔船上的船员吃惊地发现，有一支舰队向日本本土急驶。船长急忙用望远镜仔细观察，发现前方竟是一支美军航空母舰编队！

同一时刻，美舰也发现了目标。“维森斯”号立即向哈尔西报告：“正前方10海里处发现一艘日本巡逻舰船。”

最令美国人担心的事情终于发生了！哈尔西闻讯十分恼火，他一边咒骂，一边命令编队改变航向，以期特混编队不至于被巡逻船发现。

然而，哈尔西的一厢情愿破灭了！此时，“日东丸23号”已经紧紧盯上了美军特混编队。6时30分，该船用电台向日本

1942年4月18日，由哈尔西率领的、搭载杜立特机组空袭东京的美军特混舰队正向日本近海进发

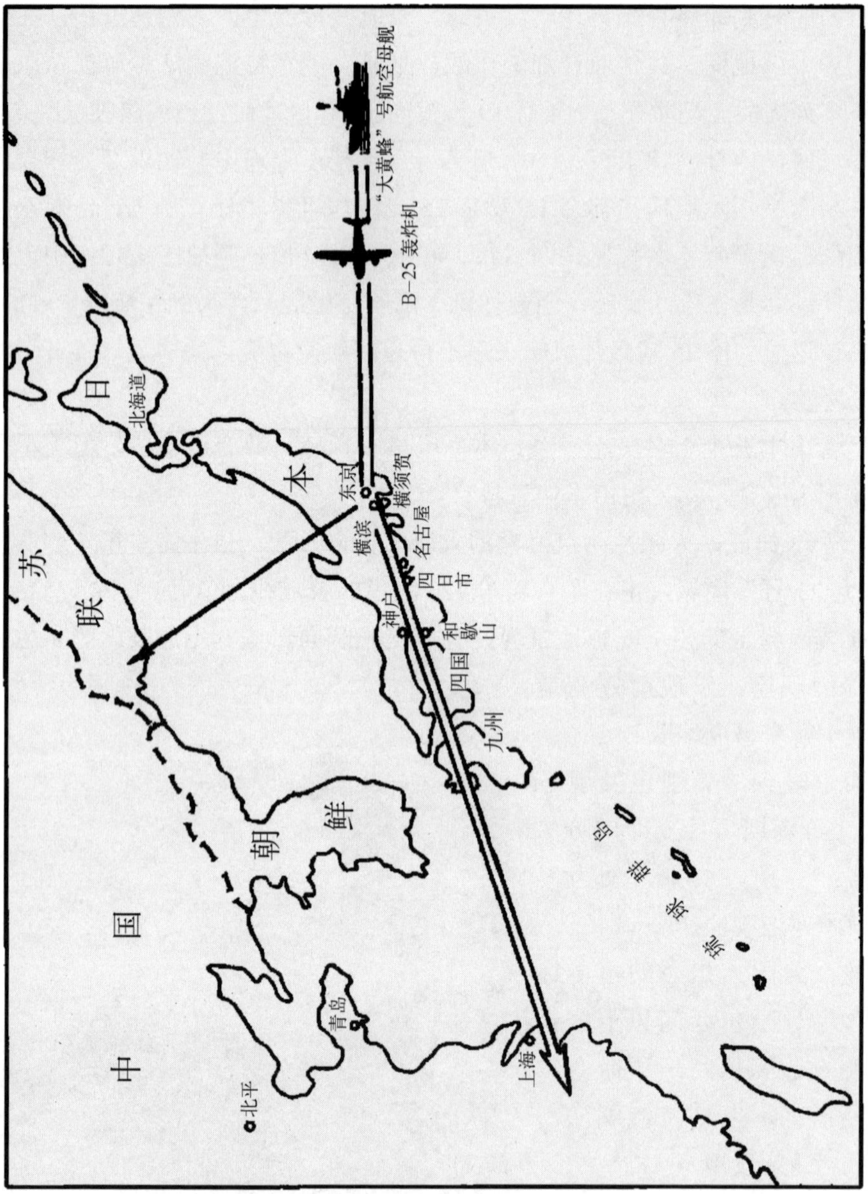

杜立特空袭东京示意图（1942 年 4 月 18 日）

停在“大黄蜂”号飞行甲板上的 B-25 式轰炸机。航空母舰正在接近指定海区，飞机原计划从那里起飞对东京实施空袭。后方海面上是护卫的驱逐舰

联合舰队报告了这一紧急情报，事态一下紧张起来。

原来，最近几天，由于美军电报来往频繁，日本海军已经嗅出气味不对，遂下令把海军航空部队集中到关东地区，以防万一。此刻，当接到“日东丸 23 号”发出的急电后，联合舰队司令部立即采取了应急措施，布下天罗地网，决心捕捉这群美国“鲨鱼”。

山本五十六首先下令采取“对美舰队作战第三号战术方法”，即：

（一）先遣部队（指潜艇部队）、机动部队，南洋部队和北方部队立即投入对美特混舰队作战准备；

（二）主力部队根据战况需要进行支持；

（三）第 11 航空舰队派一部分兵力到本土东部。[①]

尔后，山本又命令刚从南线回到本土的第 2 舰队司令长官近藤信竹海军中将立即率领横须贺地区所有水面部队出击；同时，高须四郎海军中将的第 1 战列舰战队的 4 艘战列舰也从广岛湾火速起航，支援近藤作战；在印度洋作战后凯旋、尚且位于台湾南端巴士海峡的南云海军中将的机动部队，也被分派了战

① ［日］渊田美津雄、奥宫正武：《中途岛海战》，商务印书馆，1979 年，第 81 页。

斗任务。

与此同时，海军少将山县正乡指挥的第26航空战队的32架中型轰炸机，在12架“零”式战斗机的掩护下，迅速从东京附近的木更津航空基地起飞，向东掠过太平洋海面，扑向美舰编队。

至此，哈尔西舰队面临着巨大的挑战，空袭东京的计划经受着严峻的考验。更令哈尔西恼火的是，眼下，这艘30米长的日本武装渔船，竟壮着胆子一边冲向美军巡洋舰，一边向其射击。美军巡洋舰“纳希维耳”号针锋相对，以猛烈密集的机枪子弹和舷侧炮火将这艘渔船打得粉碎，另有2艘日本渔船在瞬间也被击沉。

事已至此，若仍死抱住原计划不放，显然凶多吉少；倘若继续拖延，一旦遇到日本人有组织的反击，必将舰覆、机毁、人亡。因而，立刻发起进攻，对东京实施白天空袭，已迫在眉睫，势在必行！

夜长梦多！哈尔西断然决定：美机立即起飞！目前，离日本海岸尚有700海里之遥。

此时，天气十分恶劣，航空母舰“大黄蜂”号在汹涌澎湃的大海上颠簸着。杜立特中校充满信心地走出舰桥，进入飞行员休息室，对待命的伙伴们说：“我的朋友们，出发吧！”

日本巡逻船“日东丸23号”被美舰击毁，燃起熊熊大火

杜立特中校时年47岁，美国加利福尼亚人。他是一名优秀的驾驶员，一位出色的枪炮教官和出类拔萃的航空工程专家。1922年，他第一个完成了横跨全美的飞行，荣获了美国国会荣誉勋章。在南美洲的一次飞行中因双踝摔坏，他退役到美孚公司当航空经理。第二次世界大战爆发后，他重新入伍。此次，由他来担任空袭东京战斗行动的指挥官。

“飞行员上机！飞行员上机！”此刻，扬声器里传出急促刺耳的声音。须臾，发动机的轰鸣声、怒海狂涛的撞击声与撕裂声、将士们的狂呼声汇合在一起，致使庞大的航空母舰也不停地抖震起来。后来，一位生还的驾驶员回忆说：“我以前从来没有听到过这么大的声音，以后也再没有听到过。”

1942 年 4 月 18 日，一架 B-25 轰炸机正飞离“大黄蜂”号甲板，在杜立特中校指挥下发起历史性的东京空袭

上午 8 时 15 分，杜立特机组首先起飞。“大黄蜂”号在汹涌的狂涛里沉下去又升上来，航空母舰甲板成了起伏的跷跷板，起飞相当困难。就在航空母舰抬起头来的一刹那，杜立特的座机颤颤巍巍地迎着狂风，满载着两吨重的炸弹，犹如一台升降机似的腾空了。

随后，美机一架接一架地飞离航空母舰。胡华驾驶的第二架险些撞毁；第三架是霍斯特姆；第四架是格勒……不久，16 架 B-25 轰炸机全部安然升空。

当最后一架 B-25 飞离“大黄蜂”号之后，哈尔西率舰队一溜烟地返航了。

第六节　晴天霹雳　东京惨遭美机轰炸

掠过波涛汹涌的太平洋，B-25 轰炸机编队小心翼翼地向东京进发。为节油而采取的慢速以及为隐蔽而超低空飞行，使机队像是在海里行驶的一条船。飞行 1

个半小时后，美机发现一艘很大的日本商船。一架 B-25 的机舱里顿时激动起来："我们丢它一个吧！""好，干！""不行，这些炸弹我有更好的用场！"

飞机继续向前飞。3 小时后，正当飞行员开始疲倦时，忽然看到在一层淡淡的薄雾里，海岸低低地躺在海水边，这就是日本海岸！

海滩外面，锚泊着许多装有马达的渔船。美军轰炸机擦着渔船桅杆呼啸而过，十分担心会遭到机关枪的扫射。可是很奇怪，只见船上许多男人和女人，正向美机热烈地挥手欢呼。原来，美军机身上涂的还是旧式的国籍识别标志：蓝圆中有一颗白星，白星中央是一个红球。这些日本渔民还以为是自家人的飞机呢！

不久，黄白色的海滩很快就融合在柔软起伏的绿色田野里。春天的新草一片碧绿，果树正在开花。当美机从农夫们头顶上飞过时，他们也不断地向空中挥手致意；当美机飞经一栋很大的平顶建筑物时，只见从中跑出许多日本儿童，雀跃的孩子们频频向美机招手。随即，美机飞进河谷，并在峡谷中穿行。

突然，两批日机在高出美机 450 米的位置上迎面飞来。好险啊！只见日军机群从美机透明的机头上一掠而过，原来，超低空飞行的美军机群竟然没有被敌方发现！

低空飞行近 20 分钟后，在机翼的前下方，像玻璃一样平滑的东京湾映入眼帘。啊，东京都在望了！在这条海湾上飞行了两分钟，美机忽然发现一个令人激动的目标——一艘正在锚泊的庞大的航空母舰！但是，这次照例忍痛放弃了。

5 分钟后，杜立特机群终于望见了这场战争的策源地和大本营、日本帝国的心脏、拥有 800 万人口的东京市！

史无前例的东京空袭战开始了！

杜立特上校后来回忆说："当我们飞入日本上空时，还听到日本无线电台正在用英语广播日本人生活的乐趣以及他们如何毫无轰炸的恐惧。正如我们所想到的，这时广播突然停止了，再听时，广播员却慌慌张张地在讲着日语，那时，我们想，东京恐怕不是一个安全的乐土了。"①

此刻，美军 B-25 轰炸机上的投弹指示灯红光闪烁，一颗颗 500 磅的炸弹纷纷呼啸着直坠而下！在战争中失去了一条腿的飞行员特德·劳森说："轰炸是在中午正值工人下班时开始的。当轰炸机在东京屋顶上飞过时，只见日本人满街乱跑，

① 周康靖等编：《第二次世界大战史料》（第三年），大时代书局，1946 年，第 86 页。

好多军事设施和工业目标在焚烧。”

美机迅速地向预定轰炸目标超低空飞行，机翼几乎触及树梢。一位当年亲自参加过空袭东京的驾驶员回忆说：“当我俯冲完向后面望去，马上就看到了那几颗500磅炸弹命中一炼钢厂，那种景象使我永远不会忘掉，这处工厂好像吹散了四周的围墙，然后落下来，融合在一团黑色与红色的云团里。”

1942 年 4 月 18 日，从东京上空俯瞰，杜立特轰炸机队扔下的炸弹命中了日本本土目标，一时浓烟四起

美机尽情地投弹，日本的“圣土”上黑烟滚滚。一架飞机轰炸东京以南的海军造船厂，另一架美机的炸弹正中一艘刚建好三分之二的新巡洋舰，造船厂船坞中的潜水母舰“大鲸”号也被炸开了一个大洞。

在猛烈的爆炸声中，日本人惊慌失措。当飞机掠过一个垒球场时，美机驾驶员先是发现吓呆了的观众僵在那里，随即又看到了球场上人们争先恐后夺路而逃的情景。

飞临东京上空的美机一眼就发现了一个更诱惑人的显著目标——天皇皇宫，但是，每个队员只得严守命令：仅轰炸日本本土的军事目标。

杜立特机队在飞抵东京上空后，从第一颗炸弹投下去，一直到俯冲轰炸完毕，总共花了短短的 30 秒钟。

日机的反击也是相当迅速的，高射炮火和日机的截击使美机受到严重的威胁。但由于美机几乎是擦着树梢超低空飞行，因而高射炮难以瞄准，战斗机也难以跟踪追击。当被炸弹惊醒的日本人组织好进一步反击时，美机已安然飞远了。

除东京外，其他日本城市也相继遭到轰炸。在名古屋，美机向该市附近的一个飞机制造厂投下了许多燃烧弹。另有一家坦克制造厂也遭到了轰炸。船坞、钢铁厂、炼油厂、武器制造厂及军需仓库等目标都遭到不同程度的损伤；有一架很大的起重机，像被一只无形的巨手蓦地推倒了似的。

此时，山本正忙着调动强大的海军舰只对付已发现的美军特混舰队。在从印度洋返航途中的南云舰队旗舰“赤城”号上，战斗机随时准备起飞。

渊田美津雄中佐后来著书写道：“日机从东京附近的木更津航空基地起飞，向东飞到太平洋上规定航程的尽头，仍未能与敌接触，看来，敌特混舰队知道自己已被发现，因此放弃攻击而撤走了。但是，到 13 时整，‘赤城’号收到报告说东京被炸，紧接着又收到一个接一个报告，说横滨、川崎和横须贺也被轰炸。稍后不久，又有一连串的报告，说敌机还轰炸了更南面的名古屋、四日市、和歌山以及神户。敌人的攻击面这样广，给我们的震动很大。我们南云部队简直不知怎样

1942 年 4 月 18 日，杜立特机队在轰炸东京之后，部分飞机因燃油耗尽，坠落在中国东南沿海一片稻田里

办才好。联合舰队司令部也同样不知所措，摸不清敌人的意图。”[①]

空袭后，杜立特机队从正南方撤走，然后向西飞往中国的南昌机场和丽水机场。由于燃油不足，部分美机飞行员在浙赣上空或沿海一带弃机跳伞或驾机迫降。在飞抵东京上空的 80 名飞行员中，有 1 人在跳伞时殒命，2 人失踪，8 人被日军俘虏，其中 3 名即被枪决，1 人死于狱中，另 4 名在战后得以生还。有一架美机远飞至西伯利亚，被苏联扣留，5 名机组人员在苏联境内滞留了 13 个月后获释放。有 64 人在中国着陆，以后陆续返回美国。

当时，日本人纷纷猜测美机和美舰的来龙去脉，他们对种种迹象深感迷惑不解。

杜立特机组的部分成员与中国当地居民合影

直到 4 月 18 日午夜，在中国的一支日军部队电告大本营：“有数架美国飞机在南昌附近强行着陆。”[①]日本人这才部分揭开空袭的奥秘。至于其他方面，日本直到战后才从美国方面了解到这次空袭的全部经过和真相。

遭此空袭，日本人一连几天都惶恐不安，4 月 20 日再度风声鹤唳，发布警报。4 月 21 日内阁举行会议，将负责日本本土防空的有关人员按军法惩办。陆军省人员也有更动。虽然易于激动的日本民众并没有因此而制造暴乱，但山本仍惶惶不可终日，再三向天皇请罪。

“突然之空袭，已成为列车中、街道上、办公室内、集会时以及种种场合生动谈话之主题，人们皆夸张由敌机所造成之破坏的实际程度……”4 月 23 日，日本《中外商业新闻》这样报道。“我们开始怀疑，我们是否是天下无敌？”普通的东京民众发出疑问。

为此，空袭发生后，日军大本营急忙发表公报，声称这次空袭只造成轻微损

① ［日］渊田美津雄、奥宫正武：《中途岛海战》，商务印书馆，1979 年，第 82 页、第 83 页。

失，大部分敌机都被击落击伤。当日本人得知这次空袭是杜立特(Doolittle)指挥的，因为他的名字与英语“Do little”(“成效不大”之意)发音相同，因而大本营发言人就把这次攻击讽刺为“成效甚微”的空袭，并进一步称之为“一无所成”。

杜立特空袭东京之后，罗伯特·希特中尉（右）是在中国被日军俘虏的8名飞行员之一，他被蒙着眼睛用飞机运送到东京关押

空袭东京和其他日本城市，是欧内斯特·约瑟夫·金海军上将提出的“攻势防御”战略的一部分。金上将是俄亥俄州洛辛地方铁路机械巨头的儿子，早年曾在安纳波利斯海军学校学习过。在同学录上，曾有文字这样来形容他：“说起脾气来，可千万别同那个‘炸弹’开玩笑！”金上将是个潜艇专家，后来却充任航空司司长，珍珠港事件之前他担任美军大西洋舰队司令，事件后出任美国海军总司令。

照片左边的是日本财阀组织的发言人良造浅野，1942年4月18日，美国对日本首都发动第一波空袭之后，他在东京检查自家钢厂的损失情况

1942 年 4 月，杜立特轰炸机队部分飞机在中国迫降后，美军飞行员被友好的中国民众用轿子抬着，送往重庆

在谈到“攻势防御”时，金上将说：“‘攻势防御’可以解释为‘抓住你得到的一切战机，在你可能的一切地方打击他们’。”[①] 而空袭东京的行动正是金上将这一战略思想的体现与实践，由尼米兹海军上将具体操刀，哈尔西身先士卒，负责前线指挥。

出其不意地远程超低空飞达东京上空，是这次空袭成功的主要原因。同时，空袭的成功，与中国人民的配合支持是决然分不开的。

杜立特空袭东京是中美双方在太平洋战场上直接配合、共同战斗的典型一例。美机驾驶员跳伞降落到江浙沿海一带后，在中国农民和士兵的帮助下，绝大多数设法逃出了日军的追捕，并辗转送到战时中国的“陪都”重庆。

遭此突袭后，日本决定采取措施制止事件再次发生，于是在中国发动了浙赣会战，以确保掌控浙江沿海地区，消除美军利用浙江衢州机场再次轰炸日本本土的威胁。

1942 年 5 月，日军陆空配合，以两个师团的兵力，从浙赣路东段分三路进攻，

① ［美］N. 米勒：《海军空战》，海洋出版社，1981 年，第 61 页。

连陷诸暨、义乌、新昌、金华、衢州、上饶、弋阳、横峰等地，打通了浙赣路。他们在浙江、江西一带还大搞“清乡”活动，总计杀害中国军民达20余万人，大肆对中国进行报复。

可以这样说，虽然中方为杜立特空袭东京之举付出了惨重的代价，但在世界反法西斯的史册上，写下了绚丽的一笔！

成功轰炸东京使美国人深受鼓舞，罗斯福总统为杜立特授勋

空袭东京造成的物质损失并不太大，但它给日本人造成了混乱，对其心理上的震动和打击是不可低估的。同时，空袭也迫使日本把4个陆军战斗机大队留在国内，以保卫东京等城市，从而牵制了日本兵力。

空袭东京成功的消息，当天晚上就由在中国着陆的飞行员报告到美国国内，这一消息大大振奋了美国人的士气。

空袭的另一个重要意义还在于，它立即影响了日军正在争吵不休的、关于中途岛作战方案的制定。空袭事件严重刺伤了山本五十六的自尊心，他决定，必须毫不迟延地把防御圈向东推进到中途岛和阿留申群岛西部，因而主张尽早实施中途岛作战。

此时，军令部也深感事态严重，他们认为对付来自东面的威胁已是当务之急，那些反对中途岛作战方案叫得最响亮的人，现已噤若寒蝉，反对意见顿时烟消云散了。不难看出，杜立特空袭东京是促使日军大本营最终决定打中途岛战役的催化剂，而此役是以日本人一败涂地为结局的。

由于成功地对东京进行了袭击，杜立特上校和他生还的战友们都获得了美国政府的嘉奖。杜立特荣获美国国会荣誉勋章，很快晋升为少将。他后来出任美国空军驻英国第8航空队司令，并升任空军中将。

杜立特退休后转任几家公司的董事。他当年的部属中有人写了一本书，书名叫《东京上空30秒》，描写轰炸东京的惊险历程。此书后来还拍成了电影，轰动一时。

战争结束后，每年4月18日，杜立特将军都与他患难与共的空袭东京的战友聚会一次。1967年，他们是在加州的埃拉迈达海港庆祝“杜立特空袭”25周年纪念日的。当时，还健在的55名战友几乎都参加了纪念聚会。他们在美军航空母舰“奥林斯堪尼”号上团聚。美国当局还特地从仓库中运来一架报废已久的B-25轰炸机，将其停放在该航空母舰的甲板上。老兵们在轰炸机前合影留念，仿佛又回到了25年前硝烟弥漫的战场。

美军飞行员在前往重庆前，在中国沿海的一个村庄与中国军民举行告别集会

第七节　八万美菲俘虏巴丹死亡行军

美军对日海空反击战以及杜立特空袭东京，无疑是太平洋战场上十分出色的海空突袭战例，但是，它的成功并不能扭转处在战略收缩阶段中美国及其盟国所处的被动局面。就在杜立特空袭东京之际，在西南太平洋上，美军的处境日益险恶，正失去在菲律宾的最后立足点巴丹半岛和科里吉多岛。

原来，日军在巴丹半岛首战惨遭挫败，令日军大本营和南方军极为恼火。3月22日，日军再次制定了进攻巴丹半岛的计划。4月3日，南方军在得到22 000余人和飞机、火炮的增援后，开始对巴丹半岛发动第二次大规模进攻。

此时，美菲地面部队的处境大为不妙！原来，他们在撤退到巴丹半岛之后，士兵一个接一个地倒下了。由于病员增多，士气低落，粮食缺乏，增援断绝，部队遂陷入绝境。当年的亲历者汉米尔顿曾回忆说：“我们的粮食完全断绝了，只好把第26骑兵部队的马全部吃掉。”

此刻，在巴丹半岛上的美菲军面临这样的选择：要么投降，要么全部战死。

4 月 3 日，日军以航空兵和炮兵轰击美菲军巴丹阵地后，以第 4 师团、第 65 旅团为主力，对巴丹半岛再次发起了冲锋，双方在丛林中展开殊死战斗。

面对日军猛烈的攻势，美菲军既无援兵又缺补给。4 月 9 日，巴丹的美菲部队司令官小爱德华·金少将未经温赖特将军同意，就率领大约 75 000 人的巴丹守军投降了，这是美军历史上缴械投降人数最多的一次。

投降后，美菲军更大的噩梦来临了。巴丹血战的另一个幸存者拉塞尔·格罗科特在他的传记《一千二百天》一书中写道："投降的命令下达后，所有人挤成一团等待着厄运的降临，许多人竟然守着日本兵哭了起来，美国军人和菲律宾军人都在哭。许多人开始逃跑，但他们被命令站住。日本人开始搜刮他们的财物，手表、水壶、钱夹、戒指等，所有值钱的东西都被日本兵抢走了。"

日军攻占巴丹半岛后，又对科里吉多岛持续实施地面炮击和空中轰炸。5 月 5 日，日军对该岛实施猛烈的炮火轰击后，兵分两路蜂拥登陆，对岛上要塞发起猛攻。1.5 万名美菲军临危不惧，依托坑道工事和深沟高垒顽强抗击，凭险固守阵地，并组织敢死队与日军展开白刃战。当日，日军未能突破美菲守军的防线。

5 月 6 日晨，日军后续部队又投入了攻坚战。虽然遭到守军的激烈抵抗，但当日军的坦克大肆登上该岛后，美菲军的防线就彻底崩溃了。

中午，温赖特将军请求投降，并于当晚 11 时 50 分，通过马尼拉电台向全体美菲军发布了投降命令。至此，历时 124 天的巴丹及科里吉多岛保卫战，终于落下了帷幕。

被日军俘虏的巴丹地区盟军士兵，双手被反绑着靠在一起

次日，日军占领了科里吉多岛。5 月 10 日，驻棉兰老岛和北吕宋山区的美军投降。5 月 18 日，驻班乃岛美军停止了抵抗。至此，日军完全占领了菲律宾群岛。

经此一战，日军损失飞机 80 余架、舰船 4 艘；美菲军损失飞机 250 余架、各型作战舰艇 8 艘、商船 26 艘（美军资料为驱逐舰 1 艘、潜艇 2 艘、其他舰船 2 艘）。

人员方面：日军死伤约 1.4 万人，其中战死 4130 名。美菲军被俘 83 631 名，其中美国陆军被俘 27 085 名，美国海军被俘 117 名，美国海军陆战队被俘 1388 名；美国陆军战斗阵亡 13 847 名，行动阵亡 1909 名，失踪 2118 名；美国海军和海军陆战队死亡 490 名；美军航空兵部队伤亡 6521 名。菲律宾部队伤亡 24 317 名，其中，战斗阵亡 10 460 名，行动阵亡 1593 名。

第一次菲律宾群岛战役从 1941 年 12 月 8 日到 1942 年 5 月 10 日为止，经过历时 5 个多月的鏖战，日本侵略者终于如愿以偿，全歼美菲军队，占领了整个菲律宾群岛。

攻克科里吉多岛之后，美菲联军投降人数总计达 8 万余人，面对这一庞大的战俘群，日军严重违反有关战俘待遇的国际公约，一手制造了“二战”史上骇人听闻的“巴丹死亡行军”。

投降的美菲联军官兵被迫从马里韦勒斯出发，步行到圣费尔南多去，全程 100 余千米，然后再步行 10 余千米到多奈尔兵营。这段行程对一名军人来说称不上漫长，8 天的行走时间也不算少，可是，在整个行程中，日本人几乎不给战俘提供任何食物和水。每个战俘仅一次性发给一个小小的饭团后，一路上就再也不

美菲战俘抬着受伤的战友行军

给任何食物了。凡是企图寻找饮水和食物者，即被日军施以刺刀或开枪处决。

同时，日军也驱赶和阻止菲律宾当地人给战俘们提供食物和水。这些投降的美国士兵和菲律宾士兵本来就虚弱得很厉害，再加上极度饥饿，酷日当头，没有饮水，哪有力气长途行军？

更有甚者，日本驻菲律宾派遣军司令官本间雅晴还下令道："对任何不能坚持走到战俘营的巴丹战俘都要就地消灭掉。"

行军时，战俘们每300人为一组，在炎炎的烈日下，拖着虚弱的身体步履蹒跚地前行，个个口干舌燥，不知道前面的路还有多远，也不知道等待他们的未来将会怎样？

突然，一位名叫汉克的俘虏兵滑倒在路边灌木丛中，他挣扎着试图站起来，可是力不从心。几个日本兵朝着汉克跑去，其中一个日本兵恶狠狠地朝着汉克虚弱的身体连扎了四五刀，鲜血透过汉克的上衣流了出来。他挣扎着重新回到队伍中，可没多久，失血过多的汉克再次倒下。这一次没那么幸运，他被日本兵开枪射杀了。

美菲俘虏在押解途中

行军后的第三天，他们依旧没有水和食物，战俘们疲惫不堪，饥渴难忍。巴丹半岛上有很多的泉水和自流井，但日本人就是不让战俘们喝。

一次，战俘们经过一个水塘，两头水牛正在那里打滚，水面上泛着绿色的泡沫，成群的苍蝇在水面上飞舞。水本来很脏了，还渗入了海水，难闻的恶臭气味扑面而来，让人作呕。这时，一名菲律宾士兵跑到日本军官那边，用手势请示是否允许喝水，得到准许后，他朝水塘跑去。接着，另两个人也跟了过去，又有两个人也跟了过去，然后第六个人也离队了。

当人对生命之源的渴望达到极限时，什么样的脏水他们都不在乎！可即便这样，日军也是不能容忍的。这时，负责押送的日本兵却举起了步枪，当那 6 个人跑到离水塘只有一两米时，日本兵便开枪射击，直到把这 6 个人全部打死为止。

高温之下，俘虏们极端口渴，遭受的苦难也就更多。当一看到水，他们依旧像发疯一样奔向井口，但越来越多的尸体倒在了井边，有的被践踏而死，有的被日本兵用枪托和刺刀捅死射杀，也有饮者最后引发了严重的腹泻和呕吐而死去。

另一位幸存者克拉伦斯·拉尔森在他名为《漫长的回家之路》一书中描述了当时的情景。他写道："没有食物倒还不是我们最大的痛苦，主要的问题是没有水，大部分人都快渴死了。他们一路上拼命找水喝，许多人只要看见水就喝，也不管有多脏。旅途中有一个休息点正好在桥上，下面倒是有水，可水面漂浮着绿色的泡沫，你根本看不见水。一些人也顾不得那么多了，跳下去便往水壶里灌水。而我没有下去，因为里面还漂着几个士兵的尸体，看样子在里面有好几天了。当时的气温有华氏 100 多度（约 38 摄氏度——编者注），你可以想象那水的味道是什么样的。"

汉米尔顿则回忆说："更可恨的是日本军人，他们简直就是玩死亡游戏。对许多美国军人和菲律宾军人来说，那样的脏水也是他们的救命水。可是，日本人一看见有人去取水喝，就用刺刀刺或者开枪射击，许多人就因为一口脏水而死在日本人的刺刀下或是枪口下。即使你有幸逃过了日本人的刺刀和枪口，只要你喝了那里的水也会在劫难逃，只不过死得稍慢一点儿，死得更痛苦一点儿罢了。因为河里的水被严重污染，喝了会引发严重的腹泻和呕吐，你会慢慢倒下而掉队，最后的结果还是死路一条。那可真是太恐怖了，我实在是一点儿力气也没有了，感觉再向前迈一步也是不可能的。可是，我亲眼看到有人被日军开枪打死了，所以好像有个死亡天使一下子站在我身后，推着我向前走。"

汉米尔顿毕竟还有力气向前走，但许多人早已筋疲力尽，真的一步都走不动了，于是一头栽倒在地，再也爬不起来。在那段不长的旅程中，竟然有 15 000 名美国和菲律宾士兵饿死、渴死、累死或是被日本兵杀死。

在随后的两个月里，又有 26 000 余人死于战俘营中！ 汉米尔顿说："我发誓，一定要活下来。那么残酷的旅程都挺过来了，怎么可以再死在监狱里呢？"

在噩梦结束之前，汉米尔顿他们在那个监狱里忍受了 3 年的苦难：他们被折磨、拷打、强制做苦力，而且刻意让其挨饿等，好多战俘就是在日本人的那个营地里饿死的。

第八节　战争初期日本偷袭战纵横谈

1941 年初，大角岑生代表日本最高军事当局来华，秘密策划“南进”作战，企图进一步扩大侵略战争。他曾任日本海军省大臣、军事议定官等职，先后出任多届内阁的海相，1931 年晋升为海军大将。

2 月 5 日凌晨，大角岑生一行从广州乘海军巨型运输机起飞，在 6 架战斗机护航下飞往海南岛三亚，准备就任南太平洋舰队司令长官。岂料，途中飞机引擎发生故障，于是便飞返广东中山县大赤坎乡准备降落。中国军队发现后，立即组织密集的对空机枪火力。结果，大角座机被击中后坠毁。

事后，中方从飞机残骸里搜出了大批日军绝密文件，其中包括大角岑生草拟的日本海军“南进”计划。大角岑生是主张日本“南进”政策的首脑人物，也是在抗战中被中国抗日武装击毙的日本海军最高级别的将领。

1941 年 6 月 22 日，德国法西斯闪击苏联。在“巴巴罗萨”战役开始后的几天里，战前懈于防范的苏军一败涂地，古德里安的坦克集群取得了极为丰硕的战果。这时，希特勒就热切地致函日本盟友，邀其“北进”，一起东西夹击苏联。希特勒伸着脖子等了半年，其“热切的期望”被珍珠港上空的日本飞机彻底炸为乌有……

日本军方高层一直没有回应希特勒的“热切邀请”，一方面，因为“北进”将战争矛头指向苏联困难重重；另外一方面，日本已经将“南进”视为其“自存”的生命线。

太平洋战争爆发前，由于美、英等国的禁运，加上中国战场的消耗，日本感到无法支撑战争需要，特别是石油，如果不尽快采取果断措施，日本只有向美、英举手投降。

为了和欧美国家争夺东南亚殖民地，解决日本极度缺乏的石油和橡胶等战略资源，摆脱美、英对日本经济的控制，早在 1941 年 7 月，日本出台的《适应形势发展之帝国国策纲要》就正式提出：“为自存自卫，不惜对英美一战。”认为如欲确立自存自卫的基础，必须向南部扩展。

当时，日本经济已经到了不向东南亚进军便无法继续进行侵华战争的地步。东南亚的地理位置决定了其要比苏联远东地区富庶得多，对解决日本面临的财政危机与资源危机这两大危机，可收取立竿见影之效。

可以看出，日本军方是把发动太平洋战争当作“自存自卫”的战争。在对英、美决策问题上，日本面临的选择不是妥协就是战争。当时，在日本狂热的国民思潮与情绪下，其选择自然是后者。因为经过长时间宣传和灌输，南下太平洋，争夺富庶的东南亚大陆的观念在日军中已经深入人心。这种观念直接关系着军心士气，会直接影响到整个战争的胜负。

日本海军是全力主张“南进”的。海军在日本的武装力量序列中是装备最精良的部队，他们一直抱有与称雄世界大洋的美、英海军一决雌雄的野心。

日本陆军也考虑到，自己深陷中国战场，兵力有限，一旦在远东与苏联对抗，结局只会是“诺坎门事件”的重演。军事行动的原则是:“保存自己，消灭敌军。”因此，日本陆军当时选择“避实击虚”般的南下，可获得更大的利益。

此外，日本发动太平洋战争，固然是由其侵略本性决定的，同时也与日本侵略者深陷中国战场的泥潭相关联。中国军民奋起抗战，加之美国持续援助，使日本欲罢不能，内外交困，焦头烂额。

当时，连最普通的日本人也认为，只有封锁了太平洋，建立稳固的资源基地，摆脱对外部依赖，持续保证经济和军事的供给，日本才有时间和精力来“解决亚洲和中国问题”。而要做到这一点，必须和英、美一战。

发动偷袭珍珠港之前，日本的想法很简单，就是干掉美国人的军舰，使其无法再过来插手亚洲事务。但他们没有想到，美国的工业化生产能力如此之强，会在较短时间内迅速恢复军事力量，反过来将日本置于死地。

当时，日本政界包括军界的很多人士都认为日本走得太远了，就连策划珍珠港事件的海军大将山本五十六也认为与美国交战没有什么获胜的可能，既然如此还要硬打，那就只有先下手为强了。当时，整个国家和民族处在那种狂热里，谁敢公开反对开战？明知是一种愚蠢的做法，也不能不硬着头皮去做。结果，偷袭成功后，山本很明智地叹道:“我们只是唤醒了一个昏睡的巨人！”

日本就是在这种全民性狂热的推动下，愚蠢地一步步走向全面战争。太平洋战争是日本法西斯日暮途穷，铤而走险，冒险拼死一战的赌博。

从 1941 年 12 月 8 日珍珠港事件爆发至 1942 年 5 月 6 日驻菲律宾美军被迫无条件投降为止，历时 5 个多月的时间，是太平洋战争的第一战略阶段。即日本偷袭入侵，美国及其盟国战略溃退阶段。日本海军远征 3500 余海里，偷袭珍珠港，点燃了太平洋战火，这是太平洋战争第一战略阶段开始的标志。

在这一阶段中，日军在向夏威夷东进偷袭的同时，又大举南下，形成了开战之初在东太平洋和西太平洋[①]这两个广阔的战区发动战略进攻的局面。

日本南下作战的主要目的是“摧毁美、英、荷在东南亚的主要根据地，占领和确保南方重要地区”[②]。结果，在短短不到半年的时间内，日军先后占领了泰国、中国香港、菲律宾的马尼拉、马来亚、新加坡、缅甸仰光及荷属东印度。

与此同时，日军还进攻西太平洋诸岛，先后占领了关岛、马金岛、塔拉瓦岛、威克岛、腊包尔港以及俾斯麦群岛、新爱尔兰群岛、新不列颠群岛、中所罗门群岛的大部和新几内亚的东北部地区，其进攻前沿达到了离日本本土 5500 千米之遥的瓜达尔卡纳尔岛和图拉吉岛。

1942 年 5 月 6 日，日军又攻占了美菲军在菲律宾的最后据点科里吉多岛。

至此，日本侵略者控制占领了东南亚地区和西南太平洋海域，形成了北起千岛群岛、经威克岛、马绍尔群岛、吉尔伯特群岛、所罗门群岛、新几内亚岛、帝汶岛、爪哇岛、苏门答腊岛、安达曼群岛至缅甸的一道“外围防御圈”（亦称第一道防线）。其土地面积达 386 万平方千米，等于日本本土的 10 倍多，人口达 1.5 亿。中途岛以西太平洋上数以千计的岛屿和大约 3000 万平方海里的广大海域，一时竟成了日本的“内陆”和“领海”。

至于交战双方的损失，据不完全统计，日军共毙、伤、俘盟国军队 30 余万人，击沉、击伤大型作战舰只约 40 艘。日军伤 2.5 万人，亡 1.5 万人，沉驱逐舰 4 艘（小型舰只及运输船不计），伤巡洋舰 2 艘；另外，还损失约 380 架飞机。

面对日军咄咄逼人的攻势，盟军节节败退，多年来在远东及西太平洋苦心经营、费尽气力建立起来的政治军事体系，在短短的数月之内便被日军一扫而空。

作为人力、物力都极感缺乏，又在侵华战争中被打得精疲力竭的日本，在极短的时间里，能以如此微小的代价，全歼上述地区的盟军并大获全胜，曾使交战双方的战略家都大感意外。究其原因，归纳有三：

（一）日本发动太平洋战争是蓄谋已久的，准备充分，计划周密，组织得当，军队训练有素。在战役作战中做到了出其不意，攻其不备。一句话，每一战役皆

① 太平洋通常以南、北回归线为界，分称南太平洋、中太平洋、北太平洋；或以赤道为界分称南太平洋、北太平洋；也有以东经 160° 为界，分称东太平洋、西太平洋的。

② 《现代史资料 35：太平洋战争》，三铃书房，1978 年东京版，第 138 页。

以偷袭取胜。

（二）在军事思想方面，日军遵循“制海者制全球，制空先于制海，不制空必不能制海”的理论，起用海军航空兵，从夺取制空权入手实施其战略计划。结果，大大推动了战局的发展，收到了事半功倍的效果。

（三）在太平洋战争初期，日本陆海军尚能协同配合作战，日军士气也比较高昂。

太平洋战争的第一战略阶段大致有以下五个特点：

（一）日军发动突然袭击，长驱直入，势如破竹，南进迅速，节节胜利；盟军被迫应战，士气不振，兵力分散，仓促上阵，溃不成军。

（二）双方作战主要是围绕着登陆与抗登陆作战展开的。这是由于太平洋战场的地理特点决定了战役的主要内容是以海战和岛屿争夺战为主要特色。

（三）在这一阶段中，日军通过突然袭击以及竭力作战，完全掌握了太平洋战场上的制空权和制海权。

（四）突出地显示了海空力量具有决定性作用。伴随着日军侵略铁蹄的东进和南下，总是以海空战为先导，海空战获胜之后，接踵而来的就是登陆作战的胜利。

（五）日军全线出击，实施日本式的越岛进攻战术，进行海上封锁和包抄，置盟军于孤立无援的境地。结果，盟军欲攻不能，欲退无路，混乱之中遭到全歼。

第六章

南下斐萨　海空拼杀

第一节　日军再举战旗　南下入侵斐萨

在澳大利亚东北方，有一片面积达480万平方千米的汪洋大海，它就是世界上最大的海——珊瑚海。珊瑚海是太平洋的属海，是典型的热带海。由于在这辽阔的海域里，珊瑚构造物非常发达，便由此而得名。举世闻名的澳大利亚大堡礁，就位于珊瑚海的西侧。

1942年5月7日，即日军攻占菲律宾的科里吉多岛、美菲联军在温赖特将军率领下全面投降的次日，在珊瑚海海面上爆发了自太平洋战争以来美、日双方航空母舰的首次拼杀。这就是史无前例的大海战——珊瑚海大海战。

4月下旬，在威风凛凛的“大和”号巨型战列舰上，日本联合舰队高层人士正在紧张地举行第一阶段作战的总结研讨会。会议结束之际，山本大将站起来，振振有词地发表演说，号召海军尽最大努力，争取下一阶段作战再创“辉煌”。

他说:“我们已经建立了不可战胜的战略地位……为了牢固保持这个战略地位，我们必须连续攻击敌人的薄弱点。这就是我们第二阶段作战的中心目的。”[①]

然而，第二阶段作战究竟先向哪里开刀？近两个月来，日本海军部与陆军部以及海军部与联合舰队司令部之间，就这个问题争论得面红耳赤。

海军军令部、海军省的战略家们鼓吹“澳大利亚第一”的战略思想，主张继续南下，占领澳洲。此议遭到了陆军的强烈反对；而鉴于美军航空母舰的活动有了惊人的增加，以山本为首的联合舰队一派主张继续东进，夺取离夏威夷只有1130海里的中途岛。

陆军虽然拒绝了海军攻占澳大利亚的方案，但主张“不去直接攻占澳洲，准备通过切断美、澳供应线的作战来扼制美、英对日反攻的企图”[②]。

这一设想，正与海军部提议实施攻占斐济、萨摩亚、新喀里多尼亚的作战（简称“FS作战”）相吻合，结果，“海军攻占萨摩亚、斐济和新喀里多尼亚的作战方

① ［日］渊田美津雄、奥宫正武:《中途岛海战》，商务印书馆，1979年，第113页。
② ［日］服部卓四郎:《大东亚战争全史》，原书房日文版，1975年，第293页。

案发展成了后述的切断美、澳供应线作战，即既定的莫尔兹比港攻夺战”①。

就在大本营关于作战方向激烈争论时，日军丝毫没有放缓南侵的步伐：3 月 8 日，日军占领了新几内亚东岸的莱城和萨拉莫阿；3 月 30 日，又占领了肖特兰德岛及布卡；4 月初，当日本联合舰队正式提出中途岛作战方案的时候，军令部已经决定了在第二阶段作战中的第一步行动：既要深入所罗门群岛，夺取图拉吉岛，又要攻占新几内亚东南岸的莫尔兹比港。

显然，不论日军是先东进，还是先南下，日、美之间都酝酿着一场空前未有的大战。

因为，珍珠港事件之后，美国海军司令金上将在他办公室墙上的一张太平洋海图上画了一条由中途岛、萨摩亚、斐济到布里斯班的防线，他曾对太平洋舰队司令尼米兹说：“你看，就是这条线，必须不惜一切代价守住。”

美军 F4“野猫”舰载战斗机

于是，早在 1942 年 2 月，金海军上将就着手组织“瞭望台”战役，要求首先占领图拉吉岛，其战役目的有三：“（1）在美国与澳大利亚之间的航线上增加一个堡垒；（2）作为美军沿着所罗门群岛向西北进攻日军基地腊包尔的起点；（3）阻止日本进一步向东南太平洋扩张。”②

① ［日］服部卓四郎：《大东亚战争全史》，原书房日文版，1975 年，第 293 页。

② ［美］塞缪尔·莫里森：《瓜达尔卡纳尔的斗争》，1951 年波士顿，英文版，引自译本《瓜达尔卡纳尔岛登陆战役》，第 100 页。

由于美国海军在1942年1月成功地从被击沉的日本潜艇中打捞到日军密码本，加上“魔术”神奇的破译能力，使尼米兹在4月17日以前就弄清楚并证实了日本人占领莫尔兹比港，切断美、澳供应线的南下作战企图。他甚至还准确地掌握了即将南下的两支日本机动部队的兵力编成、行动计划以及入侵部队从腊包尔出发的准确日期。

于是，进入4月，美军秣马厉兵，手忙脚乱地为“瞭望台”战役做准备，并决定如若日军继续南下入侵，坚决给予迎头痛击。

本来，日本海军军令部早在3月就想拔掉美澳盟军基地莫尔兹比港和图拉吉这两颗“钉子”，为日军继续南进铺平道路。但由于从2月起，美军航空母舰“约克城”号就一直在澳大利亚东南海域游弋，而当时日本人在这一带海面上的兵力不足，不得不暂时放缓了南下脚步，急待从南云部队抽调兵力后再发动攻势。

4月下旬，一支又一支援兵开进日本特鲁克军港，南云部队高木武雄海军中将的第5航空母舰战队以及第5巡洋舰战队都奉命前来助战。至此，日本第4舰队司令长官井上成美海军中将的实力终于如愿以偿地得到了加强，一场恶战的腥风扑面而来！

由于中途岛作战方案很快就要确定下来，而上述两支战队都要按计划参加中途岛战役，因而井上中将十万火急地制订了作战计划，严令：务必于5月3日占领图拉吉，一个星期后，对莫尔兹比港发动进攻！

恶战迫在眉睫，尼米兹愈发心急如焚，因为他手中的兵力少得可怜：航空母舰“萨拉托加”号正在美国西海岸“就医”，“企业”号和“大黄蜂”号载机空袭东京尚未归来，唯一可以调派的是海军少将奥布里·菲奇率领的以“列克星敦”号航空母舰为中心的特混编队。

事态刻不容缓！菲奇奉命即刻驶离珍珠港，赶赴珊瑚海。5月1日，菲奇与海军少将弗莱彻指挥的以航空母舰“约克城”号为中心的另一支特混编队会合了。

另外，由英国海军少将格赖斯指挥的“芝加哥”号、“澳大利亚”号和“霍巴特”号重巡洋舰，也受命分别从新喀里多尼亚的美国海军基地努美阿以及澳大利亚火速驶往珊瑚海增援。5月5日，这些海上兵力合编成美国海军第17特混编队，进入作战状态，总指挥是海军少将弗莱彻。

日本方面，4月30日，高木中将率领由大型航空母舰“瑞鹤”号和“翔鹤”

号以及重巡洋舰“妙高”号、“羽黑”号、“足柄”号和6艘驱逐舰组成的特混编队，由特鲁克港出航，在珊瑚海东部游弋。其任务是在日军进攻图拉吉岛和莫尔兹比港的作战中，随时阻击美军航空母舰编队的袭击。

“列克星敦”号航空母舰加油出征

5月3日，日本志摩攻略部队出师告捷，顺利地占领了图拉吉岛。正当日本人欢庆胜利的时候，美国海军给获得小胜的日军当头一棒：5月4日早上7时30分，弗莱彻麾下的40架舰载机从航空母舰“约克城”号上起飞，对图拉吉岛进行了两次空袭，击沉日军驱逐舰“菊月”号和3艘登陆驳船，其他2艘舰船以及5架水上飞机也被击伤。

事态相当严重！空袭图拉吉岛，说明美军航空母舰特混编队就在附近！远在所罗门群岛以北的高木武雄海军中将指挥的航空母舰编队得到这一消息之后，急速破浪南下，寻敌作战。

尽管战局诡谲，但是，由梶冈少将指挥的4000人组成的莫尔兹比港攻略部队，仍然按计划于5月4日分乘14艘运输舰船，在轻巡洋舰“夕张”号以及6艘驱逐舰、4艘扫雷艇、2艘猎潜艇护卫下，由腊包尔起航，浩浩荡荡地杀奔莫尔兹比港。

而后藤有公少将指挥的由轻型航空母舰“祥凤”号和4艘重巡洋舰、1艘驱逐舰组成的直接掩护部队，早已于4月30日从特鲁克拔锚起航，计划在日军占领图拉吉岛以后，掩护莫尔兹比港的登陆作战行动。

至此，世界海战史上第一次航空母舰之间的大战终于拉开了战幕！

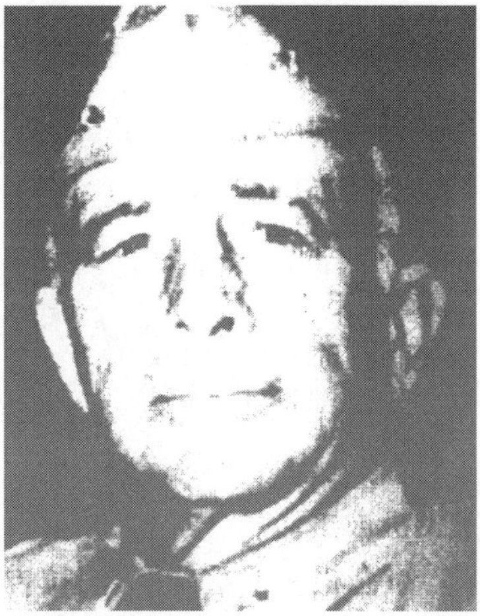

1942 年 5 月，投入珊瑚海大海战的美军舰队指挥官:（左）为“列克星敦”号航空母舰舰长海军少将奥布里·菲奇;（右）为第 17 特混舰队司令海军少将弗莱彻

第二节　珊瑚海域日美舰队剑拔弩张

珊瑚海海战日本舰队指挥官高木武雄中将

1942 年 5 月 6 日，珊瑚海浓云低垂，恶浪翻滚。高木舰队经所罗门群岛以东绕入珊瑚海，企图从背后打击美军航空母舰。美军特混编队则毫无觉察，一意向西北急驶。此时，两支敌对的航空母舰特混编队都在彼此搜索，有时双方一度相距 70 海里，但由于大面积雨云遮挡，谁也没有发现对方。

5 月 7 日黎明，“约克城”号派出侦察机对北面海域进行搜索。8 时 45 分，美军侦察机在米西马岛以北 50 海里处发现一支日本机动舰队，正在向东南方向的路易西亚德群岛接近，便立即发回急电：“发现敌 1 艘航空母舰和 4 艘巡洋舰，距离 180 海里，航向 120 度，航速 20 节，西北西。”同时，美军陆基侦察机也送来情报：“在珊瑚海北部发现许多敌舰，正向莫尔兹比港航行。”

弗莱彻闻讯大喜，这是美军特混编队在太平洋战争中第一次在海面上发现日本航空母舰。他决心利用这一战机，痛歼日舰编队。

上午10时，24架鱼雷机，36架轰炸机从“列克星敦”号和“约克城”号航空母舰上腾空而起，在16架战斗机的掩护下，向日舰编队扑去。

当机群掠过米西马岛时，飞在最前面的俯冲轰炸机中队长汉米尔顿海军少校用望远镜远远发现，在东面40海里碧波粼粼的海面上有一道道白色航迹。此时，日舰编队排成威武的环形队形，护卫着中央的轻型航空母舰“祥凤”号，正缓缓驶向珊瑚海。这正是后藤舰队。

11时整，美军机群窜出云层，凶猛扑向后藤舰队。遭此突然攻击，日舰不知所措，只见“祥凤”号掉转船头，拼命地迎风驶去，准备放飞布满甲板的舰载机。但为时已晚，美机已大兵压境。

日本“祥凤”号轻型航空母舰

由贝勒特上尉指挥第2鱼雷机中队的13架TBD“蹂躏者”鱼雷机，冒着日舰编队猛烈的高射炮火，集中向“祥凤”号展开进攻。当他们企图从两舷实施鱼雷攻击的行动受阻后，又迂回到日舰编队的后方，突破日舰防空炮火的拦阻，从右舷实施鱼雷攻击。

一位美军鱼雷机飞行员回忆说：“‘祥凤’号看到它的飞机无法起飞以后，便开始兜圈子，好像桶里一只鸭子被人用枪射击一般。我将飞机降低，拣了一个好机会，便向它施放鱼雷。”[①] 在纷纷投下的12枚鱼雷中，有3枚鱼雷命中“祥凤”

① [美]海莱:《太平洋战线》，大公报小丛书，大众报馆，1945年，第160页。

“祥凤”号轻型母舰被鱼雷击中后燃烧

号，舰上当即燃起大火。

数分钟后，泰勒指挥的第5鱼雷机中队的10架鱼雷机也进入了攻击路线。当时，“祥凤”号舰面火势很大，但泰勒毫不手软，率机在距“祥凤”号900米处再次投雷，又有4枚鱼雷中的。

与此同时，美军俯冲轰炸机也不间断地进行攻击。在短短几分钟内，“祥凤”号被命中13颗炸弹和7枚鱼雷，从舰艏到舰艉燃起熊熊大火。

11时35分，在遭到攻击之后仅15分钟，“祥凤”号就像一块巨石似的急速沉入海底，这几乎是整个大战期间击沉战舰最快的纪录。该舰800余名舰员，死亡636人，而美军只损失了3架SBD“无畏”式侦察轰炸机。

这一打击使日本的入侵部队失去了空中掩护。预定开往莫尔兹比港、由梶冈少将指挥的运输船队，不敢贸然进入霍马德海峡，一直停留在路易西亚德群岛的北面，进退维谷，最后只得回撤。

几乎就在弗莱彻舰队发现后藤舰队的同时，在珊瑚海东面的日本航空母舰“瑞鹤”号和“翔鹤”号也接到己方侦察机发来的急电：“在我航空母舰以南大约160海里处，发现由1艘航空母舰和其他战舰组成的美特混编队。”

情报一到，早已等得不耐烦的高木海军中将马上下令：“立即投入战斗！”

刹那间，在充满轰鸣声的航空母舰甲板上一片忙碌。由78架轰炸机、鱼雷机和战斗机组成的空中攻击部队，从“瑞鹤”号和“翔鹤”号上呼啸而起，在飞行队长高桥海军少佐的率领下，直扑美军特混编队。

可是，这支空中攻击群离舰不久，第5航空母舰战队航空兵指挥官原忠一海军少将又收到侦察机发来的报告:“敌情有误！美特混编队真正的位置是在路易西亚德群岛南东！”

但是，已经来不及了！庞大的日军机群正按照第一次报告的方向进击。当他们到达预定地点时，才发现这根本不是什么“美特混编队”，而是由大型油船“尼奥肖”号以及护航驱逐舰“西姆斯”号组成的加油船队！

这艘33 500吨级的大型油船，昨日刚给“列克星敦”号及其警戒舰只加油完毕，正在“西姆斯”号的护卫下，绕道驶往美国。舰员们归心似箭，渴望上岸去渡一个短假。然而，他们万万没有料到，厄运瞬间就降临到他们头上！

上午11时20分，78架日机飞抵目标上空，对这支“美特混编队”进行了猛烈的攻击。“尼奥肖”号因船体庞大，被误认为是航空母舰，首先遭到走马灯似的攻击。

日机从其后方分三批连续俯冲投弹，几分钟内，油船连中7颗炸弹和数枚鱼雷，舰上燃起了猛烈大火；若干惊慌失措的水兵，未待弃船令下达，便已越船舷跳入海里。当船长菲利普上校不得不下达弃船的命令时，船员们立即奔向舢板和木筏，一时秩序大乱。一部分人登上木筏，顺水漂流。当时海面渐起风浪，抢乘木筏者从此杳无音信。

但“尼奥肖”号并没有立即沉没，它在海上漂流了4天。5月11日，美国“亨利”号驱逐舰前来救援，将仍在这艘油船上的109名船员救出，然后奉命用鱼雷将油船击沉。直到此时，这艘外号叫“胖贵妇”的巨型油船才撅起了“大屁股”，渐渐消失在波涛之中。

当日机攻击油轮时，“西姆斯”号正在“尼奥肖”号舰艏方向执行巡逻任务，两舰相距不过1海里。最初，它连遭日机3次攻击，都规避成功，得以幸免。正午时分，当36架日机再次俯冲轰炸时，“西姆斯”号连中3颗500磅的炸弹，数分钟后即告沉没。

这次出击，对美、日双方来说，虽阴差阳错，各有战果。但双方都丧失了首次打击对方航空母舰特混编队的宝贵时机。

未能给美军特混编队以致命一击，高木极不甘心，他决心重整旗鼓，与美军航空母舰一决雌雄。

16时30分，原忠一海军少将精心挑选了部分受过夜战训练的飞行员，用27架轰炸机和鱼雷机组成一把空中攻击“尖刀”，向美军特混编队所在海域猛然

"刺"去！

此时，狂风大作，乌云蔽空，海面能见度很低，给日机搜索攻击带来了极大的困难。结果事与愿违，日机不但没有搜索到美军航空母舰，反而与"列克星敦"号上的战斗巡逻机遭遇。

于是，昏惨惨的云层中展开了一场空中厮杀。只见双方战机升腾、翻飞、追击、开火。刹那间，8架日本鱼雷机和1架俯冲轰炸机被打得凌空爆炸，剩下的日机不敢恋战，落荒而逃。

太阳渐渐从远方水天线上消失，夜幕徐徐降临，须臾便笼罩了辽阔的南太平洋海空。

此时，"列克星敦"号的飞机大半已返回航空母舰。突然，美舰观察员吃惊地发现，有一批为数不小的机群不断发出识别信号准备降落，而且该领队机已经开始进入"列克星敦"号降落航线。美国人大感迷惑，由于这些飞机没有遵守美军舰载机的着舰规则，打开了航标灯，结果被美舰看出了破绽。

原来，这是从刚结束的空战中仓皇逃走的那批受过夜战训练的日机认错了"家"！一艘美军驱逐舰立即用探照灯光将其捕捉住，随即给予一阵猛烈的对空炮火。日机顿感势头不对，如梦初醒般地迅速逃之夭夭。

有人说，如果结局不是如此，而是有几架日机错降在美国的航空母舰上，那真是残酷海空战中让人忍俊不禁的一个"花絮"。

这阵炮火，使随后归来的美机也丈二和尚摸不着头脑，惶惶不敢降落，直到美舰打开无线电呼唤时，它们才陆续着舰。而仓皇逃窜的日机，由于在刚结束的那场空战中被迫丢弃了炸弹和鱼雷，即使巨大的"猎物"就在眼皮底下，它们也束手无策，一筹莫展，只好眼睁睁地错过大好战机，钻入漆黑的夜幕中飞走了。

这时，"列克星敦"号的雷达发现日机在其东南30海里处绕了一圈以后，便一架一架地从荧光屏上消失了。见此情景，美方有关人员立即做出判断：日机已经降落在离我只有30海里的日本航空母舰上。这个判断，战后证明是完全正确的。

依据这个判断，此时恰恰是训练有素的美军驱逐舰实施夜间鱼雷攻击的大好时刻，也是"列克星敦"号受过夜间训练的鱼雷机中队一显身手的绝妙机会。但是，固执的编队指挥官弗莱彻不相信这个判断，决定向南行驶，听任日军舰队北驰，错过了发起夜战、打击日本航空母舰这一千载难逢的大好机会！

第三节　海战史上航空母舰首次对决

第二天，5 月 8 日黎明，历经曲折的两支敌对的航空母舰编队终于交锋了。

这真是一场势均力敌、旗鼓相当的海战：双方各有 2 艘大型快速航空母舰；美方有 122 架飞机，日方有 154 架飞机；护航舰只也不相上下，日方有 4 艘重巡洋舰和 6 艘驱逐舰，美方有 5 艘重巡洋舰和 7 艘驱逐舰。

8 时 22 分，史密斯少尉驾驶的侦察轰炸机首先发现了高木舰队，并立即回电："发现 2 艘敌航空母舰，4 艘巡洋舰，航向 120 度，航速 20 节，位置在东北 175 海里。"

恰巧，狄克逊少校也驾机穿过低云和雨幕急速赶来，他从一缕云隙中也发现了日本舰队，补充报告说："敌舰队距离 200 海里。"

但是，美军舰队也没有逃脱日本侦察机的眼睛。就在美机发现日军舰队后仅 2 分钟，由高木派出的日机也发回了紧急报告："方位 205 度，距我舰 235 海里，发现美军特混编队：2 艘航空母舰，1 艘巨舰，可能是战列舰！"

接报后的美日双方都在做紧急出击的准备。

9 时 30 分，当弗莱彻弄清己方侦察机搜索区内确实没有其他日本舰队活动之后，立即下令 81 架美机从"约克城"号和"列克星敦"号上鱼贯起飞。美机分成五个编队，风驰电掣般地扑向高木舰队。几乎同时，日方也派出了 70 架飞机，向美军特混舰队扑来。

10 时 32 分，从"约克城"号上起飞的美军机群首先发现了日本航空母舰编队。此时，"翔鹤"号和"瑞鹤"号已疏散开来，相距 10 海里，各有 2 艘重巡洋舰及 3 艘驱逐舰护卫。

当日舰发现美机向其飞来时，狡猾的"瑞鹤"号抽身驶向有雷雨的海域闪避，结果，它利用暴雨的遮掩成功逃脱了美机的攻击。而"翔鹤"号则转向东方，逆风航行，想让自己的护航机起飞应战，不料却成了美机集中攻击的对象。

10 时 57 分，由泰勒少校指挥的美军第 5 鱼雷攻击队的轰炸机和鱼雷机，在"野猫"式战斗机的掩护下猛扑"翔鹤"号。美军俯冲轰炸机先进行攻击：一弹正中该舰舰艏右侧，引起汽油燃烧，大火立即蔓延至飞行甲板；另一弹击中舰艉部。两分钟后，美军鱼雷机冒着日舰炽烈的防空炮火，在1400米处纷纷投雷，但美军鱼雷速度慢得出奇，且有引信失灵的毛病，竟然无一雷命中目标。

由于气候恶劣，加之在接近日舰时遭到担任警戒的“零”式战斗机拦截，从“列克星敦”号上起飞的俯冲轰炸机、鱼雷机和战斗机在飞向目标海域时失散了。仅有海军中校奥尔特率领的4架俯冲轰炸机、海军少校布雷特率领的11架鱼雷机和6架战斗机合兵一路，抵达了预定海域，结果却大失所望。原来，海面荡然无物，日舰杳无踪影。于是，他们采用方形阵容进行搜索。

大约在上午11时40分，奥尔特机群终于发现了烈焰熊熊的“翔鹤”号航空母舰和两艘日军巡洋舰。4架美军俯冲轰炸机直冲而下，至760米高度时迅速投弹，一颗炸弹准确地命中了目标。尔后，11架鱼雷机从1800米高度盘旋而下，于11时42分从“翔鹤”号正前方进行鱼雷攻击。“翔鹤”号见状不妙，立即转舵向右逃窜。美机紧追不舍，9架鱼雷机瞄准“翔鹤”号右舷，其余2架绕到左舷，立即实施了攻击。据美方人员现场观测说，有5枚鱼雷命中目标，而实际上竟无一雷命中“翔鹤”号。

“翔鹤”号连遭两次攻击，共中弹3枚，伤势甚重，舰上有108人死亡，40人受伤。虽然舰面火势已被压制，但飞行甲板已无法使用。下午1时，该舰带伤返航，在归途中险些沉没。

就在美机对日舰攻击完毕数分钟后，从“瑞鹤”号和“翔鹤”号起飞的70架轰炸机和鱼雷机，也气势汹汹地抵达美军特混编队上空。

1942年5月8日摄于珊瑚海海战，“翔鹤”号遭到“约克城”号舰载机俯冲轰炸

早在10时55分，“列克星敦”号上的雷达就发现了大队日机由东北方约70海里处向该舰接近。可是，由于航空母舰上空担任警戒的美军战斗机只有8架，且油量不足，无法远飞前去截击日机。“约克城”号和“列克星敦”号只得立即转向，迎风放出舰上剩余的17架战斗机和16架侦察轰炸机来为航空母舰保驾，舰面高射炮手也全神贯注，严阵以待。

“列克星敦”号航空母舰于1921年动工，1925年下水，1928年服役。该舰长270.66米，宽32.38米，吃水7.39米，标准排水量38 746吨，满载排水量43 400吨。

此时，该舰舰长薛尔曼提心吊胆地在舰桥上徘徊。他十分清楚，眼下的形势如同拳击场上的两名对手同时出拳，任何一方都有可能被对方击中。他十分担心自己这艘舰身庞大笨重、行动不便的座舰的命运。 .

11时13分，“列克星敦”号的瞭望哨高喊：“左舷，敌鱼雷机！”只见日机由东北方顺风背日、迅速向美舰接近，并冒着高射炮火和战斗机的顽强拦截，开始了疯狂攻击。

日军鱼雷机低空进入，从两舷进行多方向进击，并在距目标900米时投雷。“列克星敦”号虽然进行多次规避，但难“独善其身”。

舰长薛尔曼回忆说：“第一批鱼雷在舰艉旁掠过去了，我赶快转舵迎着第二群飞机航进，但是日机从两舷投雷，这样我就很难对付了。记得当时我看见有两枚鱼雷从左舷向我驰来，但我没有任何办法规避它们。”

11时20分，一枚鱼雷命中“列克星敦”号左舷前部，剧烈的爆炸使该舰喷出了一股夹带着海水的巨大火舌，舰身抖动。少顷，左舷水线下又中了一枚鱼雷。紧接着，日军轰炸机又从“列克星敦”号前方实施俯冲轰炸，一颗重磅炸弹在左舷前炮位的三门127毫米高射炮中间炸响，炮手顿时毙命，火炮被炸哑；另一颗炸弹将航空母舰的烟囱炸毁，舰面碎

“列克星敦”号开始倾斜

片横飞，血流遍地，其状惨烈。

在这场海空大拼杀中，“约克城”号自然也不能幸免。该舰 1939 年服役，长 247 米，宽 25.4 米，标准排水量 19 900 吨，满载排水量 25 500 吨。

起初，巴克马斯特舰长自恃舰体灵活，信心十足地操纵着两面舵，左右躲闪着从海面上飞蹿而来的鱼雷。不料，从空中坠下一颗重磅炸弹，穿透飞行甲板并在下面的储藏室爆炸了，当场炸死 37 人，多人受伤。舰内起火，伤势极重。另有几颗近弹把舰体水线附近炸出了若干大洞。但经紧急抢救，该舰仍具航行和航空作战能力。

空中攻击历时 9 分钟，日本飞行员马上自信地报告说：“敌两艘航空母舰已被我击沉，一艘战列舰或是巡洋舰被我击伤！”①

此时，“列克星敦”号已经有 6 处起火，隔舱进水并造成 7 度左横倾。幸亏赫莱上尉率损管队奋力抢救，不到 1 小时，“列克星敦”号横倾消除，并能以 25 节航速与舰队保持相对位置。

这时候，前往攻击日本航空母舰的美军舰载机返航了。虽然“列克星敦”号飞行甲板边部被炸开一个大洞，但它仍然迎风急驶，收回了自己的舰载机。

当时，战局如何发展，实难预料。薛尔曼舰长认为当务之急是尽快给舰载机加足燃油，以备万一。不久，舰上的汽油装置打开了，汽油开始从油管注入舰载机的空油箱里。这时“列克星敦”号的火势已经基本得到控制，正以每小时 20 海里的速度行进。

突然，12 时 47 分，损管中央部位附近发生猛烈大爆炸；20 分钟后，又爆发了一连串震撼舰体的巨响。起初还以为是延迟爆炸的炸弹在作怪，

1942 年 5 月 8 日，巡洋舰“明尼阿波利斯”号上的船员拍摄到“列克星敦”号发生爆炸，并掀翻了舰艉甲板的一架战机

① ［日］渊田美津雄、奥宫正武：《中途岛海战》，商务印书馆，1979 年，第 117 页。

其实不然。

原来，舰上几十个汽油舱在鱼雷爆炸时受到破坏，汽油管也被炸坏和扭弯，因而当给航空母舰飞机加油时，溢出了极易挥发的汽油蒸气，造成一连串骇人大爆炸。威力巨大的气浪竟把坚固的钢制水密门和舱口盖冲毁，水线以下几层甲板悉被打通，火焰通过破损口凶猛外窜，整艘航空母舰恰似一座火焰山，且烈火越烧越旺！

舰内爆炸使得电话交换台和一些话筒被焚毁，通信失灵。13 时 50 分，主电缆被烧毁，电动舵失灵，舰上供电停止。舰内漆黑一片，损管人员只好在黑暗中继续与烈火搏斗。舰长下达的命令，只得靠用人建立起来的一条隔着四层甲板的 100 多米长的活“线路”口头传达。

14 时 30 分，“列克星敦”号锅炉舱和通风系统被毁，气温逐渐上升，最高达摄氏 70 度，人员开始眩晕以致休克。16 时，薛尔曼下令锅炉熄火，放弃轮机舱，立即排掉高压蒸气。霎时，舰面发出撕裂般的长啸声，其势如翻江倒海，状如火山喷发，更添加了恐惧气氛。不久，螺旋桨停止转动，巨大的舰体如同漂在水面的死鱼随波逐流。

17 时，薛尔曼下达了弃舰令。15 分钟后，救援工作开始，许多舰员和伤员被

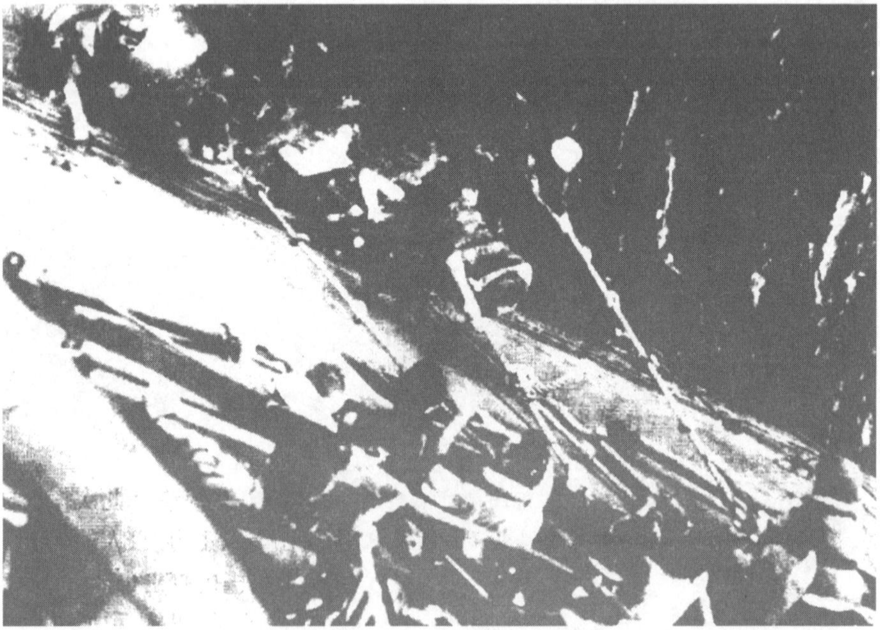

“列克星敦”号航空母舰的幸存者沿绳索攀上美舰“珊瑚海”号

驱逐舰接走，大部分舰员从左舷舰艉捋着绳子降到水里，爬上了救生艇。

18 时 30 分，“列克星敦”号又发生了一次大爆炸，显然是引爆了重磅炸弹和鱼雷。甲板上整架飞机和大块钢铁结构飞上了几十米的高空，巨大的火柱夹着黑色浓烟和白色蒸气直冲云霄。

不久，遵照弗莱彻少将的命令，驱逐舰“菲尔普斯”号担任了送葬人的角色。它向“列克星敦”号熊熊燃烧的残壳发射了 4 枚鱼雷，以加速其沉没，最后，该舰于 5 月 8 日 24 时瞑目大海。

第四节　贻误戎机　山本司令雷霆大发

海空攻击刚一结束，战局对日军较为有利。因为虽然“翔鹤”号遭受重创，但“瑞鹤”号还完整无损，而美国的两艘航空母舰都不同程度地遭到损伤（“列克星敦”号后来沉没）。倘若高木继续进攻，美军舰队将面临全部被歼的命运。

然而，在此千钧一发之际，远在腊包尔的井上成美海军中将根据不确实的战果报告，深信美国的两艘航空母舰都已被击沉，遂于 5 月 8 日 17 时同意了高木中将的意见：日舰队停止攻击，脱离敌舰，补充燃料，修整飞机。

同时，井上中将又下令推迟对莫尔兹比港的攻略作战，并指令由梶冈少将指挥的运输船队返回腊包尔。

当晚，当山本海军大将得知日舰编队撤退的消息后，勃然大怒，他严令高木：“应继续追击，歼灭残敌！”永野军令部总长也气愤地说：“这是上村舰队的重演，赶快发出追击命令！”①

于是，高木舰队急速南驶寻敌决战。然而，美舰早已扬长而去，无影无踪了。

原来，尼米兹在 5 月 8 日下午下了一道极为爽快的命令：“航空母舰编队立即撤出珊瑚海！”此时，他已正确判断：日军对莫尔兹比港的威胁暂告消失。

高木舰队搜寻无果，遂于 5 月 10 日撤离了珊瑚海作战海域。

海战结束后，东京在广播中配上《军舰进行曲》，向日本国民宣布：“大日本帝国海军在珊瑚海取得赫赫战果！”日本报纸报道的标题十分耸听，甚至可以比

① ［日］实松让：《日美情报战记》，图书出版社，日文版，1969 年，第 175-176 页。

得上偷袭珍珠港时的报道。5 月 12 日，天皇降诏嘉奖这次作战的将士。

海军报道部课长平出英夫大佐发表一篇题为《决定兴衰之战》的文章，详细描述了双方航空母舰作战时的激烈战况，并提议："把在珊瑚海上大放光芒的海军魂，作为礼物献给 5 月 27 日的帝国海军纪念日。"

日本海军大臣岛田 5 月 28 日在临时国会作战况报告时说："此次作战打垮了费了好大力气才整顿好的澳大利亚方面的敌盟国舰队主力。敌人的这次惨败，不消说澳大利亚全国上下狼狈不堪，而且给美、英两国的打击也非常之大。美、英当局正极力掩盖这一损失，但真相终究是要大白的。很明显，到那时，美、英两国必将举国陷入悲痛之中。"①

与此同时，美国方面也进行了夸大战果的宣传。《纽约时报》以头版通栏大标题大张旗鼓地报道了这次海战的"赫赫战果"：

"我舰队在太平洋的大海战中击退日军！""我击沉击伤敌军舰 17~22 艘。""敌舰队在逃窜，我盟国舰队正在追击！"报纸销售量因此猛增了一两倍。

而实际战果却不是如此。在这次海战中，日本方面的"祥凤"号轻型航空母舰沉没，"菊月"号驱逐舰和 3 艘登陆驳船被击沉，"翔鹤"号航空母舰遭重创，约有 77 架飞机被击毁，1047 人伤亡。美方损失是："列克星敦"号航空母舰沉没，"约克城"号受重伤，一艘油船、一艘驱逐舰被击沉，66 架飞机被击毁，543 人伤亡。②

此次海战，"从战术上讲，可以说是日本人取得了胜利"③，但同时也必须指出，这个胜利在数字上是比较勉强的。

此役遭重创的"翔鹤"号，损伤较为严重

5 月 17 日，"翔鹤"号带着"开战以来受伤最重的日本军舰"这一不值得羡慕的"荣誉"开进吴港。经检查证明，它至少需要一个月才能修复。也就是说，该舰参加中途岛作战的计划告吹了。

几天后，"瑞鹤"号入港。

① ［日］实松让：《日美情报战记》，图书出版社，日文版，1969 年，第 175-176 页。
② ［日］渊田美津雄、奥宫正武：《中途岛海战》，商务印书馆，1979 年，第 119 页。
③ ［日］服部卓四郎：《大东亚战争全史》，原书房日文版，1975 年，第 301 页。

它虽然没有受伤，但由于飞行人员严重减员，也不能参加中途岛作战了。缺少了“瑞鹤”号和“翔鹤”号两艘航空母舰，使南云部队减少了三分之一的空中攻击力量，这一差数也可能决定即将开始的中途岛海战的胜负。

另外，日本方面又以为参加珊瑚海海战的两艘美军航空母舰都已沉没，因而在中途岛决战前低估了对手的实力，因而仍抱乐观情绪，造成思想麻痹。由此可见，一个月后日本人在中途岛海战中的惨败，与这次海战的结果有一定的联系。

再者，经此一战，由于日本海军第5航空战队和第5战队奉命返回本土，全力以赴准备向东进击，展开中途岛攻略作战，所以，对莫尔兹比港的攻略作战只得不定期推迟，从而推翻了日军大本营已经定下来的切断美、澳供应线的作战时间表，日本人南下的战略矛头首遭挫折。因此，从战略上看，这次海战是美国人的胜利。

珊瑚海大海战使“日本自发动战争以来，侵略锋芒第一次受挫”[①]。它是日本人在太平洋战争中军事行动由一帆风顺到步履艰难的一个转折点，结束了自开战以来日本人长驱直入、所向披靡的战略态势，宣告了自珍珠港事件以来日军战略进攻阶段即将结束。

从此，太平洋战场上的战局发生逆转。日、美两强对攻，倾全力殊死争夺，陆海空大战胜负交错。太平洋战争由此进入第二战略阶段，即日本与美国及其盟国战略相持阶段。

美国海战史专家莫里森教授说：“珊瑚海海战在太平洋作战史上谱写了新的、更加光辉的篇章。”[②]

英国首相丘吉尔回忆说：“这次遭遇战所产生的影响与其战术上的重要性不成比例，就战略上而言，这是美国与日本交战以来第一次可喜的胜利。像这样的海战，从前是没有见过的，这是水面舰只没有互相开炮的第一次海战……这个消息传遍了全世界，产生了振奋人心的影响，给澳大利亚、新西兰和美国带来了莫大的安慰和鼓舞。以重大代价换来的战术教训，不久在中途岛战役中应用，得到丰硕的战果，中途岛战役的序幕拉开了！”[③]

---

① 朱贵生等：《第二次世界大战史》，人民出版社，1982年，第327页。

② 实松让：《日美情报战记》，图书出版社，日文版，1969年，第175页。

③ [英] 温斯顿·丘吉尔：《第二次世界大战回忆录》，第四卷（上部），第二分册，商务印书馆，1974年，第357页。

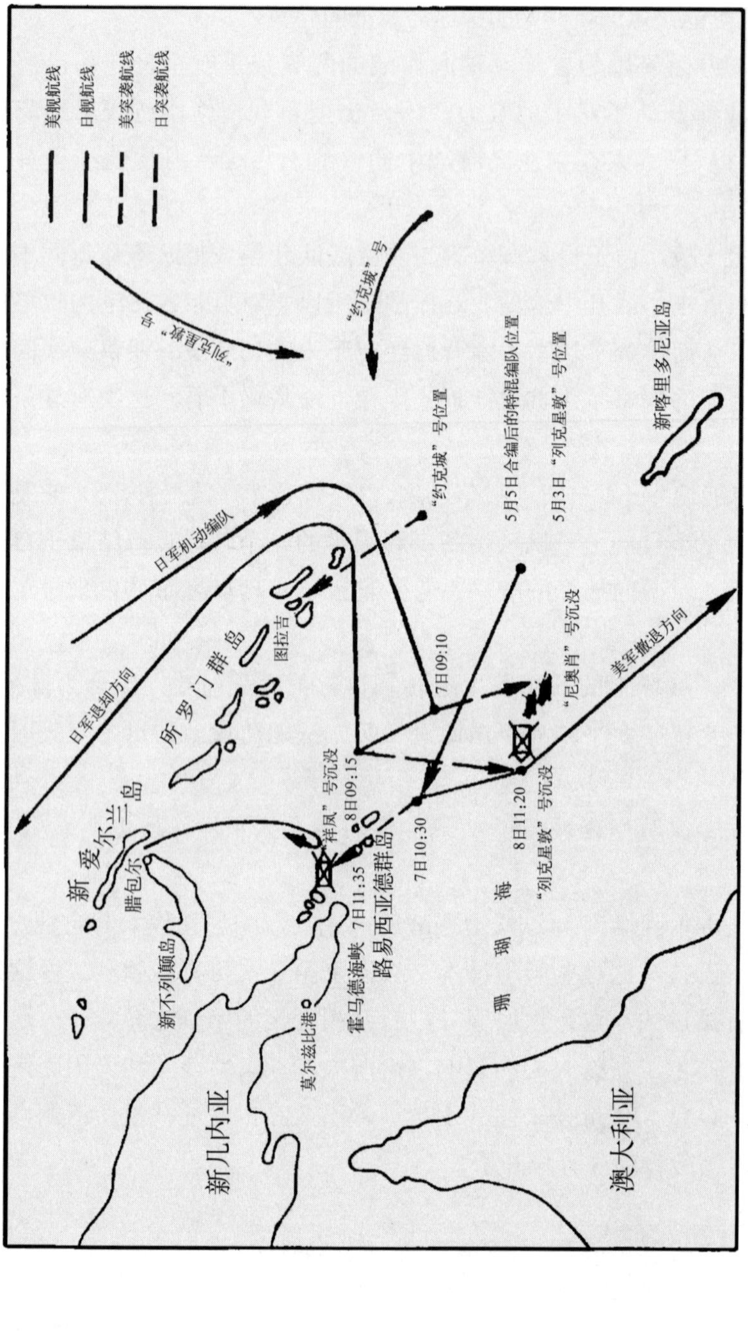

珊瑚海海战示意（1942年5月7—8日）

第七章

中途大战　空前惨败

第一节 “魔术大师”破译日军神秘电码

1942 年 5 月 8 日黄昏，在澳大利亚东北部海域，天空阴云密布，一派凄凉景象。一艘上层甲板张裂着破口、四周布满弹痕的遍体鳞伤的航空母舰，正在艰难地向东行驶。在该舰的下层甲板上，40 余具尸体一字摆开，两头站立着全副武装的警卫。医务室里挤满了被炸伤、烧伤的舰员。

这就是刚撤离珊瑚海的美军航空母舰“约克城”号。此时，它正拖着长长的重油航迹，挣扎着驶往夏威夷……

“约克城”号于 1942 年 5 月 27 日驶抵珍珠港，进港后受到了奇特的待遇：载满许多工人的平底船立即前来靠泊，当舰上的缆绳还未系好，舰面就响起了一片敲打声。

经检验后认为，完全将“约克城”号修复需要 3 个月的时间。但是，尼米兹海军上将不由分说，严厉地下令:“想尽一切办法，必须在 3 天内修好！”

乍闻此言，维修人员简直不敢相信自己的耳朵。最后，负责人普菲茵斯达格好不容易控制住内心的惊慌，斩钉截铁地回答说:“是！司令，一定不辜负您的期望。”

整个珍珠港的人员都行动起来，不论是海军工厂的工人，还是航空母舰舰员，都投入了争分夺秒的抢修工作。海军上将尼米兹也穿着齐腰的长裤靴在船坞里进行现场指挥。

为什么要这样急如星火地拼命抢修呢？

原来，尼米兹已经获得紧急情报：一支空前强大的日本舰队已经驶离本土，杀气腾腾地向夏威夷的前哨基地中途岛扑来。太平洋上一场著名的大海战——中途岛大海战的爆发，已迫在眉睫。

情报肯定准确无误吗？就在珍珠港一个阴暗的地下室里，24 名经过严格训练的情报人员，整日埋头在堆积如山的文件和电稿之中，进行各种破译、分析工作。这里的负责人是海军中校约瑟夫·罗奇福特，他高高的个子，常穿一件红上衣。他是一位幽默爽朗的人，一位聪明绝顶的“魔术大师”。

"魔术大师"约瑟夫·罗奇福特，破译日军要进攻中途岛的密电

1942年4、5月间，日本联合舰队异常频繁而神秘的电报信号立即引起罗奇福特的高度警觉，也引起了尼米兹的极大关注。

在截获的一系列日本人的来往电报中，最引人注目的是"AF"两个字母。日本人在密码电报中反复使用"AF"，或作为目的地，或作为需要特定装备的地点。美国人估计，日本海军肯定又要采取重大的军事行动，但"AF"之谜，极难揭底。

饱尝珍珠港空袭之苦的美军太平洋舰队，这次无论如何也不肯放过这一蛛丝马迹。

罗奇福特手下的情报人员迅速行动起来。其中一个人突然想起今年3月日本水上飞机攻击珍珠港失败时，在通信中曾使用过"AF"。大家马上翻箱倒柜，从数不清的截获电文中细心查找，果然如愿以偿。

这份电文说：命令水上飞机到"AF"附近的一个珊瑚小岛，由潜艇给以补充燃料。据查，这个小岛就是位于中途岛和夏威夷中间的弗伦奇－弗里格特环礁。因而，罗奇福特推断"AF"一定是中途岛的代号。

此后，他便把中途岛作为日军下一步进攻的重点目标而倍加关注。

但并不是所有人都同意罗奇福特的判断。在美国，人们对日本人下一步进攻方向的估计五花八门：华盛顿有人估计日军的进攻目标是阿拉斯加或美国西海岸；金上将认为可能是夏威夷；而美国陆军方面担心日军空袭旧金山。

当各派意见争执不下的时候，为证实自己的观点，罗奇福特决心试图让日本人来助自己"一臂之力"。

5月10日，罗奇福特来到太平洋舰队司令部，与情报参谋莱顿进行了商谈。

"能否指示中途岛基地指挥官西马德海军中校，要他拍发明码电报，就说淡水蒸馏设备发生故障，不能使用……"①

① ［日］实松让：《日美情报战记》，图书出版社，日文版，1969年，第178页。

站在一旁的尼米兹咧嘴一笑，表示同意。

中途岛方面按指令拍发了这份诱饵电报。两天后，“鱼儿”果然上钩了，全神贯注地侦听日方通信的情报人员截获了一份日军密码电报，电文中声称：“AF”很可能缺少淡水。①

这样，罗奇福特略施小计，终于解开并证实了一个极为重要的谜底：“AF”就是中途岛的代号。美国人以此为突破口，乘隙追踪，破译了反映日军舰队计划全貌的日方电报。至5月中旬，尼米兹对日本人费尽心机玩弄的鬼把戏已基本掌握。

在华盛顿海军部作战室里，作战参谋们在巨大的太平洋海图上，把日本人的阴谋大体勾画出来了：

“5月28日出击”——在海图上，参谋们用红铅笔从塞班岛画出一条红线直指中途岛，并在红线旁注明这个日期。

“估计于5月28日上午8时出击”——在太平洋海图的北上端，参谋人员又画了一条红色出击线，矛头直指阿留申群岛。

在研讨南云部队的动向时，参谋们颇费一番周折。起初，他们从西北画了一条指向夏威夷的斜线，但又觉得不妥，便加注了几个字：“这条线可以否定。”然后又在这条线偏南的位置画了一条直接指向中途岛的斜线，并标明：该部队将于5月27日从日本出发。

研讨中，华盛顿与珍珠港一直保持密切的联系，互通情报。事到如今，美国人不仅知道日本正在计划夺取中途岛，而且还清楚地查明了参战的兵力、数量，连具体部队单位、各舰舰长、舰只的航线，都了如指掌。毫无疑问，美国人基本看清了日本人伸向中途岛的战争魔爪。

中途岛战役前临战状态的美国海军 F-4F“野猫”战斗机

可悲的是，日本

① ［英］亨利·莫尔：《第二次世界大战的重大战役》，上海译文出版社，1983年，第186页。

人却一厢情愿地幻想再次实现像珍珠港事件那样的奇袭。近两个月来，他们自以为神不知鬼不觉，一直在暗中诡秘地策划进攻中途岛的作战计划……

第二节　山本五十六断然剑指中途岛

在太平洋战争初期，日本举国上下沉溺于胜利的狂欢中，但有一个人没有醉心于独霸天下的幻觉里，他就是山本五十六海军大将。

山本曾就读于美国哈佛大学，出任过日本驻华盛顿的海军武官，曾在美国广泛游历，潜心研究，对美国巨大的生产能力感到吃惊。他清醒地意识到：一旦战争爆发，当这个金元帝国的经济纳入战争轨道之后，数不清的飞机、坦克和军舰将会一涌而出，而贫瘠的日本岛国对此只能望洋兴叹。

为此，山本认为，日本必须在美国的工业生产能力总动员之前就取得战争的决定性胜利，因而他挖空心思偷袭了珍珠港。事件之后，山本曾忧郁而担心地说："我们只是唤醒了一个昏睡的巨人。"现在，他决心趁这个"昏睡的巨人"尚未完全清醒以前，完成袭击珍珠港的未竟事业——彻底摧毁美军太平洋舰队。

所以，当参谋长宇垣缠中将和他的幕僚们提出进攻中途岛，既可以作为日机空中巡逻的前进基地，威逼夏威夷，又可诱出美军舰队，在决战中将其歼灭，收取一箭双雕之利的时候，山本迅速而强有力地给予了支持。

美军中途岛海军基地

但事情并不一帆风顺。军令部的战略家们醉心于"FS"作战，反对立即进攻中途岛。因而，4月2

日，海军中佐渡边代表联合舰队一方，海军中佐三代辰吉代表军令部一方，就是否进行中途岛战役进行了激烈辩论。

海军中佐三代竭力而且有时甚至声泪俱下地提出一大堆理由，反对中途岛作战方案。他说，军令部认为，中途岛作战无论在战术上或战略上都是不明智的。同时，他又极力为进攻斐济、萨摩亚、新喀里多尼亚的作战计划辩解。

但渡边中佐唇枪舌剑，寸步不让。特别是在 4 月 5 日的辩论会上，他在东京直接跟“大和”号上的山本大将通了话，请示应采取的立场。回到座位上之后，他以不容置疑的口气说道：“我们相信，发动中途岛攻略作战，我们就可以诱出敌航空母舰，在决战中把它歼灭；另一方面，如果敌人避开我们的挑战，我们就可以把防御圈毫无阻碍地推进到中途岛和阿留申西部，而仍可以从中得到巨大好处。”①

由于无法打破僵局，参会的海军少将福留繁无可奈何地向海军中将伊藤建议，请军令部同意中途岛作战方案，伊藤默然点头。

这样，经过反复争吵辩论，军令部与联合舰队终于达成了协议。那些争论不休的细节问题，又被 4 月 18 日的杜立特空袭东京事件一扫而光。

4 月底，作战计划出笼，并得到山本大将的认可，然后正式提交给军令部总长、永野海军大将批准。5 月 5 日，永野奉天皇的敕令，发布了《大本营海军部第十八号命令》，命令海军：“须与陆军协同攻占中途岛及阿留申群岛西部要地。”②

日军大本营将此役命名为“米号作战”。

接令后，日本海军史上最大的一次作战行动立即紧锣密鼓地进入全面规划和准备阶段。不久，其兵力分配与作战行动大体部署就绪：

海军大将山本五十六全盘统率指挥。攻击舰队分为六支大的战术部队。

第一支是“主力部队”，由山本指挥。它又分为两部分：山本亲率的“主力”部队和海军中将高须四郎指挥的“阿留申警戒部队”。

山本的“主力”部队拥有战列舰“大和”号、“长门”号和“陆奥”号，轻型航空母舰“凤翔”号，水上飞机母舰“千代田”号和“日进”号以及轻巡洋舰“川内”号和 9 艘驱逐舰。这支兵力预计部署在中途岛西北 600 海里处，随时准备迎击露面的美军太平洋舰队。

---

① ［日］渊田美津雄、奥宫正武：《中途岛海战》，商务印书馆，1979 年，第 75 页。

② ［日］服部卓四郎：《大东亚战争全史》，原书房日文版，1975 年，第 807 页。

高须中将的“阿留申警戒部队”，由“日向”号、“伊势”号、“扶桑”号、“山城”号4艘战列舰和2艘轻巡洋舰、12艘驱逐舰组成，任务是支援阿留申攻略作战。

同时规定，一旦确知美军在某个海域反击，上述两支战术舰队就将立即会师，合兵一处，给美军舰队以毁灭性打击。

第二支是南云指挥的“第1机动部队”，负责对中途岛进行登陆前的空袭并给予美军舰队以致命打击。其兵力为:“赤城”号、“加贺”号、“飞龙”号和“苍龙”号4艘大型航空母舰，拥有战机261架，所部飞行员经验丰富，艺高胆大，基本是偷袭珍珠港的原班人马。此外，还有海军少将阿部弘毅指挥的“支持部队”以及海军少将木村进指挥的“警戒部队”，拥有战列舰“榛名”号、“雾岛”号以及2艘重巡洋舰、1艘轻巡洋舰和13艘驱逐舰。

南云部队是此次作战的先头部队，预计于6月5日（中途岛时间是6月4日）从中途岛西北250海里水域对中途岛实施登陆前的空中轰炸，并随时准备迎击可能出现的美军舰队。

日军联合舰队前线指挥官南云忠一中将，是偷袭珍珠港的前线总指挥，也是中途岛海战的前线总指挥

第三支是“中途岛攻略部队”，总指挥是海军中将近藤信竹，下分5支舰船队。其具体作战计划是：由海军少将田中赖三指挥的“运输船团”载运中途岛登陆部队5000人，于6月7日拂晓在中途岛的珊瑚礁桑德岛和东岛登陆；海军中将栗田健男指挥的重巡洋舰提供近距离支持；近藤信竹亲率由轻型航空母舰“瑞凤”号，战列舰“金刚”号和“比睿”号，重巡洋舰“爱宕”号、“鸟海”号、“妙高”号和“羽黑”号，轻巡洋舰“由良”号以及8艘驱逐舰组成攻略部队主力，将在中途岛以南或西南待机，以掩护这个方向的侧翼。

第四支战术部队是“阿留申部队”，总指挥是海军中将细萱戊子郎，下分5支任务舰队。主要任务是空袭美军荷兰港，攻占阿留申群岛中的阿图岛和基斯卡岛。

第五支战术部队是“潜艇部队”，由海军中将小松辉久指挥，兵力为15艘潜艇、2 艘补给舰、1 艘巡洋舰。计划在 6 月 2 日以前在中途岛与夏威夷中间的位置上设置甲、乙、丙三道潜艇警戒线，密切观察美舰行踪。

同时，日军又玩弄声东击西的手法，选派一些远程潜艇带着袖珍子艇出航，通过对悉尼到马达加斯加一带运输船舶和港口设施的袭击，来转移美国人的视线。

第六支战术部队是由海军中将冢原指挥的岸基航空部队，它是由分布在威克岛、夸贾林岛、奥尔岛和沃特杰岛以及贾卢伊特岛等地的 200 余架飞机组成，任务是对中途岛战役进行空中支援。

同时，冢原还要在 5 月 30 日派遣两架“二”式水上飞机偷偷飞临珍珠港上空进行侦察。侦察机途中将在弗伦奇 - 弗里格特环礁由潜艇给以加油。此行动命名为第二次“K 号作战”。

中途岛之战，日本联合舰队几乎倾巢而出，总计大小舰只达 200 余艘、飞机 700 余架，规模空前，势在必得！

进攻中途岛的“N”日（进攻日）定为 6 月 7 日，那时的月光将对夜间行动和登陆极为有利。为防止泄密，“N-2”日就要发起进攻。攻击阿留申群岛的行动从“N-3”日开始。

中途岛战役计划概要如下：各战术部队从不同的地点驶往预定海域。6 月 4 日，阿留申方面首先打响;6 月 5 日，南云舰队对中途岛发动登陆前的大规模空袭，摧毁中途岛的美军防空力量；此时，山本率“主力”部队在中途岛西北 600 海里处伺机而动；6 月 6 日，海军少将藤田率领的小型水上飞机部队在中途岛西北 60 海里的库雷小岛上降落，建立基地，一面接应登陆部队，一面远程侦察，监视美军舰队动向；6 月 7 日黎明，由田中赖三少将指挥的中途岛登陆部队 5000 人，在近藤的“中途岛攻略部队主力”以及栗田健男的“近距离支持部队”掩护下，对中途岛的沙岛和东岛同时发起猛攻，并强行登陆。

日本人指望美军舰队被中途岛和阿留申群岛同时受袭搞得晕头转向，穷于应付以致被强大的日本海军彻底击溃。

5 月 25 日，中途岛战役之前的准备工作基本就绪。山本和部下齐聚旗舰“大和”号，痛饮了天皇所赐的米酒，一时觥筹交错，上下喜气洋洋。他们开怀畅饮，为梦想的即将到来的“胜利”干杯！

而美军方面，当海军上将尼米兹洞悉日本人的阴谋之后，决心在中途岛与日军决一雌雄。

中途岛，顾名思义，因恰好位于亚洲与北美之间的太平洋航线正中而得名。

1859 年 7 月 8 日，美国海军上尉勃洛克发现了这个岛屿。

中途岛的战略地位极为重要，该岛离美国旧金山和日本横滨都相距 2800 余海里，距珍珠港约 1100 海里。它是美国在中太平洋上的重要基地，是夏威夷的门户和前哨。中途岛一旦失守，美军太平洋舰队的大本营珍珠港就将暴露在日军的虎口之下，唇亡齿寒，后果将不堪设想。

局势万分危急。早在 5 月 6 日，尼米兹亲临中途岛视察，并采取紧急措施，火速加强该岛防卫。在岛上，美军日夜抢修防御工事，数百千米的铁丝网，成千吨的水泥和弹药以及沙袋等物资迅速抵岛，即刻卸船。岛上防空炮群遍地林立，守备部队已达 2000 余人。

在中途岛海滩上，夏仑上校指挥的海军陆战队第 6 防御营天天操练，PT 鱼雷快艇不分昼夜地在沿海巡逻并执行夜袭任务。此外，20 艘美军潜艇在离中途岛 100 海里、150 海里和 200 海里的地方布置了三条弧形潜艇巡逻线。

在防空方面，16 架美国海军俯冲轰炸机、7 架“野猫”式战斗机、30 架海军水上巡逻机、18 架 B-17 轰炸机和 4 架 B-26 轰炸机陆续在中途岛机场着陆，使该岛飞机猛增至 120 架。

迅速武装起来的中途岛，犹如一艘巨大的永不沉没的航空母舰；守军全力以赴，枕戈待旦，正静候对手前来厮杀。

然而，此时美军太平洋舰队水面舰只的状况却十分不妙：航空母舰“列克星敦”号已沉入海藻丛生和珊瑚密布的热带海底；“约克城”号被重创，其命运凶吉难卜；航空母舰“萨拉托加”号于 1 月 11 日在瓦胡岛西南 500 海里处被日军潜艇击伤，现正在圣地亚哥“会诊”；刚返回的两艘航空母舰“大黄蜂”号和“企业”号又被派往珊瑚海，此时正奉令急速返回。因此，5 艘航空母舰中仅有 2 艘可以指望；此外，还有 7 艘重巡洋舰、15 艘驱逐舰可用。

总之，连用于保卫中途岛的舰只都捉襟见肘，至于要去迎击庞大的日本舰队简直不可思议，着实令尼米兹头皮发麻。

关键时刻，尼米兹手下的虎将哈尔西海军中将，因患带状疱疹于 5 月 26 日住院就医，一直指挥航空母舰护卫舰队的巡洋舰和驱逐舰支队的斯普鲁恩斯少将接替了哈尔西的职务。斯普鲁恩斯时年 56 岁，被人们称为“机器人”。虽然他遇事镇定自若，办事讲究效率，但指挥如此重大的航空母舰之间的大会战，还是第一次。因而，尼米兹难免有些忐忑不安。

5 月 28 日，海军少将斯普鲁恩斯直接指挥的由航空母舰“大黄蜂”号和“企业”号以及5艘重巡洋舰、9艘驱逐舰组成的第16特混舰队，在加完油和做完战斗准备之后，从珍珠港拔锚起航了。

第二天下午，“约克城”号被奇迹般地修复了。在仓促加油之后，该舰与2艘重巡洋舰、6艘驱逐舰组成第17特混舰队，在海军少将弗莱彻指挥下，也驶离了珍珠港。

6月3日，斯普鲁恩斯编队与弗莱彻编队会合。会合后，弗莱彻出任编队总指挥，负责全局，斯普鲁恩斯担任航空母舰指挥官。这两支特混舰队于6月4日上午驶往中途岛东北海面列阵埋伏，窥测时机，准备从侧翼对毫无警觉的日本舰队实施突然打击。

美国人明知自己面临强大的对手，但毫不畏惧，信心十足。在舰队从珍珠港出发前，海军上将尼米兹在致全体官兵的电文中说：“这次作战给你们提供了给予敌人以沉重打击的机会。”①

同日，海军少将斯普鲁恩斯对他的部下发出了如下勉词：“一次旨在侵占中途岛的进犯即将开始。进犯部队将由各种战斗兵种组成，有4到5艘航空母舰和运输舰以及辅助舰只。如果敌人没有发觉我第16和第17特混舰队的话，我们就能从中途岛东北的阵位上对敌航空母舰侧翼进行突然攻击……成功地完成现在开始执行的作战计划，将对我国做出重大贡献……”①

第三节　日舰队拔锚起航企图再偷袭

1942年5月27日，是日本海军引以为豪的日子——海军节。37年前的今天，海军大将东乡平八郎在对马海战中一举击溃俄国远东舰队；而37年后的这一天，仍然是一个重大的异乎寻常的日子。

当东方出现鱼肚白，在粼粼碧波的濑户内海海面上，集结着一支自太平洋战争以来还未曾见过的庞大舰队。在柱岛锚地的红色系水鼓上，系泊着山本大将的旗舰“大和”号，周围集结着68艘军舰。

① ［日］渊田美津雄、奥宫正武：《中途岛海战》，商务印书馆，1979年，第148页。

此刻，暗灰色的庞大舰队虽然静悄悄地锚泊着，但重大战役之前的那种紧张和激动的气氛早已充满了整个舰队。

上午 8 时整，南云忠一的旗舰“赤城”号的信号桅上升起了一面信号旗，发出了人们紧张等待着的命令:“按时起航！”锚链溅起了白色的水花，南云机动部队终于开赴了日本海军历史上最重大的海战战场。

“赤城”号航空母舰

在这期间，海军少将角田觉治指挥的“第 2 机动部队”，已经于 5 月 26 日自本州岛北部的大凑先行出发，经津轻海峡东行，奔赴北太平洋，在茫茫大雾中向阿留申群岛进发。

5 月 28 日，海军中将细萱戍子郎指挥的“阿留申部队”主力和“阿图岛攻略部队”“基斯卡岛攻略部队”，也自大凑起航。

5 月 28 日晚，远在南方马里亚纳群岛的由海军少将田中赖三指挥的中途岛登陆部队“输送船团”，也在巡洋舰、驱逐舰的护航下从塞班岛出发。

几乎同时，海军少将栗田健男指挥的“近距离支援部队”也从关岛出发，在离输送船团约 40 海里处与之并行东进。

5 月 29 日，由海军中将近藤信竹指挥的“中途岛攻略部队”主力也离开了柱岛锚地。

山本大将指挥的“主力部队”拥有 32 艘军舰，在近藤部队出发后起航。队列中的“大和”号战列舰威风凛凛，英姿非凡，这次出击还是它的“处女航”呢。

由于它的参战，日本海军更显得趾高气扬。

一艘艘阴森可怖的暗灰色战舰在波涛汹涌的太平洋上急驰。5 月 30 日，海上气候恶劣，山本部队遇到狂风暴雨的袭击。只见大浪铺天盖地地泼打到巡洋舰、驱逐舰的甲板上。

海浪翻卷起伏，山本的心潮亦不平静。此刻，他正在急切地等待着第二次“K 号作战”的消息。第二次“K 号作战”规定：为完成对夏威夷的战前空中侦察，侦察机途中须在弗伦奇－弗里格特环礁加油。可是当供油的日本潜艇“伊 -123”号到达预定接头地点时，却发现美军已将此环礁作为水上飞机基地了。

加油不成，侦察计划告吹。山本闻讯后相当沮丧，由于“K 号作战”计划的流产，致使日本人无法事先搞清珍珠港方面美军舰队的动向。

至此，山本只好指望小松辉久设置的三道潜艇警戒线发挥作用。然而，由于日军潜艇迟延了两天，于 6 月 4 日才抵达预定阵位，而美军第 16、第 17 特混舰队早已由此通过多时了。这样，日本人费尽心机在中途岛与夏威夷中间设置的三道潜艇警戒线成了马后炮，形同虚设。

6 月 1 日和 2 日，令山本不安的消息接踵而来：

“无线电侦察发现，从夏威夷发出的电信有明显增加。在所截收到的 180 份电报中有 72 份是急电，说明局势异常紧张！”①

“敌人似乎加强了对中途岛西南方面的巡逻，巡逻距离大概为 600 海里。”

“看来敌人在实行严格的警戒，大批敌机昼夜 24 小时在实施防御巡逻……”①

虽然令人不安的消息接踵而至，但山本在 6 月 1 日也收到了东京军令部发来的令其宽慰的电报：军令部经过研究，判断美军航空母舰部队还在所罗门群岛附近活动。

真是天大的乌龙！实际情况是，美军特混舰队正在驶向中途岛东北海域的埋伏点！

海面上大雾弥漫，连强烈的探照灯光也难以穿透周围的一片昏暗。各支日舰编队在茫茫大雾中向前猛冲，加上舰队保持无线电静默，其情景恰似盲人骑瞎马。

直到 6 月 2 日 24 时，仍然没有任何迹象表明日军舰队被美方发现。因此，从山本大将直到每个舰员，都自信能够出其不意地对美军进行袭击。

---

① ［日］渊田美津雄、奥宫正武：《中途岛海战》，商务印书馆，1979 年，第 135 页、第 136 页。

6月3日[①]晨8时，海军中将高须的“阿留申警戒部队”离开山本的“主力部队”驶往阿留申，对即将展开的阿图岛和基斯卡岛攻略战实施火力掩护。

不料，一小时后，山本获悉田中赖三发来的告急电：“我输送船团于9时在中途岛以西600余海里处被一架美军搜索机发现！”

接电后，刚才还是笑逐颜开的山本和他的幕僚们，顿时坠入忧郁的愁云之中：一直担心的事终于发生了！

下午，从中途岛起飞的9架满载炸弹的B-17式轰炸机攻击了田中的“输送船团”，但接获的报告说“船团没有中弹”，山本及其幕僚都深深地松了一口气。

6月4日凌晨，又有一批美机对田中船团进行了低空轰炸。结果，船队尾部的“曙丸”号油船中雷一枚。缺乏经验的美机驾驶员声称击伤两艘战列舰，但事实上，田中运输船团和护航舰队损失轻微，仍旧马不停蹄地继续向中途岛挺进。

此时此刻，偷偷驶往中途岛海域的南云部队也逐渐紧张起来。6月4日凌晨2时30分[②]，南云旗舰“赤城”号上的一个瞭望哨报告：“右舷90度，高低角70度，好像是一架侦察机的灯光。在云上，向我逼近！”

舰长青木大佐立刻下令拉响战斗警报，舰员们迅即各就各位，准备战斗。可是，但见天上星星穿过云隙，忽明忽暗地闪烁着，却不见敌机踪影。

原来，瞭望哨把星星当成了敌方目标。过了一会儿，青木正要下令解除警报，那瞭望哨又突然大声报告：“还是那个方向，发现灯光！不是星星！”对空战斗的命令立即发往各舰，结果又是一场虚惊。

6月4日凌晨3时左右[③]，南云中将在战前对形势做了7点判断，其要点如下：

“敌人尚未察觉我方企图，也未发现我机动部队。”

“敌舰队大概会在我中途岛攻略作战开始后出来应战。”

“没有迹象表明敌机动部队在我附近。”

“因此，我们能空袭中途岛，歼灭岛上岸基飞机和支援我登陆部队作战。然后，我们可以转过头来迎击前来的敌机动部队，并予以歼灭。”[④]

出击的时刻终于来到了！在中途岛西北240海里的水域，恶浪滚滚，一派杀

---

① 即日本时间6月4日。以下在叙述整个中途岛作战时，用西经日和中途岛时间。中途岛时间比日本时间要晚21小时。

② 日本时间为6月4日23时30分。

③ 日本时间6月5日零时左右。

④ ［日］渊田美津雄、奥宫正武：《中途岛海战》，商务印书馆，1979年，第158页。

气腾腾的景象：日本航空母舰上的探照灯光把整个飞行甲板照得如同白昼，引擎发动，震耳欲聋，排气管里喷吐着青白色燃气。攻击中途岛的108架飞机在15分钟内从4艘航空母舰上争先恐后呼啸腾空，舰员们狂热地挥动着帽子和手臂，欢送他们离舰。

这时，中途岛的时间是：6月4日凌晨4时45分。

第四节　调虎离山　阿留申群岛佯攻战

就在南云部队对中途岛发动攻击的前一天，对阿留申群岛的牵制性进攻战打响了。

综观全局，阿留申之战实际上是中途岛战役中画蛇添足的一笔，是中途岛战斗"交响乐"中一支很不协调的插曲。

阿留申群岛位于太平洋北部，是由东西走向的一连串链状岛屿组成的。它像一片残缺不齐的月牙，从阿拉斯加伸展到北太平洋。这里纬度较高，气候严寒，终年朔风呼啸，海上流冰出没，岛上荒瘠不毛。

这些经常被大雾笼罩或被风暴冲击的荒凉石岛，无论是作为空军基地还是海军基地，都极不适宜。日军一则佯攻，引蛇出洞，无非是为了迷惑美军，造成两路夹击的声势，使尼米兹首尾难顾。二则，如果诱惑不成，进而登陆，即顺手牵羊，一举攻占。

但是，尼米兹早已洞察了日本人的真实意图，没有上钩，因而山本五十六巧设的这一陷阱，只不过是掩耳盗铃，自欺欺人罢了。

1942年6月3日①，阿留申海面朔风劲吹，大雾弥漫。由海军少将角田率领的第2机动部队，冒着零下7摄氏度的严寒，以22节的航速向阿留申唯一的美军港口荷兰港逼近。该舰队拥有航空母舰"隼鹰"号和"龙骧"号，载飞机82架，计划于6月4日（东京时间）对荷兰港进行空袭；登陆作战由"阿图岛攻略部队"和"基斯卡岛攻略部队"执行。

---

① 此指阿留申时间，比日本时间要晚21小时。

6月3日凌晨，太阳还没有钻出阿拉斯加黑魆魆的群峰，空袭荷兰港的时刻已经骤然来临。此刻，海面雾气朦胧，气候极为恶劣。站在“龙骧”号舰桥上的加藤唯雄舰长见状，心急如火却一筹莫展。

这真是一次艰难而又冒险的出击。首先，敌情不明，地形不熟，日军使用的地图都是根据30年前的老图复制的，照片也是20世纪初的货色；再说，飞行员没有在北太平洋作战的经验，他们能否找到目标？他们能顺利地返回航空母舰吗？

2时43分，朦胧中渐渐看到千米之外的邻舰轮廓。海军少将角田再也按捺不住了，立即下令出击。旗舰“龙骧”号发出灯光信号：“各飞行队立即起飞！”

日机依次飞离甲板，冲进海空迷雾之中。“龙骧”号上的一架轰炸机刚起飞，便一头栽进冰冷的水中，驾驶员险些丧命。经过一番努力，终于有35架日机起飞成功，在无法编队的情况下，日机各自扑向东北方180海里远的美军基地荷兰港。

海军大尉山上正幸率领着从“龙骧”号起飞的17架飞机，冒着恶劣的气候巧妙地穿过断云飞抵荷兰港。然而，情况使他们大感沮丧：港内没有舰船，机场没有飞机。万分恼怒的日机便去轰炸美军的油库、电台，又向停在水面的一架飞机打了几炮。美军地面炮火毫不示弱，给以猛烈还击。一架日机被击中后迫降，驾驶员在着陆时将颈骨折断了。

海军大尉志贺率领“隼鹰”号上的18架飞机进击，途中与一架美机纠缠起来，

中途岛战役中，1942年6月3日，一支日本航母突击队向位于阿拉斯加州荷兰港的海军基地和米尔斯军营发动了两天的空袭。照片拍摄的是1942年6月4日的进攻，炸弹在荷兰港附近的水面爆炸

日机好不容易才把它击落，耽搁了一些时间，加之气候恶劣，还没有到达荷兰港上空就鸣金收兵了，此行可谓徒劳无功。

首攻几乎一无所获。可是，山上正幸大尉在返航途中却发现了“猎物”。他立即给角田少将发报说：“乌纳拉斯卡岛中部北岸的马库欣湾里停泊着 5 艘敌驱逐舰。”

以见敌必战而著称的角田少将闻讯如获至宝，立即拼凑了 24 架飞机前往攻击。可是，恶劣的天气使大部分日机被迫中途返航。着舰时，日机引擎发出可怕的“乒乓”响声，使惊闻其声的舰员们个个提心吊胆。

从“高雄”号和“摩耶”号上起飞的 4 架日机运气更差，途中，他们与数架美机发生混战，结果，两架日机被击落，另两架负伤，在返回时又凄惨地在海面上坠毁。

第一天攻击，角田部队损兵折将，损失不菲，毫无战果。

6 月 4 日，角田又拼凑了 26 架日机再次空袭荷兰港。其战况正如美国海军部后来在第 98 号公报中所陈述的那样：

“这一天，荷兰港西面约 70 英里乌姆纳克岛上，格伦炮台的陆军站沿海建筑，遭到 9 架日战斗机的扫射。两架日机被我陆军战斗机击落，其余 7 架则分头逃窜，未能予我以丝毫损失。荷兰港与米尔斯炮台，在日方来袭以前，均已发出警报，故日机曾遭我军舰及沿海炮台猛烈的高射炮射击，但我仍受相当损失——营房着火、仓库烧毁、一座飞机库亦被击中，‘西北’号舰艇、燃料船及油船数艘被炸、着火，我方死伤陆海军人员约 40 名。自 6 月 4 日以后，日方即未再来袭击轰炸荷兰港、米尔斯炮台、格伦炮台以及在阿拉斯加和阿留申群岛上的军事设施。”①

6 月 5 日，当南云舰队在中途岛海面被炸得焦头烂额的时候，山本曾于 13 时 10 分发出命令：“中途岛和阿留申登陆作战暂时推迟。”

后来，日本人又重新恢复了阿留申作战，其目的无非是要捞点宣传材料。结果，日军在 6 月 7 日占领了阿图岛和基斯卡岛，但这个无关紧要的战果，根本无法弥补南云部队在南面海域所遭到的惨重损失！

阿留申之战只不过像个小丑一样，在一场巨大悲剧中走了个过场，使日本人哭笑不得，颜面尽失。然而，日军大本营却以此大吹大擂，庆贺胜利，以掩盖中途岛方面的空前惨败。

---

① 周康靖等编：《第二次世界大战史料》（第三年），大时代书局，1946 年，第 89 页。

第五节　日舰载机群大肆空袭中途岛

6 月 4 日，当黎明时分的一抹朝晖出现在海天之际，由 108 架日本战斗机和轰炸机组成的第一攻击波在总指挥、海军大尉友永丈市率领下，风驰电掣般地向中途岛扑去。7 架日本搜索机从东向南，进行 300 海里的扇面搜索，同第一攻击波同时起飞。

第一攻击波刚刚腾空，航空母舰甲板上又传来扩音器的急促喊叫声："第二攻击波准备！"

第二攻击波也是 108 架飞机，这是日本海军航空兵的精华，是南云手中的一张王牌，专门准备对付可能出现的美军特混舰队。

然而，飞行甲板上摆满这样多的飞机，无疑对美军也是一个极大的诱惑。渊田美津雄中佐说："我们就好像一个背着满口袋黄金，单身在森林里赶路的人，自然会引起强盗们的注意。哪个强盗首先发现了，都会猛扑过来。"①

何况，眼下只有 18 架战斗机担任南云部队的 21 艘军舰的空中战斗巡逻，因而南云舰队处境险恶：何时会被"打劫"，会怎样被"打劫"？一概无从知晓！

清晨，美军艾迪中尉驾驶着大型水上飞机在中途岛西北 200 余海里的上空侦察飞行。当他穿过断云，突然在水天线处发现了日本舰队。艾迪立即打开他的收发报机："达夫尼呼叫，达夫尼呼叫，发现敌舰队，航向 135 度，航空母舰 2 艘、战列舰 2 艘、巡洋舰和驱逐舰待报……"②

不久，在艾迪东南方向的驾驶员蔡斯上尉又发现大批日机像一群蝗虫似的全速扑向中途岛，立即发回电报。1 分钟后，中途岛拉响战斗警报，此时正是清晨 6 时整。

蔡斯驾机悄悄地跟踪日军机队，在离中途岛不到 30 海里的地方，他抢飞到日军机群头顶，空投了一颗降落伞照明弹，向早已在中途岛上空组成防线的 26 架

① ［日］渊田美津雄、奥宫正武：《中途岛海战》，商务印书馆，1979 年，第 169 页。
② ［法］乔治・布隆：《太平洋海战的幸存者》，法国斯德出版社，1973 年，第 3 章。

岛上设施中弹起火

"野猫"式战斗机报警。

空中拦截战开始了！但美机不是性能优良的"零"式战斗机的对手。从6时45分开始，仅经过15分钟的激战，美机就败下阵来。日机竟未损一架，全部飞抵中途岛上空。

可是，美军早有戒备，机场上的飞机已全部升空，人员都钻进了掩蔽部，地面高射炮火也相当凶猛，日军轰炸机只能对东岛机场、桑德岛机库、机场跑道及其他地面设施进行报复性的轰炸。

中途岛在颤抖！爆炸气浪腾空而起，各类残骸纷纷落下。燃油库燃烧的火焰像一条巨大的火龙，呼啸着冲向天空。"零"式战斗机从四面八方向在浓烟中所能看到的所有目标肆意进行扫射。

第一次攻击结束，日机损失6架，美机损失15架，并有7架严重受伤，中途岛上若干军事设施被炸毁。

友永清楚地知道这次攻击目标是歼灭中途岛上的美航空军兵力，而眼下，这一目的显然没有完全达到。因此，他在返航时发电请示："需要进行第二次攻击。时间，7时整。"

7时5分，当旗舰"赤城"号收到友永的电报时，从中途岛起飞的大批美军岸基飞机飞临南云编队头顶，日军航空母舰立即拉响了空袭警报。严峻的时刻来到了！南云舰队面临着生死考验！

相继从中途岛起飞前往攻击日军舰队的美机共分为四个大队：由菲伯林上尉指挥的6架"复仇者"式鱼雷机为第一大队；斯威尼少校指挥的15架陆军B-17"空中堡垒"式重型轰炸机为第二大队；第三大队是由4架12吨重的陆军B-26"掠夺者"式轻型轰炸机组成，每架携带鱼雷一枚，指挥官是何林斯上尉；洛夫坦·亨德森中校指挥第四大队的16架海军俯冲轰炸机，另有11架"无畏"式俯冲轰炸机由诺里斯中校指挥。

日舰警报刚刚拉响，何林斯率第三大队的4架B-26式轰炸机从“赤城”号左舷以70米高度掠海而来。美机正欲投雷，日机已猛扑过来。结果3架美机当场被击落，1架仓皇逃走。日舰上的官兵立刻发出一片喝彩声。

紧接着，舰桥瞭望哨喊道：“6架中型陆上机逼近！水天线上，右舷20度！”这是菲伯林上尉指挥的第一大队！美机下降到60米的高度，对日舰实施被美国历史学家称为“勇敢的攻击”。日舰炮火很猛，“零”式战斗机也在高射炮弹的黑色硝烟里向美机扑过去。瞬间，3架美机中弹起火，栽入大海；另3架投掷鱼雷完毕，突然右转抽身便走，其中1架从“赤城”号上空掠过，中弹后拖着火焰，擦着舰桥栽入大海。

正在这时，几条白色雷迹径向“赤城”号左舷冲来。“赤城”号急速闪避，侥幸脱险，为此，舰上每个人都深深地松了一口气。

脱险后，南云认为，美机的进攻险些成功，为确保舰队平安，必须不惜一切代价从速把中途岛的轰炸机全部摧毁。7时15分，南云命令原准备对付美军舰队的第二攻击波飞机改为进攻中途岛，但这就必须卸下已经挂好的鱼雷再换上炸弹。命令一下，舰员们拼命地忙活起来。

正当“卸雷换弹”工作疯狂进行的时候，尖厉的空袭警报再次响遍整个舰队。原来，由斯威尼少校指挥的15架B-17“空中堡垒”机群，银光闪闪地由东南方飞来。该机群每架携弹4吨，在6000米高空从容投弹后，又在“隆隆”响声中洋洋得意地飞走了。结果，双方谁都没有遭受损失。尔后，诺里斯中校指挥的11架“无畏”式俯冲轰炸机又向日军航空母舰的护卫舰只展开了攻击。

这时，南云舰队第二攻击波中的36架“零”式战斗机已全部起飞成功，配合空中原有的18架日机，加强了航空母舰编队的空中战斗巡逻。

8时整，亨德森中校指挥的第四大队出场了。此时，亨德森决然没有想到这是他生命的最后时刻，更没有想到后来人们尊称他为“空中英雄”。当时，他仅知道16架俯冲机中有10架不会俯冲，遂决定采用下滑轰炸法攻击日舰。正当他一马当先做示范时，被日舰炮火击中坠海。格利登上尉见状，迅速接替了他的指挥职务。尽管美机一架接一架地被击中起火，瞬间就有8架坠毁，但余者仍勇敢地下降到150米高度迅速投弹。

此刻，日军“飞龙”号航空母舰像一只发疯的熊，拼命闪避炸弹，但仍被浓浓的硝烟所笼罩。旁观者以为“飞龙”号中弹无疑，不料烟消云散后，它竟安然无恙。

美机第四大队刚攻击完毕，一艘日军驱逐舰又立即报告说："发现 100 多架敌机向我逼近！"日舰接报后立即开火，但仅打了几炮就戛然而止了。原来，这是空袭中途岛的日本第一攻击波返航归来了。

此时正是清晨 8 时 30 分。

第六节　南云中将左右为难　处境险恶

就在中途岛日机第一攻击波返航前几分钟，战局突然起了微妙的变化。

这时，一架日军侦察机在 300 海里搜索扇面的终点发现了一个令人吃惊的大目标，他即刻回电："发现 10 艘军舰，好像是敌舰！方位 10 度，距离中途岛 240 海里。航向 150 度，航速 20 节以上。时间，7 时 28 分。"①

这封惊人来电，把"赤城"号舰桥上的人都吓呆了，这么快就出现了美舰编队？这对南云和他的参谋们来说，简直犹如晴天霹雳！

"10 艘军舰，好像是敌舰……"南云中将和草鹿参谋长手持电报，大为恼火。这是什么情报！此时，南云急切想知道的是美军舰队的组成如何？包括哪些舰种，特别是有无航空母舰！

形势顿时紧张起来。情报参谋小野立即在海图上查明了美舰位置：日、美两支舰队恰好相距 200 海里。假如美方拥有航空母舰，双方都将处在舰载机的攻击范围内。

7 时 47 分，"赤城"号回电严令侦察机："查明舰种并保持接触。"同时，南云下令停止弹药换装工作，整个舰队准备迎击美军舰队。

南云和他的参谋们在舰桥上等待复电，如热锅上的蚂蚁，坐立不安。直到 8 时 9 分，才收到侦察机复电："敌舰为 5 艘巡洋舰和 5 艘驱逐舰。"

情报参谋小野洋洋得意地说："跟我想的一样，没有航空母舰！"

原来是一场虚惊！草鹿参谋长主张再次攻击中途岛，回头再来收拾这 10 艘军舰。

可是好景不长，8 时 20 分，日侦察机又送来一条模棱两可的电文："敌舰队殿

① ［日］渊田美津雄、奥宫正武：《中途岛海战》，商务印书馆，1979 年，第 180 页。

后好像有一艘航空母舰。”参谋们半信半疑：如果敌舰队中确实包括航空母舰，那么舰载机怎么还不来攻击我舰队？

老谋深算的南云断定这样的阵容中起码有一艘航空母舰，必须立即采取紧急措施。但眼下南云处在进退维谷，骑虎难下的窘境中：

首先，对于攻击舰船来说，当然以使用鱼雷为好，可是，“赤城”号和“加贺”号上的大部分鱼雷机都已换装上准备轰炸中途岛的炸弹，是再撤下炸弹换上鱼雷呢，还是即刻起飞，用炸弹前去攻击美军舰队？

其次，由于第二攻击波的全部“零”式战斗机已升空护卫航空母舰，燃油也已消耗不少。即使这批鱼雷机即刻起飞，也没有战斗机掩护。如果让鱼雷机贸然单独出击，必然会遭到严重损失，这该如何是好？

最后，空袭中途岛的第一攻击波已经返航，其中有些飞机已经负伤，大部分弹油皆已告罄，急需降落。若不出击吧，这批鱼雷机、轰炸机白白占据着飞行甲板；若把这批飞机挪开，让返航战机先行降落，必将耽搁对美军舰队发动进攻的时机，这该怎么办呢？

足足有 10 分钟，南云权衡再三，举棋不定，无所适从。

此时，“飞龙”号上以勇猛著称的第 2 航空战队司令官——山口多闻海军少将再也沉不住气了，马上向南云发信号：“我认为应该立即命令攻击部队起飞！”

可是，南云没有这样干。8 时 30 分，他作出了如下决定：鱼雷机送到下边的机库，清理出飞行甲板，回收第一攻击波机群和正在进行战斗巡逻的第二攻击波中的战斗机；收机作业完成后，整个舰队暂时北撤；攻击美军舰队的时机推迟到能全力以赴地实行出击的时候。

这自然是一种正统的战术，但是却忽视了时间因素！因为，战斗的胜利并不总是属于力量强大的一方，而往往属于能更迅速果断地去应付没有预料到的情况，并能更迅速地抓住稍纵即逝的战机的一方，在这不是鱼死就是网破的航空母舰之间的攻击中更是如此。反之，则难逃一败涂地的命运。

上述决定作出之后，南云又电告了“大和”号上的山本大将以及指挥攻略部队的近藤中将。于是，疲惫不堪的整备队员再次把鱼雷机送到下边机库，又吃力地开始卸炸弹换鱼雷。增田飞行队长为鼓舞士气，大声喊道：“再干吧，这像是在搞一场炸弹换鱼雷，鱼雷换炸弹的比赛啊！”

匆忙卸下的重磅炸弹，来不及送到弹药库，都被随手堆放在机库旁边。谁也没有想到，这样处置这些致命的炸弹，恰恰是在安排他们自己的末日！

9 时 18 分，从中途岛返航的第一攻击波和在航空母舰上空进行战斗巡逻的第二攻击波的战斗机全部收回。在南云部队北撤的同时，4 艘日本航空母舰也正手忙脚乱地进行攻击前的准备工作。预计在 10 时 30 分，102 架日机组成的攻击队，就可以凌空起飞、大显身手啦！

可是，就在这短短的 1 小时内，战局急转直下，出现了令南云中将难以想象的险恶局面。

第七节　守株待兔　美舰载机扑向猎物

在中途岛东北海面，由斯普鲁恩斯和弗莱彻率领的第 16 和第 17 特混舰队，就像一个耐心等待的猎人，一连几天一直全神贯注地静候猎物的到来。

6 月 4 日凌晨，全副戎装的美军航空母舰飞行员坐在待命室的安乐椅上，看着透明板上不断显示出来的关于日军进攻中途岛的战况。

当时，在南云舰队上空，一架美军“卡塔琳娜”水上飞机像一只牛虻似的紧紧盯住南云舰队不放，不断地把南云舰队的情况发给斯普鲁恩斯少将。

7 时 2 分，美军航空母舰扬声器里传来急促的呼喊声：“飞行员上机！飞行员上机！”一场筹划已久的对日军舰队进行全力打击的世纪之战开始了！

“无畏”式俯冲轰炸机编队

不久，美军航空母舰“大黄蜂”号上 35 架“无畏”式俯冲轰炸机、15 架“复仇者”式鱼雷机和 10 架“野猫”式战斗机腾空而起；7 时 50 分，美军航空母舰“企业”号上的 33 架“无畏”式俯冲轰炸机、14 架鱼雷机和 10 架战斗机又呼啸离舰。

如此庞大的机群起飞后在空中集合整整花了将近 1 小时。8 时 6 分，美机群终于踏上了进击的征途。可是，由于协同失误，整个机队在飞行中分裂成四个机群。

8 时 40 分，从“约克城”号航空母舰上起飞的 17 架美军“无畏”式俯冲轰炸机、12 架鱼雷机和 6 架战斗机也满载弹药向日军航空母舰编队扑去。

可是，当美军机群陆续到达预定海域时，却不见南云舰队的踪影。原来，由于不久前“零”式战斗机赶跑了令南云烦恼的美军“卡塔琳娜”式水上飞机，中断了对南云舰队的监视，从而使美机对南云舰队北撤这一情况毫无所知。这样一来，美军攻击机群顿时乱了阵脚。

从“大黄蜂”号起飞的 35 架美军俯冲轰炸机以为日军舰队驶往中途岛，于是开足马力猛追，结果恰好与目标南辕北辙。这批飞机一部分在中途岛着陆，一部分因油尽掉到了海里。从该航空母舰起飞的由海军少校沃尔德伦率领的 15 架“复仇者”式鱼雷机，不仅没有发现日军舰队，而且又与己方护航战斗机失散了。沃尔德伦灵机一动，下令往北搜索。

9 时 15 分，沃尔德伦不由地惊叫了一声，他发现远方海面上，一群舰只拢成巨大的钢铁“花环”，中间是威武雄壮的航空母舰，这就是南云舰队！

美军鱼雷机立即在燃油快要耗尽又无战斗机掩护的情况下，勇敢地冲向目标。海军少校沃尔德伦这样鼓励伙伴们：“我希望大家竭力去摧毁我们的敌人。如果只剩下一架飞机去进行最后的攻击，我希望那位飞行员冲上去并击中目标。愿上帝保佑大家。”①

这是一场悲剧性的自杀攻击。护卫日军航空母舰的“零”式战斗机和舰面高射炮火网疯狂拦截了笨拙的“复仇者”式鱼雷机。15 个空中“黑点”一个接一个地先后在空中爆炸消失了，所有鱼雷机全部被将近 50 架日本“零”式战斗机击落，30 名空勤人员中只有海军少尉 G. H. 盖伊一个人幸存。

日本舰员们不断为其空中将士精彩的表现鼓掌喝彩。可是，喝彩声未绝，9 时 30 分，“赤城”号瞭望哨又突然喊道：“敌鱼雷机，右舷 30 度，低空接近！”

这是从“企业”号上起飞的林塞少校指挥的 14 架鱼雷机。同沃尔德伦一样，林塞机队在途中也与护航战斗机分散了，结果孤军撞入日军舰队上空。只见它们紧贴着海面从两舷逼近，呼啸着直奔“苍龙”号②。

---

① ［美］N. 米勒：《海军空战》，海洋出版社，1981 年，第 77 页。

② 日本军官渊田美津雄在《中途岛海战》一书中回忆：这批飞机“看来它们的目标是直奔‘赤城’号”。

“企业”号上的鱼雷轰炸机准备起飞

此时，日舰想避开全部鱼雷机似乎已不可能，如此惊险紧张的场面，几乎令人窒息。但由于24架“零”式战斗机顽强地拦截，日舰也喷吐着密集的炮火，瞬间便有10架美机粉身碎骨，残余的4架继续扑向“苍龙”号，并向“苍龙”号投雷，但却被“苍龙”号成功地闪避过去了。

10时，日舰观察哨又送来令人震惊的报告：“敌鱼雷机逼近左舷！”这一次，轮到“约克城”号上的12架美军鱼雷机一试身手了！梅西少校领导了这次敢死突击：美机从左舷向“飞龙”号扑去，但在“零”式战斗机的截击下，只有7架有机会向“飞龙”号发射鱼雷。“飞龙”号赶紧右舷急转，规避了泡沫飞溅的鱼雷。施放鱼雷后的美机又有5架殒命，只有2架死里逃生。

至此，从3艘美军航空母舰上出动的共41架鱼雷机，只有6架得以生还！更可悲的是，美机所投的鱼雷竟无一命中日本航空母舰。

目睹这场舍生忘死的英勇进攻，敏捷果敢的精彩截击，日舰上的人个个出神、兴奋、激动，人人感到胜利在望！

但是，正如美国海战史专家莫里森教授所总结的那样：“正是由于驾驶着老式鱼雷机的青年人具有过人的英勇和牺牲精神，才使后续的胜利具有可能性。这种视死如归的疯狂攻击，纠缠住了日本航空母舰，阻止它们有更多的飞机升空。这些鱼雷机好像磁石一样，吸引了敌方的战斗巡逻机群，迫使日本战斗机在接近海平面的低空飞行。于是，当几分钟之后，俯冲轰炸机前来进攻时，几乎可以完全不受敌方战斗机的拦截……”

由克拉斯基少校指挥的从“企业”号上起飞的33架“无畏”式俯冲轰炸机，

中途岛参战的美军航空母舰“企业”号

在预定海域没有发现日舰。搜索了 1 小时后，美机突然发现一艘高速航行的掉队的日本驱逐舰，于是沿此方向前往追踪。

不久，克拉斯基少校在 6000 米高空发现，水天线处有一条白色的烟云在蔚蓝色的大海上袅袅上升。日本舰队在望了！可是很奇怪，克拉斯基发现高空中没有一架日本战斗机。当他接近目标时，终于发现在下方低空处，黑压压的一片日军战斗机正在疯狂地围攻美军鱼雷机群。海面上，威武的日本战舰编成巨大的“花环”，保护着 4 艘航空母舰。对于任何俯冲轰炸机来说，这都是一幅蔚为壮观的图景和千载难逢的时机。

真是无巧不成书。此时，从“约克城”号起飞的 17 架俯冲轰炸机也不约而同地与克拉斯基的机队会合在一起。于是，“企业”号上的 33 架俯冲轰炸机在空中分成两个中队，以“赤城”号和“加贺”号为攻击目标;“约克城”号的 17 架俯冲轰炸机，专门攻击“苍龙”号航空母舰。

第八节　日本精锐航空母舰葬身怒海

“赤城”号航空母舰 1925 年下水，1927 年服役，舰长 250.4 米，宽 31.3 米，吃水 8.7 米，改装后飞行甲板长 260.67 米，能搭载 60~90 架飞机，标准排水量

26 900 吨，改装后为 36 500 吨。此时，该舰上的舰载机还在换弹，庞大的航空母舰开始逆风航行。待更换鱼雷工作就绪，战机将通过升降机提升到飞行甲板，排好起飞位置后发动起飞，即可腾空前往对美舰队进行毁灭性的打击。

日本海军开战以来最大的悲剧发生了！

10 时 25 分，瞭望哨突然喊道：“俯冲轰炸机！俯冲轰炸机！”但见 3 架美机朝“赤城”号急速俯冲下来，令人生畏的机身越来越大，许多黑色的东西从机翼下凄厉地摇晃而下……

刹那间，一道明亮夺目的闪光突然照得舰桥上的军官们眼花缭乱，炽热的气浪猛地冲了过来，将他们掀翻在地：“赤城”号当即被两颗炸弹击中，一颗落在升降机后部，一颗落在飞行甲板左舷后段。但见火焰乱窜，浓烟四起，爆炸后的情景使人毛骨悚然：升降机后面被炸开了一个大洞，机身翻卷着塌向机库；飞行甲板的钢板奇形怪状地向上翻翘着；舰载机机尾朝天，喷吐出青蓝色的火舌……

更为悲惨的是，命中的炸弹引爆了舰上整备员刚才随手丢放的那批高爆炸弹。几秒钟内，一颗又一颗炸弹发生剧烈爆炸，炽热的大火从舱内喷出，四处蔓延，吞没了甲板上的飞机，而飞机上的鱼雷又被引爆。惊人的爆炸声此起彼伏，致命的碎片到处飞舞。“赤城”号上仿佛正在进行一场爆破大竞赛，每次大爆炸都震撼着航空母舰的舰体，整个机库已成火海一片。东倒西歪、颠簸摇晃的“赤城”号，

“赤城”号中弹后发生大爆炸，很快沉没

竟把燃烧的飞机沿着甲板抖落进沸腾的大海。

大火很快将舰桥包围了，南云面对惨状，呆若木鸡。在这生死关头，青木舰长眼含热泪对南云说："长官，有我照管军舰，我们大家都恳求您把司令旗移到'长良'号上，继续指挥部队。"

副官西林跑来报警说："下面的过道都起火了，逃出去的唯一办法是从舰桥的前窗捋着绳子下去。"南云无计可施，只得由西林副官扶着爬上舰桥窗口，于11时30分转移到"长良"号巡洋舰上。该舰桅杆上飘扬起南云的将旗。

"加贺"号几乎与"赤城"号同时遭到攻击。"加贺"号于1920年下水，舰长240.3米，宽32.5米，吃水9.5米，飞行甲板长248.6米，航速28.3节，改装后标准排水量为38 200吨。

10时24分，9架美机向"加贺"号冲来。俯冲轰炸机飞行员克拉伦斯·迪克森海军上尉这样描述道："我认得出那就是'加贺'号，它庞大、巍峨……目标十分令人满意……我看到，在我瞄准的部位偏后一点的地方落下了一颗炸弹……我看到，飞行甲板被炸开，向外翻卷着，下面的机库露出一大片……"①

短短几分钟，4颗炸弹命中了"加贺"号，其中1颗正中舰桥旁的一辆小型加油车，整个舰桥和四周的甲板区顿时燃起熊熊大火，日舰人员死伤惨重。舰长冈田次作海军大佐当场阵亡，侥幸不死的天谷孝久中佐临危接任该舰指挥。此时，"加贺"号舰身已被大火烤得发黑，飞机被烈焰吞没……

在攻击日本航空母舰"加贺"号之后返航的"无畏"式俯冲轰炸机

"苍龙"号航空母舰长227.35米，宽21.34米，标准排水量为15 900吨。在"赤城"号和"加贺"号遭到攻击后仅1分钟，

① [美]N. 米勒:《海军空战》，海洋出版社，1981年，第78页。

10时26分，13架俯冲轰炸机突然朝“苍龙”号垂直俯冲下来，几分钟内，该舰中弹3枚，其中一弹正中前部飞行甲板，后两弹击中了升降机。甲板被炸毁后，大火向油库和弹药库蔓延，诱发的大爆炸，竟把不少人一下子掀到海里。

仅过了10分钟，“苍龙”号主机就停转了。因消防系统遭到破坏，舰员们面对大火束手无策。中弹后20分钟，柳本柳作舰长不得不下令弃舰。

面对惨局，11时50分，南云向山本大将和中途岛攻略部队司令长官近藤中将报告了战况，电文说：“由于10时30分左右遭到敌机轰炸攻击，‘赤城’号、‘加贺’号和‘苍龙’号遭受到相当大的损坏，发生了大火，以致失去了战斗力。我已转移到‘长良’号，并打算在攻击敌人后带领整个部队北撤。”①

此时，南云部队已支离破碎，3艘赫赫有名的航空母舰在转瞬之间已成了豁裂残断、烈焰熊熊的残骸，面临覆灭的命运。

在旗舰“赤城”号上，一支又一支损管队踏着刚倒下去的同伴尸体冲进烈火，但又被另一次诱发爆炸击倒。灼人的气浪涌向了进气孔，窜进军舰最底层，里面的舰员因窒息而晕倒。带着青木舰长“撤离”命令而试图穿过火海到底舱的传令兵，一去不复返，机舱人员无一幸存。

下午6时，青木舰长不得不下令弃舰，伤员被转移到汽艇上，有不少人跳海游泳逃生。但由于山本当时对战局还抱一线希望，遂下令暂时保留“赤城”号，直到6月5日凌晨2时50分，山本才最后下令：击沉“赤城”号航空母舰！

总共有4艘日军驱逐舰向“赤城”号发射了鱼雷。“野分”号驱逐舰舰长古闲孙太郎海军中佐后来痛苦地回忆说：“当我用强大的新型‘93’式鱼雷射击这艘航空母舰的时候，我是多么的痛心啊！这艘航空母舰竟成了我在这次战争中第一个射击目标。”

发射鱼雷后7分钟，“赤城”号被海水淹没，在水下又发生了猛烈的大爆炸。至此，舰员死亡263人。把自己绑在锚上，决心与战舰共存亡的青木舰长，在最后关头被规劝到驱逐舰上撤离，没有杀身成仁。

6月5日4时55分，在太平洋战争初期曾横行太平洋、印度洋的“赤城”号航空母舰终于倾覆沉没，葬身大海。

“加贺”号此时也“奄奄一息”。在遭到美机攻击3个半小时后，这艘遭到大火浩劫的航空母舰死气沉沉地漂浮在水面上。

---

① ［日］渊田美津雄、奥宫正武：《中途岛海战》，商务印书馆，1979年，第216页。

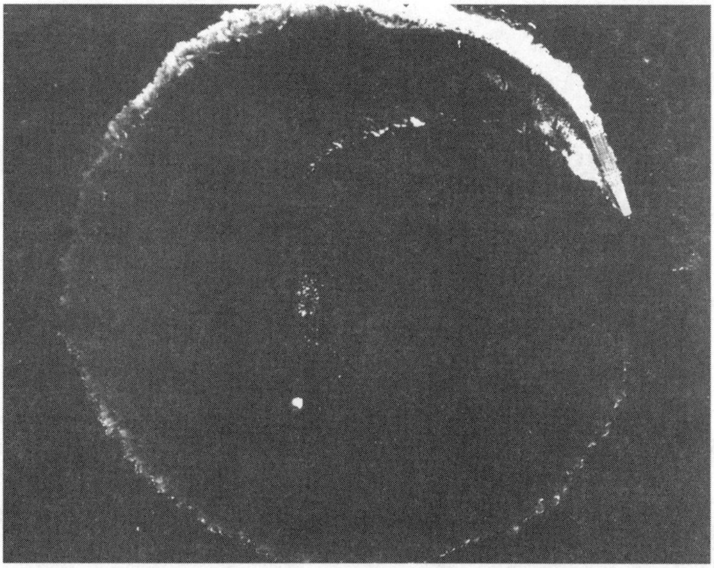

1942 年 6 月 4 日，日军“苍龙”号航母为躲避美机的轰炸，正做机动规避动作

孰料祸不单行，这时，在几千米远的海面上，突然冒出一支潜望镜，随即有 3 枚鱼雷向“加贺”号疾驰而来，又要大难临头了！然而，两枚鱼雷都从舰旁驰过，仅一枚命中，但却没有爆炸，鱼雷被撞成了两半。当时，有些在航空母舰中弹时跳到海里或被气浪冲到海里的舰员正奄奄待毙，幸而抓住了那漂浮的半截鱼雷，才得以活命。

然而，由于无法控制的火势越烧越猛，天谷海军中佐终于在 16 时 40 分下令弃舰。两小时后，这艘精锐的航空母舰成了一只焚烧的残骸，在两次巨大的爆炸之后，于 6 月 4 日 19 时 25 分沉没。舰员死亡达 800 余人，占全舰人数的 1/3。

在弃舰令下达后，“苍龙”号舰员转移到驱逐舰上，然而到处找不到柳本舰长。原来，柳本正一动不动地站在烈火猛烧的舰桥上，手握军刀，凝视前方，准备与航空母舰共存亡。当阿部兵曹重新返舰劝说他时，至死不从的柳本舰长还唱起了日本国歌，最后与母舰同归于尽。与“苍龙”号同遭覆灭命运的还有舰长以下 718 名舰员。

19 时 13 分，“苍龙”号早于“加贺”号 12 分钟，在波涛汹涌的太平洋洋面上消失了。

第九节　航母“飞龙”孤军苦战　难逃覆灭

血战至此，南云麾下的4艘航空母舰中唯一幸存者，是海军少将山口多闻的旗舰“飞龙”号。

“飞龙”号航空母舰1938年服役，舰长227.35米，宽27米，吃水7.8米，飞行甲板长216.9米，标准排水量15 900吨，满载排水量21 900吨。此时，南云部队的兵力正以“飞龙”号为中心，继续北撤。

山口少将在日本海军中被认为是勇敢、富有远见、头脑清晰而又当机立断的第一流的将才。在此危难之际，他接替了南云部队空中作战指挥权后，毫不犹豫地决定马上对美军航空母舰发动进攻。

10时40分，海军大尉小林道雄率18架俯冲轰炸机和6架“零”式战斗机从“飞龙”号上咆哮离舰。在飞往目标途中，他们发现美军舰载机群正在返航。小林示意跟踪美机，不料两架日军战斗机轻率地下了手，暴露了自己，结果遭到美机围攻，损失不小，但仍有8架日机逼近“约克城”号。当日机突破拦截，正欲投弹时，又有2架被击落，余者仍不顾死活地扑向美军舰队。此时，美军航空母舰上的弗莱彻少将望着逼近的日机自言自语道：“好吧！我把钢盔戴上，现在我是无能为力了。”

在进行攻击的6架日机中，第一架迅速被高射炮火粉碎，第2架投弹成功，炸中母舰升降机处，第3架投弹炸中舰艉。另外3架日机虽然也投弹成功，但仅一弹命中飞行甲板。

转眼间，“约克城”号中弹3颗，舰身起火，锅炉气压下降，失去了航行能力。但由于巴克·马斯特舰长和损管队已有珊瑚海作战的经验，很快就扑灭了大火。到了14时，“约克城”号又能以18节的航速行驶了，巴克·马斯特舰长升起一面新的巨幅星条旗，作为傲然不屈的标志。

这次攻击，日方损失3架战斗机、13架俯冲轰炸机，小林也在枪林弹雨中毙命。

返航中，有一架“苍龙”号上的侦察机迫降到“飞龙”号上，驾驶员向山口报告说："敌部队中有'企业'号、'大黄蜂'号和'约克城'号3艘航空母舰！"

山口闻报大吃一惊，他怎么也没有想到，转瞬之间，自诩实力雄厚的日本海军联合舰队，在交战的最前沿，独有"飞龙"号1艘航空母舰与美国人的3艘一流的航空母舰相拼杀。

面对优势兵力，山口没有退缩，他命令海军大尉友永丈市率领仅有的10架鱼雷机和6架战斗机进行一次孤注一掷的攻击。此时，友永座机的左机翼油箱已损坏，但他却说："无所谓了，把另一个油箱加满就行了！"很显然，他决心带队做一去不复返的攻击。

12时45分，16架日机呼啸着飞离"飞龙"号母舰，对美军舰队实施第二次攻击。此刻，在场的每个人都清楚地知道，友永队长的座机没有供其返航用的燃油，不禁默然肃立，与他做最后的诀别，为战争中容不得人情这类残酷的事情而深感沉痛。

日军舰员们向腾空的战友们频频招手，眼泪不禁流出。

14时26分，友永机队发现一艘美军航空母舰，这实际上仍是身负重伤的"约克城"号。几分钟后，日军鱼雷机在"零"式战斗机的掩护下，冒着前所未有的猛烈炮火，向"约克城"号逼近，其战况正如美国人在公报中描述的那样：

从美舰上拍摄的正在发起攻击的日军鱼雷机

"他们用一种和我们自己的鱼雷机同样的方式实施攻击。当时，天空中布满了对空射击爆炸后的碎弹片，看上去好像在下一场黑雪。只有4架日机在被击落之前到达了投弹距离，并开始投弹。接着，海面上立即出现了一条条长长的鱼雷航迹。'约克

“约克城”号中弹

城’号全速规避着鱼雷攻击，舰上巨大的飞行甲板一会儿向右倾斜，一会儿向左倾斜，就这样成功地规避了两条鱼雷，但最后还是有两条鱼雷命中了该舰左舷中部，掀起一股巨大的水柱。航速立即减低了，舰上停止了对空射击。”[①]

两雷命中，使“约克城”号的动力、照明和通信系统悉遭破坏，左舷倾斜越来越厉害，航速也越来越低，最后终于失去动力，任凭风浪摆布。

14 时 17 分，“约克城”号舰长下令弃舰。

从“飞龙”号发起第二次空中攻击的日机，只有 5 架鱼雷机和 3 架战斗机返航，其余均被击落。侥幸生还的海军中尉桥本敏郎亲眼看到了友永丧生的情景，他回忆说：“他的飞机由于机尾是黄色的，所以当他冲过从来没有见过的如此猛烈的高射炮火时，我看得很清楚。他投放了鱼雷，过了一会儿，他的飞机也被粉碎了，在那样猛烈的炮火面前，对这艘航空母舰进攻就等于是自杀性的撞击。”[②]

“飞龙”号对美舰发动的第二次攻击，是日本人在这场海战中最后的拼死一搏。至此，“飞龙”号只剩下 6 架战斗机、5 架俯冲轰炸机和 4 架鱼雷机，“飞龙”号本身也遭到了 79 架美机的攻击，并成功地闪避了 26 枚鱼雷和大约 70 颗炸弹。舰员与飞行员早已筋疲力尽，疲惫不堪，但山口仍决定黄昏时再次出击，给美舰以最后的致命一击。

---

① ［法］乔治·布隆：《太平洋海战的幸存者》，法国斯德出版社，1973 年，第 3 章。
② ［日］渊田美津雄、奥宫正武：《中途岛海战》，商务印书馆，1979 年，第 210 页。

1942 年 6 月 4 日午后，从“飞龙”号起飞的舰载攻击机正冒着密集的防空炮火进攻“约克城”号。照片里至少能看到三架飞机，最近的一架已经投下了鱼雷，另外两架较低、更靠近中间，显然在撤退

利用短暂的战斗间隙，“飞龙”号舰员在狼吞虎咽地吃着香甜可口的年糕团。殊不知，巨大的危机悄悄地向他们袭来：由斯普鲁恩斯派遣的一支俯冲轰炸机队正向“飞龙”号步步逼近！

17 时 3 分，“飞龙”号瞭望哨惊呼道：“敌俯冲轰炸机就在头上了！”但见 13 架美机背阳疾速而下，径直向“飞龙”号扑来……

“右满舵！”加来舰长一声令下，航空母舰首先避开了头 3 颗炸弹，但更多的美机俯冲下来。“飞龙”号终于被命中 4 弹，巨大的爆炸声震耳欲聋，黑色的烟柱腾空而起，舰面甲板被炸得朝上翻卷，大火在已装好炸弹的飞机中间蔓延。

不久，美军“大黄蜂”号上的俯冲轰炸机也赶到了，对“飞龙”号又进行了一番轰炸，随后又对“榛名”号战列舰和“利根”号、“筑摩”号两艘重巡洋舰实施了攻击。

此时，从中途岛和夏威夷起飞的 B-17 轰炸机也赶来助战。

21 时 23 分，大量海水涌入“飞龙”号，该舰倾斜 15 度，最后完全失速。

6 月 5 日 2 时 30 分，海军少将山口多闻面对 800 名日舰官兵进行了诀别训话：“我身为这个航空母舰战队的司令官，对‘飞龙’号和‘苍龙’号的损失负全部责任。我将与本舰共存亡。我命令你们全体离舰，继续为天皇陛下效忠。”①

临别前，他从身旁的一只水桶里倒了一杯淡水，同幕僚们黯然饮别。山口又把他的黑色战斗帽递给伊藤，作为纪念品，然后用布把自己绑在舰桥上……

山口多闻

5时10分，就在“赤城”号航空母舰沉没后15分钟，日军驱逐舰“风云”号和“夕云”号向“飞龙”号航空母舰发射了鱼雷，在阵阵爆炸声中，“飞龙”号开始徐徐下沉。

当时，日本海军界普遍认为山口最有可能继山本海军大将之后出任联合舰队司令长官，这个法西斯分子也曾在侵华战争中作恶多端。而此时此刻，这位被联合舰队参谋长宇垣缠称为“确是一位有远见的人”的山口司令长官，却这样寻了短见。

6月5日8时20分，山口多闻以下416名官兵同“飞龙”号一起葬身鱼腹。

严重受损、正在燃烧的日本“飞龙”号航母，请注意前机库上方的飞行甲板已塌陷

① ［日］渊田美津雄、奥宫正武:《中途岛海战》，商务印书馆，1979年，第213页。

“飞龙”号的沉没，使显赫一时的南云部队的航空兵力彻底化为乌有。

激战中，当焦头烂额的南云忠一把他的中将旗挂到“长良”号桅杆上的时候，他还三次向手下的残兵败将们发出电令说:“现在，我们要去进攻敌人，马上集合！”

南云原先还指望在近战及夜战中捞回一把，可是，斯普鲁恩斯在对 4 艘日本航空母舰攻击完毕后，便在夜幕降临之际十分明智地后撤了。这使南云目瞪口呆，恼怒万分，特别是当他得知“飞龙”号也完蛋了的时候，活像一只泄了气的皮球，深感大势已去。败局已无可挽回，他不得不放弃夜战的打算，狼狈不堪地率舰向西北撤退。

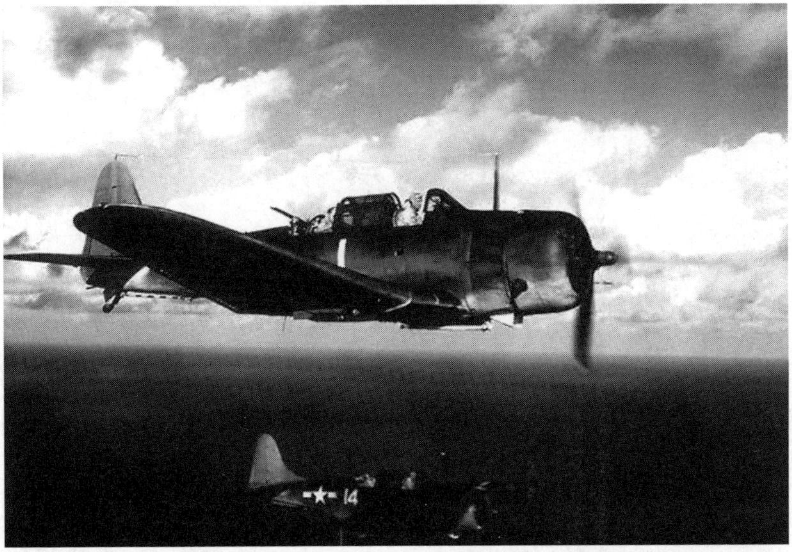

中途岛战役中，“企业”号航空母舰的 VB-6 及 VS-6 中队向“赤城”号和“加贺”号发起关键性进攻，使日本人这天的运气走到了尽头

第十节 舰队仓皇西撤 山本黯然请罪

当南云忠一对中途岛发起第一波空袭时，远在南云舰队后面 450 余海里洋面上的山本五十六，虽然正在闹胃病，但仍强打精神，为自己筹划的这场大战而沾

沾自喜、洋洋得意。山本自信他的妙计甲天下，正准备进入待机阵位，以迎接最关键的时刻，决胜千里。然而，战局的发展恰恰与他的如意算盘背道而驰。

“发现10艘军舰，好像是敌舰！”6月4日早上7时28分的电报，猛然打破了山本大将的美梦。“大和”号舰桥上的人们闻讯立刻紧张起来。山本大将脸皮紧绷，一言不发。

可是不久，当来电告知美军舰队由5艘巡洋舰和5艘驱逐舰组成，继而又报告说殿后有1艘航空母舰时，“大和”号舰桥上的人们又莫名其妙地高兴起来，有的兴奋得不得了，竟然说什么：“这倒是一块大肥肉！”

他们人人都怀有一种很奇怪的乐观情绪，认为美军航空母舰肯定会被南云的第二攻击波干掉。此时，山本和他的幕僚们正喜形于色地静候佳音。

突然，10时50分，沉痛得一言不发的通信参谋田雄四郎海军中佐把一份急电递给了山本，这是海军少将阿部从“利根”号上发来的。电文说：“遭敌舰载机和陆上飞机攻击，‘赤城’号、‘加贺’号和‘苍龙’号起火；拟以‘飞龙’号与敌航空母舰交战，我们暂时北撤，重新集结兵力。”①

噩耗传来，犹如晴天霹雳，山本和他的幕僚个个目瞪口呆，难以置信。山本大将本能地“嗯、嗯”了几声，半晌说不出话来。幕僚们刚才那满脸喜气顿时云消雾散，懊丧的愁云立刻笼罩了“大和”号旗舰的作战室。

为了挽回败局，山本于13时10分下令集中中途岛和阿留申方面的全部战力，与美舰队进行决战。同时，又下令海军中将近藤派舰高速前进，趁黑夜炮轰中途岛。

但对美军舰队的实力，山本此时仍一无所知。直到16时15分，山口多闻发来如下电文说：“据返航的飞行员报告，敌兵力中有3艘航空母舰、5艘重巡洋舰和15艘驱逐舰，我方攻击后，使2艘航空母舰受创。”接报后，山本顿时大梦初醒。

17时55分，山本又收到南云拍来的一份令人震惊的电报：“‘飞龙’号中弹起火。17时30分。”直到这时，山本才意识到败局已定，但却打肿脸充胖子。19时15分，他向手下全体指挥官发出如下电令，撒了一个弥天大谎：

“美舰队几乎被我歼灭，正在东撤中；附近的联合舰队各部队正在准备追击残敌并同时占领中途岛……”①

此刻，“大和”号上的人们双眼布满血丝，神经极度紧张，人人都渴望打一场夜战捞回一把。但在21时30分，晕头转向的南云竟又发来令人啼笑皆非的电报：

---

① ［日］渊田美津雄、奥宫正武：《中途岛海战》，商务印书馆，1979年，第223页、第227页。

"敌兵力共有5艘航空母舰、6艘重巡洋舰和15艘驱逐舰；敌人在西航中……"[①]

面对强敌，南云已不打算夜战了，但山本仍不善罢甘休，意欲拖住美军舰队决一死战，直到山本弄清楚对手已经迅速东撤，在拂晓前与其一决雌雄的希望已极为渺茫时，他那满腔的懊丧和怒火才慢慢地熄灭下来。

下一步该怎么办？"大和"号上的参谋们七言八语。最后，黑岛大佐竟抛出一个荒唐至极的方案：包括"大和"号在内的全部战列舰，在大白天逼近中途岛，用主炮轰击中途岛的航空基地。宇垣参谋长一听，立即火冒三丈，斥责这是一个不顾一切仅为了保全面子的蛮干办法，是自取灭亡的方案。他直截了当地否定了这个计划。

这时，一位军官悔恨地说："我们怎么向天皇陛下交代这一败仗呢？"一直沉默的山本突然开口了，他说："这事交给我，对天皇陛下谢罪的只有我一个人。"[①]

后来，惊闻此史无前例的惨败，天皇不禁目瞪口呆。无可奈何之下，只好敕令山本戴罪立功。

中途岛时间6月5日2时55分，山本五十六痛苦地向参战舰队发出命令："撤销中途岛作战计划。"[①]这项命令就是承认了中途岛作战的失败。

但是，如何把分散的各支部队收拢起来并安全撤出随时都会遭到美机攻击的海域，仍然是一件极为困难和复杂的事情。

遵照山本原先的指令，近藤命令海军中将栗田健男前往执行炮击中途岛的任务。6月4日15时，栗田接令后立即率重巡洋舰"熊野"号、"铃谷"号、"三隈"号和"最上"号以及两艘驱逐舰，以32节的高速向中途岛冲去。

大约在6月5日凌晨零时20分，当栗田编队距离中途岛仅90海里时，忽又接到了撤销炮击中途岛的命令，舰队回返。不久，旗舰"熊野"号发现右舷4度海面上有一艘美军潜艇。栗田下令向左急转45度，各舰依次用微光定向信号灯传递紧急转向信号。

此时云层很低，海面一片漆黑。在队列最后面的重巡洋舰"最上"号未能及时接到转向信号，在黑暗中与重巡洋舰"三隈"号相撞。"最上"号舰艏部分被撞掉，被迫停航，"三隈"号受轻伤。栗田只好命令"三隈"号和驱逐舰"荒潮"号、"朝潮"号护卫"最上"号，自己率其余舰只继续驶往预定地点去同山本的"主力"部队会合。

---

① ［日］渊田美津雄、奥宫正武：《中途岛海战》，商务印书馆，1979年，第228页、第231-232页。

6月5日晨，天气晴朗，万里无云，能见度达40海里以上。这是日军舰队离开本土10天以来所遇到的最好的天气。7时，山本的“主力”部队与近藤的“攻略部队主力”在中途岛西北320海里处会合，然后向西北航行，计划与南云的残兵会合。

11时55分，南云所辖的大部分舰只都赶了过来，那番情景，使“大和”号上的人们大吃一惊！从本土出发时那显赫的阵势，威武的阵容，现已面目全非，人们记忆中的那些威风凛凛的航空母舰，如今已荡然无存，驱逐舰也只有原来的一半（另有6艘因守卫受伤的航空母舰，尚未赶来）。失败之惨，出人意料，震撼人心。

幸运的是，被派去救援“飞龙”号的“谷风”号驱逐舰与几十架美机纠缠，吸引了美军注意力，使处在美机攻击范围内的日军各舰队的会合与救援工作，没有受到美军各舰载机的干扰与威胁。各路人马在海上集合后，整个舰队仓皇西撤。

但是，受伤较重落在后面的“最上”号重巡洋舰和掩护它的另外3艘军舰却面临着危机。此时，12架美军B-17轰炸机和12架俯冲轰炸机，朝这支小小的编队展开了进攻，战斗出现了惊人的场面：美军弗雷明上尉在飞机被高射炮击中后，毅然向“三隈”号舰桥撞去，致使该舰后炮塔被撞毁，引起了大火，并造成爆炸，

一位美国海军摄影师冒险飞近敌舰，拍下了这张俯瞰日本“最上”级重巡洋舰的照片。该舰被炸弹重创，装甲板和上层建筑扭成一团

舱里的人全部被炸死。"最上"号与"三隈"号的处境如此险恶，看来，要想逃出美机的追炸，实为不易。

果然，6月6日6时30分，"三隈"号舰长崎山释夫海军大佐突然大喊道："发现10架敌舰载机向我扑来！"接着，一场舰对空的激战又爆发了。致命的攻击发生在10时30分，"三隈"号连中5颗炸弹，引起全舰大火。半小时后，舰内发生大爆炸。12时整，在遭到10余架美机连番轰炸、中弹数颗之后，"三隈"号终于葬身大海！

"最上"号此时也处境垂危，被命中6颗炸弹，死亡官佐9人、士兵81人。不过，它最后幸免未沉，还击落了8架美机。舰长曾尔大佐率舰队且战且逃。

在"最上"号和"三隈"号遭到美机连番轰炸之际，正是山本原计划要攻克中途岛的时辰。具讽刺意味的是，此时此刻，日本舰队抱头鼠窜，已远离中途岛达600余海里。

在1942年6月的中途岛海战中，日本重巡洋舰"三隈"号先是被撞受损，继而遭美机轰炸，最终倾覆沉没

紧跟在"大和"号的左后方是"长良"号。在它的桅杆上，败军之将南云的中将旗，极不光彩地迎风抖动。南云舰队曾在半年内无敌于天下，如今竟惨不忍睹，一败涂地！

在“大和”号作战室里，参谋们彻夜围着大桌子，以恐惧与烦恼的心情，密切注视着战局的发展，期盼这一大战快快结束。

然而，美舰紧追不舍，危局尚未完结。山本估计有可能发生决战，于是，他拼凑了大约100架飞机，企图引诱美军舰队进入威克岛的50架日本中型轰炸机的作战范围内。

6月6日15时，山本发出了作战命令:“在本地区作战的联合舰队各部队，应在威克岛航空兵攻击范围内接触并歼灭敌机动部队……”①

可是，足智多谋的斯普鲁恩斯将军没有上钩，他已经意识到这一点，便放弃了追击，鸣金打道回府了。山本预谋的这一回马枪没有杀成，日重巡洋舰“最上”号也因美机放弃了进一步攻击而死里逃生。

就在“最上”号与“三隈”号临危之际，也正是美军“约克城”号航空母舰遇难之时。6月6日清晨，一直在中途岛水域潜伏、对该岛进行监视的日本“伊 -168”号潜艇收到一个报告，称在中途岛以北，离“伊 -168”号潜艇150海里处有一艘负伤的漂浮在水面上的美军航空母舰。“伊 -168”号立即扑向这个诱人的目标。

13时31分，舰长田边弥八海军少佐用潜望镜看到7艘美军驱逐舰聚集在“约克城”号周围。“伊 -168”号一直潜航到距该航空母舰1700米处连发4枚鱼雷，2枚命中“约克城”号，一艘护卫的驱逐舰也被鱼雷炸成两段。攻击后，“伊 -168”号迅速下潜到安全深度，但它立即遭到了美军驱逐舰的围剿，60余颗深水炸弹在它附近爆炸。“伊 -168”号被震荡得像一片摇摆的树叶，被迫上浮到水面，立即又遭到攻击。“伊 -168”号只得再次下潜。尔后，因其伤势不得不再度上浮时，美军驱逐舰却返航停止了追击。“伊 -168”号竟侥幸逃脱了覆灭的命运。

“约克城”号自珊瑚海海战起，历经艰险，大难不死，直到这时才摇摇晃晃地开始下沉。6月7日早晨，“约克城”号舰身突然倾侧翻转，在一大片翻腾起伏的波涛中沉入海底。

这场宏大而壮观、具有历史意义的中途岛海战就此结束。

---

① ［日］渊田美津雄、奥宫正武:《中途岛海战》，商务印书馆，1979年，第246页。

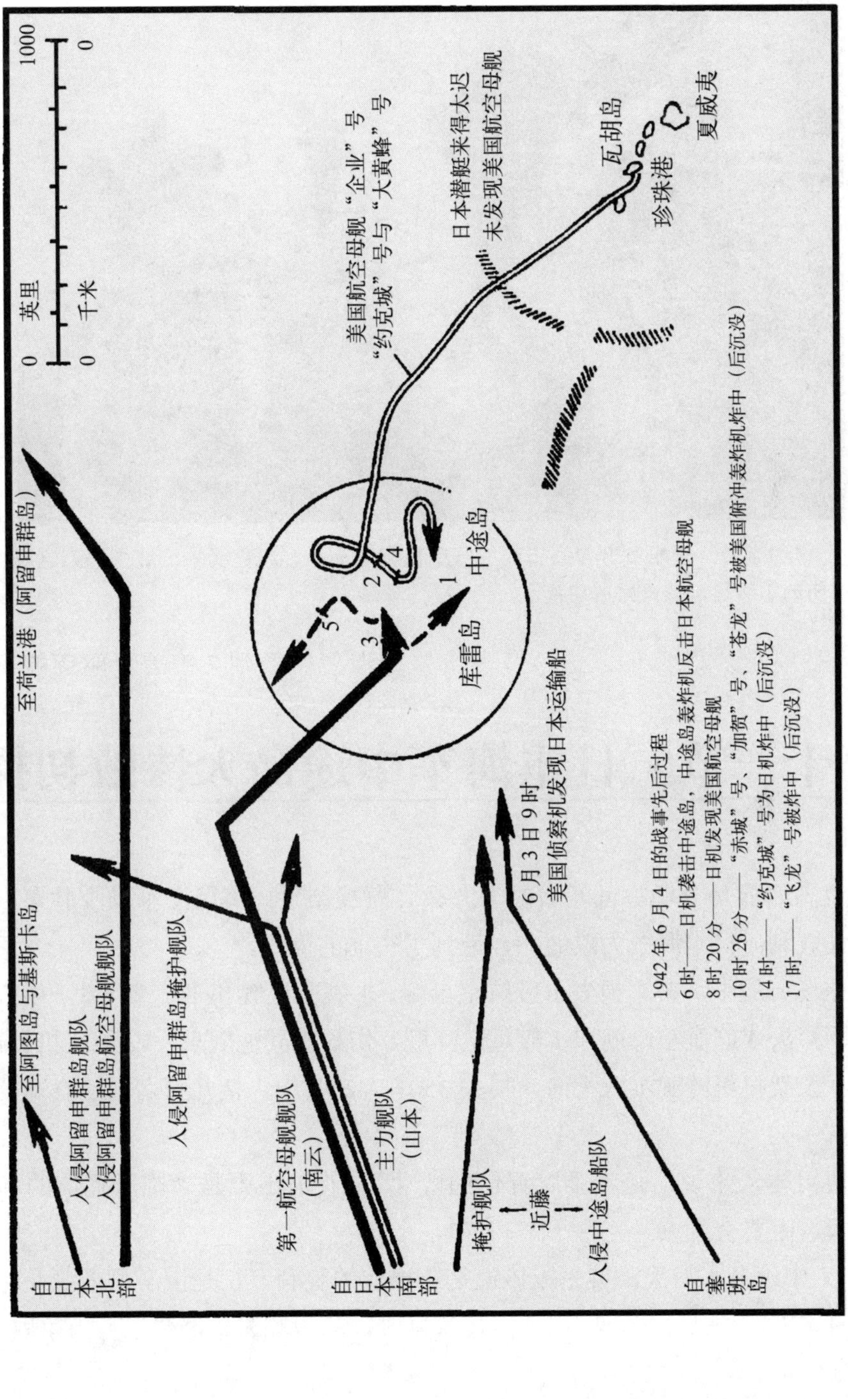
0 英里 1000
0 千米 0
至荷兰港（阿留申群岛）
至阿图岛与基斯卡岛
入侵阿留申群岛舰队
入侵阿留申群岛航空母舰舰队
入侵阿留申群岛掩护舰队
自日本北部
第一航空母舰舰队（南云）
主力舰队（山本）
自日本南部
掩护舰队
近藤
入侵中途岛船队
自塞班岛
6 月 3 日 9 时
美国侦察机发现日本运输船
库雷岛
中途岛
1
2
3
4
5
美国航空母舰“企业”号
“约克城”号与“大黄蜂”号
日本潜艇来得太迟
未发现美国航空母舰
瓦胡岛
珍珠港
夏威夷
1942 年 6 月 4 日的战事先后过程
6 时——日机袭击中途岛，中途岛轰炸机反击日本航空母舰
8 时 20 分——日机发现美国航空母舰
10 时 26 分——“赤城”号、“加贺”号、“苍龙”号被美国俯冲轰炸机炸中（后沉没）
14 时——“约克城”号为日机炸中（后沉没）
17 时——“飞龙”号被炸中（后沉没）

中途岛海战示意图

“约克城”号船员沿着倾斜的飞行甲板择路而行，赶赴受损区域去检查这艘重伤的军舰是否有修好的可能

第十一节　日本海军中途岛大惨败初探

中途岛海战是一场举世闻名的大海战。海战结果：美国海军以少胜多，取得了决定性胜利；日本海军大败而归，遭到了空前的惨败。

在这场海战中，美军损失 1 艘航空母舰、1 艘驱逐舰和 147 架飞机，损失 307 人；日军损失 4 艘航空母舰和 1 艘重巡洋舰，伤 6 艘其他舰只，52 架飞机被击落，另有 280 余架日机随舰沉入大海，损失 3507 人，其中包括几百名训练有素的海军飞行员。

这对日本人来说，是“难以置信的败北”，对美国则是“难以置信的胜利”。究其原因，主要有五点。

（一）中途岛大海战，首先应该说是情报战的胜利。正是由于尼米兹及时全面掌握了日本人的作战企图，因而才能运筹帷幄，巧设陷阱，严阵以待，争取主动，出奇制胜。

美国海战史专家莫里森说:“中途岛海战的胜利,是英明地利用情报的胜利。”①

尼米兹说:“美国破译了日本的密码电报，所以我们完全掌握了关于日军计划的情况。我们搞到的情报是日军的作战目的、日本舰队的编制概况、接近方向以及实施攻击的大概日期。正因为如此清楚地掌握了敌情，美国的胜利才成为可能。对付日本的威胁，美国海军兵力实在相差太远了，所以，这个情报使美军指挥官事先知道了一场难以避免的灾难。”①

坠落在中途岛的日机残骸

此次海战的有功之臣斯普鲁恩斯海军少将回忆说:“中途岛海战的胜利，其主要原因首先在于得到了第一流的情报。其次应归功于尼米兹司令的判断和处置，他根据情报充分地发挥了他的大胆、果敢、聪明和才智。”①

相反，日军在战役之前忽视情报的重要性，且侦察不足，耳目不灵，情报迟缓，作战部署建立在主观的一厢情愿的基础上，难免不招致惨败。

（二）战线拉长，兵力分散。日本海军自恃兵强马壮，声势浩大，在全局上占绝对优势。可是，它违背了军事上的集中优势兵力作战这一基本原则。实际上，庞大的日本舰队兵分六路，各路相距甚远，不能直接配合作战，一经失利，全局被动，无法挽回。而在交战前沿，只有南云一路与美军交手，且在交战中，南云的 4 艘航空母舰又要拿出一半兵力对付中途岛，一半兵力对付可能出现的美军舰

① ［日］实松让:《日美情报战记》，图书出版社，日文版，1969 年，第 125 页、第 185 页。

队，这就形成战役局部上的美军舰队优势，而日军舰队劣势。

相反，美军海军集中了仅有的3艘航空母舰，以逸待劳，埋伏突袭，一举成功。

（三）日本人傲慢轻敌，狂妄自大。海战之前，日本人最怕什么？狂妄的军令部发言人说："在这次作战中，我们最担心的是敌人不愿意和我们的舰队交锋，不肯从基地里出来作战。"又说："总说什么保守机密，其实泄露一点也没啥。若是美国人出来的话，那正好，那样就可以像老鹰抓小鸡一样，轻而易举地干掉它……"

之所以如此，主要是由于开战后日军连连得手，到中途岛海战前夕，这种过分自负、狂妄轻敌的心理，已达登峰造极的程度，并已渗透到官兵的思想和行动中。因而不重视侦察，未能谨慎地对作战的各个环节进行科学、周密的思考，而是盲目地憧憬着辉煌的胜利，傲慢自大，成了一种"胜利狂"的病态。正是：骄兵必败！

（四）太平洋战争的进程证明，海军航空兵已经取代了战列舰的地位，成为决定性的海上打击力量。但在中途岛海战中，日本海军的战略思想仍旧是大舰巨炮主义占主导地位。海战中，不是将大批战列舰掩护和从属于出击的航空母舰，而是把战列舰当主牌打，作为主力部队远远在后面作壁上观。这一陈旧的海战指导思想不可避免地给作战带来恶果，导致惨败。

1942年6月19日，被美国驱逐舰营救的日军战俘，在中途岛上被看押着。他们是已被击沉的"飞龙"号航空母舰的幸存者。在中途岛被拘禁几天后，他们于6月23日乘坐"天狼星"号运输舰抵达珍珠港

（五）南云指挥不当是这次海战失败的一个直接原因。首先，南云在战前对敌情判断错误；其次，他在实战中犯了不少错误，诸如没有进行充分的战前搜索侦察，在使用航空兵时采用了4艘航空母舰上的飞机同时出动、同时回收的方法，这势必造成航空母舰的火力空白，以致在紧急关头手脚被束缚住，不能即刻有效地出击；最主要的是，当南云发现美军舰队时，他没有抓住战机，未立即派出已准备就绪的36架俯冲轰炸机和鱼雷机进行先发制人的攻击，而是一心想各机队搭配齐全，采用正统的和四平八稳的方针行事，从而贻误战机，招致惨败。

相反，在海战中，美海军将领指挥得当，能抓住战机，果断出击，大获全胜。

英国首相丘吉尔说："美国这一值得纪念的胜利，不仅对美国，而且对整个同盟国的事业都具有重大的意义。对士气的影响是广泛而及时的。这一举扭转了日本在太平洋的优势。曾经使我们在远东的整个努力遭到挫败达6个月之久的敌人所炫耀的优势，现在已经一去不复返了。"①

中途岛海战是日本海上武装自16世纪被中国明朝和朝鲜水师联军击败后，350年以来的首次空前惨败。经此一战，就当时太平洋上日、美双方水面舰只多寡而论，虽然日本人仍占优势，但训练有素的日本航空兵精英自珊瑚海之后又遭此沉重打击，从而使日本开始失去太平洋上的制空权，并对今后制海权的彻底丧失产生了重大影响。

同时，此战致使日本侵略者不敢在辽阔的太平洋战场上随心所欲地发动进攻了，太平洋上的主动权开始逐步转入美国海军手中。

这一战给自称无往而不胜的日本海军官兵的心理以沉重的打击。惨败后的日本人极为恐慌，凡海战受伤者，都被盖得严严实实，深夜上岸送进医院，病房完全与外界隔绝。

另外，联合舰队写成的海战报告在战争期间高度保密，并于1945年投降时几乎全部销毁。海战的失败在上层人物中间造成了无法抹去的阴影。从中途岛战役以后直到第二次世界大战结束，这一痛苦的回忆使他们再也无法对战局做出正确的判断。

海战还给予美国海军一个非常宝贵的喘息时间。直到1942年年底，美军新型"爱塞克斯"级大型航空母舰服役之前，日本海军仍无力发动大规模的战役，从而

① ［英］温斯顿·丘吉尔：《第二次世界大战回忆录》，第四卷（上部），第二分册，商务印书馆，1974年，第367页。

为美军太平洋舰队积蓄和组织力量创造了条件，争取了时间。

中途岛海战是日、美战略相持阶段爆发的第二场意义深远的海战，它与一个月以前的珊瑚海大海战一起成为太平洋战争中战略相持阶段的标志和转折点，对整个太平洋战争产生了深远的影响。

“无畏”式俯冲轰炸机编队

第八章

链险南进　夜战萨沃

第一节　日大本营实施“里号作战”计划

在波涛汹涌的西南太平洋上，有一个以西班牙语命名的小岛，它就是瓜达尔卡纳尔岛（简称“瓜岛”）。

从高空鸟瞰，假如说那横展在新几内亚与新赫布里底群岛之间的海洋中、斜卧在澳大利亚东北方的所罗门群岛是两串并列的、晶莹剔透的“翡翠项链”，那么，瓜岛就是“项链”南端的倒数第二枚“翡翠”。

瓜达尔卡纳尔岛

瓜岛的形状很不规则，东西长150千米，南北宽40千米。岛上多山，地势高峻，溪流湍急，海岸曲折。该岛地处热带，气候炎热，潮湿多雾，热带雨林密不透风。林中蛇蝎出没，毒蚊成群，亦不乏各类珍禽奇兽，美丽的白色鹦鹉在林间雀跃鸣唱，给这个人迹罕至的热带小岛带来了世外桃源的气息。

然而，1942年8月，太平洋战火竟出人意料地燃烧到这个以前一直是默默无闻的、无足轻重的小岛上。

原来，日军自中途岛海战溃败之后，东进意图破灭。以日本国力、兵力而言，能巩固住现有的第一道防线（亦称“外围防御圈”）已殊为不易，但侵略成性的日本战争狂人，不但不思收缩战线，反而继续伸展其侵略魔爪。

1942 年 6 月中旬，日军大本营又扯起南下入侵的战旗，矛头直指新几内亚的莫尔兹比港和所罗门群岛等地。

由于在中途岛大战一败涂地，导致日本海军兵力捉襟见肘。日军大本营便决定在南下莫尔兹比港的时候，以陆路作战代替海上进攻。

6 月 14 日，大本营颁布了“里号作战”计划，其主旨是:“命令陆军第 17 军与海军协同，以部分兵力从陆路进攻莫尔兹比港。”

第 17 军司令官百武晴吉中将与海军第 4 舰队经过一番策划后，认为布纳地区非常适合登陆，遂决定由驻腊包尔的日本南海支队担任这一作战任务。7 月 1 日，百武中将依据“里号作战”计划，在达沃发布了如下的作战命令：

（一）南海支队长须派遣以独立工兵第 15 联队主力及步兵 1 个大队为基干的部队在布纳附近登陆，首先迅速进击到科科达南方奥因斯坦列山脉的山顶附近，然后侦察由陆路进攻莫尔兹比港的道路。

（二）独立工兵第 15 联队主力到达腊包尔后，立即受南海支队长指挥。

（三）须尽速提出有关联队主力由陆路进入莫尔兹比港难易的判断资料。①

根据这一命令，当时尚在菲律宾的独立工兵第 15 联队立即星夜乘船破浪赶往腊包尔。

这时，随着时间的推移，日军大本营愈加认识到中途岛战败的严重性，认识到只靠海上进攻不可能攻占莫尔兹比港，更何况，盟军此时正在全力以赴地加强莫尔兹比港的工事。很明显，进攻日期越迟缓，莫尔兹比港就越难攻克。因此，7 月 11 日，大本营决心忍痛停止新喀里多尼亚、斐济和萨摩亚方面的作战，而把重点进攻矛头指向新几内亚，并敕令从陆路方向攻占莫尔兹比港。

为了加强即将到来的东南方面的作战，7 月 14 日，大本营组建了海军第 8 舰队，司令长官是三川军一海军中将。7 月 25 日，三川抵达特鲁克，接替了第 4 舰队东南方面的作战任务，并于 7 月 30 日进驻腊包尔。

此刻，第 8 舰队的兵力如下：旗舰“鸟海”号；第 6 战队，拥巡洋舰 4 艘；第 18 战队，拥有轻型巡洋舰 3 艘；第 7 潜艇战队，拥潜艇 5 艘；第 7、第 8 根据地战队；吴第 3 特别陆战队；佐世保第 5 特别陆战队以及第 2 航空战队。①

第 8 舰队的主力配置在腊包尔地区。另外，各一部配置在莱城、萨摩亚及所

① ［日］服部卓四郎:《大东亚战争全史》第二册，商务印书局，1984 年，第 578 页、第 582 页。

罗门方面。协助第 8 舰队担任东南方面作战的航空部队是第 25 航空战队，拥有飞机 70 架，主力配备在腊包尔，其中 10 架配备在图拉吉岛，目标是歼灭莫尔兹比地区盟军的航空兵力，支援日本南海支队进占莫尔兹比港。

正是，人算不如天算，正当日军大本营醉心于莫尔兹比之战，日本南海支队主力剑拔弩张，即将对莫尔兹比港展开进攻的时候，美军却突然在所罗门群岛中的瓜达尔卡纳尔岛和图拉吉岛大举登陆。

此举立即打乱了大本营的如意算盘，日军急忙调整部署，调兵遣将，倾全力与之争夺。

于是，惨烈、血腥的瓜岛战役旋即爆发！

第二节　美参谋长联席会议誓言反击

说来颇为奇怪，日本军方经过甲午战争和日俄战争后，莫名其妙地通过这两场战争的经验，把战争和战斗给混淆起来。他们认为，只要取得一次关键战斗的胜利，整个战争就胜券在握了。这就是日本陆军和海军共同拥有的“决战”观念。

自偷袭珍珠港开始，日军大本营就一直在寻找这种“决战”的机会，中途岛决战也是这一思路。这次，大本营又意识到，这个瓜岛就是日、美决战的舞台，日本只要赢得了瓜岛，美国佬就会低下头来乖乖地和大日本帝国谈判。于是，山本大将又开始了他的决战计划。

至于盟军方面（指美国、澳大利亚、英国、新西兰等国兵力，以美军为主），这时已非爪哇海战时那副狼狈相，麦克阿瑟和尼米兹踌躇满志，都想趁中途岛大捷，在太平洋上大干一场。

原来，早在 1942 年 4 月 1 日，美军就把太平洋划分成两个区：西南太平洋战区和太平洋战区，分别由麦克阿瑟和尼米兹任总司令，并把东经 160 度以东和赤道以南划为南太平洋战区，作为暂时由尼米兹指挥的太平洋战区的一个组成部分。

同一天，美军参谋长联席会议正式通过了被命名为“瞭望台”的战役计划：占领所罗门群岛，斩断日军南下的魔爪，并以此为反攻的跳板，攻占腊包尔这个日军的顽固堡垒，最终夺取新不列颠岛、新爱尔兰岛和新几内亚地区。

为此，5月12日，美国决定组建南太平洋舰队。5月17日，海军中将罗伯特·戈姆利被任命为该舰队司令官，其基本兵力为第61和第62特混编队，司令部设在新喀里多尼亚岛的努美阿。

中途岛大捷之后，美军信心十足，誓言对日反攻。7月2日，“瞭望台”战役计划由美军参谋长联席会议以命令形式下达，同时强调指出：“战役第一阶段，将在尼米兹海军上将的战略指挥下，夺取圣克鲁斯群岛、图拉吉岛及其附近的要地。”

为了便于指挥，美军参谋长联席会议把南太平洋和西南太平洋的分界线改为东经159度线。这条线靠近瓜达尔卡纳尔岛的西侧，计划一旦夺得图拉吉岛，建立起巩固的军事基地，战略指挥权就随着战役第二阶段的实施，即从巴布亚半岛至萨拉莫阿和莱城作战开始，转移到麦克阿瑟将军手里，由他统一指挥沿所罗门群岛北上的作战部队。

此刻，盟军两条战线的进攻矛头均指向腊包尔。精心策划的“瞭望台”战役最初的登陆作战计划，开始日期预定在8月1日。①

然而，仅两天之后，登陆图拉吉岛的作战计划就不得不加以变更。

原来，日军自1942年5月3日占领图拉吉岛之后，发现邻近的瓜岛上的隆加地区适于修建机场，遂派门前大佐率工兵队于6月16日上岛动工。尔后，日本人为力争8月5日建成机场，又派冈村少佐前来突击施工。岂料，这一情况于7月4日被美军侦察机发现，立即上报给美军太平洋舰队司令官。

事态极为严重！在珍珠港拟定了“瞭望台”战役计划的尼米兹获此情报大感

1942年7月，日军及征募来的朝鲜工人正在建造位于瓜达尔卡纳尔岛的机场

① [美] C. W. 尼米兹，E. B. 波特：《太平洋海战史》，转引自《外国海军资料》，1981年4期，第34页、第35页。

震惊，因为，日军一旦把这个机场建成，从瓜岛起飞的日机就能够轰炸圣埃斯皮里图岛、埃法特岛和新喀里多尼亚岛北部的库马克机场，这就意味着上述驻地的美军不久就要饱尝日本人的航空炸弹，美军现有防线将受到严重威胁。

原本默默无闻的瓜岛突然变得举足轻重，成为必须夺取的首要目标，大有牵一发动全身之势，“显然，瓜达尔卡纳尔岛之战必须纳入图拉吉、圣克鲁斯群岛的作战计划中”①。

但由于战役规模扩大，准备工作千头万绪，金海军上将和尼米兹将军不得不将进攻的时间推迟一周，预定 8 月 7 日为美军瓜岛登陆日。

第三节　浴血苦战　美军勇夺瓜岛机场

7 月 10 日，美军南太平洋舰队和地区司令戈姆利海军中将接到尼米兹要求该部于 8 月 7 日登陆瓜达尔卡纳尔岛和图拉吉岛的命令后，立即行动起来。

美军第 1 海军陆战师师长范德格里夫特少将被任命为瓜岛登陆作战部队的指挥官。7 月中旬，戈姆利命令他务必在 5 周内拿下瓜岛和图拉吉岛。

美国海军少将特纳（左）与范德格里夫特将军研究瓜达尔卡纳尔登陆作战

范德格里夫特受命后顿感凶多吉少，虽然这个弗吉尼亚人已经有 33 年军队服役的经历，生就一副刚毅的下巴，但仍不免忧心忡忡。因为，作为一个战时指挥官，他竟对瓜岛一无所知。在万般无奈中，他不得不仅靠一张陈旧的航海图，一叠传教士们拍摄的年深日久的照片和一部杰克·伦敦所写的短篇小说

① ［美］C. W. 尼米兹，E. B. 波特：《太平洋海战史》，转引自《外国海军资料》，1981 年第 4 期，第 35 页。

去制定登陆作战方案。

时间很紧，草草制订的战斗计划被美军参谋人员冠以“小本经营”的绰号。虽说是“小本经营”，但美军实际上做的却是“大买卖”：由海军少将特纳指挥的南太平洋登陆运输队将由23艘运输船组成，满载海军陆战队第1师近16 000人，于7月31日从斐济等地出航。

与此同时，为登陆输送队担任护航的有8艘巡洋舰和1个驱逐舰警戒群，由英国海军少将克拉奇雷指挥；空中支援编队是由“萨拉托加”号、“黄蜂”号和“企业”号3艘航空母舰、战列舰“北卡罗来纳”号以及重巡洋舰5艘、轻巡洋舰1艘、驱逐舰16艘、油船3艘等组成，指挥官是美国海军少将诺伊斯。

以上两支支援兵力统由海军中将弗莱彻出任战术指挥。海军中将戈姆利则担任这次作战的全面战略指挥。

1942年8月7日晨5时30分，美军舰载机从3艘航空母舰上呼啸腾空。6时13分，“无畏”式俯冲轰炸机开始对瓜岛、图拉吉岛实施航空火力轰炸。刹那间，惊天动地的空中轰炸和海面炮击，把还在朦胧晨雾中酣睡的瓜岛震醒。一支由89艘舰船组成的攻击部队劈波斩浪，穿过阴沉恐怖的洋面，驶入瓜岛和图拉吉岛海域。范德格里夫特指挥的登陆部队蜂拥而上，将那些毫无防范、还在睡梦中的日本兵打得狼狈不堪。

战斗打响后不久，远在瓜岛西北560海里的日军第8舰队司令三川海军中将在腊包尔接到了雪片似的告急电报：

“敌庞大船队在强大的空军部队及护卫舰队的协助下，已在瓜达尔卡纳尔岛及图拉吉岛奇袭登陆，当地警备队及设营队正在苦战中。6时许，图拉吉守备队已下了最后的决心！”

“瓜达尔卡纳尔岛遭到美国登陆部队攻击，我军现正撤入丛林！”①

“敌军锐不可当，我军暂将坚守阵地，愿武运长久。”①

1942年8月7日，美国海军陆战队前进至瓜达尔卡纳尔岛海岸

① ［英］亨利·莫尔：《第二次世界大战的重大战役》，上海译文出版社，1983年，第208页。

这是美军侦察机拍摄的瓜岛北海岸照片，背景是“亨德森”机场和奥斯汀山

进击瓜岛的美军进展很顺利，2000多名日本工兵哪里是1万多名海军陆战队的对手。8月8日下午，美军顺利地夺取了瓜岛机场，为纪念在中途岛上空战死的陆战队飞行英雄洛夫坦·亨德森中校，美军将瓜岛机场命名为“亨德森”机场。

当日黄昏，经过激战的美军也成功地占领了瓜岛北面的图拉吉岛。这是美国海军自1898年以来在太平洋发动的第一次成功的两栖登陆作战。

两岛告失，日军海军首脑大为光火。此时，日军正肆意南下扩张，企图在守卫中太平洋防线的同时攻取新几内亚并积极筹备“FS作战”，但为了兼顾新几内亚作战和瓜岛战役，立即放弃了进击斐济、萨摩亚的“FS作战”计划。

面对美军突袭，军令部总长永野修身海军大将气急败坏地下令：联合舰队必须以重克瓜岛作为其第一个目标。山本五十六海军大将也怒火中烧，急忙调兵遣将，决心在瓜岛与美国海军决一死战！

因此，当美军成功登陆瓜岛之后，日本人很快从震惊中恢复过来，立即组织了猛烈反击。51架日机从腊包尔起飞，奉命做几乎难以返航的500海里的远程轰炸。但是，日军机群在瓜岛上空遭到了美机的凶猛拦截，空战在瞬间爆发。

日本海军王牌飞行员、一等飞行兵曹坂井三郎后来回忆说：“整个世界仿佛都在爆炸，我驾驶的‘零’式战斗机像个小玩意儿似的被震得直抖。我觉得，我的头好像狠狠地挨了一闷棍。”①

当时，坂井三郎头负重伤，一只眼睛失明，飞机像个醉汉似的摆晃不定，侥幸没有被击落。返航途中，他几次神志恍惚，但却奇迹般地飞回了腊包尔基地。

① ［美］N.米勒：《海军空战》，海洋出版社，1981年，第83页。

空袭结果，16 架日机被击毁，日本人损兵折将，却毫无战果可言。

以此为契机，血腥的瓜岛争夺战拉开了序幕！

在以后 6 个月的时间里，潮湿闷热、疟疾流行、名不见经传的瓜岛及其周围水域，竟成了举世闻名的浴血搏斗、残酷厮杀的战场。

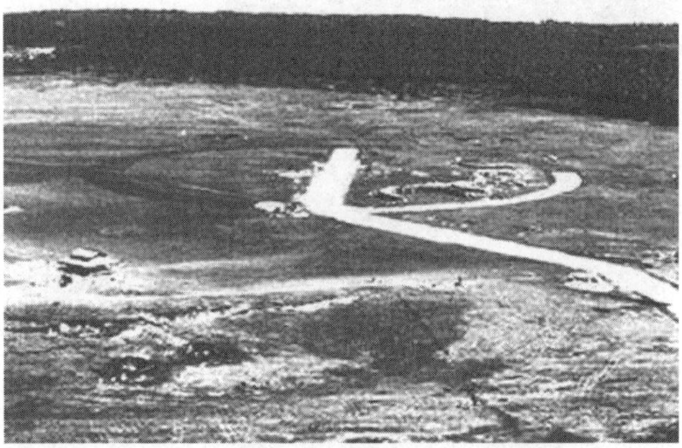

瓜达尔卡纳尔岛战役最重要的战略目标——“亨德森”机场

一幕又一幕残忍凶险的殊死拼杀，在这个大雨滂沱、泥泞遍地，瘴气弥漫的热带丛林岛上登台演出。

一场又一场规模空前的大海战，在波涛怒吼、恶浪翻滚、硝烟冲腾的西南太平洋洋面上接连爆发。

第四节　三川率舰突破盟军天罗地网

登陆成功，战局顺利，戈姆利中将心花怒放。他宣称：“南太平洋地区官兵个个都为特混舰队目前取得的战果感到自豪。”

然而，日本人岂肯就此认输。盛怒中的山本五十六大将亲自督战，“马前卒”三川军一中将挥戈上阵，在残酷、激烈的一系列瓜岛陆海空厮杀中，萨沃岛海战于 1942 年 8 月 8 日率先爆发了。

8 月 7 日黄昏，三川中将亲率重巡洋舰“鸟海”号、轻巡洋舰“天奄”号、“夕张”号和驱逐舰“夕凪”号，由辛普森港出航，于晚 8 时在圣乔治水道与重巡洋舰“青叶”号、“加古”号、“衣笠”号和“古鹰”号 4 舰会合后，在夜幕中驶离圣乔治角。

8 艘黑魆魆的战舰像一群“恶鲨”，在漆黑的洋面上以每小时 24 节的航速，从东面绕布干维尔岛南下，矛头直指瓜岛。

萨沃岛海战中的日军舰队指挥官海军中将三川军一

夜幕沉沉，福祸难卜。当夜，三川在旗舰“鸟海”号上心事重重，忐忑不安，他和参谋人员齐聚作战室，紧张地研讨和制定作战方案。

鉴于日军对夜战训练有素，而美军多为门外汉，三川决心以己之长攻敌之短，断然决定于8月8日午夜隐蔽地攻入瓜岛与萨沃岛海面，在夜战中摧毁美军登陆部队的护航驱逐舰，炸沉正在卸载的运输船。攻击结束后，于8月9日天亮前迅速撤离战场。

毋庸置疑，这的确是一个大胆而绝妙的作战方案，但也埋藏着危险的种子：8月8日白天，整个编队将在光天化日之下渡过宽阔的布干维尔海峡，危险性极大，被美军侦察机发现的可能性几乎是百分之百。怎么办？三川决心铤而走险，大胆一闯。

为摸清敌情，预防不测，三川在8月8日凌晨选派5架水上飞机进行扇面空中侦察，其中有2架中午返航，送回三川迫切需要的情报：“在图拉吉岛和瓜达尔卡纳尔岛海域有美战列舰1艘，巡洋舰6艘，驱逐舰19艘和运输船18艘。”

三川闻讯大喜，面对这群猎物，他毫不犹豫立即下令舰队飞驰南下，冒死突击。

这时，令人难以置信的事情发生了！

实际上，美军的侦察部署，真可谓是布下了天罗地网，百密而无一疏：海底，大批美军潜艇设伏在俾斯麦群岛周围以及特鲁克和所罗门群岛之间；空中，麦克阿瑟将军指挥的航空兵负责对俾斯麦群岛方面进行不间断的空中侦察；麦克恩少将则把他的空中罗网撒向了特鲁克群岛和马绍尔群岛方向；而弗莱彻指挥的舰载航空兵受命对因天气不好、岸基飞机不能前往的区域进行近程补充侦察，何时何处进行，将由麦克恩发出通知。

可是，重担在肩的指挥官特纳对此仍不放心，在细心研究了美军这张侦察罗网之后，他忽然发现来自腊包尔的“狭口”海峡方面有“漏洞”。日军若由腊包尔出发，进攻瓜岛水域的美军运输舰船，在那些必经之路上，空中侦察在某一时间段里会出现空白。他立即要求麦克恩派水上飞机沿“狭口”海峡向西北侦察，以求堵住这个“漏洞”。

照理说，如此一张天罗地网，是决不会有漏网之“鱼”的，但事情却大出美军的意料。

8月7日12时31分，麦克阿瑟将军的B-17“飞行堡垒”式轰炸机在卡维恩以南海区第一次发现日军舰只。13时19分，麦克阿瑟转发了如下情报：“‘飞行堡垒’式飞机在圣乔治水道发现6艘尚未查明的舰只，航向东南。”①

特纳少将当即收到此报，可他认为在日本海军基地附近发现日本军舰，无须大惊小怪，所以没有引起足够的重视。这实际上是三川正在调兵遣将。

时间在飞驰。8月7日20时，在圣乔治角以南海区巡逻的美军“S-38”号潜艇发回无线电报告：“有2艘驱逐舰和3艘类型不明的较大舰只，以高速向东南航行。”①

这是第二次发现三川舰队。对此迹象，本应盯住不放，但当克拉奇雷在8月8日清晨获此电报后，一边吃早点，一边轻描淡写地说：“这支编队是否就要袭击我，还须看以后的侦察报告才能确定。”

更令人不解的，是对第三次发现日军舰队那份侦察报告的处理。

8月8日10时26分，一架澳大利亚侦察机发现了三川舰队，当时目标与特纳的旗舰相距仅350海里了。但是，该驾驶员没有立即打破无线电静默向基地报告，也没有加速驾机返回，而是继续侦察，直到下午飞返新几内亚的密尔纳湾、从容吃过茶点之后才去报告。

在萨沃岛海战中大打出手的日本重巡洋舰“鸟海”号

而且他的报告也极不准确：“发现日舰编队，3艘巡洋舰，3艘驱逐舰，2艘水

① ［美］塞缪尔·莫里森：《瓜达尔卡纳尔的斗争》，1951年波士顿英文版，引自译本《瓜达尔卡纳尔登陆战役》，第25页。

上飞机母舰或炮舰，航向 120 度，航速 15 节。”①

更有甚者，这份极不准确且为时已晚的报告，几经辗转，当到达克拉奇雷和特纳手中时，已分别是 8 月 8 日 18 时 39 分和 18 时 45 分。

尤为可悲的是，获此电文的麦克阿瑟司令部以及特纳和克拉奇雷都对敌情做出了错误的判断。司令部方面断言日军要在肖特兰德岛修建一个水上飞机基地，以便第二天派水上飞机对瓜岛进行空袭；特纳则认为日本水上飞机母舰会停泊在圣伊萨贝尔岛的瑞卡塔湾，作为第二天出击的起脚点。因而当夜懈于防范。

再说，麦克恩也没有遵照特纳之命派飞机去弥补“漏洞”。而且，8 月 8 日白天由圣埃斯皮里图岛起飞的“空中堡垒”式飞机，在距离三川舰队只有 60 海里时就返航了，因而没有发现日军舰队。

就这样，幸运的三川竟然奇迹般地在光天化日之下，顺利地通过了美机严密侦察巡逻的布干维尔海峡。

8 月 8 日 16 时，三川编队进入新乔治亚海峡（即“狭口”海峡）。16 时 40 分，三川的旗舰用闪光灯向各舰下达了简单而具体的夜战计划：首先对停泊在瓜达尔卡纳尔锚地的美舰进行鱼雷攻击；然后横渡到图拉吉港区用舰炮和鱼雷攻击那里的美军舰船；编队将由萨沃岛以西高速进入，攻击完毕后，由萨沃岛以东迅速撤离。

18 时 40 分，万事准备就绪，10 000 吨级的三川旗舰“鸟海”号一马当先。为了鼓舞士气，三川发出战前训词：“我们在这次帝国海军传统的夜间袭击战斗中一定要取得胜利，每个人都要竭尽全力，沉着奋战！”①

黑暗中，三川舰队高速向毫不知情的美、澳瓜岛登陆舰船队扑去……

大难临头之际，盟军方面又连连发生令人难以置信的疏忽与失误。

早在 8 月 7 日夜间，海军少将特纳就已深感不安，他意识到各种类型的舰船拥挤在瓜岛、图拉吉岛和佛罗里达岛之间，必然成为日军极好的猎物。他在旗舰“麦克考利”号的甲板上来回踱着方步，一连串问号在他脑际萦绕：日军会不会发起袭击战？日军将在什么时候发动袭击，将采取什么方式进行袭击？

对此命运攸关的问题，特纳因毫无所知而显得烦躁不安。他深深地感到，必须进行认真可靠的侦察，必须发挥航空兵和潜艇的战力！

---

① ［美］塞缪尔·莫里森：《瓜达尔卡纳尔的斗争》，1951 年波士顿英文版，引自译本《瓜达尔卡纳尔岛登陆战役》，第 25 页、第 28 页。

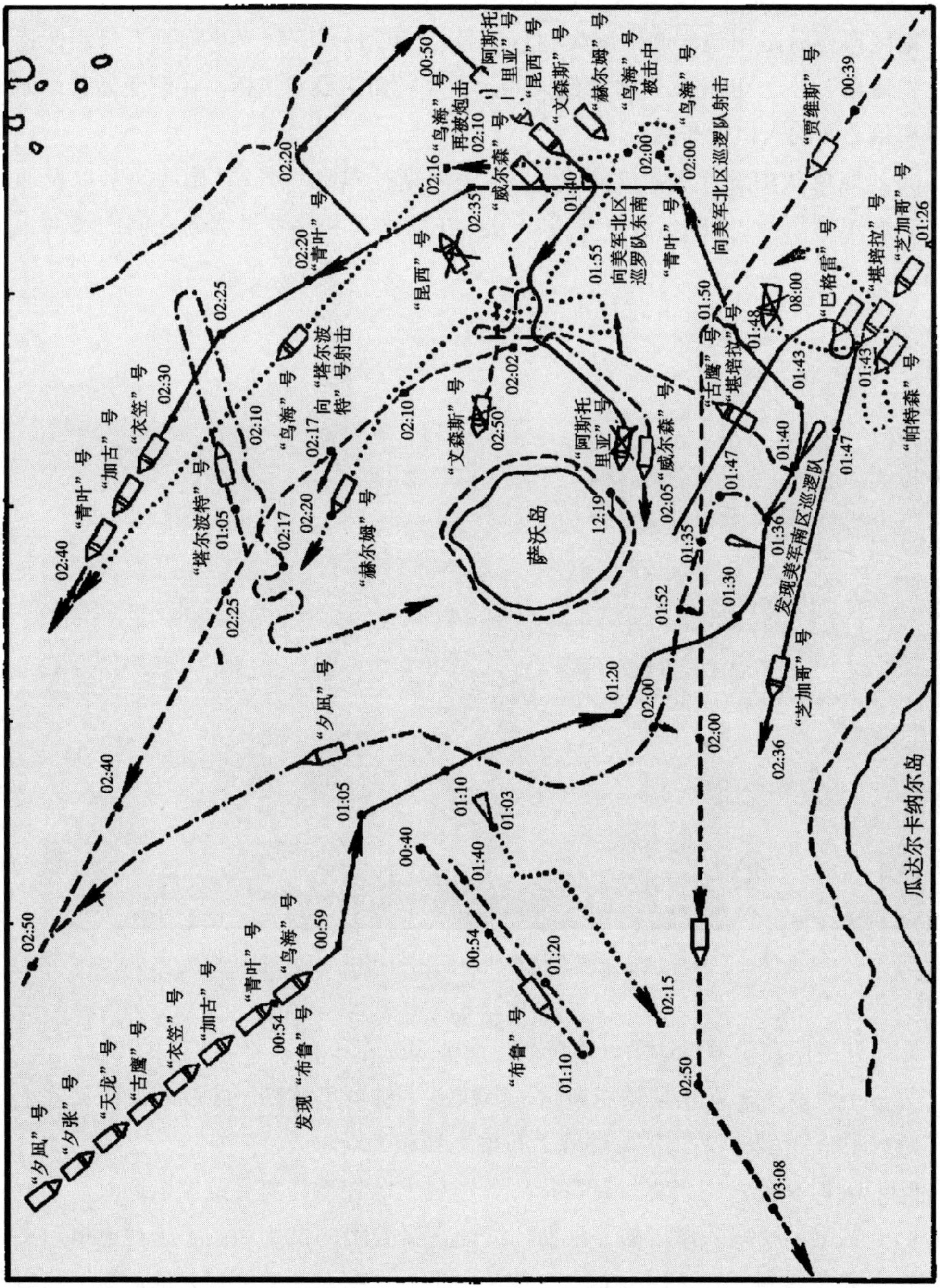
萨沃岛
瓜达尔卡纳尔岛
160° E
55′
50′
45′
40′
35′
"夕凪"号
"夕张"号
"天龙"号
"古鹰"号
"衣笠"号
"加古"号
"青叶"号
"鸟海"号
发现"布鲁"号
"布鲁"号
"塔尔波特"号
"赫尔姆"号
"文森斯"号
"昆西"号
"阿斯托里亚"号
"威尔森"号
"芝加哥"号
"巴格雷"号
"帕特森"号
"贾维斯"号
发现美军南区巡逻队
向美军北区巡逻队射击
向美军北区巡逻队东南
"鸟海"号被击中
"鸟海"号再被炮击

萨沃岛海战示意图

此时，在瓜岛和图拉吉海区，受命担任警戒的克拉奇雷绞尽脑汁，把附近海域划分成 3 个巡逻区，即南区、北区和东区；看起来布阵严谨，无懈可击。

南区巡逻队是由巡洋舰“澳大利亚”号、“堪培拉”号、“芝加哥”号和驱逐舰“帕特森”号、“巴格雷”号等组成的，由克拉奇雷亲自指挥，在萨沃岛和埃斯帕恩斯角之间的入口处布网。

北区巡逻队由巡洋舰“文森斯”号、“阿斯托里亚”号、“昆西”号以及驱逐舰“赫尔姆”号、“威尔森”号等组成，在萨沃岛和佛罗里达岛之间的海面上设伏。

“堪培拉”号保护三艘盟军运输船向图拉吉提供士兵及补给支援

东区巡逻队在佛罗里达岛以南警戒，由美国海军少将斯考特担任指挥官。

为防不测，美军在埃斯帕恩斯角—萨沃岛—佛罗里达岛一线以北海面又安上了“两只眼睛”，即早期预警驱逐舰“布鲁”号和“塔尔波特”号。

8 日 18 时 7 分，正当克拉奇雷指挥各巡逻大队在瓜岛海面游弋巡逻时，一直担心己方航空母舰编队命运的弗莱彻，给远在努美阿的戈姆利发了一封电报，文曰：“战斗机的数量已由 99 架减至 78 架。由于敌军在这个地区有大量鱼雷机和轰炸机，我建议把我指挥的航空母舰全部立即撤出。因为燃料已快用完，请立即派油船前来。”[①]

由于弗莱彻接连失去了航空母舰“列克星敦”号和“约克城”号，因而此次他特别谨慎，不愿拿手头现有的“大宝贝”再去冒险，一心寻找借口想尽快地离开瓜岛海域这个是非之地！

在瓜岛的特纳截收到弗莱彻发出的电报后特别恼火，因为他的运输船队一刻也不能离开空中保护伞。事情糟透了！弗莱彻竟然没有等到戈姆利回电，就擅自率舰队向东南方向撤退了。这样一来，特纳登陆运输船队的处境就更加险恶了。

满腔怒火的特纳立即召开紧急会议以应付眼下危局。8 日 20 时 32 分，克拉奇雷和范德格里夫特与特纳齐聚“麦克考利”号旗舰上。会上，特纳把他的担心与忧虑变成连珠炮般的发问。他问范德格里夫特：“你能否在今天夜里把必要的补给品卸到岸上，使运输船在明早开航？”他又问克拉奇雷：“你的各区巡逻队能否在没有空中掩护的情况下再坚持一两天？”

会议上，特纳毅然宣布：“由于航空母舰的撤走，两栖作战兵力就将处于日机空袭之下，因此，必须立即把一切舰只撤走。”

范德格里夫特听到这个决定，突然蹦了起来，咆哮道：“瓜岛作战补给物资远远不够，现在又要把未卸完物资的运输舰全部撤走，这简直是发疯！”

可是，暴怒无济于事，会议决定运输船第二天一早就开航。范德格里夫特恼怒道：“我们像地地道道的傻瓜那样一下子被别人抛弃了。”

会上，克拉奇雷又转问特纳：“将军对澳大利亚驾驶员的那份报告有何高见？”

特纳自信地侃侃而谈：“日军这支编队将在瑞卡塔湾内隐蔽，并从那里派出携带鱼雷的水上飞机攻击美军登陆输送船队。”

尽管特纳的判断与实际战况南辕北辙，但当时他仍然洋洋得意地说：“为了先发制人，我已要求麦克恩派岸基飞机于明天早晨轰炸停泊在瑞卡塔湾内的日军编队。”

正当特纳自我陶醉的时候，三川舰队却劈波斩浪，在茫茫黑夜中直趋瓜岛水域。

夜幕深沉。瓜岛上空开始出现异常现象，一架神秘的飞机在夜空中盘旋，立刻被在北区水域巡逻的驱逐舰“塔尔波特”号这只“眼睛”发现了。该舰立即发出警报，可是，相距仅 20 海里的特纳旗舰“麦克考利”号居然没有收到，其他收到警报的美舰，丝毫没有引起警惕。有的美舰舰长看到飞机上开着夜航灯，还以

① ［美］塞缪尔·莫里森：《瓜达尔卡纳尔的斗争》，1951 年波士顿英文版，引自译本《瓜达尔卡纳尔岛登陆战例》，第 29 页。

为这是友机呢。

实际上，这是三川于 23 时 13 分派出的两架侦察机。就这样，日机在毫无任何干扰的情况下，在美舰上空悠然自得地探察无遗。

显然，盟国舰队就要大祸临头了！可此时此刻，特纳、克拉奇雷和范德格里夫特仍在“麦克考利”号的会议上面红耳赤地争执不休。

第五节　盟军舰队猝不及防　惨遭突袭

此时，三川在他的旗舰“鸟海”号上专心致志地研究侦察机发回的报告，并当即做出了正确的分析判断和指令：

“美军一艘运输船起火，火光很大。”他立即指出：“这是寻找其他美军舰船位置的极好向导。”

“在图拉吉岛和瓜达尔卡纳尔岛附近停泊着一些运输船。”三川一听，大喜过望：“这是我们进攻的主要目标！”

“在登陆场西面有美军巡洋舰！”

“啊！危险的敌人！在攻击美运输船以前，必须先把他们干掉！”①

三川把他的战斗舰只编成一字长蛇阵，旋风般地杀入瓜岛海域，首先扑向了“南区”巡逻队。

22 时 30 分，三川发出“准备战斗”的警报。8 月 9 日零点，三川不间断地发出指令：“萨沃岛南面有重巡洋舰 3 艘……准备发射鱼雷……各舰战斗部位提高警惕。”①

浓浓的雨云弥漫在墨一般漆黑的海面上，远方，闪电霍霍地发亮。凌晨 1 时稍过，日舰观察员在黑暗中发现美军警戒驱逐舰“布鲁”号模糊不清的舰体，立即做好了射击准备。“布鲁”号却丝毫没有察觉，仍全速向西南驶去。三川见状喜不自禁地说：“真是碰见鬼了！”

---

① ［美］塞缪尔·莫里森：《瓜达尔卡纳尔的斗争》，1951 年波士顿英文版，引自译本《瓜达尔卡纳尔岛登陆战例》，第 32 页。

随后，三川小心翼翼地率舰队左躲右闪，避开美军巡逻队的“两只眼睛”，神不知鬼不觉地插入萨沃岛和埃斯帕恩斯角之间的海域。

8 月 9 日凌晨 1 时 33 分，三川下达了总攻击令。1 分钟后，日舰“鸟海”号发现一艘轮廓模糊的美军驱逐舰，至此，日舰被美舰发现，已势在难免！可是，三川又一次得到天助神佑，原来，这艘美舰“贾维斯”号上的通信设备被白天空袭的日机炸坏了。

2 分钟后，日舰发现敌情，急电纷至沓来：

“正前方发现敌舰！”这是“南区”巡逻队的驱逐舰“帕特森”号和“巴格雷”号。

“发现 2 艘巡洋舰！”它们是“南区”巡逻队的“芝加哥”号和“堪培拉”号。

凌晨 1 时 36 分，三川下令“独立射击！”2 分钟后，一枚接一枚的鱼雷向美舰飞蹿。可悲的是，美、澳舰只仍然没有发现三川舰队。

美军驱逐舰“布鲁”号及“帕特森”号疏散陷入火海中的“堪培拉”号舰上人员

直到 1 时 43 分，美军驱逐舰“帕特森”号突然在正前方发现一艘舰船黑影，立即用无线电发出警报：“警报！警报！未判明的舰船正在进港！”但为时已晚，一架日机凌空投放了照明弹，周围一片通亮，把美舰“芝加哥”号和澳舰“堪培拉”号的舰身映得一清二楚。日舰“鸟海”号、“青叶”号和“古鹰”号抓住这稍纵即逝的时机，迅速用主炮轰击，有 24 发炮弹落在“堪培拉”号的干舷上；日舰 5 分钟前发射的鱼雷此时也发挥了威力，该舰右舷被两枚鱼雷命中。

此时，“堪培拉”号奋起反击，可是，当它顽强地回击了两枚鱼雷和几发炮弹后，主机就不转了，舰体向右倾斜 10 度；火势蔓延到整个上甲板，浓烟滚滚，焚烧的甲板上布满了尸体。该舰舰长也被击毙，一些伤重而生命垂危的水兵仍挣扎着把被烈火烤得灼热的炮弹抛到海里去，以防引起连锁爆炸。

不久，伤痕累累的“堪培拉”号在8月9日晨8时沉入大海。

在这炮声震荡海面、闪光划破夜空的激战之初，美军“芝加哥”号巡洋舰舰长、接替去开会的克拉奇雷暂任“南区”指挥官的包德上校正在蒙头大睡。当他被唤醒时，朦胧中听到瞭望哨飞报：“右舷发现鱼雷航迹！”他立即下令：“右满舵！”话音未落，发现左前方又有鱼雷扑来，又急忙下令左转向。尽管他力图在鱼雷航迹中穿来穿去，但最终未能逃脱厄运。

1时47分，“芝加哥”号的舰艏被一枚鱼雷命中，爆炸掀起的水柱使前甲板涌满了海水。同时，该舰前桅又被日军巡洋舰发射的一发炮弹命中，舰面弹片横飞，烈焰冲腾，死伤惨重。至此，“芝加哥”号无可奈何地脱离了编队，孤独地向西缓慢行驶，宛如一堆漂浮在海面上的废铁。

1942年8月，参加萨沃岛海战并受重创的美军巡洋舰“芝加哥”号

最先发现日舰队的美军驱逐舰“帕特森”号发出警报之后，立即投入战斗。舰长瓦克中校高喊：“立即发射鱼雷！”可是混乱中，下面的人压根儿没有听到他的命令。在随即爆发的炮战中，尽管“帕特森”号以高速做“Z”字运动，但仍被日舰击中一弹，打燃了副炮弹药库，2门炮被炸成“哑巴”。

此时，三川舰队横冲直撞，肆意攻击，如入无人之境；而美舰措手不及，乱成一团，毫无还手之力。

美军驱逐舰“巴格雷”号为了瞄准日舰发射鱼雷，舰身旋转了一圈半才找到目标。当鱼雷手刚装好底火，日舰已快速向东北方向驶去，转眼间已无影无踪，即使再快再准的鱼雷也望尘莫及了。

“南区”激战，从凌晨1时43分开始至1时49分，历时6分钟。日舰共发射17枚鱼雷，命中了3枚，同时还倾泻了大量炮弹。美舰编队溃不成军，而三川舰队毫发未损。

8月9日凌晨1时50分，日军舰队分成两支，开足马力，又要去吃掉“北区”巡逻队了。

第六节　几乎统吃的三川竟功亏一篑

克拉奇雷所布阵势的弊端之一，是南、北两区的巡逻舰只相距较远，因而在遭到突袭时，双方无法迅速联合、协同作战。更糟糕的是，被打得晕头转向的“南区”美、澳舰只没有将敌情转告“北区”巡逻队，因而当“北区”巡逻队面临极大危险时，竟仍然蒙在鼓里。

8月9日凌晨1时45分，在“北区”巡逻的“阿斯托里亚”号的瞭望台上，值更官感到舰体在微微颤动，这就是日舰“鸟海”号向“南区”巡逻队发射鱼雷的爆炸所致，而值更官却认为这是友舰在投放深水炸弹反潜。忽然，他听到舰上一声喊叫:“左后方照明弹！”这是日机在“南区”上空投放的！站在瞭望台上的枪炮官见状不妙，立即下令:“准备战斗！”

此时，三川舰队兵分两路，在夜幕的掩护下，向“北区”猛扑过来。1时50分，旗舰“鸟海”号强烈的探照灯光捕捉住了“阿斯托里亚”号。1分钟后，炮弹劈头打来，“阿斯托里亚”号被迫还击。

爆炸声把舰长威廉·格瑞曼上校惊醒，他冲到舰桥，厉声喝问:“这是谁下的战斗命令？是谁下令射击！”他气急败坏地说:“这是在打自己的船！我们不要过于激动而草率行事！”并下令立即停止射击。枪炮官苦苦哀求了2分钟，格瑞曼才同意继续射击，理由是:“无论是不是我们的船，必须先把它们压制住。”

然而，良机已失，“鸟海”号第5次齐射的炮弹像暴雨般倾泻下来，“阿斯托里亚”号的上层建筑一片火海，成了黑暗中十分醒目的活靶子。很快，该舰一座主炮失去了战斗力，舰面火焰炫目，烟气逼人，设备毁坏，航速大减，人员伤亡相当惨重。当它用尽气力向“鸟海”号发出最后一次齐射时，已经奄奄一息了。

灼热的大火又引起副弹药库爆炸。在营救无效之后，该舰随后于当日 12 时 15 分沉没。

在“北区”激战之前，“昆西”号的舰员曾听到头顶上有飞机引擎的“嗡嗡”声。一位青年军官断定这是敌机，不料被上司臭骂了一通，说他患了轻度歇斯底里症，弄得他再也不敢说话了。这时，日舰“青叶”号从后方接近，突然打开探照灯，把“昆西”号照得通亮，随即进行凶猛的齐射。

炮火中，“昆西”号舰长穆尔上校下令向亮着探照灯的日舰开火，并同时向“鸟海”号和“古鹰”号猛烈射击。美舰炮击很有成效，日舰“鸟海”号被击中，其中一弹将三川参谋人员的海图室击毁，34 人被炸死。

可是，两次齐射之后，“昆西”号舰长又后悔了，他坚信这是在自相残杀，马上下令打开识别灯，青年军官坚决反对。正当他们争执不下的时候，右转中的“昆西”号被一发炮弹击中，该舰顿成黑暗中一支巨大的火把，旋即又召来了“鸟海”号及“古鹰”号等舰的交叉射击，左舷又被 2 枚鱼雷命中。该舰舰艏下沉，蒸汽从烟囱里喷出，舰体也慢慢下沉，显然已不可抢救。凌晨 2 时 35 分，“昆西”号葬身海底。

美军巡洋舰“文森斯”号也没有逃脱遭受攻击的厄运。1 时 50 分，3 艘日舰的强光紧紧罩住“文森斯”号，舰长黎科尔上校大为恼火，认为这肯定是“南区”巡逻队同行们干的蠢事，他愤怒地下令：“用无线电告诉他们，马上把探照灯关掉！”话音刚落，日舰“加古”号的炮弹便铺天盖地打来，“文森斯”号舰体腰部中弹一颗，弹射器上的飞机起火，炽热的火焰发出耀眼的光亮，舰体完全暴露了。虽然它仍顽强地开炮还击，但经不住日舰更猛烈的炮火。凌晨 1 时 55 分，“文森斯”号正欲右转逃走，左舷又被 3 枚鱼雷击中，8 分钟后又中鱼雷一枚。

这时，从非接战方向射来两道探照灯光，舰长黎科尔上校以为救兵已到，连忙下令在前桅升起军旗，不料又遭一阵猛打。原来，冲过来的还是一艘日舰，当对方看到升起的军旗，以为“文森斯”号是艘美军旗舰，更是咬住不放，决心要打沉它。凌晨 2 时 15 分，日舰停止射击，遍体鳞伤的“文森斯”号舰体逐渐向左舷倾斜。2 时 50 分，该舰在一片火焰中倾覆沉没。

美舰“赫尔姆”号在激烈的夜战中吓破了胆，舰长卡罗尔少校撇下那些燃烧的军舰及伙伴们，仓皇逃窜。由于“威尔森”号驱逐舰的“个头”太小，日舰没有过多地理会它，从而死里逃生。

在萨沃岛北部海域担任早期预警的“塔尔波特”号舰长加纳罕少校，做梦也没有想到自己的后方会冒出敌舰。2 时 15 分，当日舰“天龙”号、“古鹰”号和“夕张”号组成的另一支编队向“塔尔波特”号开火时，加纳罕少校发现炮弹炸开的焰光与美军相似，以为射击他的是友舰，便急令打开识别灯，用无线电高呼自己的代号。

日舰被弄得莫名其妙，停止了射击。但过了一会儿，“夕张”号继续向它开炮。“塔尔波特”号只得硬着头皮还击，并一连发射了 4 枚鱼雷，可是无一奏效，而自己却被日舰炮火击中，舰面燃起大火。幸而骤雨突降，日舰放弃追击，“塔尔波特”号得以幸免，歪着倾斜 20 度的躯体，于当日下午狼狈不堪地驶回图拉吉港。

面对美军“南区”巡逻队早已溃不成军，“北区”巡逻队几乎全军覆灭的有利战局，三川若乘胜进击，那么，全歼瓜岛美军运输舰船，真可谓囊中取物，易如反掌。可是，就在这千载难逢的关键时刻，整个萨沃岛海战中最令人瞠目结舌、困惑不解的事情发生了：8 月 9 日凌晨 2 时 20 分，三川突然下令：“全军返航！”旗舰“鸟海”号加速至 35 节，驶到纵队前头，取西北方向，经“狭口”海峡撤离战场。

返航中的日军舰队在抵达布干维尔海峡前兵分两路，三川自己率一路驶返腊包尔港。而向卡维恩返航的那一路，在 9 时左右被美“S-44”号潜艇发现。“S-44”号出其不意地向“加古”号发射了 4 枚鱼雷，“加古”号躲闪不及，在 5 分钟内倾覆沉没。这是在萨沃岛海战中唯一损失的日舰，它是在日军舰队凯旋途中、在庆贺胜利的时刻葬身鱼腹的。

三川回到腊包尔，受到当地驻军的热烈欢迎。

萨沃岛海战[①]，历时半小时，盟军 4 艘巡洋舰被击沉在瓜岛、萨沃岛和佛罗里达岛之间的水域中。这是瓜岛海面战斗祭坛上的第一批牺牲品。

在以后漫长的浴血拼搏中，日、美双方无数钢铁战舰在此倾覆沉没，沉舰遍布海底。因而，这片海底墓地上的水域被称为“铁底湾”。

此外，盟军方面还重伤巡洋舰 1 艘、驱逐舰 2 艘，被打死、淹死或被鲨鱼吞噬的官兵达 1270 人，负伤 709 人。而日舰无一重伤、无一沉没（“加古”号不计），日军死亡仅 58 人，负伤 53 人。

对此丰硕战果，山本大将虽然也拍来了嘉奖电，但对三川没有乘胜彻底摧毁美军的运输船队大为不满。

---

① 日本方面称萨沃岛海战为“第一次所罗门海战”。

美军在瓜岛登陆滩头卸载各种作战物资

日本史学家伊藤正德在他的《日本帝国海军的末日》一书中写道:“如果三川能在瓜达尔卡纳尔消灭敌人的运输舰大队，即使牺牲了他的整个舰队也是值得的。”

这句话一针见血地指出了三川没有以破釜沉舟的决心攻击美军运输船队的严重失误。

英国海军少将克拉奇雷说:“我军已经达到我们的目的，即防止敌军接近运输船。”

乍一听，这似乎是败军之将的一种狡辩，但却从另一个角度阐明了萨沃岛海战的结局对美军来说真是不幸中之大幸。

海战中，三川本应当牢记自己的根本使命是歼灭美运输船队，因为这一使命关系到瓜岛战役今后的前途，为达此目的，他应该不惜一切代价。然而他没有这样做，由于他缺乏孤注一掷的决心，结果功亏一篑，从而使他已经取得的战果黯然失色。

究其原因，据说日舰当时鱼雷已渐告罄；但主要原因则是日舰在攻击完毕后，天色将明，三川担心会遭到弗莱彻舰载机的袭击。这一顾虑不是没有道理。可悲的是，三川对弗莱彻已经率航空母舰撤离瓜岛海域这一重要情报一无所知，从而未能做出正确的判断。

萨沃岛海战是太平洋海战中一场罕见的夜袭战。日军在海战中大获全胜，而对美军来说，却是一场浩劫，“美国舰队的这一失败，几乎和珍珠港事件一样悲惨”。[①]

这一仗在美国海军作战史上写下了最坏的一笔。美国海战史专家莫里森教授说:“在一场堂堂正正的战斗中，这大概是美国海军蒙受的最大失败。”[②]

① ［美］海莱:《太平洋战线》，大公报小丛书，大众报馆，1945 年，第 26 页。

② ［美］N. 米勒:《海军空战》，海洋出版社，1981 年，第 58 页。

1942年12月，美国海军部对这次海战失败的原因进行了调查。

显而易见，日军进攻的突然性是美军遭到失败的主要原因。同时，这场海战还暴露出美、澳海军在作战中存在诸多问题，诸如：通信联络迟缓、空中侦察不力、雷达性能不好、战斗警惕性不高、对日军的企图判断错误，加之美舰海面巡逻徒具形式、各舰并无应战准备、各舰各区之间缺乏策应以及克拉奇雷正出席会议，夜战无将官级指挥官统一指挥等，从而导致了美、澳海军惨重的失败。

相反，三川战前情报及时准确，采取夜战，以己之长，攻敌之短；加上出其不意，勇猛果断，因而战绩卓著。

经此海战，瓜岛战役遂酿成长期之争。在今后的几个月中，日、美双方在此持续增兵，你攻我守，血腥争夺；瓜岛水域，海战迭起……

第九章

挺进瓜岛　海空争夺

第一节　特纳鲁河口日本兵血染沙洲

三川舰队在萨沃岛海战中夜袭美、澳舰队，大战“铁底湾”，取得了辉煌战果，暂时掌握了瓜岛海域的制海权。但在胜利之余，一想到美国海军陆战队仍占据瓜岛一隅，控制着瓜岛机场，构成心腹大患，山本大将心头不免隐隐作痛。

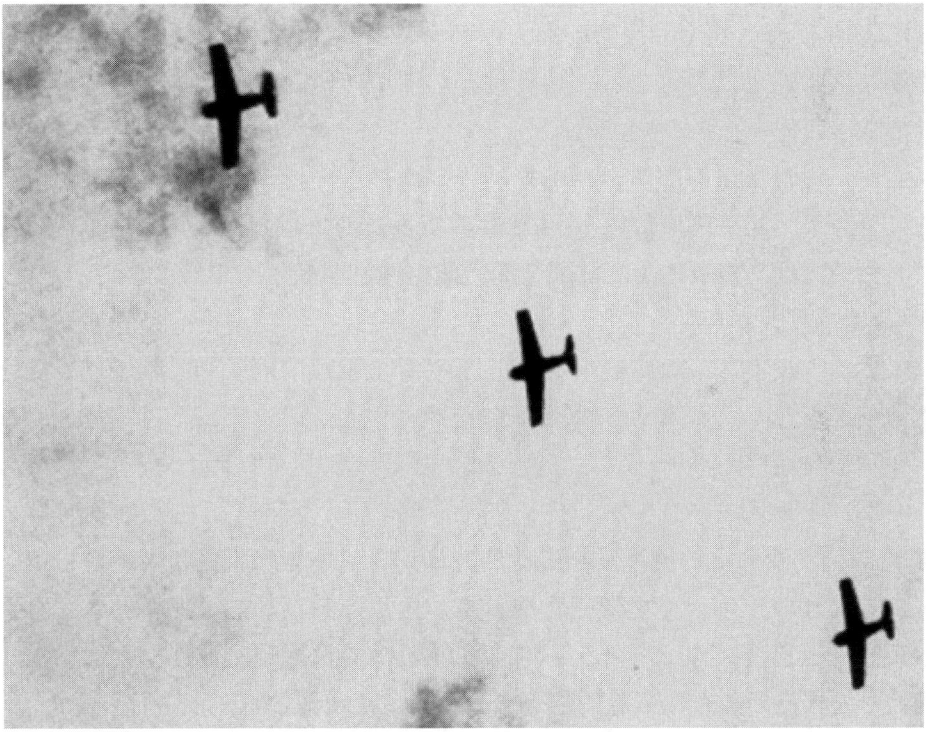

1942 年 8 月底或 9 月初，从“亨德森”机场起飞的美国战机

事态刻不容缓，日军立即采取了行动。8 月 9 日，日机首次疯狂轰炸了“亨德森”机场，恐怖的杀伤弹破片在灌木丛中狂乱飞舞。紧接着，三川几乎每夜都派巡洋舰和驱逐舰沿“狭口”海峡直下“铁底湾”。它们准时而来，把充满死亡和象征毁灭的炮弹倾泻到美军阵地上，炮击结束后又趁黑夜迅速返航。

美军士兵将这些日军驱逐舰编队称为“东京快车”。

为了迅速解决瓜岛战事，日本首相东条英机亲自下令：把瓜岛地面作战的指挥权移交给陆军！日本陆军第17军指挥官百武晴吉中将接令后，“根据大本营的指示，决定与海军协同，趁敌在瓜达尔卡纳尔岛立足未稳之机迅速夺回该岛”。①

百武中将在腊包尔研究了瓜岛形势以后，认为瓜岛上的美军只有2000余人，而他只需6000人就足以夺回瓜岛。但由于眼下手头兵力不足，遂决定先投入不到1000人的先遣队——一木支队力克登陆美军。

百武的一系列悲剧就这样发生了！他做梦也没有想到，瓜岛此刻拥有16 000余名悍勇的美军陆战队官兵！

8月18日夜，残忍成性的一木大佐奉命率领913名日军官兵，分乘6艘快速驱逐舰，向瓜岛进发。这是一支曾受过专门训练、原准备在攻占中途岛时使用的精锐部队，而如今在瓜岛亮了相。

然而，对日军采取的这一新的行动，范德格里夫特了如指掌。原来，机智勇敢的土著马丁·克莱门斯带领10名忠实的情报员前来投奔他，并带来了日军活动集结的种种情报。接着，美军陆战队的无线电网又截获了一份日军急电，电文说：“援军在途中，万岁！”

果然，入夜不久，海岸美军哨兵报告：“海上发现闪闪发光的航迹，一批舰只正迅速向东驶来！”结果，一木支队趁黑夜顺利地登上了瓜岛，并构建了工事。日、美两军阵地相距不远，双方虎视眈眈，战前气氛令人窒息。

8月21日凌晨1时30分，一木支队的500名士兵向守卫在特纳鲁河口一条40米长的狭窄沙洲上的美军发起了猛烈冲锋。在迫击炮、机枪和步枪射击声以及日军刺耳的狂叫声中，美军依托防御工事，先是隐蔽不动，待狂呼着“万岁”的日本兵冲到近前，突然一齐开火。潮水一般涌来的日军顿时被打得人仰马翻，随即成为一大堆死尸和奄奄一息的伤兵，幸存者又潮水似的退了下去。

不久，日军又展开了第二批突击，结果无一人能冲到美军阵地的铁丝网前。当范德格里夫特少将获悉日本伤兵竟残酷地杀害前往救护他们的美军医疗队人员时，勃然大怒，下令斩尽杀绝那些日本残兵。

激战中，美军轻型坦克干脆连同日本人的肉体一同消灭。日军彻底溃败，恐

① ［日］服部卓四郎：《大东亚战争全史》，原书房日文版，1975年，第330页。

惧而绝望的一木烧掉军旗后开枪自杀了。

溃败的消息传到腊包尔，三川、百武等人闻讯大惊，他们清醒地意识到，不惜一切代价迅速占领瓜岛已是当务之急，因而一致要求由整个日本联合舰队负责海空掩护支援。

1942年8月，在瓜岛海滩被美军打死的日本兵，半埋在河口的沙地上

以“天生的赌棍”闻名的山本五十六海军大将，早就窝了一肚子火。他一直想抓住机会同美国太平洋舰队进行一次“日德兰海战”①式的大决战以定乾坤，然而始终未能得逞。他曾绞尽脑汁，成功地偷袭了珍珠港，但未能完全如愿以偿。在认为必胜无疑的中途岛海战中，他又押上了南云的4艘大型航空母舰，结果输了个精光，但这一沉重的打击并没有改变山本的嗜好。眼下，他又发现这是一个决一死战的大好机会，因为美军太平洋舰队主力为了掩护陆战队和补给船队，必将汇集瓜岛海域。机会难得，歼灭美军太

在特纳鲁河战役后，瓜达尔卡纳尔岛鳄鱼河口的沙洲上阵亡的日军士兵

① 1916年5月31日至6月1日，英、德两国主力舰队在丹麦日德兰半岛以西斯卡格拉克海峡海面上遭遇，发生激战，双方损失相若。但由于英国舰队占有数量上的优势，此后仍保持了海上控制权。这一海战是第一次世界大战中英、德两国海军的决定性战役。

平洋舰队的时刻来到了！

为此，山本五十六决定将联合舰队主力集结在瓜达尔卡纳尔岛北方海域。8月11日，近藤信竹中将指挥的第2舰队驶离日本本土。8月16日和17日，南云忠一中将指挥的第3舰队以及山本的旗舰“大和”号先后由内海西部南下出击。

日本联合舰队倾巢而出，主要由三部分组成：一是瓜岛支援舰队，由海军中将近藤指挥。该编队由第2舰队和第3舰队组成，实力相当雄厚。拥有航空母舰“翔鹤”号和“瑞鹤”号，战列舰“陆奥”号、“比睿”号和“雾岛”号以及若干艘巡洋舰和驱逐舰，大小舰船共40余艘；二是东南海区部队，由海军中将塚原指挥，其中包括田中少将指挥的瓜岛增援运输船队以及三川中将的掩护舰队，外加岸基航空兵部队的100多架战机；三是远征舰队，由小松中将指挥，主要兵力是9艘潜艇。

8月21日，天刚破晓，朝晖映在海面上，发出柔和的粼粼闪光。但日本海军神秘而坚固的海上堡垒特鲁克港却呈现出一派杀气。

山本将上述联合舰队的兵力组建了五个战术群，它们是：南云中将指挥的航空母舰主力群；以战列舰“比睿”号和“雾岛”号为主力的前卫群；以“龙骧”号轻型航空母舰作“诱饵”的牵制群；近藤中将指挥的先遣队；9艘潜艇编成的侦

东所罗门群岛海战前11天，1942年8月12日，美军航空母舰“黄蜂”号（前景）、“萨拉托加”号及“企业”号（后方海面上）在瓜达尔卡纳尔以南的太平洋上执行任务

察群以及在后方跟进的1500人的瓜岛增援群。该增援群计划于8月24日登陆瓜岛，陆海配合，力争8月底以前把瓜岛上的美军陆战队赶入大海。

“五把尖刀”劈开黎明的海面，驶离特鲁克军港。8月23日，庞大的日本舰队集结在所罗门群岛东北200海里的洋面上。山本大将的如意算盘是：以身轻力薄的“龙骧”号轻型航空母舰为“诱饵”，吸引所有的美军舰载机。一旦上当的美机油尽返航时，迅速出动南云航空母舰上的全部日机，一举击沉美军航空母舰。

预计在全歼美军舰队之后，日军舰队再乘胜挥师，向瓜岛挺进，以猛虎下山之势，直扑“铁底湾”，炮击“亨德森”机场；同时遣送登陆兵上岸，彻底消灭美国海军陆战队，攻占瓜岛机场。

此即山本大将加紧推行其收复瓜岛机场的“KA行动”概貌。

然而，他能否如愿以偿？

第二节　东所罗门群岛海战一触即发

山本的一举一动，没有逃出美军侦察机和澳大利亚海岸观察哨的眼睛。早在8月20日，美军侦察机便已发回报告：“日军已在特鲁克地区集结了一支庞大的舰队，其编成为3~4艘航空母舰、2艘战列舰、12艘巡洋舰、20余艘驱逐舰、15艘大型运输舰、160多架岸基轰炸机和战斗机。”①

以澳大利亚皇家海军情报军官和当地种植园主组织的沿海警卫队，也立即给戈姆利拍发了警告电：“日舰队在迅速逼近！”

美军南太平洋部队和地区司令戈姆利立即指令海军少将弗莱彻：“务必保护通往所罗门群岛的航线，并即刻筹划迎敌之策！”

问题很明显，日军企图若一旦得逞，不仅瓜岛上的美军会因丧失海空补给而陷入坐以待毙的绝境，而且必将丧失瓜岛这一重要的攻占所罗门群岛的前哨基地，从而导致“瞭望台”战役的垮台。审时度势，美军立即调兵遣将，誓与日军决一雌雄。

① ［法］乔泊·布隆：《太平洋海战的幸存者》，法国斯德出版社，1973年，第4章。

8 月 20 日，美军两个飞行中队的“野猫”式战斗机和 SBD“无畏”式俯冲轰炸机从“长岛”号护航航空母舰起飞前往瓜岛增援，进驻“亨德森”机场。

“亨德森”机场上的生活艰苦且乏味。机场时而一汪泥浆，时而灰尘翻滚，把飞机引擎和火炮弄得很脏。飞行员们把自己的部队称作“仙人掌航空部队”（“仙人掌”为瓜岛的密码代号）。白天，令人恐慌不安的突然袭击；夜晚，“东京快车”惊天动地摧毁性的炮击以及日本水上飞机的频繁骚扰，使瓜岛充满了恐怖气氛。

驻守的美军官兵们整天不停地工作，加之睡眠不足、食欲不振、疟疾流行，因而病魔缠身。虽然个个日渐消瘦，但仍然顽强地坚守着阵地。

此刻，远在万里之外的金上将和坐镇珍珠港的尼米兹上将也闻到了恶战前的腥风，他们担心弗莱彻实力太弱，遂命令刚下水不久的 35 000 吨级的战列舰“南达科他”号和“华盛顿”号以及担任护航的巡洋舰、驱逐舰取道巴拿马运河，星夜赶赴所罗门海域。同时，从珍珠港增调的“大黄蜂”号航空母舰，也兼程赶来助战。

英国军事史专家亨利·莫尔评论说：“一支小小的美国海军陆战队对遥远的南太平洋海岛上的一座丛林机场的突然袭夺，本来是一个无足轻重的军事行动，但现在却要发展成为一场决定太平洋战争前途的宏大海战了。”①

8 月 23 日黎明，弗莱彻指挥第 61 特混编队在瓜岛东南海域巡逻。这支特混编队是由三股打击力量拧成的：一是由弗莱彻亲自指挥的以航空母舰“萨拉托加”号为主，外加巡洋舰“明尼阿波利斯”号、“新奥尔良”号和 5 艘驱逐舰组成的第 11 特混编队；二是由金凯德少将指挥的由航空母舰“企业”号，巡洋舰“波特兰”号、“阿特兰塔”号和 6 艘驱逐舰组成的第 16 特混编队；三是由海军少将诺伊斯指挥的以航空母舰“大黄蜂”号为主的第 18 特混编队。

此时此刻，这支实力雄厚的美军特混编队正在马莱塔岛以东、距“亨德森”飞机场 150 海里的洋面上游弋，严阵以待。

由日本海军少将田中率领的瓜岛增援群，作为“五把尖刀”中的一把，从特鲁克岛拔锚起航后迤逦南下。这支登陆运输船队由 4 艘低速驱逐舰和辅助巡洋舰“禽龟丸”号组成，载运 1500 名登陆日军进击瓜岛。为该运输船队护航的是田中少将的旗舰“神通”号以及 8 艘驱逐舰组成的编队。

---

① ［英］亨利·莫尔：《第二次世界大战的重大战役》，上海译文出版社，1983 年，第 214 页。

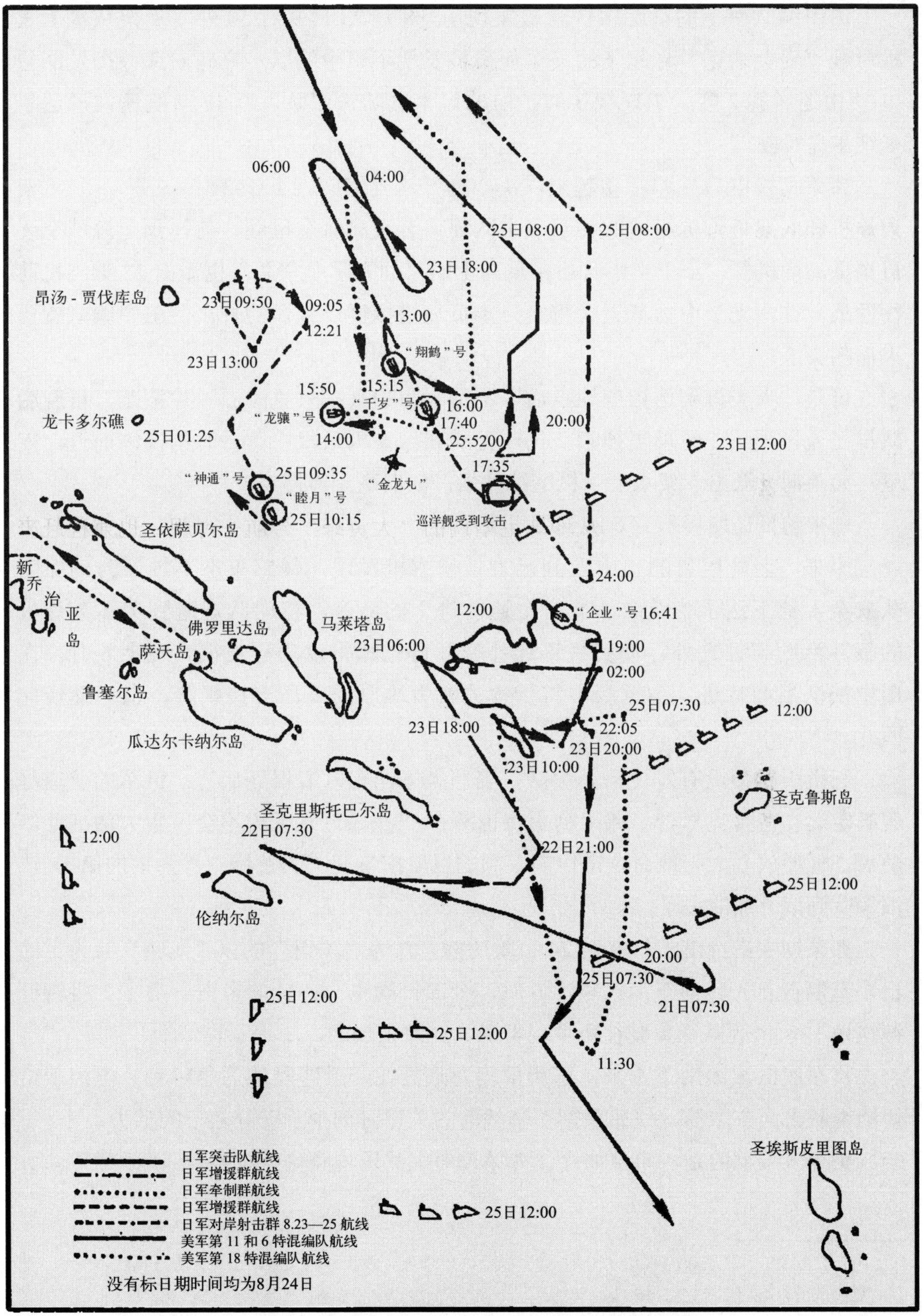

东所罗门大海战示意图（1942 年 8 月 23—25 日）

田中编队南下的行踪很快就被发现了。8月23日9时50分，一架从水上飞机母舰“麦金纳克”号起飞的美军侦察机发现了田中编队，立即向弗莱彻发回急电：“由巡洋舰2艘、驱逐舰3艘护航的日本登陆输送队，以17节航速向瓜达尔卡纳尔岛行驶。”①

弗莱彻接电后立即行动起来，决心痛歼这支编队。下午2时45分，由31架轰炸机和6架鱼雷机组成的美军攻击队呼啸着飞离航空母舰，前往预定海域空袭日军瓜岛增援群。一个半小时后，瓜岛上的“仙人掌航空队”也派出23架飞机前往助战。这两支空中力量无疑将给日本瓜岛增援群以致命的打击，田中编队就要大祸临头了！

可是，当美机到达指定地点后，不禁大为扫兴：只见海面一片茫茫，日舰船队早已无影无踪。经反复搜索，仍一无所获。美机只得在黄昏时刻悻悻而返。夜里，弗莱彻又派出5架水上飞机继续搜索，依旧毫无所得。

田中的瓜岛增援群究竟跑到哪里去了呢？

原来，老奸巨猾的田中看到己方被侦察机发现，顿感事态不妙，为确保船队安全，他下达了“航向西北，全速前进”的命令，将船队规避到美军轰炸机的战斗活动半径之外，使美机连连扑空，自己却得以巧避灾祸。晚上6时，在田中编队后面行进、由近藤中将指挥的实力雄厚的瓜岛支援舰队，也相继转向西北。

三批美机都没有发现日军编队，美军太平洋舰队情报处认为：日军的航空母舰必定远在特鲁克一带。弗莱彻少将也断言：“在最近几天内不会发生大的战斗。”随后，他便放心大胆地命令诺伊斯率领的以航空母舰“大黄蜂”号为主的第18特混编队到南方加油去了。

弗莱彻大错特错了！ 8月24日黎明前，作为“诱饵”的以“龙骧”号为主的日军牵制群首先转向东南。早上6时，全部日舰也一齐转向东南。山本大将斩钉截铁地下令：“舰队径直驶往所罗门群岛，在海上加油，中途不许停泊！”

日军舰队滚滚南下杀来，东所罗门海战处在一触即发的危急时刻。但由于诺伊斯编队去南方加油，使弗莱彻在临战前的关键时刻少了三分之一的兵力。

更令人震惊的是，事至如今，弗莱彻对大兵压境竟毫无觉察。

① ［美］塞缪尔·莫里森：《瓜达尔卡纳尔的斗争》，1951年，波士顿英文版，引自译本《瓜达尔卡纳尔岛登陆战役》，第50页。

第三节 “龙骧”号倾覆 “企业”号大难不死

8月24日上午9时，大雾笼罩着海面。在雾气中时隐时现的日舰编队此时的阵位是：田中的增援群位于瓜岛以北250海里处；南云指挥的“翔鹤”号和“瑞鹤”号航空母舰在田中编队东面40海里的方位作掩护；以“龙骧”号为主的牵制群在南云部队的右前方。

9时5分，一架由恩德尼岛起飞的美军水上飞机发现了山本五十六精心设下的“诱饵”——轻型航空母舰“龙骧”号。这是一艘日本在1933年建造的早期航空母舰，排水量仅8000吨。在此次战斗中，该舰不仅充当“诱饵”，还受命对瓜岛“亨德森”机场实施空中轰炸。

当美军侦察机发现目标后，立即发回报告：“位置，第61特混编队西北，距离280海里，发现航空母舰1艘，巡洋舰1艘，驱逐舰2艘。”

弗莱彻少将闻报后将信将疑，因为昨天三批美机都未发现日舰编队，难道这一支是从海底冒出来的吗？他马上命令“企业”号立即派飞机在250海里范围内进行扇面侦察。至12时29分，已有23架侦察机和轰炸机升空。

下午1时前后，美军的雷达警戒舰忽然发现很多空中目标，距离100海里，向瓜岛方向飞驰。不久，传来了令弗莱彻沮丧的消息：“由‘龙骧’号起飞的15架战斗机和6架轰炸机，与从腊包尔起飞的日本轰炸机在瓜岛上空会合后，联合轰炸了‘亨德森’机场，我方略有损失。”

弗莱彻闻讯后疑窦大开，迅速采取了行动。13时45分，他下令“萨拉托加”号航空母舰上的30架轰炸机和8架鱼雷机前往攻击“龙骧”号。

美军攻击机群刚离舰15分钟，一连串不祥的情报，纷纷灌进了弗莱彻的耳朵，搅得他晕头转向：

“发现日本航空母舰1艘！位于日‘龙骧’号东北60海里处！”

“发现2艘航空母舰，方位340度，距离198海里！ 14时30分！”

“发现日军前卫群的4艘巡洋舰和多艘驱逐舰，方位347度，距离225海里。

14时40分！”①

弗莱彻接电后顿感恐慌，局势显然对他不利。此时，美军已有51架轰炸机、15架鱼雷机在空中执行侦察、攻击和防潜任务，2艘航空母舰的飞行甲板上只剩下14架轰炸机和12架鱼雷机。更令他恼火的是，航空母舰与升空飞机之间的通信联络极不通畅。弗莱彻欲令那批攻击“龙骧”号的美机中途转向，去攻击那2艘日本的大型航空母舰，但苦于联络不上，只好组织现有兵力迅速应敌。

此时，从“萨拉托加”号起飞的38架美机神不知鬼不觉地于15时5分抵达“龙骧”号上空。但见“龙骧”号正转向逆风行进，想让自己的舰载机升空。美机抓住这一有利攻击时机，立即展开了围剿。

美军轰炸机从420米高空中飞扑而下，刹那间，有4颗炸弹在“龙骧”号甲板上爆炸。与此同时，美军鱼雷机从目标前方两面同时进入，在高度60米、距离840米的位置上迅速投雷。很快，有一枚鱼雷命中目标，“龙骧”号被大火和浓烟所笼罩，舰体向左倾斜20度。历经一连串的炸弹和鱼雷攻击，“龙骧”号已在劫难逃。当晚8时，这只“替死鬼”终于凄惨地葬身鱼腹。

“龙骧”号轻型航空母舰在东所罗门海战中被击沉

当“龙骧”号作为山本计划中的牺牲品，受到美机如狼似虎般的攻击时，南云中将反而喜形于色。他以为美国人终于中了调虎离山之计，断定此次出击定大功告成。当一架日军侦察机在被击落前发回美舰编队确切位置的报告后，南云立即于15时7分派出80余架日机对美军航空母舰进行了首次打击。

16时2分，“企业”号上的雷达发现了许多空中目标，距离88海里，方位

① [美] 塞缪尔·莫里森：《瓜达尔卡纳尔的斗争》，1951年，波士顿英文版，引自译本《瓜达尔卡纳尔岛登陆战役》，第100页。

320 度。这就是前来进攻的日军机群！弗莱彻急忙下令甲板上待命的飞机紧急起飞，前往拦截。刹那间，空中待命的美军“野猫”式战斗机已达 53 架。

同时，“企业”号上仅存的 11 架轰炸机和 7 架鱼雷机也与“萨拉托加”号上的 5 架鱼雷机和 2 架轰炸机合兵一处，踏上了前往攻击日舰的征程。至此，弗莱彻已把全部“家底”摊了出来。

前往拦截日机的美军战斗机被“企业”号的战斗机引导官引到西北 42 海里处，朝着一架飞机猛扑过去。美军飞行员正欲把它揍下来，可是定睛一看，原来是己方的一架返航侦察机。

16 时 25 分，当大批日机迎面扑来时，美军战斗机引导官立即下令拦截，不料通信网络阻塞，截击日机的指令受到严重干扰，急得他如同热锅上的蚂蚁。

4 分钟后，由 36 架俯冲轰炸机和 12 架鱼雷机组成的日军第一攻击波，在 24 架战斗机的掩护下，渐渐逼近美舰。护卫的美机立即迎了上去，双方机群在距离“企业”号 25 海里处的浓密云层中摆开阵势，一场残酷野蛮的殊死空战开始了，周围几千米的天空中充满了战机飞行特有的刺耳喧嚣声。攻击“龙骧”号后返航的美军 SBD“无畏”式俯冲轰炸机和 TBF“复仇者”式鱼雷机也不失时机地赶来参加这场空中恶战。美机勇敢地冲上去，打乱了日军机群队形，在日机尚未进入轰炸航线时，他们一举击落了 6 架日机。

不久，30 架日本俯冲轰炸机在混战中突破拦截网，直取“企业”号航空母舰。在这万分危急的时刻，“企业”号奋力反击，舰面发射的炮弹在空中纷纷开花，将雪白的云朵染上一团团黑色的点迹。“北卡罗来纳”号战列舰射出的炮弹也在空中频频炸响，纷飞的弹片和黑色的硝烟在航空母舰上空构成一道屏障。数架日机中弹后爆炸，但终有多架日本俯冲轰炸机接连突破弹网，进入攻击航线。

16 时 41 分，第一批进入攻击航线的日机以 70 度的舷角进行俯冲，在不到 500 米的高度上低空投弹。一位美国军官竟然激动地用他 11.43 毫米口径手枪朝着直冲下来的轰炸机射击，直到把子弹打光为止。“企业”号舰长阿瑟·戴维斯海军上校拼命用大舵角急转，规避炸弹。但日机单机鱼贯而入，每隔 7 秒钟就有一架飞机不顾死活地进行俯冲轰炸，至 16 时 45 分，“企业”号先后被击中 4 颗炸弹。

第一颗炸弹发出刺耳的尖叫，斜着落向甲板。这大概是一颗定时 10 秒的穿甲弹，当其穿过第一、第二层甲板时并未爆炸，在到达第三层甲板时，轰然发出惊人的巨响，35 人当场死亡，并引起大火；1 分钟后，第二颗炸弹命中“企业”号舰艉升降机右侧 10 米处，橙色的火花四溅，紧靠炸点的 38 人顿时毙命；第三颗

在东所罗门群岛海战中，日机投弹命中“企业”号航母的瞬间。拍摄这张照片的摄影师当场死亡

炸弹将飞行甲板的起飞信号台炸掉，39 人丧生，舰面烈焰冲腾。

紧接着，又一颗炸弹落到航空母舰舰舷旁，掀起了巨大水柱，溅落的海水几乎一下子扑灭了前一颗炸弹引起的熊熊大火。

此时，“企业”号舰体倾斜 3 度，舰面大火也相当猛烈。幸亏舰上的损管和消防人员奋起救援，不到 1 小时，便将“企业”号上的大火全部扑灭，航速提升到 24 节。虽然它身负重伤，但仍能掉转船头，迎风顶浪，接纳返航的飞机。不久，弗莱彻命令 1 艘巡洋舰和 4 艘驱逐舰为“企业”号护航，驶返珍珠港进行大修。

激战中，“萨拉托加”号与“企业”号距离拉大到 10 海里，目的在于分散日军的攻击力量。当“企业”号遭难之际，“萨拉托加”号趁乱逃离，暂时避免了厄运。

16 时 55 分，美军舰队又面临着极大的危险，由 18 架日军轰炸机、9 架鱼雷机和 3 架战斗机组成的第二攻击波姗姗来迟，渐渐向弗莱彻的“萨拉托加”号逼近。岂料，当飞抵美舰以西 50 海里处时，日机因燃油即将耗尽被迫返航，弗莱彻幸运地避免了一次致命的打击。

在这次海战中，日军航空母舰“翔鹤”号和“瑞鹤”号安然无恙，因为从“企业”号起飞的美机没有找到目标，这批飞机在燃油即将用完时，不得不扔掉炸弹和鱼雷返航了。

从“萨拉托加”号上起飞的 5 架鱼雷机和 2 架轰炸机于 17 时 35 分发现了近藤麾下的支援群，这支单薄的空中打击力量仅击伤了日本水上飞机母舰“千岁”号。

入夜，弗莱彻决定向南撤退，以避免与日军夜战，而日军则合兵一处，高速向南追击，但没有发现美舰踪影。8 月 24 日 24 时，日军舰队以 28 节的航速北返特鲁克港基地。

海空激战之后，由于返航的日本飞行员报告说他们的战绩非凡，驻腊包尔的三川中将十分满意，认为美国的 2 艘航空母舰已被击沉，便立即向曾一度改变航向的瓜岛增援群发出了警报解除的信号，命令他们继续向瓜岛进发。

田中利用暗夜继续南下。途中，他命令护航队的 5 艘驱逐舰先行驶入瓜岛海面，炮击“亨德森”机场，而担任掩护的巡洋舰也派出水上飞机向美军阵地投掷小型炸弹进行骚扰。

8 月 25 日黎明，继续向瓜岛航进的日军登陆输送船队在离瓜岛不到 100 海里的海域被曼格仑少校率领的“仙人掌航空队”发现了。8 架“无畏”式俯冲轰炸机集中攻击了护航的轻巡洋舰“神通”号，9300 吨级的大型运输船“禽章丸”也被炸伤。事态危机，日军驱逐舰“睦月”号见状立即赶来救援。

10 时 15 分，由圣埃斯皮里图岛起飞的 8 架 B-17“飞行堡垒”式轰炸机也“嗡嗡”地飞临上空，但正在救援的“睦月”号舰长烟野健次海军中佐对这种高空水平轰炸机满不在乎，因为他还从来没有见过这种飞机能准确地命中水上目标。不料，凌空而下的炸弹恰恰有 3 颗命中了“睦月”号，刹那间就把它炸沉了。当人们把落汤鸡似的烟野舰长从海里打捞上来后，他还愤愤不平地说：“连 B-17 也有逞能的机会了！”

在腊包尔的日本海军司令部闻报得知瓜岛登陆运输船队处境险恶，只好电令田中率船队回撤至肖特兰德群岛的费希港，原订的 8 月 24 日向瓜岛增兵的计划就这样中途夭折了。

东所罗门大海战[①] 就此落幕。

在争夺瓜岛的战斗中，日、美双方共发生过 6 次较大的海战，其中四次是水面舰只之间的炮战，两次是航空母舰之间大规模的海空战。东所罗门大海战作为瓜岛争夺战中航空母舰之间的首次大会战，有它不可忽视的地位和重要意义。

从战略上讲，这次海空大战粉碎了山本大将妄图孤注一掷击溃美军太平洋舰队、迅速拿下瓜岛机场的战略企图。正如一位日本军官评论的那样：“我军夺取瓜达尔卡纳尔岛的计划不可避免地半途而废了。”[②]

---

① 日本方面称此大海战为“第二次所罗门海战”。

② ［美］N. 米勒：《海军空战》，海洋出版社，1981 年，第 90 页。

海战的结局进一步使瓜岛争夺战陷入了长期相峙的局面，并为日本人最终在瓜岛一败涂地的结局埋下了种子。因而决不是一场“无足轻重的战斗”。[①]

从战术上看，在这场基本胜负难分的海战中，美军略胜一筹。海战中，日本人预设的圈套未能奏效，反而损失了轻型航空母舰“龙骧”号、驱逐舰“睦月”号以及90余架飞机。另外，水上飞机母舰“千岁”号、轻型巡洋舰“神通”号、运输船“禽章丸”号等舰只被炸伤。

美军在这一航空母舰大战中也有许多失误之处，特别是美军攻击机群没有找到“翔鹤”号和“瑞鹤”号，丧失了重创日舰编队的机会，而仅由于意外的情况，“企业”号和“萨拉托加”号才避免了日机第二次、也可能是致命的攻击。激战中，“企业”号遭受重创，修复达两个月之久。

由于东所罗门大海战未能一决胜负，因而新的海空激战又在酝酿之中。

第四节　惨绝人寰的日美“血岭”肉搏战

一幅幅惨烈的血战画图展现在人们面前：

日本士兵艰难地爬出闷热的丛林，刹那间，美军炮火如注，炮弹的爆炸声与一大批中弹者的惨叫声混成一片……

疯狂地高呼着“万岁”，一次又一次发起突然冲锋的日本士兵扑向铁丝网……

暴雨骤然降临，地上泥泞一片，血水和泥水搅拌在一起……

黑暗深处响起的自动武器“哒哒哒”的射击声震撼夜空，尸横遍野，血流成河……

这就是瓜岛血战的真实写照！

继萨沃岛海战和东所罗门大海战之后，日、美双方在陆海两条战线上不断加码，瓜岛争夺日趋激烈。虽然任何一方都在竭尽全力，处心积虑地企图把对手吃掉，然而事与愿违。双方势均力敌，相持不下，瓜岛战局成胶着状态。

在这种情况下，日本人决心倾全力增援瓜岛。同时，他们接受了东所罗门海

---

① ［英］利德尔·哈特：《第二次世界大战史》，上海译文出版社，1982年，第501页。

战中运兵失败的教训，改用“东京快车”频繁地向瓜岛运送援兵。不料，最初的两次运兵却又惨遭不测。

第一次是8月28日，由4艘驱逐舰组成的“东京快车”傻头傻脑地大白天钻进“狭口”海峡，遭到美军“仙人掌航空队”13架飞机的攻击。

当时，美机背着刺眼的阳光呼啸而下并迅猛投弹，在一阵阵惊天动地的爆炸声中，一艘日本驱逐舰首先遭袭；另一艘冒着黑烟在水中团团打转；第3艘被炸之后，像醉汉一样摇摇晃晃地逃掉了。这一损失使负责运兵的田中少将暴跳如雷，盛怒中把川口旅团长臭骂了一通。

第二次是8月30日夜，1000名乘坐登陆艇的日军被巨浪所阻，无法上岸。一俟天亮，原形毕露，又遭“仙人掌航空队”战机大肆扫荡，绝大部分被歼。

两次惨败不仅使倒霉的田中少将丢了乌纱帽，且又燃起大本营心中的怒火，因而，迅速攻占瓜岛机场成了日军迫在眉睫的战斗任务。直到这时，日本人才如梦初醒般地决定把瓜岛作为他们在南太平洋上的首要作战目标。

8月31日，百武晴吉将军奉命将新几内亚方面的作战转入防御，集中力量挥戈对付瓜岛。在海空力量方面，实力雄厚的日军第8舰队和东南亚地区航空队的全部兵力都将作为进攻瓜岛的强大后盾。

对瓜岛进行决死进攻的日期定在9月12日，届时将有3000名日军分三路出击。

当日深夜，战斗打响。最激烈的战斗发生在“亨德森”机场南面可以控制该飞机场的一道山岭上。当一颗信号弹突然从这道山岭下的丛林中射入夜空时，2500名日本兵端着明晃晃的刺刀，狂喊着“万岁”，分几批冲了上来。

艾德森率领400名美国陆战队士兵奋力抵抗，但因寡不敌众，阵地被日军突破，美军被迫后撤。正在这时，美军巨炮齐鸣，炮火倾泻在那些已经突破防线的日军中间，结果，有的被炸得晕头转向，有的被炸得粉身碎骨。天刚亮，美军趁机发起冲锋，重新夺回了这道山岭。

日军不甘失败，他们在丛林中蛰伏一天，于9月13日晚22时30分又发起进攻。为了恐吓美军，日本人先施放一道烟幕，接着就用英语高喊：“这是毒气！你们就要完蛋了！”随即发起猛攻，整个防线上爆发了残酷可怕的肉搏战。山岭上尸横遍野，血流成河。

此后，这道山岭便以“血岭”而著称。激战至黎明，美军“仙人掌航空队”在晨曦中又大显神威，将日本兵炸得人仰马翻，残存的日军狼狈逃回丛林。

屡攻不克，惨遭痛击，使日本人渐渐感到此战非同小可，必将牵动全局。当

“血岭”上的日军尸体

美国海军陆战队中校梅里特·埃德森（本照片为其任少将时拍摄），他在亨德森岭（即“血岭”）战役中领导海军陆战队

时的一份日军文件曾这样写道：“重新占领瓜达尔卡纳尔的成败……是敌胜或我胜道路上的转折点。”① 为此，大本营决定再次迅速增援瓜岛，发起最终的决定命运的进攻。

在险恶局势下，美军太平洋舰队司令尼米兹海军上将冒着倾盆大雨，于9月30日乘坐一架“空中堡垒”式轰炸机飞抵“亨德森”机场。他向士兵们保证说：“在兵力资源所允许的范围内，我将给予你们最大限度的支持。”

这一保证大大鼓舞了士气。不久，美军地面兵力已超过20 000人，一些127毫米口径海军炮和155毫米口径“长脚汤姆”加农炮被源源不断地运到岛上。原定供应英美联军进攻北非使用的陆军

① ［英］埃斯波西托：《第二次世界大战简明史》，1964年，伦敦英文版，第25页。

P-38“闪电”式战斗机也调赴瓜岛。

过于自信的百武晴吉将军准备亲自到瓜岛去坐镇指挥，他断言道：“范德格里夫特根本不是我那威名赫赫的第 2 师团武士们的对手！”与此同时，百武急令第 38 师团从婆罗洲前来与第 2 师团会合，企图集结 25 000 名日军，于 10 月 8 日跨过马塔尼考河发起新的攻势。

孰料，负责指挥的第 2 师团长丸山政男中将，却为即将来临的战斗定下了令日军扫兴的调子。他说：“这次战斗是日、美两军之间的决战，日本帝国的兴亡将在这次战斗中决定。如果我们不能占领这些岛屿，就别想生还，一个人也别想生还！”①

面对危局，美军采取主动，提前于 10 月 7 日发起进攻。

这一天，暴雨骤降，大地泥泞，瓜岛上又展开了残忍的血战。激战两天，丸山手下 1000 余名士兵又被击毙，残余日军大败而归。这使百武晴吉大吃一惊，他强烈要求上级给予更大的支持，再次火速增援瓜岛。

至此，戈姆利将军也终于相信瓜岛之战是一场命运攸关的重大战役。面对美军运输困难，补给日益下降，人员情绪不安的状况，戈姆利也决心迅速向瓜岛调兵遣将。

瓜岛海域骤起恶浪，再降风雷！

1942 年 9 月 25 日，日军轰炸机超低空掠过，攻击美国军舰和运输船

① [美] 塞缪尔·莫里森：《瓜达尔卡纳尔的斗争》，1951 年，波士顿英文版，引自译本《瓜达尔卡纳尔岛登陆战役》，第 73 页。

第十章

孤注一掷　大举增兵

第一节 夜海幽灵 “东京快车”神出鬼没

10月9日，3000名荷枪实弹的美军士兵乘坐2艘运输船和8艘驱逐舰，从新喀里多尼亚的努美阿拔锚起航，前往瓜岛增援。

这支登陆输送队的航行路线是：由努美阿航行至圣克里斯托巴尔岛以北，然后向西转向，通过嫩格水道，预计10月13日晨抵达瓜岛隆加湾抛锚并卸载。

由于美国海军在萨沃岛海战中受到的创伤还没有完全恢复，“东京快车”异常活跃，瓜岛制海权仍掌握在日本人手中。加上两个月来，美军参加瓜岛之战的4艘航空母舰除“大黄蜂”号以外，其余三艘非沉即伤，因而弗莱彻对运兵一事倍加小心。

这次，将有三支强大的海上支援舰队为这支登陆输送船队保驾护航：一支是以美军航空母舰“大黄蜂”号为核心的特混编队，在“亨德森”机场西南180海里的海域集结待命；另一支是以战列舰“华盛顿”号为主力的战列舰群，在马莱塔岛以东海域伺机而动；第三支是美国海军少将诺曼·斯考特率领的第64特混编队，作为为运输船队护航的前卫舰队，它拥有重巡洋舰“旧金山”号和“盐湖城”号、轻巡洋舰“波伊斯”号和“海伦娜”号以及5艘驱逐舰。这些战舰不但都装有雷达，而且舰上的水兵还经过一定的夜战训练，专门用来对付猖獗一时的“东京快车”。

在此次增援护航中，唱主角的将是斯考特的前卫舰队。

“搜索并击毁日军舰船和登陆艇，以进攻行动保护美军的登陆输送船队。”① 这就是斯考特接到的战斗命令。至此，戈姆利终于决定对日本“东京快车”实施一次严厉的惩罚性打击。

为出奇制胜，斯考特精心制订了作战计划：午前保持在日机战斗活动半径之外，午后则设法北航到选定的出发点。从那里出发，即可在黑夜里抵达埃斯帕恩

① ［美］塞缪尔·莫里森：《瓜达尔卡纳尔的斗争》，1951年，波士顿英文版，引自译本《瓜达尔卡纳尔岛登陆战役》，第76页。

日本舰船运输增援部队，为避开美舰和飞机的攻击，大多在夜间行动

斯角海域，以便与日军展开夜战。

真是无独有偶。同一天，即10月9日，日军也准备向瓜岛进行大规模增援。

本来，“东京快车”遵照第8舰队司令三川中将的指示，每夜均须运送部队在瓜岛西北海岸登陆，但由于10月8日遭到美机轰炸，“东京快车”“停车”24小时。当10月9日午夜重新“开车”的时候，便肩负着一项重要使命：运送日军陆军第17军司令百武晴吉中将和一批颇具规模的部队前往瓜岛。

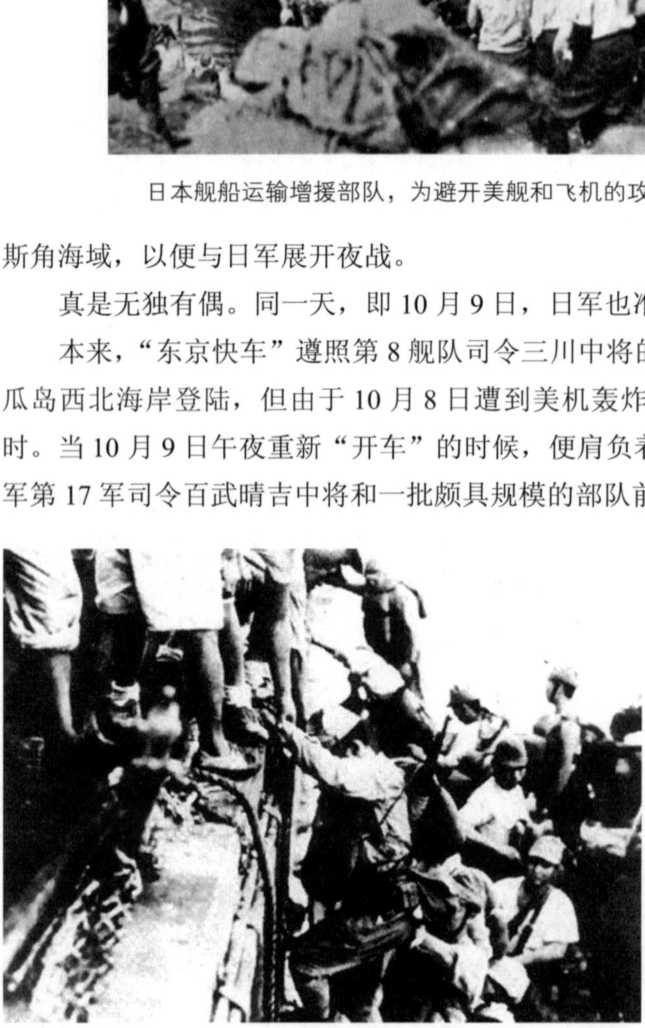

日军正登上一艘被称为“东京快车”的驱逐舰，准备航向瓜达尔卡纳尔岛

这是一列庞大的“东京快车”：日军第2师团1000多名官兵乘坐6艘驱逐舰，该师团另一个大队的728人则乘坐水上飞机母舰“日清”号和“千岁”号，这些舰艇还载运百武晴吉手下的大部分炮兵、16辆坦克、充足的弹药和医疗物资。

这列“东京快车”将穿过“狭口”海峡，在塔萨法隆格角登陆，“列车长”

是第 11 航空母舰支队司令海军少将定岛。掩护定岛少将的是后藤少将指挥的以重巡洋舰“青叶”号、“衣笠”号、“古鹰”号及 2 艘驱逐舰合编而成的日军第 6 巡洋舰支队。这支火力支援舰队除负责掩护定岛的舰船编队外，还受命于 10 月 11 日以毁灭性的炮火从海上摧毁“亨德森”机场。

10 月 11 日上午 11 时 45 分，一架美军远程巡逻机在瓜岛西北 210 海里处发现这列庞大的“东京快车”正向瓜岛逼近，立即发回警报。斯考特接电后马上率舰队向埃斯帕恩斯角与萨沃岛一带海域破浪前进，途中又两次接到“发现日舰编队”的急电。至 18 时 10 分，据报日军舰船编队距萨沃岛已经不到 100 海里了。此时，斯考特正以 29 节的高速朝萨沃岛猛进，企图抢在日军前面，布阵以待。

夜幕渐渐降临，洋面雾气重重，在北面海域，日军舰船编队也正沿着同一航线迎面冲来。

日军向以“夜战天下第一”自居，他们的夜战攻击舰队，行则如同海面上的一支“幽灵”，一旦发起攻击，则迅猛、准确、凶狠，萨沃岛海战就是一例。

然而，人们不久将会惊异地发现，这场惊险的、与萨沃岛海战极为相似的“埃斯帕恩斯角海战”的悲剧角色，恰恰换成了日本人。

10 月 11 日 21 时，斯考特率舰绕过瓜岛西海岸，向埃斯帕恩斯角挺进。半小时后，斯考特命令 4 艘巡洋舰的侦察机起飞，前往搜索日舰。突然，一架正欲起飞的美机腾起大火，火光照亮了漆黑的海面。原来，这是“盐湖城”号上的飞机发生了照明弹事故。斯考特大为恼火，又倍感恐慌：这种自我暴露，无疑等于直接给日本人送情报，后果必将不堪设想！

此时，庞大的日本“东京快车”正兵分两路，从瓜岛北面和西北面海域渐渐逼来。

后藤少将率领的火力支援舰队在雾气弥漫的黑夜里，像一个“幽灵”似的小心翼翼地前进。21 时 30 分，后藤已到达埃斯帕恩斯角西北距斯考特舰队约 50 海里处。

夜幕越来越深沉。突然，后藤看到了一团火光，这其实就是“盐湖城”号上的飞机在焚烧，但后藤却认为这是日军第 2 师团在登陆海滩上点起的篝火信号。日舰马上用闪光灯联络，因迟迟不见对方回答，顿起疑心。可是，后藤坚信美舰决不敢在黑暗中向他挑衅。退一步讲，他认为，如果在登陆海区有美军舰艇，把它们引出来也好，可以在夜战中将其歼灭。因而，日舰继续用闪光灯向这一团火光发出信号，但由于日舰闪光太弱，加之海面雾气太大，美舰也没有发现这一信号。

至此，双方继续在黑暗的海面上摸索着航进，夜战的导火线尚未点燃。

22 时 35 分，斯考特把自己的舰队排成一字长蛇阵，3 艘驱逐舰在先，4 艘巡洋舰居中，2 艘驱逐舰断后，杀气腾腾地从埃斯帕恩斯角西北偏西处向萨沃岛进击，企图给日军登陆舰船编队以致命的一击。

15 分钟后，一架从“旧金山”号起飞的侦察机发回报告：“发现 1 艘大船，2 艘小船，在瓜达尔卡纳尔岛以北，距萨沃岛 16 海里，将接近观察。”[①] 这其实就是定岛的护航运输群，只不过侦察机所报的兵力组合不甚准确。

接电后的斯考特将其与下午美机发来的情报一比较，立即踌躇起来：这支舰队是不是友舰呢？如果是日军舰队，那么白天侦察机发现的那支庞大的日舰编队到哪里去了呢？是否所有日军舰只都聚集在一起呢？

原来，斯考特对日舰编队兵分两路一无所知，而且对具有极大威胁的后藤少将的火力支援舰队此时正在埃斯帕恩斯角西北 30 海里处游弋也不摸底细。

几经斟酌之后，斯考特决定先寻找下午发现的那支较大的日舰编队，而对眼下发现的这支较小的编队，暂不理会，待回头再去收拾。

但在这雾气腾腾的夜晚，寻找失去踪迹的日舰谈何容易！再说，旗舰“旧金山”号还没有装备新式的 SG 型对海搜索雷达，简直像个瞎子。幸而巡洋舰“海伦娜”号装备了这种雷达。23 时 25 分，该舰 SG 型搜索雷达首先发现目标，立即报告：“发现目标，方位 315 度，距离 27 700 码[②]。”[①]这就是后藤率领的火力支援舰队！

5 分钟后，从“旧金山”号起飞的侦察机又发回报告：“前不久发现的 1 艘大船和 2 艘小船已经沿着瓜达尔卡纳尔岛向东移动 16 海里。”[①]显然，定岛的运输船队企图趁黑夜在瓜岛的科库姆波纳附近的海岸登陆。

接连获得两份报告，不由得使斯考特左右为难。他认为，万全之计就是继续遮断萨沃岛和埃斯帕恩斯角之间的水道，使自己处于可以牵制这两支“幽灵”的有利位置。于是，23 时 32 分，他在无线电话中下令：“由左向后相继转向，航向

① ［美］塞缪尔·莫里森：《瓜达尔卡纳尔的斗争》，1951 年，波士顿英文版，引自译本《瓜达尔卡纳尔岛登陆战役》，第 78 页、第 79 页。

② 码：长度单位，1 码≈0.914 米。

230度。”[①]

这一道命令，把处在先头位置的3艘美军驱逐舰害得好苦。因为它们的旋回半径较大，不能立即回驶到原来的阵位，结果一度造成队形混乱。

“发现敌方目标，方位285度，距离6海里。”[①] 就在这个关键时刻，斯考特收到“海伦娜”号发来的急电，不由大吃一惊！

第二节　日美埃斯帕恩斯夜海大拼杀

23时42分，斯考特接到“海伦娜”号又一次敌情报告，叫苦不迭。因为日军舰队就在眼前，而他的先头驱逐舰在刚才转向行驶时已脱离队形，黑暗中又看不到它们的影子。心急如焚的斯考特决定立即先同驱逐舰队取得联系。

当时，队列先头的3艘驱逐舰正遵照斯考特的命令左后转向，队长托宾的旗舰“法伦荷尔特”号一马当先后转成功；但紧跟他后面的“邓肯”号却在转向尚未完毕时因突然发现了一艘敌舰，立即从斜刺里冲出，以30节的高速杀向日舰，然而托宾却对此丝毫不知；第3艘驱逐舰“拉菲”号没有跟随“邓肯”号去蛮干，仍然紧跟“法伦荷尔特”号。因而，当斯考特在无线电话中问托宾上校：“你是在去占领先头阵位吗？”托宾便答道：“是的，我正在从你的右侧赶上来。”但是，他却没有注意到“邓肯”号此时已经驶离了队列。

在转向后的新航线上，旗舰“旧金山”号首当其冲，率舰队沿西南方向疾驶。

此时，日本人那猫一般的夜战眼睛在浓浓迷雾的暗夜中也丧失了视力，后藤舰队正处在“盲人骑瞎马，夜半临深池”的境地。当它与美舰相距4550米时，仍然没有发现美军舰队，就像在萨沃岛遭到奇袭的克拉奇雷的舰队一样，完全蒙在鼓里。

这正是斯考特进行攻击的绝妙时机！

23时46分，“海伦娜”号首先开火，其他美舰也相继凶猛地炮击。无意中，

① [美] 塞缪尔·莫里森：《瓜达尔卡纳尔的斗争》，1951年，波士顿英文版，引自译本《瓜达尔卡纳尔岛登陆战役》，第79页。

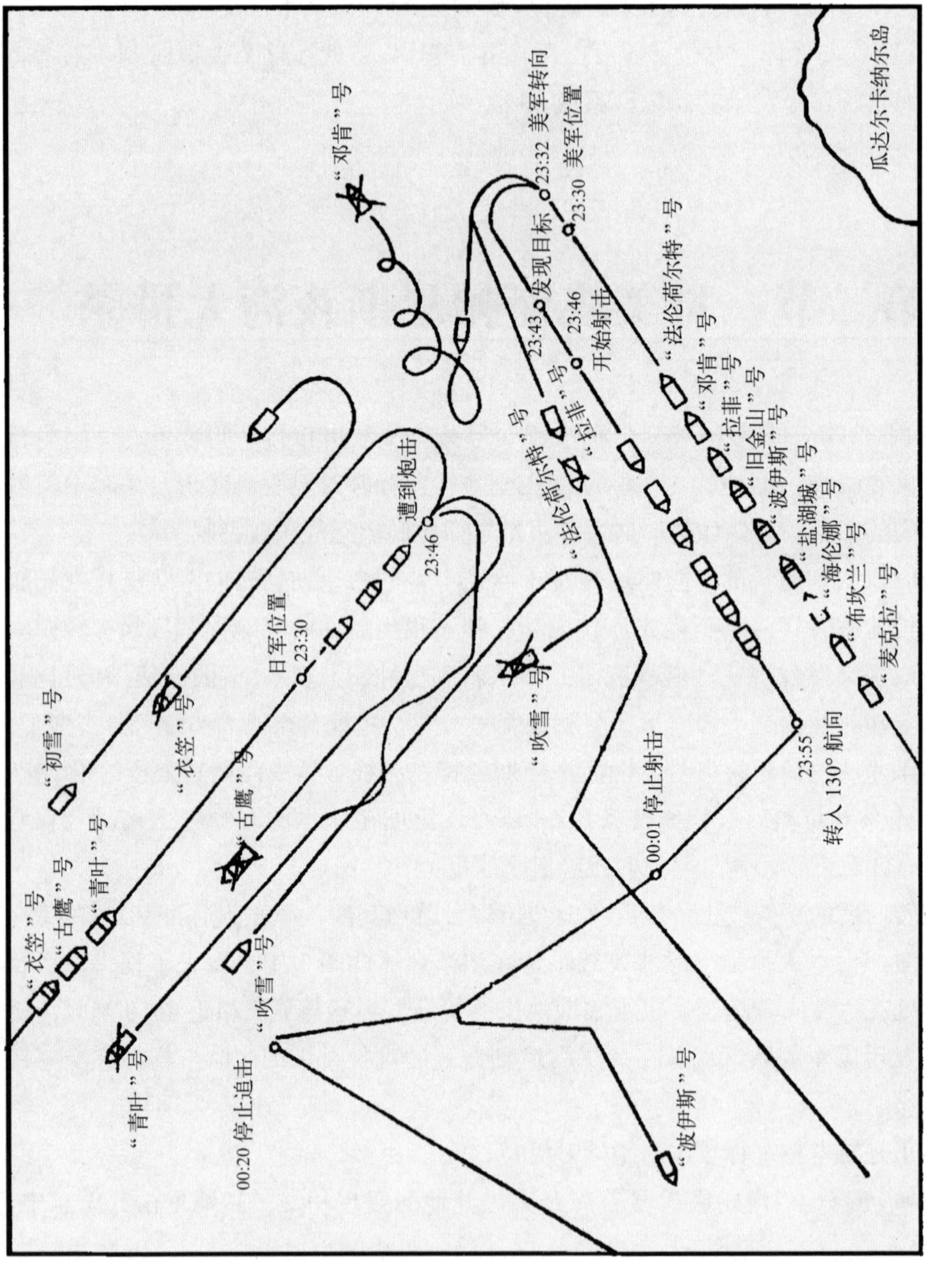

埃斯帕恩斯角海战概图（1942 年 10 月 11 日）

"海伦娜"号是诺曼·斯考特指挥的美军第 64 特混舰队的一艘巡洋舰，参加了埃斯帕恩斯夜海大拼杀

美舰对日舰占据了有利的"T"字横头优势阵位，致使美舰可以集中射击日舰，而日舰却无法有效地还击。

刹那间，闪光划破夜空，重炮震撼海面。后藤少将的旗舰"青叶"号位于日军舰队前面，舰身突然被照明弹照得雪亮，首先遭到美舰"盐湖城"号、"波伊斯"号和"海伦娜"号的集中炮击。几秒钟后，一发炮弹击中"青叶"号，舰上顿时腾起一团骇人的火球。在惊恐和混乱中，后藤以为射击他的是定岛指挥下的日舰，因而特别恼火，立即下令各舰由右向后相继转向，脱离接触。

岂料转向命令刚下达，一颗重磅炮弹便在旗舰"青叶"号的瞭望台附近猛烈爆炸了。破片横飞，火团升腾，后藤被弹片击中，身负重伤。他在盛怒之下，破口大骂定岛，旋即痛苦地倒下了。这位将军临死还以为自己是遭到了日舰误击。

但是，美舰开火仅 1 分钟，斯考特就气急败坏地下令停止射击。原来，他在炮火的闪光中发现被轰击舰只的侧影与美舰十分相似，位置又这样近，断定被炮击的是托宾的驱逐舰，便迫不及待地重复下令："停止射击！"

此时炮战正酣，美舰炮手在混乱中没有听清停火命令，仍然继续向日舰开火。斯考特怒火中烧，亲自爬上瞭望台，气急败坏地勒令"旧金山"号停止射击。

随后，他在无线电话中问托宾："你好吗？"托宾用平静的语气回答说："很好，我正带领所属的驱逐舰从右侧赶到前面去占领阵位。"

但斯考特仍不放心，满腹疑团地问："刚才是否有巡洋舰射击过你的驱逐舰？"托宾闻言一愣，回答说："我不知道巡洋舰射击的是谁！"至此，斯考特还不放心，便命令托宾："那么让你的驱逐舰都打开战斗识别灯。"直到斯考特看见了 3 艘驱逐舰上的绿、红、白三色灯光，这才彻底放心。

然而，攻击的黄金时刻就这样白白地浪费掉了。幸好，在这短短的4分钟里，日舰还没有完全清醒过来，仅晕头转向、毫无目标地乱放了一通炮火。

激战至此，日军主力舰重巡洋舰“青叶”号和“古鹰”号大火熊熊，遭受重创，唯有重巡洋舰“衣笠”号和驱逐舰“初雪”号由于擅自从左向后转向，侥幸逃避了美舰雨点般的轰击。

实际上，斯考特的顾虑是完全必要的。虽然托宾安然无恙，但从斜刺里杀出去的“邓肯”号，却在瞬间遭到了美舰和日舰的交叉射击。

当时，“邓肯”号紧紧咬住了日重巡洋舰“古鹰”号，并迅速地发射了鱼雷。“古鹰”号见状不妙，立即右后转逃窜。但“邓肯”号穷追不舍，又连续进行几次齐射，均命中目标，致使“古鹰”号舰面火光烛天，失去了战斗力。10月12日零时40分，这艘8700吨级的重巡洋舰“古鹰”号被海水吞噬，长眠于“铁底湾”。

“邓肯”号炮击“古鹰”号之后，正把火力转向日军驱逐舰“初雪”号之际，不幸遭到日舰炮击和己方误射，舰体弹伤累累。当“邓肯”号遵从命令打开战斗识别灯的时候，它已经成了一堆废铁。该舰在夜幕中挣扎到天亮，终于瞑目大海。

23时51分，斯考特重新下令射击，但阵位已变，良机错过。这时，“旧金山”号发现在西北千余米处有一艘神秘舰只，与其平行航行，令斯考特大感困惑。

突然，这艘身份不明的舰只向“旧金山”号发出奇怪的红、白两色灯光，这一愚蠢之举立即暴露了自己的马脚。“旧金山”号打开探照灯一看，认出这是被打得破烂不堪、毫无防御能力的日舰“吹雪”号。几乎在这同时，所有美舰集中火力，炮弹铺天盖地打来，“吹雪”号旋即发生了大爆炸，数分钟后，“吹雪”号便一命呜呼了。

24时，斯考特命令暂停射击，并通知各舰打开识别灯，准备编成单纵队，再发起更猛烈的进攻。不料此举反倒给了溃不成军的日舰一个喘息机会。日舰趁此良机，向美舰进行了猛烈的炮火反击，并进行了鱼雷攻击，但均未奏效。

几分钟后，美军轻巡洋舰“波伊斯”号在右后方发现目标，便冒冒失失地打开探照灯，捕捉并炮击日舰，但也因此暴露了自己。日舰“青叶”号趁机反击，4弹命中“波伊斯”号；日重巡洋舰“衣笠”号也趁火打劫，连续炮击3分钟，2弹命中“波伊斯”号。若不是“盐湖城”号奋勇救援，插到“波伊斯”号与日舰之间，用炮火压制住日舰火力，其后果不堪设想。

就在“盐湖城”号与“衣笠”号接火炮战时，美军旗舰“旧金山”号拦腰杀出。该舰一阵猛烈的射击，有4发重磅炮弹在日舰上开花，“衣笠”号突起大火。

至此，日军舰队已气力难支，濒临瓦解。

突然，日舰的所有大炮一起沉默了。原来，他们载着阵亡主将后藤的尸体仓皇逃窜了。斯考特遂下令追击，旗舰“旧金山”号一马当先，各舰随后，紧追不舍。

10月12日零时28分，遥遥领先的斯考特担心后面的美舰会把自己当成逃跑的日舰，遂下令停止追击，并第三次命令各舰打开识别灯，整理队形。这样，美舰又一次贻误了战机，日舰则趁机逃之夭夭，至于原定在10月11日夜间炮击“亨德森”机场的计划，此刻早已抛到九霄云外。

当日，美舰队在深夜的海面上厮杀正酣之际，定岛的运输船队趁机在10月12日凌晨2时靠泊瓜岛，成功地卸下了增援部队、补给品和榴弹炮。可是，当东方初露曙光，美军“仙人掌航空队”的飞机立即起飞轰炸，滩头日军物资遂化成了一片片大火和滚滚浓烟。

天亮后，斯考特的舰队得到了来自圣埃斯皮里图岛岸基美机的掩护。早上7时，“仙人掌航空队”又轰炸了正在撤退的“青叶”号、“衣笠”号和“初雪”号，但没有命中。

日军百武晴吉中将，1942年10月，他在腊包尔的司令部同时指挥巴布亚和瓜岛战役

当日上午，幸存的3艘日舰终于狼狈不堪地返抵肖特兰德岛。

海战结束后，日军先后派出3艘驱逐舰到“铁底湾”救护打捞落水人员，结果又遭到美军“仙人掌航空队”的轰炸。驱逐舰“从云”号救援不成反遭重创，在海面上团团打转。为防止被美舰俘获，它的姊妹舰“夏云”号只得忍痛用鱼雷将其击沉。

然而，“夏云”号也处境险恶，但见美国王牌飞行员、第一次世界大战中的飞行英雄、“仙人掌航空队”的队长罗伊·盖格空军准将驾机凌空扑来，以其高超的投弹技术，击中“夏云”号，该舰随即在烟火腾腾的海面上消失了。

至此，埃斯帕恩斯角海战落下帷幕。

此海战若从双方的损失来看，尚不足以

大书特书：日军沉巡洋舰和驱逐舰各 1 艘（救援舰未计），伤巡洋舰 2 艘；美军沉驱逐舰 1 艘，伤巡洋舰 2 艘、驱逐舰 1 艘。但是，美军在这次海战首次击溃了“东京快车”，又粉碎了它对“亨德森”机场进行夜间炮击的企图，使自恃为夜战行家的日本海军损兵折将，大败而归。

经此一战，日本人不敢随心所欲地在夜晚的洋面上称王称霸了，瓜岛上的美国海军陆战队因而士气大振，他们不再有四面重围、身陷孤岛的感觉了；折磨他们达一月之久的“东京快车”如今狼狈而逃，使他们对战役未来的前途有了充足信心。

但是，这一仗远远没有决定瓜岛之战的最终命运，10 月中旬对美军来说，仍然是该战役最危急的时刻。海战之后，日本海军于 10 月 13 日又卷土重来，用 2 艘战列舰闯入“铁底湾”，炮击“亨德森”机场，造成美军油库着火、48 架飞机被击毁击伤。翌日，“亨德森”机场又两次遭到日机空袭，夜间又受到日军重巡洋舰的炮击，机场满目疮痍。

紧接着，山本五十六海军大将又要大动干戈了。10 月 26 日，瓜岛争夺战中的第二次航空母舰之间的大海战终于爆发！

埃斯帕恩斯角海战的第二天，1942 年 10 月 13 日，日军战列舰“榛名”号与“金刚”号一起炮击瓜达尔卡纳尔岛的美军机场，其中，“榛名”号发射了约 490 发的炮弹（岛上日军发电称“胜过千门野炮”）

第三节　盛怒中的山本大兴复仇之师

英国军事史专家亨利·莫尔认为:“正是由于这场日、美双方航空母舰之间不可避免的交战,瓜岛之战终于成为这次大战的重大战役之一。”①

莫尔在这里说的,就是在争夺瓜岛腥风血雨的日子里,日、美双方于1942年10月26日爆发的航母大混战——圣克鲁斯大海战。

当山本五十六获悉“东京快车”在埃斯帕恩斯角海战中大败而归,定岛的增援部队和物资又被美机炸得一塌糊涂,不由得大发雷霆,发誓要采取报复行动。

10月12日,浩浩荡荡的日本联合舰队主力从特鲁克港拔锚起航了。这是自中途岛海战以来所未曾见过的阵容强大的日舰编队:5艘航空母舰、4艘战列舰、14艘巡洋舰和44艘驱逐舰。它将为第2师团的4500名官兵于10月14日夜登陆瓜岛提供火力支援。这批登陆日军将参加百武中将在10月20日发起的孤注一掷的进攻,并计划于10月22日一举攻占“亨德森”机场。届时,这支庞大的舰队还将配合瓜岛的陆上进攻,并随时捕捉、歼灭胆敢露面的美军太平洋舰队。

日军大本营对这次陆海联合进攻、誓夺瓜岛的作战计划充满信心,他们认为:“把美军赶出所罗门的日子已经来到了!”②

10月15日,美军太平洋舰队司令尼米兹海军上将冷静地分析了战局,他说:“现在看来,我们未能取得瓜达尔卡纳尔地区的制海权。因此,我们对岛上部队进行补给,势必要付出重大代价。局势并不是毫无希望,但确实很危急。”③

危局面前,千头万绪,但最令尼米兹焦虑的,则是南太平洋部队和地区指挥官的选择与任命。尼米兹认为,戈姆利是一位勤勤恳恳和谨小慎微的人,资格很老,功劳不少,但缺乏那种能在艰苦的环境中激励士气的气质与品格。特别是他作为一位司令官,一开始就对瓜岛登陆战持怀疑态度,这显然对指挥战斗是极为

① [英]亨利·莫尔:《第二次世界大战的重大战役》,上海译文出版社,1983年,第235页。
② [美]塞缪尔·莫里森:《瓜达尔卡纳尔的斗争》,1951年波士顿英文版,引自译本《瓜达尔卡纳尔岛登陆战役》,第91页。
③ [美]N.米勒:《海军空战》,海洋出版社,1981年,第90页。

不利的，因而在实战中他受到各方的指责。

10 月 15 日晚，尼米兹与他的参谋人员一致认为：在形势危急的时候，需要有一位更积极、更强有力的指挥官。会议决定推荐海军中将哈尔西出任南太平洋部队和地区司令这一职务。

哈尔西是一位骁勇善战的美国海军名将。他长着扁平的脸，拳击师那样的下巴，短短的脖子，开阔的前额；两眼间隔很大，双目炯炯有神。

珍珠港事件爆发前夕，太平洋局势已相当危急，哈尔西奉命去威克岛运送飞机。临行前他向金梅尔请示："你到底希望我干到什么程度？" 金梅尔说："一切全凭你的常识去办吧。" ①

出发后，哈尔西立即发出了"第一号作战命令"，要求全体官兵随时准备战斗，若遇敌舰，立即将其击沉。他的参谋长提醒他说："你知道这项命令意味着战争吗？" 哈尔西冷静地说："如果发现敌人过来我们就先发制人，有什么争论以后再说！" 这生动地勾画出哈尔西敢作敢为的倔强个性。

10 月 15 日被"仙人掌航空队"飞机在塔萨法隆格摧毁的日本货船

当珍珠港惨遭偷袭，舰船倾覆，士气低落，举国震惊之际，他奉命率领仅有的一支航空母舰编队成功地进行了对日海空反击战，使军民看到一线曙光，士气为之一振。为此，他获得了第一枚"服务优异勋章"。

1942 年 4 月，哈尔西升任美军太平洋舰队航空母舰编队司令。4 月 18 日，他直接指挥了运送杜立特上校的 B-25 机群空袭东京的壮举。

哈尔西外号"蛮牛"，敢打敢冲，胆大心细，精力充沛，是一位充满自信而又积极进取的不可多得的战将。因此，在瓜岛争夺战处于白热化、登陆美军处境岌

① ［日］实松让：《偷袭珍珠港前的 365 天》，上海译文出版社，1980 年，第 271 页。

岌可危、海战日趋激烈的时刻，尼米兹断然起用哈尔西，不是没有道理的。

正在南太平洋地区巡视的哈尔西接到尼米兹的任命手令，惊讶得情不自禁地说："这可真是上帝交给我的最烫手的马铃薯了！"

任命哈尔西使得南太平洋美军官兵群情振奋。一位在瓜岛上历经磨难的美军军官说："我永远不会忘记当时的情景，那时，我们忍受着疟疾的折磨，非常吃力地爬出了散兵坑。接着，我们高兴得像小羚羊那样跑着跳着。"①

哈尔西于10月18日就职，司令部设在努美阿。他刚走马上任，就冒着巨大风险亲赴瓜岛视察，积极部署兵力。在他上任后仅五天，日军在瓜岛上发动了前所未有的猛烈攻势。两天之后，大规模的圣克鲁斯大海战便爆发了。

山本五十六海军大将自信地认为，美国人在瓜岛已经招架不住了，只要再用他强大的联合舰队这只"重锤"一敲，就会全线崩溃。因此，他决定采取新的决定性的行动。

10月12日，一支被命名为"瓜达尔卡纳尔支援队"的庞大日军舰队从特鲁克出发了。这支舰队主要包括海军中将近藤兼任指挥的先遣队和南云中将指挥的航空母舰编队，共拥有"翔鹤"号、"瑞鹤"号、"瑞凤"号、"隼鹰"号和"飞鹰"号（"飞鹰"号于10月22日主机发生故障，返回特鲁克）5艘航空母舰，共载飞机260余架；4艘战列舰分别是"金刚"号、"榛名"号、"比睿"号和"雾岛"号，外加巡洋舰和驱逐舰群。

这支舰队的使命是全力以赴地参加大本营精心制定的陆海联合进攻瓜岛的作战计划，其详细内容是：10月20日，百武将军将出动22 000名士兵分三路发起攻势，首先拿下瓜岛"亨德森"机场，然后，近藤的先遣队冲进狭窄的海峡，炮击瓜岛，消灭残敌。在夺取瓜岛机场之后，日军舰载机立即进驻，日本海空力量将全力以赴地捕捉并歼灭所罗门海域内的美军舰队和任何增援瓜岛的美军兵力。

圣克鲁斯大海战中的日军舰队指挥官近藤信竹海军中将

实际上，攻占"亨德森"机场的任务极

① ［美］N. 米勒：《海军空战》，海洋出版社，1981年，第90页。

其艰巨。日军原定10月22日战斗全部结束，可是到了10月22日，战斗还没有打响，进攻的日期被迫推迟到第二天。当10月23日进攻时刻来临之际，那些疲惫不堪的日本兵仍然在蒸笼一般闷热的丛林中连滚带爬。右翼的川口部队甚至还未到达集结地点。丸山将军满腔怒火，当即撤除了川口的职务，总攻又被迫推迟了24小时。

此时，日军舰队在海面上巡航已近两个星期。至10月24日，山本实在按捺不住了，气势汹汹地通知瓜岛陆军：如果不立即夺取瓜岛机场，舰队将因燃料不足而马上撤退！百武晴吉中将接电后慌了手脚，只得立即硬着头皮发动决死的进攻，并夸下海口："瓜岛机场于当天夜晚即可占领！"

日军陆海双方并已计议妥当，一旦陆军占领瓜岛机场，立即发射绿、白、绿三颗信号弹。海军见到信号后，水面舰只马上出动配合战斗，航空母舰"隼鹰"号负责在天亮后袭击瓜岛隆加湾的美军舰船。

10月24日，夜幕迅速吞噬了丛林、海洋和天空，深沉而又令人不安的寂静，须臾之间便笼罩了整个瓜岛，日军第2师团总攻击的时刻来到了！

突然，天空中乌云翻滚，雷电大作，大雨瓢泼而下，日军只得冒雨爬出阴暗泥泞的丛林，狂呼乱叫地扑向美军阵地。一批又一批日本兵爬过同伴的尸体，发起了一次又一次冲锋。美军几处阵地被突破，丸山见状大喜过望，立即发出了已经攻占瓜岛机场的电报。

可是，美军顽强地搜猎着突入阵地的日军，阵地周围展开了激烈的搏斗。在激战中竟出现了这样的镜头：整整一个纵队的日本兵被平射炮火击中，全部士兵都血肉模糊地倒毙在地，尸体还基本保持着行军时的队列。

最后，连狂热的第2师团的士兵们也个个吓得目瞪口呆，溃败到丛林中隐蔽起来。无计可施的丸山只得又向百武发电："攻占机场尚有困难！"

但是，一位执行侦察任务的日本飞行员确信自己看到了绿、白、绿三颗信号弹，便于10月25日1时26分发出捷报。派驻瓜岛的联络官获电后兴高采烈地向山本报告："我军已于24日23时占领了瓜岛机场！"

情报一到，强大的日军炮击舰队立即出动了。不料，半小时后，第二份报告又火速送来："战斗仍在飞机场附近持续进行。"

早晨6时23分，日军联络官干脆来电："前两次报告撤销，瓜岛机场仍在美军手中。"

山本一听，恼怒万分，不得不赶紧制止从海上炮击瓜岛的行动。庞大的日军舰队在瓜岛以北300海里处巡弋，静观战况如何发展。

10月25日下午，派驻瓜岛的联络官又报告："因为在复杂地形条件下，部队调动困难，昨夜的进攻又失败了。"① 山本闻讯，雷霆震怒。

然而，老奸巨猾的山本此时已经嗅到一股恶战的腥风，清醒地意识到一场航空母舰之间的大战已不可避免。他那被层层阴云笼罩着的心房不由得微微紧缩起来。最使他烦恼的是："美国海军的航空母舰究竟在哪里？"①

当瓜岛血战正酣之际，哈尔西也正在努美阿召开紧急军事会议。会上，他劈头就问范德格里夫特将军："你是打算从瓜达尔卡纳尔岛撤退呢，还是确保这个岛屿？"范德格里夫特回答说："我能够确保，但希望得到更为积极的火力支援。"

哈尔西一听，咆哮般地说道："好的！你放心大胆地去干吧！我会把我的全部家底统统调给你！"②

哈尔西的"家底"迅速出动了：10月24日黎明，美国海军少将金凯德指挥的由航空母舰"企业"号（舰载83架飞机）、战列舰"南达科他"号、巡洋舰"波特兰"号和"圣胡安"号以及8艘驱逐舰组成的第16特混编队，开到了瓜岛东南800余海里的洋面上。

与此同时，美国海军少将莫雷指挥的由航空母舰"大黄蜂"号以及4艘巡洋舰、6艘驱逐舰组成的第17特混编队也向同一方向疾驶。

这两支特混编队奉命在圣埃斯皮里图岛东北偏东273海里处会合，在圣克鲁斯群岛以北海区巡航，随时准备截击可能出现的日本舰队。

10月25日，日、美双方都在竭尽全力进行空中搜索。结果，日军侦察机徒劳一场，而金凯德也倍感沮丧。因为在中午时分，一架美军水上飞机报告：在圣克鲁斯群岛西北，发现2艘日本航空母舰，正以25节的航速向东南方向疾驶。

这就是南云舰队！金凯德接电后，连续派出12架侦察机和29架轰炸机，向远在360海里处的日军舰队出击。但当机群到达预定海域时，早已不见日舰踪影。原来，南云忠一被美军侦察机弄得惊恐不安，生怕像在中途岛那样陷入罗网，急急忙忙地在云雨中率舰队转向北上了。

当夜，山本于21时18分和22时40分两次发出通报告知日舰编队，说百武中将已计划于今夜再次向瓜岛机场发起攻势，因此，美军舰队很可能在所罗门群

---

① ［美］塞缪尔·莫里森：《瓜达尔卡纳尔的斗争》，1951年，波士顿英文版，引自译本《瓜达尔卡纳尔岛登陆战役》，第99页。

② ［英］亨利·莫尔：《第二次世界大战的重大战役》，上海译文出版社，1983年，第232页。

岛东北海域出现，联合舰队应于10月26日设法将其歼灭。有鉴于此，他严令道：无论天气和美机活动的情况如何，日机应继续侦察和追踪，务必查明美军舰队的位置、数量和类型。

令人不解的是，山本和他的舰队此时仍采取这种极不高明的策略：屏息观战，静候瓜岛速传佳音，然后再发起海空攻击。

果然，10月25日深夜，瓜岛上成群的日本兵钻出丛林，在丸山将军的指挥下，兵分两路，发动“最后的决死进攻”。狂热的日军发出了震撼夜空的喊叫声：“陆战队士兵们，今晚你们就要完蛋了！”但结果，完蛋的是日本人自己。他们轻率地冲入美军的火网，顿时尸横一片。残余者虽然用战刀、刺刀、枪托甚至拳头与美军展开了阵地肉搏战，但终因寡不敌众而再次被美军击退，战场上丢弃了2500余具日军尸体。丸山狼狈逃回，捡回了一条老命，这在他第2师团的战史上无疑是空前的惨败。

至此，日军攻占瓜岛机场顿成泡影。

惨烈的瓜达尔卡纳尔岛战役现场

瓜岛陆上激战的战报尚未传来，海面上的日军舰队又突然处在危急之中。10月26日凌晨零时11分，一架美军侦察机发回急电：“发现日本舰队，距离300海里，方位西北。”①

3小时后，这架美机又报告说：“发现大型航空母舰1艘和其他类型军舰6艘，距离200海里，方位同前！”①就这样，日舰编队首先被美军发现了！

这一情报相当重要，它为美军舰队实施先发制人的进攻提供了可能。可惜的是，金凯德没有收到这一情报，对此敌情一无所知，致使日舰编队转危为安。

原来，这份价值很高的报告在发往圣埃斯皮里图岛的美军第63特混编队司令

① ［美］塞缪尔·莫里森：《瓜达尔卡纳尔的斗争》，1951年，波士顿英文版，引自译本《瓜达尔卡纳尔岛登陆战役》，第100-101页。

部时被拖延了，迟至5时12分才得以转发。

远在努美阿的哈尔西获此来电，迫不及待地发出指令："进攻！进攻！再进攻！"①

第四节　圣克鲁斯海空决战骤然爆发

10月26日凌晨4时30分，美军航空母舰"企业"号的扬声器里发出了急促的战斗命令："人员远离螺旋桨，发动飞机！"

不久，晨曦吐露，东方泛白，灰白色的海空中呈现出各舰的舰桥和烟囱，阴森可怖的战舰轮廓也已清晰可辨。16架美军侦察轰炸机一架接一架从航空甲板上腾空而起，分三组在距离200海里的扇面内进行搜索。

第一个双机组在6时17分发现了南云麾下的以战列舰"比睿"号和"雾岛"号为主力的前卫群，驾驶员立即于6时30分发回电报，然后继续寻找日本航空母舰，但未能如愿。

第二个双机组于6时50分第一次发现南云指挥下的航空母舰"瑞凤"号，距"企业"号200海里，方位西北。此时，南云已辨认出美军侦察机是舰载机，预感到美军航空母舰就要出场了，便立即在"翔鹤"号、"瑞鹤"号和"瑞凤"号的甲板上部署了65架日机，随时准备出击。

海军中将南云忠一是水面舰艇军官出身，在海军省和军令部都任过职务，又当过联合舰队参谋和海军军校的教官。日本偷袭珍珠港时，他大显身手，一举成功，得逞于一时。在开战后半年内，他也不愧为一名能征善战的骁将。但在中途岛海战中，他遭到痛击，一败涂地。尔后创痛时时袭来，他愈发萎靡不振，事事谨小慎微，人也失去自信而倍显苍老了。然而，他仍不失为山本手下的一员稳健的战将。此时此刻，他直接指挥的3艘航空母舰仍然是日本联合舰队的中流砥柱。

当美军第二侦察机组发现日军舰队后，迅速发回电报，并于6时58分对"瑞凤"号展开了空中攻击。但它们遭到了8架"零"式战斗机的拦截。混战中，3

① [美]N. 米勒:《海军空战》，海洋出版社，1981年，第91页。

架美机被击落，其余的仓皇逃走了。

正在这时，南云接到日军侦察机发来的紧急报告:“方向东南，距离200海里，发现美航空母舰1艘和其他类型军舰5艘。”

情报一到,“翔鹤”号和“瑞鹤”号甲板上立即响起发动机震耳欲聋的轰鸣声。7时10分，65架日机吼叫着箭一般射向天空，向美舰队扑去。不久，近藤中将麾下的“隼鹰”号航空母舰也派出了29架舰载机，前往实施攻击。

日军舰载机刚离舰，美军第三侦察机组的轰炸机便飞临南云舰队上空。7时40分，海军上尉斯特朗和欧文驾机隐蔽地向轻型航空母舰“瑞凤”号袭来。“瑞凤”号迅速掉头规避，同时放出浓浓的烟幕掩护自己，但仍有两颗重磅炸弹准确地命中了“瑞凤”号，致使舰艉起火，飞行甲板也被炸开一个15米长的裂口。幸而“瑞凤”号上的飞机大多数已经出击，损失不甚严重，可是航空母舰已无力投入战斗了。

至此，日军可以作战的航空母舰只剩下了3艘。8时22分，从航空母舰“瑞鹤”号和“翔鹤”号上又起飞了24架轰炸机和20架鱼雷机，前往攻击美军航空母舰!

美军特混舰队发起空中攻击的时间比日舰晚了20分钟。7时30分,“大黄蜂”号上的15架轰炸机、6架鱼雷机、8架战斗机相继腾空;8时,“企业”号上的3架轰炸机、8架鱼雷机、8架战斗机也纷纷离舰;8时15分,“大黄蜂”号上又有9架轰炸机、9架鱼雷机、7架战斗机咆哮升空;三组机群顾不上编成战斗队形，匆忙踏上了进击日本航空母舰的征途。

途中，日、美双方攻击机群恰巧相遇，一场空中遭遇战不可避免地爆发了。12架日机当即出队，抢占高度优势;美机也毫不示弱，迅速投入空战。激战结果，6架美机被击落，日机也有4架殒命。由于双方肩负着重大的使命，因此不敢恋战，很快脱离了厮杀，各自奔向了更大的猎物——对方的大型航空母舰。

日本空中攻击群首先抵达美舰编队上空。8时59分，日本轰炸机从5100米的高空快速冲来。“企业”号一看来者不善，急忙避入雷暴雨中，暂时脱险。而暴露在晴朗处的“大黄蜂”号，却成了蜂群般日机“吞噬”的猎物。

此时，担任“大黄蜂”号空中战斗巡逻的38架美军战斗机，没有发挥其应有的作用，他们把空中战斗巡逻配置得太近、太迟，因而一发现日机，日机已经开始俯冲了。

危急之中,“大黄蜂”号和它的警戒舰只的防空炮火发挥了威力，炮弹在天空

“大黄蜂”号在1942年10月26日遭受日本舰载机鱼雷攻击

中编织出一张张密集的弹网，日机一架接一架地在“网”上碰得粉身碎骨，有的则拖着长长的黑烟栽入海底。但是，日机进攻的势头丝毫没有减弱。9时10分，一架被爆炸破片击伤的日机实施自杀性攻击，笔直地撞到“大黄蜂”号的飞行甲板上，机上所带的两颗炸弹一起炸响，舰面上爆发出一团惊人的烈焰，灼热的大火和烟云瞬间便吞没了航空母舰。

几分钟后，日军鱼雷机从后方低空掠海投雷，两枚鱼雷又在“大黄蜂”号机舱部位爆炸，电线和消防泵悉遭破坏，海水浸入锅炉舱，主机停车，“大黄蜂”号开始倾斜。正在这时，3颗重磅炸弹又准确地击中了该航空母舰。

也许是“大黄蜂”号劫数已到，此时，又一架被击中起火的日机，不偏不倚恰巧摔在该舰甲板上。结果，一度威风凛凛的“大黄蜂”号顿成一座燃烧的地狱，爆炸声此起彼伏，强大的气浪把舰面上的飞机掀翻到大海里。幸而舰上损管人员拼命救护，火势才得以控制。11时23分，巡洋舰“诺思安普敦”号拖着“大黄蜂”号以3节的航速在海面上缓缓蠕动。

当海风把天空中的热带雨云赶跑，“企业”号便暴露在晴空艳阳之下，它的好运气也随之烟消云散了。10时9分，即“大黄蜂”号遭难1小时之后，24架日本轰炸机气势汹汹地扑了过来，噩运又降临到“企业”号头上。

当时的情形十分危急：7分钟前，为“企业”号护航的驱逐舰“波特”号被日军潜艇“伊-21”号发射的鱼雷击中，汹涌的海水灌进了两个锅炉舱，另一艘驱逐舰急忙赶去救援。因而在日机进攻之前，“企业”号的警戒力量中就少了两艘驱逐舰。幸亏“企业”号和“南达科他”号的防空火力很强，将大部分俯冲的日机打得凌空爆炸。但日机仍然冒着炮火，发出刺耳的尖啸，连续不断地俯冲攻击。只见23颗重磅炸弹纷纷坠落，“企业”号像一头发疯的野兽左躲右闪，飞行甲板

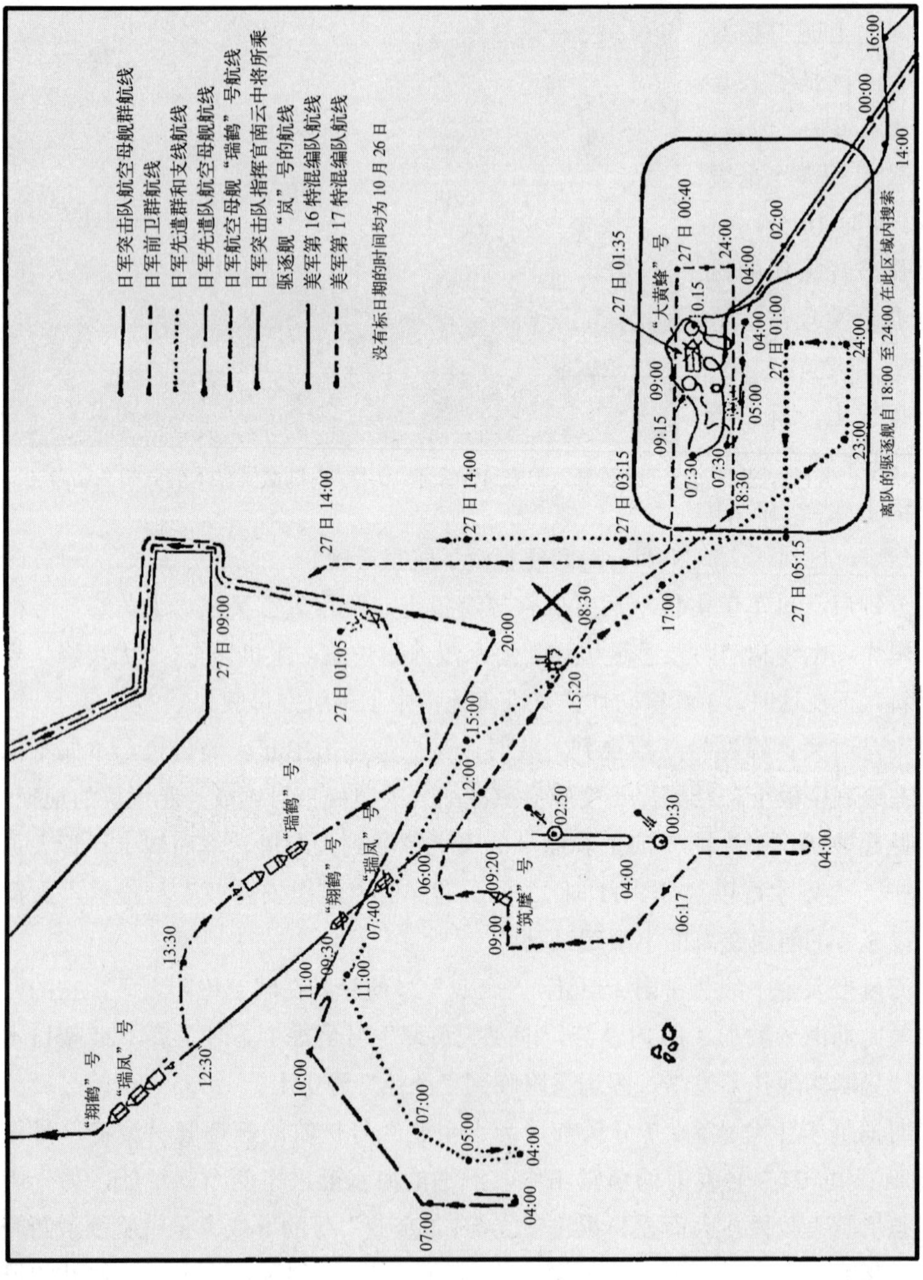

圣克鲁斯大海战示意图（1942年10月26日）

大幅度倾斜，舰体剧烈地颤动。然而，仍有两颗炸弹直接命中“企业”号，一股浓烟从舰艏升降机后部冲天而起，随风逐渐扩大，很快笼罩了飞行甲板，舰员伤亡很大。另一颗炸弹在左舷掀起一股比操舵室还高的水柱。经奋力抢救，“企业”号暂时脱险。

孰料，30 分钟后，又有 14 架日军鱼雷机①冲破美机拦截，低空向“企业”号逼近。这是一次前仆后继的殊死攻击：一架在距海面 50 米高度上中弹坠毁，余者仍顽强进击，结果又有 4 架中弹起火；剩下的 9 架分成两队，从航空母舰的两舷投放鱼雷。只见 9 枚鱼雷飞溅着泡沫向“企业”号的左右舷扑来，身经百战的哈迪森舰长操纵着巨舰灵活地躲闪，成功地进行了规避，该舰竟未中一雷。

1942 年 10 月，在圣克鲁斯大海战中，日军出动大批飞机轰炸美军航空母舰

突然，在空中的美机驾驶员波拉克发现海面上有一条可怕的鱼雷航迹，径直冲向距“企业”号不远的警戒驱逐舰“守门人”号。波拉克立即向飞蹿的鱼雷开火，企图用机枪摧毁这枚鱼雷，并向驱逐舰报警，结果没有成功。“守门人”号终被鱼雷击中，因火势太猛，难以控制，很快就沉没了。

波涛滚滚，烈焰熊熊，辽阔海空，硝烟弥漫。一场海空大战，只杀得天昏地

① 这 14 架日军鱼雷机和刚攻击完毕的那 24 架日军轰炸机都是前面提到的于 8 时 22 分从“瑞鹤”号和“翔鹤”号上起飞的那一批。开始起飞的 20 架日军鱼雷机由于遭到美军战斗机截击，故只有 14 架到达“企业”号上空。

暗，令人眼花缭乱。激战中，战列舰“南达科他”号以其猛烈的炮火，将 26 架日机打得纷纷坠海。11 时 10 分，6 架美军轰炸机返航“企业”号，狂热中的“南达科他”号的炮手们不问青红皂白，竟将一排排猛烈炮火射向己方的返航机。

11 时 20 分，“企业”号深恐再发生误射，马上发出通报：空中已解除敌机威胁。孰料适得其反，通报仅发出 1 分钟，从日军航空母舰“隼鹰”号起飞的 29 架日机突然窜出隐蔽它们的云层，迅猛地进行俯冲攻击。

美舰高炮齐鸣，顿时有 8 架日机毙命，“企业”号仅中一弹。11 时 27 分，流窜的日机又蜂拥向战列舰“南达科他”号和巡洋舰“圣胡安”号扑去，两舰各中一弹。至此，“企业”号实在难以忍受如此疯狂残酷的连续攻击，立刻夺路逃走，退出了血腥的战场。

第五节　日美两败俱伤　胜负难见分晓

那么，南云舰队此刻的命运如何呢？

9 时 30 分，就在“大黄蜂”号遭难后 20 分钟，日军航空母舰“翔鹤”号也处在生死存亡的危急关头。

从“大黄蜂”号起飞的第一批飞机中，有 15 架轰炸机和 4 架战斗机在 9 时 15 分首先发现了日军巡洋舰和驱逐舰。美机继续搜索，15 分钟后终于发现了日军航空母舰“翔鹤”号和“瑞凤”号。

“瑞凤”号因早晨中弹，现仍在冒烟，“翔鹤”号便立即成了主要攻击的对象。美军“无畏”式俯冲轰炸机勇敢地穿过密集的高射炮火，向该舰俯冲，有 2 架被击落，2 架负伤，终将数颗 500 千克的炸弹投中“翔鹤”号。“其中，4 颗命中左舷飞行甲板，2 颗命中艉部升降机附近，飞行甲板被破坏，航速降到 21 节。”[①] 该舰瞬间被大火吞没，舰上的火炮也被打哑了，仅由于该航空母舰首次装备了先进的灭火系统，才幸免遭到更大的损失。面对险恶处境，舰长不得不下令掉转船头，撤出战斗。此次轰炸，使“翔鹤”号在以后整整 9 个月内都无法参加战斗。

---

① 资料汇编《军舰的战斗损伤与沉没》，国防出版社．1978 年，第 34 页。

第一批从“大黄蜂”号上起飞的另外6架鱼雷机途中与轰炸机失去了联系，所以，在攻击“翔鹤”号时未能与之协同行动。9时30分，它们曾向日军重巡洋舰“铃谷”号发射了鱼雷，但未获任何战果。

从“企业”号上起飞的19架美机在途中遭到日机截击，随后兵分两路继续前进，到达目标上空时有3架轰炸机攻击了日军战列舰“雾岛”号，4架鱼雷机攻击了一艘重巡洋舰。然而所有攻击都未奏效，白白浪费了鱼雷和炸弹！

战斗至此，日本航空母舰“翔鹤”号与“瑞凤”号已弹痕累累，失去了战斗力；美军航空母舰“大黄蜂”号与“企业”号也已遍体鳞伤，无还手之力。

激战之后，海空出现短时间的沉寂。

中午时分，近藤中将一面批准受伤的“瑞凤”号和“翔鹤”号向北退出战场，一面命令没有受伤的航空母舰“隼鹰”号和“瑞鹤”号继续南下，追击美舰。但日本人此时业已元气大伤，在上午的激战中竟损失了近100架飞机，因而眼下进攻的“剑刃”已并非那样锋利，气势也不是那样咄咄逼人了。

15时15分，6架日军鱼雷机追上“大黄蜂”号，又实施了攻击。当时，“诺思安普敦”号正拖曳着“大黄蜂”号慢悠悠地撤退，一见情形危急，立即砍断拖索，左满舵转向，闪避鱼雷。漂在水面上寸步难行的“大黄蜂”号则被一弹击中，后主机舱进水，舰体右倾14度，舰长下令准备弃舰。

40分钟后，日机发起第二次攻击，“大黄蜂”号飞行甲板右后角又被命中一弹；17时2分，由“隼鹰”号起飞的战斗机6架、轰炸机4架对该舰进行了最后一次轰炸，又有一弹命中。

至此，“大黄蜂”号已无药可救。数分钟后，美军驱逐舰“麦斯廷”号与“安德森”号分别向“大黄蜂”号发射了8枚鱼雷，以加速其沉没。16枚鱼雷中共有9枚命中该舰，但“大黄蜂”号仍然顽强地漂浮在水面上。当两艘美军驱逐舰预感到“瑞鹤”号和“隼鹰”号已从后面逼近，又匆忙于晚8时向“大黄蜂”号发炮430发。至此，庞大的舰体虽已千疮百孔，但它仍倔强地不肯入水。直到夜晚9时半，日本舰只赶到，又向其加射了4枚鱼雷，“大黄蜂”号才于10月27日凌晨1时35分倾覆沉没。

“大黄蜂”号被击沉后，近藤下令全部兵力向北撤退。日军原打算次日再战，但因在10月27日凌晨2时连续两次遭到美军水上飞机的鱼雷攻击，使近藤意识到此处不是久恋之地。10月27日下午，当他率舰队在恩德尼岛以北300海里缓慢巡航时，接到山本大将的命令：舰队全部撤回特鲁克岛。

“大黄蜂”号是美军在太平洋战争中沉没的最后一艘大型航空母舰

金凯德指挥的美军舰队在南撤途中也极为担惊受怕，因为这里是日本潜艇出没的地方。途中，为了闪避日军潜艇，战列舰“南达科他”号又与驱逐舰“马罕”号相撞。另外，在西面的战列舰“华盛顿”号也两次遭到日军潜艇的鱼雷攻击。哈尔西闻讯亦不敢恋战，急忙鸣金收兵了。

圣克鲁斯大海战是太平洋战争开战 11 个月来，日、美双方自珊瑚海大海战、中途岛大海战、东所罗门大海战之后，第四次航空母舰之间大规模的海空厮杀。海战结果，日本人在战术上略胜一筹。海战之后，东京立即公布了这一胜利的消息。日本方面声称：“与战果之大相比，我方一艘舰艇也未损失。”[①]

实际上，日本人为这一胜利而付出的代价是昂贵的，为击沉击伤美军航空母舰各 1 艘、击沉美军驱逐舰 2 艘，轻伤美军战列舰、巡洋舰和驱逐舰各 1 艘以及击毁美机 74 架，日本人的 2 艘航空母舰、1 艘巡洋舰遭重创，并损失飞机近 100 架。特别是那些训练有素、实战经验丰富的飞行员，大部分瞑目大海，难以补充了。因此，尽管取得了胜利，南云中将还是被解除了职务。

① ［日］服部卓四郎：《大东亚战争全史》，原书房日文版，1975 年，第 341 页。

美军舰队在此次海战中失利，不仅因为参战的美军水面舰只和空中力量仅为日本人的一半，同时，在其他方面还存在各种导致美军失败的因素：譬如，作为一名指挥官，金凯德具有丰富的战列舰和巡洋舰的作战经验，但对指挥航空母舰之间的大决战，他还是一个初出茅庐的新手；而且，在实战中，美军舰队以每艘航空母舰为核心分别组成特混编队进行海上决战，亦非上策；再者，美军的鱼雷攻击和远距离侦察技术仍然欠佳；在通信方面，美军未能把侦察机的报告及时送达舰队的指挥官手中，从而贻误了战机，使美军舰队失去了首先攻击日舰的大好时机。

圣克鲁斯大海战是日、美双方在战略相持阶段中进行的又一次航空母舰之间的大搏斗。纵观海战全局，日本人在圣克鲁斯大海战中所取得的战果，是他们在整个太平洋海战中取得的最后一次可以称道的胜利。

但是，经此一战，日军大本营精心制定的陆海联合进攻并占领瓜岛的计划流产了，山本大将妄图通过一次大海战彻底击溃美军舰队的梦想也破灭了。

日本方面称这次海战为“南太平洋海战”。

激战中，日方损失了较大的航空兵力。鉴于日本生产能力有限，其损失迟迟得不到应有的补充，因而难以迅速恢复元气。而美国能够很快地培训飞行员，在生产飞机方面也大大地超过了日本，从而形成美国的空中优势。所以，从战略角度上看，此次海战对美国方面是有利的。

第六节　哈尔西与山本纷纷加大赌码

圣克鲁斯大海战之后，日、美这两只凶猛无比的“海狮”仅用了半个月的时间稍事喘息，又突然腾空跃起，相互追逐扑打，把瓜岛海域的“铁底湾”搅得天昏地暗，一派凄惨。

原来，进入 11 月，瓜岛血战已有四个月之久，但日、美双方棋逢对手，胜负难分，形成僵局。双方都未能阻止对方从海上增援瓜岛，也不能保证自己海上航渡的安全。为此，日、美首脑皆焦虑不安，加紧酝酿最后的决战。

在努美阿，火暴脾气的哈尔西决心倾其囊底，背水一战，他不仅誓言要加速

瓜达尔卡纳尔岛战地前线，美军正在休息

向瓜岛增援，还计划尽快斩断日军伸向瓜岛的运输魔爪。

在特鲁克，盛怒中的山本大将则施展了他“要么全赢，要么就输个精光”的本性，准备孤注一掷，破釜沉舟，密谋制订了一举攻克瓜岛的作战计划。

双方虎视眈眈，剑拔弩张，随时准备采取新的作战行动。

在此关键时刻，哈尔西决定先下手为强，严令 6000 名美军陆战队士兵和陆军步兵，分两批务必于 11 月 11 日和 12 日两天先后在瓜岛抢滩登陆。

第一批增援部队乘坐 3 艘武装运输船，由巡洋舰“亚特兰大”号和 4 艘驱逐舰护航。整个编队在海军少将斯考特的指挥下，于 11 月 9 日从圣埃斯皮里图岛起航，定于 11 月 11 日抵达瓜岛隆加岬。

第二批运输舰群由海军少将特纳指挥，该舰群的 4 艘运输舰将在 2 艘巡洋舰和 3 艘驱逐舰的护航下，于 11 月 8 日离开努美阿。同时，为其保驾的另一支由海军少将卡拉汉指挥的支援群拥有 3 艘巡洋舰和 5 艘驱逐舰，将在圣克里斯托巴尔岛海域迎候特纳，然后合兵一处，破浪北上，定于 11 月 12 日驶抵瓜岛。

这时，“仙人掌航空队”的力量也得到了加强。早在 10 月 24 日，罗斯福总统就严令：“必须迅速向瓜达尔卡纳尔岛增援！”[①] 于是，陆海空武器源源不断地调往瓜岛。但眼下哈尔西的处境却大为不妙，他竟没有一艘可以使用的航空母舰！

① ［美］塞缪尔·莫里森：《瓜达尔卡纳尔的斗争》，1951 年，波士顿英文版，引自译本《瓜达尔卡纳尔岛登陆战役》，第 90 页。

美军增援瓜岛，滩头卸载物资

自太平洋战争以来，美国损失了“列克星敦”号、“黄蜂”号、“约克城”号和“大黄蜂”号4艘航空母舰，“萨拉托加”号和“企业”号正在船坞中抢修。眼下，哈尔西可以指望的只有2艘战列舰。

就在哈尔西缺兵少舰的困境中，山本大将又要采取行动了！山本深深懂得，夺取瓜岛机场，掌握制空权，是打赢瓜岛战役的关键。

此时此刻，为夺回瓜岛机场，日本陆海军把赌码一押再押，企图连老本捞回。这一次，山本决心将陆军第38师团的13 500人用11艘快速运输舰运往瓜岛增援。这确实是一支非同小可的兵力，因为经过4个月竭尽全力的运送，至今日本人在瓜岛才不过拥兵30 000余人。

为日本增援群护航的是一支庞大的舰队：海军中将近藤指挥的先遣队，拥有轻型航空母舰“隼鹰”号和“飞鹰”号，战列舰“比睿”号、“雾岛”号、“金刚”号和“榛名”号以及11艘巡洋舰、42艘驱逐舰；三川中将指挥第8舰队，统率支援群和田中少将指挥的增援群这两支舰队；此外，草鹿中将指挥的岸基航空兵和小松中将指挥的先遣队也进入临战状态。

山本的作战计划是：田中率增援群载运登陆部队和补给品于11月14日抵达瓜岛；在田中登陆之前，将有阿部中将的突击群于11月12—13日夜间对瓜岛机场进行毁灭性炮击，为登陆日军披荆开路；整个庞大的舰队则负责海空支援；计划首先由陆军一鼓作气拿下瓜岛机场，进而占领整个瓜岛。

就任南太平洋战区司令官的哈尔西视察瓜岛

孰料，日本联合舰队这一新的作战企图，没有瞒过美国海军情报部门的眼睛。侦察机首先发现在特鲁克岛、腊包尔港和肖特兰德岛的日军舰船活动异常频繁。随后，潜伏在布干维尔岛上勇敢的澳大利亚海岸哨兵及时发出了警报："日本大规模舰队正在迫近！"

哈尔西闻讯后神经高度紧张起来，因为他的运输舰群正在前往瓜岛途中，能否安全卸载？能否阻止日军大批增援部队登陆？一时凶吉难卜，令他坐立不安！

在努美阿，美军南太平洋舰队司令部竟被忧郁的愁云所笼罩。为应付危局，哈尔西急忙下令把"病体未愈"的"企业"号航空母舰从努美阿的船坞中"驱赶"出来，在海军少将金凯德的指挥下，立即赶赴瓜岛助战。

11 月 11 日，满身伤疤的"企业"号载着继续在争分夺秒地进行抢修的机械师、技师和海军工程兵，艰难地从努美阿起航了。忠实地伴随着"企业"号出航的还有尚未完全修复的由海军少将李指挥的"南达科他"号和"华盛顿"号 2 艘战列舰以及 2 艘巡洋舰和 10 艘驱逐舰。

此时此刻，这支舰队正由努美阿向北疾驶瓜岛海域。

可是远水救不了近火。就在这同一时刻，由斯考特指挥的第一批增援船队刚刚在瓜岛落脚，立即遭到了从日本航空母舰"飞鹰"号起飞的 12 架飞机的狂轰滥炸，幸而船队损失不大。

由特纳指挥的第二批增援船队和卡拉汉指挥的支援群，途中不幸被日机发现，因而，当他们在 11 月 12 日凌晨 5 时 40 分抵达隆加湾后，特纳急令快速卸载。

不料，下午 1 时 17 分，令人担心的事终于发生了。美军海岸观察哨发来紧急报告："日本轰炸机和战斗机正向瓜达尔卡纳尔岛飞来！"特纳闻讯大惊，立即下令停止卸载，起锚编成防空队形迎战。"亨德森"机场的美机也起飞前往拦截日军机群。

空战历时8分钟，美舰面炮火平均每分钟击落日机1架，日机最终逃脱。美军方面，卡拉汉的旗舰“旧金山”号遭到一架受伤的日机自杀性撞击，损坏一部分装备，伤亡50余人。

这时，特纳从纷纷送来的情报中已确知一支强大的日舰编队正向瓜岛逼近，于是通知护航的卡拉汉说:“我运输舰船将撤退，请在护送运输舰船出航之后，于当夜重返瓜达尔卡纳尔，阻击在那里出现的日舰。”①

11月12日傍晚，特纳率舰船离开瓜岛，驶往圣埃斯皮里图岛。夜晚10时，卡拉汉护送特纳安全出航后，掉头返航，经嫩格水道，驶回“铁底湾”。此时，资历较深的卡拉汉把埃斯帕恩斯角海战的胜利者斯考特置于自己指挥之下，因而阵容得以加强。

卡拉汉把13艘舰只排成一字长蛇阵:4艘驱逐舰——“库欣”号、“拉菲”号、“斯特雷特”号和“奥巴朗”号一马当先;5艘巡洋舰——“亚特兰大”号、“旧金山”号、“波特兰”号、“海伦娜”号和“朱诺”号居中;4艘驱逐舰——“艾伦沃德”号、“巴顿”号、“蒙森”号和“弗莱彻”号断后，随时准备歼击可能出现的日舰编队。

以此为契机，残酷激烈的、被美国著名海战史专家莫里森教授称为“当代最残忍的海上战斗行动”的瓜达尔卡纳尔海战终于爆发了。

---

① [美]塞缪尔·莫里森:《瓜达尔卡纳尔的斗争》，1951年，波士顿英文版，参考译本《瓜达尔卡纳尔岛登陆战役》，第116页。

第十一章

瓜岛血战　生死攸关

第一节　阿部炮击群惨败瓜岛“铁底湾”

钢铁巨舰，拼杀正酣；巨炮轰鸣，海空震撼；恶战三天，高潮迭起；最终决战，生死攸关——这就是对瓜达尔卡纳尔海战最简短的几句概括。

11 月 12 日深夜，日本海军中将阿部率领一支威力强大的炮击舰队浩浩荡荡地杀向瓜岛。这列新的“东京快车”阵容非凡，其中拥有两艘排水量为 32 156 吨、长达 200 米的战列舰“比睿”号和“雾岛”号，轻巡洋舰“长良”号以及 14 艘驱逐舰。

阿部以为天黑后美舰肯定会撤出“铁底湾”，加上他自恃兵力雄厚，认为此行定可大功告成，遂放松了警惕。他万万没有想到，卡拉汉早已在“铁底湾”里虎视眈眈，严阵以待，随时准备在黑夜给日舰当头一棒。

美军巡洋舰“海伦娜”号因装备新式的 SG 型水面搜索雷达，在预先发现日舰方面颇具神威。11 月 13 日凌晨 1 时 30 分，它通报各舰：“左前方发现日舰编队，距离 14 500 码，航速 23 节，航向 105 度。”此时，日、美两支舰队正以 40 节以上的相对速度接近！

1 时 41 分，美舰编队的领头舰“库欣”号突然发现 2 艘日军驱逐舰，在前方位置上由左向右行进，距离 2700 米。“库欣”号立即报告了敌情，随后向左转向，准备发射鱼雷，后续各舰也跟着紧急转向。

在此关键时刻，日舰因没有装备雷达，阿部中将对大祸临头一无所知。1 时 42 分，外号“路易虱子”的日机在“亨德森”机场凌空投下照明弹。排成三列的“东京快车”正欲向机场开火，突然，瞭望哨大吃一惊，立即报告：“正前方发现美军舰队！”

刹那间，紧急通报立即传遍整个舰队。阿部闻讯惊慌万分，因为他的战舰甲板上堆放着准备轰击瓜岛机场的高爆炮弹，倘若美舰射来一颗炮弹，就会将整艘舰只炸毁。为迎击美舰，阿部命令全部火炮转换穿甲弹，于是，日本兵狂乱地卸下高爆炸弹又改装上穿甲弹，匆忙做好了应战准备。

这时，卡拉汉不失时机地率舰队旋风似的杀入敌阵，准备给日舰致命一击。

可是，当此千钧一发之际，美舰之间的通信突然陷入混乱。当各舰收到卡拉汉下达的射击命令时，首先被发现的那两艘日舰已在黑暗中溜掉了，先发制人的宝贵8分钟已经丧失，理想的奇袭战瞬间变成泡影。迟至1时50分，美舰才开始射击。

于是，黑沉沉狭窄海峡中展开了一场钢铁巨舰之间的大混战。

卡拉汉少将冒险率舰从日军舰队中间直穿而过，在钢铁和火焰织成的长廊中穿插。这时，卡拉汉发出了一道奇怪的命令："奇数舰向右侧射击，偶数舰向左侧射击。"

这一荒唐的命令使美舰队形陷入混乱。最恼人的是有些舰在指定的舷侧射击不到目标，而且由于舰炮口径参差不齐，致使两侧火力极不均衡。日军舰队则趁美舰队形发生混乱之际，首先进行了鱼雷攻击。

混战中，美军巡洋舰"亚特兰大"号首先遭难。该舰先是击中了一艘突然横在其航向上的日军驱逐舰，当它再向一艘日军轻巡洋舰射击时，被一枚鱼雷击中舰体。"亚特兰大"号主机损坏，舵机失灵，舰身原地打转，随即遭到日舰密集的炮击，舰上顿时腾起惊人的大火球。舰桥上的斯考特少将被弹片击中后痛苦地倒下了，他的参谋人员以及多名舰员也在爆炸声中丧命。

这是一场极其残酷的夜海恶战。双方战舰在狭窄的海峡里回旋追逐，倾全力进行炮击和施放鱼雷。开战仅数分钟，连续炮击的火光和舰只焚烧的火焰几乎使黑夜变成白昼。

1942年11月13日晚，爆发了瓜岛争夺战中最激烈的水面战斗，美国海军胜利，日军被逐回。但是，在"亚特兰大"号轻巡洋舰上的斯考特少将在战斗中不幸阵亡

此时，位于纵队前面的4艘美军驱逐舰饿狼扑食似的向庞然大物"比睿"号战列舰发起了殊死进攻。弱小的美军驱逐舰"库欣"号虽然已中弹负伤，但仍紧紧咬住"比睿"号不放，连连向该舰发射了6枚鱼雷，可惜无一雷中的。当它正欲再行攻击时，不幸被一道探照灯光罩住，日舰的炮火立即将它打得千疮百孔，"库欣"号一命呜呼。

"拉菲"号在勇猛前冲中几乎与"比睿"号碰撞，它利用这一千载难逢的时机，抵近向"比睿"号发射了鱼雷。因两舰相距太近，鱼雷保险装置还没有来得及打开就被"比睿"号厚重的舰舷装甲弹了回来，但它仍顽强地用机关炮向"比睿”号舰桥扫射，不料却被“比睿”号的大口径炮弹和一枚鱼雷击中。“拉菲”号打“虎”不成反被伤，起火爆炸后很快就沉没了。

“拉菲”号后面的“斯特雷特”号和“奥巴朗”号驱逐舰眼睁睁地看到自己的伙伴出师未捷身先死，并没有退缩，而是毅然投入到这一前仆后继的攻击行列中。

“斯特雷特”号作为一个奇数舰受命向右侧作了无谓的射击之后，不幸被日舰炮弹击中，在舵机和雷达遭到损坏的情况下，它勇敢地向巨舰“比睿”号发射了4枚鱼雷。

“奥巴朗”号先向亮着探照灯的日舰射击，后又向“比睿”号开火。此时，该舰忽然接到卡拉汉发出的“不要再射击友舰了”的命令，一时摸不着头脑，只得暂停射击。待辨明目标后，它又向“比睿”号发射了2枚鱼雷。

黑暗中的残酷缠斗往往伴随着自相残杀：美军旗舰“旧金山”号当时也奋力向前猛冲，它先向右侧的日舰齐射7次，接着又向“比睿”号猛烈开火，后来它又把火力转移到“一艘小型巡洋舰或大型驱逐舰上”，仅2次齐射，该目标就被击中并燃起了冲天烈焰。这时，忽闻卡拉汉高喊：“不要再射击友舰了！”原来，这目标正是早已负弹多处的美军巡洋舰“亚特兰大”号。

“旧金山”号在炮击了自己的伙伴之后，不幸遭到日舰的火力夹击：一是受到在右侧的“雾岛”号大口径主炮的射击，二是右后方一艘日舰用探照灯照射并炮击它，三是一艘日军驱逐舰从左侧擦过，向“旧金山”号上层建筑扫射。在日舰凶猛的火力攻击下，舰桥上的卡拉汉少将当场毙命。

“铁底湾”恶战进行了十几分钟，两位久经战阵的舰队指挥官、海军少将斯考特和海军少将卡拉汉就双双战死沙场，这在以往的海战中极为罕见。同时，美军1艘巡洋舰和2艘驱逐舰也被击沉。

残酷厮杀至此，日本战列舰“比睿”号也已气喘吁吁，遍体鳞伤，渐无招架之力了。

混战中，美军巡洋舰“波特兰”号在与右侧日舰互射中被击中一弹，后又被一枚鱼雷命中舰艉，舰体不由自主地在水中旋回。待稳定之后，它又向距离3600米处的“比睿”号开火。激战中，“波特兰”号中弹数枚，后勉强驶抵图拉吉港。

“海伦娜”号先是用曳光弹向日舰射击，当它发现“旧金山”号被打得狼狈不堪时，立即前来援救，并以猛烈的炮火将右后方的一艘日军驱逐舰打得仓皇逃窜。美军巡洋舰“朱诺”号也勇猛地投入了激烈的炮战，不料被一枚鱼雷击中前锅炉舱，丧失了战斗力。

在这炮火连天之际，美舰编队后面的四艘驱逐舰在没有接到战斗命令的不利条件下，也英勇地投入了夜海恶战。

驱逐舰“艾伦沃德”号战绩卓著，它先是咬住一艘悬挂识别灯的日舰，一口气将它击沉。但当它把炮口转向另一目标时，不幸被击中一弹，舰上火炮指挥仪被击毁。

1942 年 10 月，在瓜岛海湾沉没的日军运输舰

“巴顿”号驱逐舰连连向日舰发射了 4 枚鱼雷，后来，它为了避碰而急速刹车，不料被鱼雷命中，舰体折断，旋即沉没。

“蒙森”号在乱阵中左冲右突，连连向日舰发射了 10 多枚鱼雷，但它轻率地打开了识别灯。刹那间，37 发炮弹劈头盖脸地向它打来，“蒙森”号顿成一艘燃烧的火船。

唯独编队中最后面一艘驱逐舰“弗莱彻”号接连向好几个目标成功地实施了炮击，自己却未伤分毫。

混战至此，日方损失也相当惨重：“比睿”号中弹 50 余发，舵机和通信系统损坏，已丧失射击能力；驱逐舰“晓”号和“夕立”号被美舰击沉；另有一艘日舰遭重创，其他各舰都有不同程度的损伤。

坐镇“比睿”号指挥这场恶战的阿部中将，因为一交战就遭到美舰没头没脑的集中射击，对战斗的实际进展稀里糊涂，一头雾水。双方交战仅 10 分钟，他就匆忙命令“比睿”号和“雾岛”号转向北撤。由于阿部实在不情愿让他这些战舰在这场夜间大混战中毁灭，因而放弃了原定的炮击“亨德森”机场的计划，三十六计，走为上。而这种近距离的大混战，正是美军所渴望的。

“铁底湾”的这场恶战，历时极短，它是在穿插炮击、全力雷攻、相互缠斗、抽身急走、边战边退之中进行的。

这一混战，导致山本五十六庞大作战计划的第一步就遭到重挫，这对日本人来说，真是一个不幸的开端。这一挫折对阿部本人也是一个悲剧。当山本获知阿部放弃了炮击瓜岛的计划，匆匆败退下来之后，极为恼火。加之在后两天中日本人又连遭惨败，山本皆怪罪于阿部没有按照原计划炮击瓜岛机场，盛怒之下于1942年12月21日将阿部撤职。次年3月，年仅53岁的阿部中将就被迫退休，实则被撵出了海军。

第二节 战舰“比睿”与田中船队的噩运

11月13日6时30分，当阿部率舰队仓皇回撤的时候，日本海军中将三川率领一支新的“东京快车”由肖特兰德岛出航，奉命前往炮击瓜岛机场，完成阿部没有完成的使命。

尽管阿部中将出师不利，但山本大将的作战计划仍在加紧实施。海军少将田中率领的由11艘运输船和11艘驱逐舰编成的增援群满载着全副武装的日军，已于11月12日晚离开肖特兰德港，预计11月14日夜驶入瓜岛并卸载。

同时，为这支增援群配备的强大的支援舰队也已出动了：近藤的主力群拥重巡洋舰“爱宕”号和“高雄”号、轻巡洋舰“川内”号以及驱逐舰9艘，再加上阿部突击群中没有受伤的战列舰“雾岛”号、轻巡洋舰“长良”号和驱逐舰4艘，混编在一起为田中的增援群开路。由轻型航空母舰“隼鹰”号和“飞鹰”号以及战列舰“金刚”号和“榛名”号、重巡洋舰“利根”号组成的编队，将为田中的增援群提供空中掩护。

日本人卷土重来，瓜岛局势又蓦地紧张起来。但哈尔西对山本这一手早有准备，由金凯德指挥的第16特混编队以及由海军少将李率领的第64特混编队已在北上途中，高速向瓜岛海域驶来。

11月13日黎明，当金凯德的舰队尚位于瓜岛东南340海里时，他即令“企业”号上的9架鱼雷机、6架战斗机转移到瓜岛“亨德森”机场去。10时20分，这批舰载机飞临萨沃岛以北海面，发现了身负重伤的“比睿”号及为其护航的日本驱逐舰，立即对它们展开了围剿战。15架美机突然冲出掩护它们的云层，从“比睿”号前方两侧进行鱼雷攻击，两雷命中目标，将“比睿”号舵机炸毁。

攻击完毕后，这批飞机飞至“亨德森”机场，挂满炸弹，于下午1时30分又与“仙人掌航空队”的10架飞机合兵一处，对“比睿”号进行第二次攻击。

这时，“比睿”号如同一条死鱼，在水面随波逐流，庞大舰身成了极好的靶子。鱼雷一枚接一枚地向巨舰“比睿”号冲去，尽管该舰舷侧装甲将最初命中的两枚鱼雷弹了回来，但终有多枚鱼雷纷纷炸响，把“比睿”号震得摇摇晃晃，大火冲腾。

这时，从圣埃斯皮里图岛起飞的14架“飞行堡垒”式轰炸机又把56颗重磅炸弹倾向“比睿”号，可惜仅一颗命中。

黄昏时分，“比睿”号舰艉被烈火烧得通红，巨舰逐渐下沉。

1942年11月13日在瓜岛大海战中，日本战列舰“比睿”号被美舰和美机击沉

至此，据不完全统计，“比睿”号共中86发炮弹、13颗炸弹和21枚鱼雷。它有这样强大的生命力，不仅是日本冶金工业的光荣，也是英国造船专家的荣耀。在英国专家舍斯顿的领导下，该舰于1912年在横须贺造船厂开始建造，1930年退出现役，战前重新武装，使之现代化。该舰曾被夸是“永不沉没的战列舰”，但在经历了一次又一次难以想象的沉重打击之后，“比睿”号终于在1942年11月13日18时长眠于“铁底湾”。

这是太平洋战争中被击沉的第一艘日本战列舰。

尽管战局对日本人极为不利，但他们进攻的锋刃仍然咄咄逼人。此时，老奸巨猾的三川率领的炮击舰队为了规避美军侦察，绕道希瓦泽尔岛和圣伊萨贝尔岛之北，向瓜岛海域疾驶，企图对“亨德森”机场实施毁灭性的炮击。

哈尔西获悉此报，立即在11月13日黄昏电令金凯德派由海军少将李指挥的第64特混编队赶赴瓜岛，阻截日舰炮击机场。可是，当时李少将距瓜岛尚有350海里，最快也要到11月14日天亮才能抵达瓜岛海域。

相反，三川的“东京快车”却劈波斩浪，直下“铁底湾”，于11月13日午夜时分驶达萨沃岛附近。三川这支炮击舰队由4艘重巡洋舰、2艘轻巡洋舰和6艘驱逐舰组成。此时，三川将其兵力一分为二：一支进入“铁底湾”，对“亨德森”机场进行毁灭性炮击；他自己则亲率一支编队在萨沃岛以西为炮击舰队站岗放哨。

饱受劫难的“亨德森”机场又将面临一场严峻考验！以2艘重巡洋舰、1艘轻巡洋舰和4艘驱逐舰编成的日本炮击舰队，与瓜达尔卡纳尔岛海岸平行航行，很快进入阵位。2艘重巡洋舰各携带500发203毫米口径炮弹，蓄势待发。

在隆加角附近海域，日军空中校射飞机的照明弹骤然划破夜空，日军舰群立即展开了惊天动地的炮击。刹那间，海面上炮声隆隆，机场上烈焰冲腾。

日舰炮击持续了37分钟，把“亨德森”机场彻底“耕犁”了一遍。美军损失惨重，计有18架飞机被击毁，32架飞机被击伤。

日舰深夜炮击“亨德森”机场的消息，竟使远在万里之外的华盛顿首脑们如坐针毡。几小时后，他们又收到日本增援舰队浩浩荡荡地杀向瓜岛，而美军却没有任何水面舰只进行截击的报告，个个心焦如焚。

转眼之间，瓜岛美军处于岌岌可危的境地，华盛顿的气氛蓦地紧张起来。就连坚决主张增援瓜岛的“罗斯福总统也开始以为美军必须撤出瓜达尔卡纳尔岛了”①。

美国海军部长福莱斯特尔后来回忆说：“只有在诺曼底登陆的前夜，华盛顿普遍感觉到的紧张情绪能够与之相比。”①

11月14日黎明，惨遭日舰午夜炮击、晕头转向的“仙人掌航空队”的勇士们还没有完全清醒过来，突然接到美军侦察机的报告：方位西偏北，距离140海里，发现正在撤退的日本炮击舰队！

电文一到，饱受炮轰之苦的“仙人掌航空队”官兵们群情激奋，报仇的时刻终于到了！转瞬之间，20架美机从弹坑遍地的“亨德森”机场艰难地起飞，于早上8时到达正在凯旋的三川编队上空，并立刻展开了攻击。经过两个小时的追炸，

---

①［美］塞缪尔·莫里森：《瓜达尔卡纳尔的斗争》，波士顿英文版，引自译本《瓜达尔卡纳尔岛登陆战役》，第128页。

日军重巡洋舰“鸟海”号、“衣笠”号和轻巡洋舰“五十铃”号中弹多枚。

孰料祸不单行。上午10时左右，三川编队又遭到从美军航空母舰“企业”号上起飞的10架战斗机和17架轰炸机的攻击，早已受伤进水的“衣笠”号此时又中弹起火，该舰在参加“东京快车”的多次袭击中大难不死，而今劫数已尽，数分钟就倾覆沉没了。

此外，重巡洋舰“鸟海”号、“摩耶”号、轻巡洋舰“五十铃”号及数艘驱逐舰再次遭到美机的轮番轰炸，伤势很重。凯旋的三川转眼间变成了大败而逃，支离破碎的编队，像被驱赶的鸭群一样，失魂落魄地逃回肖特兰德基地。

11月14日晨7时，就在发现三川编队回撤的同时，“仙人掌航空队”的侦察机又发现了一个极为诱人的目标：一大群日本战斗舰艇和运输舰船在“亨德森”机场西北150海里处，沿“狭口”海峡向东南航行，此即田中增援群！

电文一到，“仙人掌航空队”的勇士们摩拳擦掌，欢呼雀跃道：“中了头彩啦！”他们非常清楚：在光天化日之下冲进他们攻击半径之内的日舰，那就意味着毁灭！

不久，航空母舰“企业”号的2架侦察机也于8时30分在新乔治亚岛和圣依萨贝尔岛之间发现了田中这支增援船队。至此，日军一押再押的巨大赌注：13 500名瓜岛增援部队官兵和大批补给品，正濒临生死存亡的关头。

发现目标后，美机全力以赴，矛头直指田中船队，一场穿梭式的轰炸大竞赛开始了。

瓜岛战役中的美军鱼雷机

11时50分，从“亨德森”机场起飞的7架鱼雷机、18架轰炸机在12架战斗机的掩护下，对田中的增援群进行了第一次轰炸。随即，“仙人掌航空队”的勇士们又争先恐后，你来我往，走马灯似的对田中增援船队进行了轰炸；12时45分，17架美军轰炸机在战斗机的掩护下，对日军运输船队进行了第二次攻击；13 时 45 分，30 架美军轰炸机分两批对其进行了第三次攻击。

美机毫不吝啬地让田中增援群饱尝了无数重磅炸弹，炸弹丢光了就重返瓜岛，在取之不尽、用之不竭的“亨德森”机场重新加油挂弹。

紧接着，由圣埃斯皮里图岛起飞的 15 架“飞行堡垒”式轰炸机于 14 时 30 分对日军运输船进行了第四次攻击。从航空母舰“企业”号上起飞的 8 架轰炸机和 12 架战斗机于 15 时 30 分在萨沃岛西北 60 海里处对日军运输船进行了第五次攻击。黄昏时分，美机群又对田中增援群进行了三次空中轰炸。

虽然在运输船上空担任掩护的日军战斗机拼命拦截，日舰炮火也相当猛烈，但终于招架不住美机穿梭往来和蜂群般的攻击轰炸。黄昏时分，田中的增援群被炸得溃不成军，有 7 艘运输船摇摇欲沉。田中立即命令 11 艘驱逐舰靠拢那些正在燃烧和沉没的运输船进行紧急接应，每艘驱逐舰接纳 600 至 1000 人。然后，田中重整残兵，继续顽强地向瓜岛挺进。

田中惨遭轰炸，虽已初露凶端，但瓜岛战局成败如何，则取决于当晚在险恶的“铁底湾”水域内，日、美舰队即将爆发的一场殊死夜战。

第三节　瓜达尔卡纳尔夜海巨舰厮杀

就在三川和田中遭难之际，美国海军少将李正率舰队在瓜岛西南 100 海里的洋面上巡航。他自 11 月 13 日晚与金凯德编队分手后，兼程赶赴瓜岛海域，但未能赶上阻止三川在当日午夜炮击“亨德森”机场的行动。此时，他正在瓜岛附近游弋，择机而动。

11 月 14 日 16 时，空中侦察机发来急电:“在昂汤－贾伐群岛附近发现日军战列舰，一大型战斗舰艇编队正在向南航行，位于瓜达尔卡纳尔岛以北约 150 海里。”[①]

这就是近藤指挥的突击群和主力群！共拥有战列舰“雾岛”号、重巡洋舰“爱

① ［美］塞缪尔·莫里森:《瓜达尔卡纳尔的斗争》，1951 年，波士顿英文版，引自译本《瓜达尔卡纳尔岛登陆战役》，第 132 页。

宕”号和“高雄”号，轻巡洋舰“川内”号和“长良”号以及8艘驱逐舰。其任务是：继续炮击瓜岛机场，掩护田中的增援船队登陆瓜岛。

此时，近藤率舰急速南下，美舰也挥戈破浪北上，一场钢铁巨舰之间的残酷厮杀已经迫在眉睫。

11月14日傍晚，海军少将李在离瓜岛约9海里的西侧水域率2艘战列舰和4艘驱逐舰成单纵队航行。美军把装有406毫米口径大炮的战列舰派遣到如此狭窄的海区作战，这是“蛮牛”哈尔西的决策。他认为：在这决定性的战斗中，必须投入一切兵力。他授权李少将在瓜岛水域临机行事。

可是直到深夜10时，美舰编队仍没有发现日舰踪影，李少将在“铁底湾”里直等得两眼冒火。此时，他急需有关日舰队的情报，但因仓促出航，没有规定好无线电呼号，他就试图与瓜岛电台联系，得到的回答是：“我们不认识你！”李少将灵机一动，计上心来。

原来，他与瓜岛上的范德格里夫特少将是老同学。在海军学校时，同学们给李取了一个中国名字，叫“李秦”，他便以这个绰号与瓜岛联系，果然奏效。可惜的是，范德格里夫特也没有最新的情报。

正在这时，“李秦”差一点又被自己人暗算了。当时有3艘美军鱼雷艇在萨沃岛东北海面巡逻。一艘鱼雷艇通报说：“发现两个大目标，但不能识别是谁。”这一艇间对话被“李秦”侦听到，不由大吃一惊。晚10时半，他又一次搬出“李秦”这个绰号与瓜岛电台联系，要求召回这3艘美军鱼雷快艇。

就在“李秦”搜索不到日舰而万分焦虑的时候，近藤中将却发现了他！

22时10分，担任前方远距离警戒的日军轻巡洋舰“川内”号报告：“发现敌巡洋舰2艘[①]和驱逐舰4艘，在萨沃岛以北向瓜岛航进。”

近藤获报后立即下令做好战斗准备。他把14艘舰只分成四路，采用分散配置的战斗队形，迅速向美舰接近。

形势异常危急，但“李秦”尚蒙在鼓里。直到23时，美军战列舰“华盛顿”号的雷达才发来搜索报告：“距离9海里，方位北偏西，发现目标！”

这正是近藤的先头警戒舰“川内”号及3艘日驱逐舰！“华盛顿”号和“南达科他”号立即把406毫米口径主炮的炮口对准了日舰编队。23时17分，“李秦”一声令下，美舰巨炮轰鸣。“川内”号一看不是对手，立即施放烟幕，掉头高速向

① 在这里，日舰“川内”号错把战列舰报成巡洋舰。

美军战列舰“华盛顿”号向“雾岛”号开火

北逃走。

5分钟后，夜海血战大规模地展开了。

首先，美舰编队前方的4艘驱逐舰“沃尔克”号、“本哈姆”号、“普林斯顿”号和“格温”号向日军驱逐舰“绫波”号和“浦波”号以及以轻巡洋舰“长良”号为首的前卫群展开了炮击。

刚一交手，美军驱逐舰便处于劣势。狡猾的日舰利用萨沃岛上山脉的阴影作掩蔽，向美舰猛烈开火。大炮的火光在夜幕里闪烁，剧烈的爆炸声在海空中震荡。须臾，“沃尔克”号和“本哈姆”号便被打得遍体鳞伤；接着，“沃尔克”号又被鱼雷击中，很快就沉没了；“普林斯顿”号的两间锅炉舱也被击毁，后烟囱倒坍，狼狈之际，侧后又倾来一通炮火，把该舰上层建筑打得稀巴烂，立即失去了战斗力；“格温”号也被日舰击中两弹，一弹在主机舱爆炸，另一弹击中舰艉，使该舰燃起了烛天大火。

第一回合历时20多分钟，美军驱逐舰虽然顽强奋战，但仅重创了日驱逐舰“绫波”号。更可悲的是，美舰还以为射击他们的是萨沃岛上的岸炮。“李秦”见驱逐舰已溃不成军，遂于23时48分命令它们撤退。

紧接着，由美军战列舰显神威的时刻来到了！“李秦”指挥“华盛顿”号和“南达科他”号迅猛向北冲去。“南达科他”号在疾驶中为了躲避燃烧的驱逐舰，差一点儿闯入正在撤退的日军前卫舰群中。日舰抓住这千载难逢的好机会，于23

时 55 分向其发射了 34 枚鱼雷，但都没有命中。糟糕的是，“南达科他”号由于电路出现故障，雷达映像不全，仍继续愣头愣脑地向日舰战阵中闯去……

一直隐蔽在萨沃岛西北由近藤亲自率领的战列舰“雾岛”号、重巡洋舰“爱宕”号和“高雄”号在向东南航行中已发现了“南达科他”号。当相距 4500 米时，日舰突然打开探照灯，把“南达科他”号照得雪亮，炮弹雨点般地打过来。战列舰“雾岛”号射出的大口径炮弹在“南达科他”号的上层建筑上纷纷炸响，舰身剧烈抖动。零时 15 分，“南达科他”号带着周身大火仓皇向西南高速逃遁。

战列舰“华盛顿”号

可是，它的姊妹舰“华盛顿”号迅速地为它报了仇！起初，“华盛顿”号一直在跟踪一个“大型目标”，但因担心这是自己的伙伴“南达科他”号，所以不敢轻举妄动。不料天赐良机，当日舰打开探照灯捕捉“南达科他”号时，“华盛顿”号疑云顿消。

24 时，“华盛顿”号 406 毫米口径的大炮突然发威了，重型炮弹暴风骤雨般地向正北方向相距 7560 米的“雾岛”号倾泻。它所发射的 75 发 406 毫米的巨弹中有 9 发在“雾岛”号舰面上开花，另有 40 发中口径炮弹也在该舰炸响。钢铁碎片和血肉模糊的肢体随着震耳欲聋的巨爆声飞向天空，又溅落到波涛汹涌的海面上。

不出 7 分钟，32 000 吨级的“雾岛”号便失去了战斗力，舵机被击毁，舰面烈焰翻滚。与此同时，重巡洋舰“爱宕”号和“高雄”号也被击中数弹，日舰编队阵脚大乱。

突然，在恶浪滚滚的“铁底湾”海面上，巨炮轰鸣声戛然而止。零时 25 分，溃不成军的近藤为避免全军覆没的危险，终于放弃了炮击“亨德森”机场的作战企图，也顾不上去护卫田中的增援群了。日舰匆忙施放烟幕，急速向东北方向逃去。

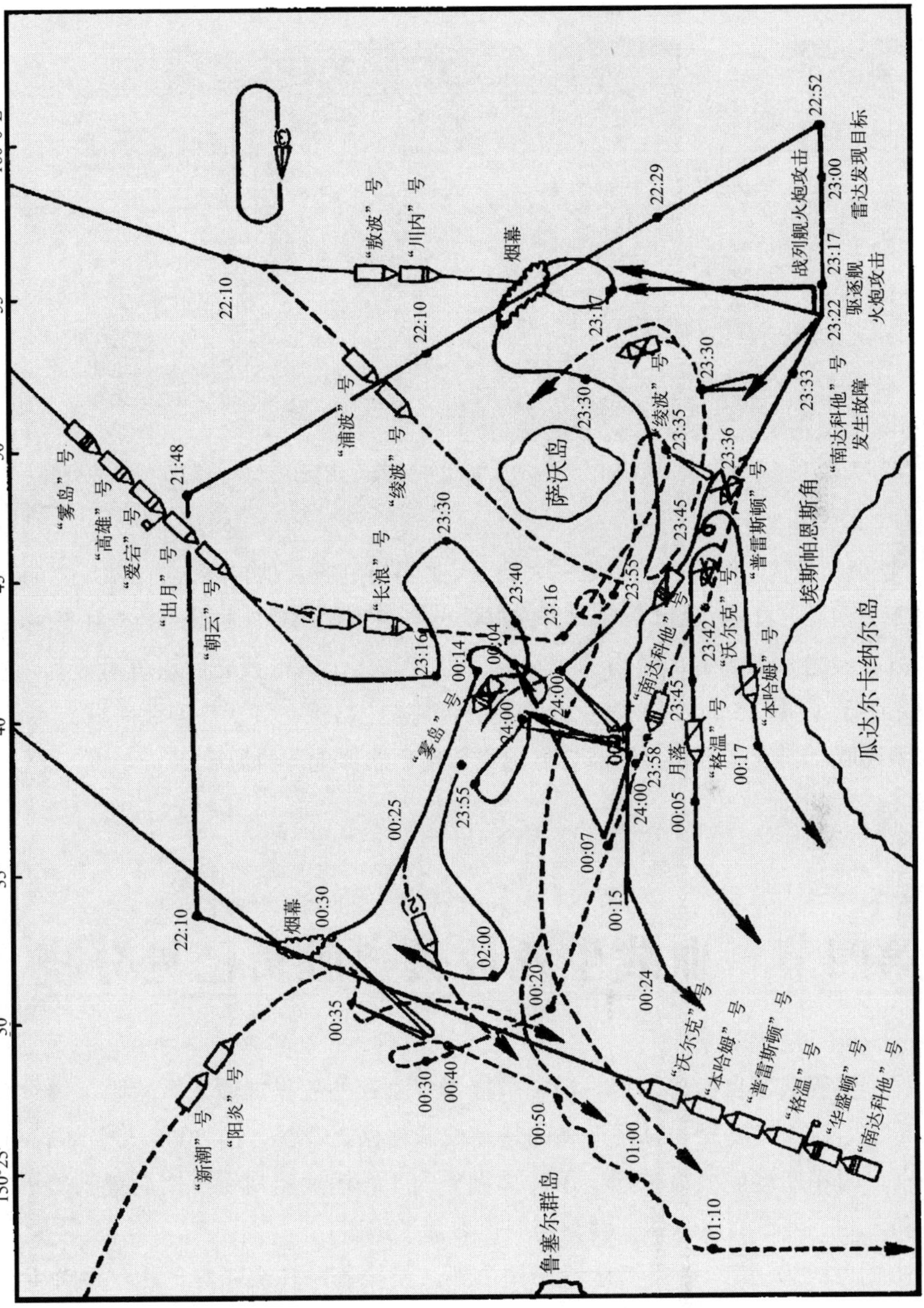

瓜达尔卡纳尔海战概图（11 月 14 日的夜战）

1942 年 11 月 14 日，参加瓜达尔卡纳尔大海战并被美军击沉的日本“雾岛”号战列舰

“李秦”见状，洋洋得意。眼见大局已定，胜券在握，他也不去追击，遂于零时33 分下令南撤。11 月 15 日 9 时，“华盛顿”号与“南达科他”号会合，驶往努美阿。

被近藤抛弃了的遍体鳞伤的“雾岛”号上官兵，惧怕天亮后遭美机轰炸，在绝望之中于 11 月 15 日凌晨 3 时 20 分打开海底门，自沉在萨沃岛西北海域。不久，日军驱逐舰“朝云”号和“绫波”号也在重伤后悲惨地葬身海底。

第四节　血战生死攸关　胜负已见分晓

日、美舰队各自撤离之后，田中增援群中幸存的舰只冲破重重险阻，继续南下，于 11 月 15 日凌晨 4 时在瓜岛的塔萨法隆格附近靠泊，有 2000 人登陆成功。天亮前，日军驱逐舰又慌忙撤走了，被抛弃的 4 艘运输船却在日出后遭到美机的扫射和轰炸。美军的岸炮和一艘驱逐舰也参加了炮击。

10 时 21 分，第一艘日军运输船被击毁，紧接着，其余三艘也相继中弹并倾覆沉没了。那些已卸在滩头上的 260 箱弹药和 1500 袋大米被美机所投的燃烧弹引爆燃烧，毁于一旦。这一败绩致使日军对瓜岛孤注一掷的增援彻底失败了。

瓜达尔卡纳尔海战是瓜岛争夺战中一场关键性的海战，前后持续了3天3夜，经历了一个又一个高潮，最终以美军舰队获得决定性胜利而告终。

海战结果，美军共击沉日军战列舰2艘、重巡洋舰1艘、潜艇1艘、驱逐舰4艘和运输船11艘，击伤巡洋舰3艘。美军伤亡也很大，计有3艘巡洋舰、7艘驱逐舰被击沉，1艘战列舰、2艘巡洋舰和4艘驱逐舰遭重创。但是，正如金海军上将对这场海战总结的那样："虽然我们损失严重，但是取得了瓜达尔卡纳尔海战的胜利，解除了日军攻击瓜岛的严重威胁，巩固了我军在所罗门群岛的地位。"①

事实正是如此。1942年11月15日这一天，范德格里夫特将军长长地舒了一口气，他电告哈尔西：瓜岛之战已胜利在握！同一天，麦克阿瑟指挥的登陆部队从新几内亚蜂拥登上瓜岛。瓜岛上日本陆军的末日来到了！

遭此挫折，山本大将的联合舰队也元气大伤，他已经放弃夺取瓜岛海域制海权的努力，也不再积极地向瓜岛大规模运兵了，反而主张放弃瓜岛。

经过4个多月不分昼夜、魔鬼般争夺与地狱般的煎熬，美国海军终于成功地夺取了瓜岛的制空权和制海权，实质上已经赢得了瓜岛之战的胜利。

瓜达尔卡纳尔海战在瓜岛争夺战中具有重大作用和决定性的意义，它是瓜岛争夺战胜利的标志。海战之后，美国总统罗斯福在悼念海军少将卡拉汉时宣称："这次战争的转折点终于来到了！"②

美国海军陆战队员把日军士兵尸体从地堡中拖出来

瓜达尔卡纳尔海战彻底改变了瓜岛战局。经此生死攸关的一战，瓜岛美军境况大变，士气大振，信心大增。美国人决心把瓜岛变成一个巩固的前进基地，这样，南太平洋部队的作用就显得格外重要。又鉴于海军中将哈尔西

① ［法］乔治·布隆：《太平洋海战的幸存者》，法国斯德出版社，1973年，第4章。

② ［美］塞缪尔·莫里森：《瓜达尔卡纳尔的斗争》，1951年，波士顿英文版，引自译本《瓜达尔卡纳尔岛登陆战役》，第140页。

非凡的指挥才能和对指导海战做出的杰出贡献，经罗斯福总统亲自提议，11 月 26 日，哈尔西被破格提升为海军上将。

不久，瓜岛争夺战的英雄范德格里夫特将军也载誉而归，劳苦功高的海军陆战队第 1 师与以帕奇为师长的美国陆军阿美利亚师换防。

美军指挥官认为，日军为了争夺瓜岛，仍然可能再发动一次垂死的进攻。但他们信心十足地认为，日军发动的任何进攻都是可以挫败的。

实际上，山本海军大将在瓜岛海战中屡遭挫败后，不得不挂出“免战牌”：航空母舰都回国修理去了，主要舰只也调离瓜岛海区，“东京快车”也不在夜间去炮击“亨德森”机场了。

由于日军补给中断，弹尽粮绝，士兵、伤员羸弱不堪，瓜岛成了名副其实的“饥饿之岛”；由于岛上疟疾盛行，药品奇缺，死尸相枕，瓜岛遂成了名副其实的“死亡之岛”。瓜岛上日军的灭顶之日来到了。

打开瓜岛生还者的战地日记，岛上日军的悲惨情形顿映眼帘：

11 月 25 日：“最近不见天日的战友骤增了，他们永远告别了人世。饿死的士兵大都在幽暗的黑夜里上天堂去了。”

“难道是神秘的黑夜吞噬了生灵？”①

11 月 26 日：“一大清早，敌人又发动攻势。下午，一边晒太阳，一边抓跳蚤。最近，山上显著地少了四脚蛇……在这阵地上，它是唯一的上等佳肴。”①

11 月 27 日：“今天，再去挖野菜，这是我们今天一整天的粮食。再也拉不出屎来了，一个星期才拉一次，像山羊屎一样……”①

为挽救身陷绝境、濒临饿死的日军，海军少将田中又一次挑起了“增援”这副重担。这次的增援计划比过去谨慎且巧妙多了，他们计划从 11 月 30 日起到 12 月 12 日止，每隔 4 天派高速驱逐舰在暗夜里驶至塔萨法隆格附近海区，投掷装有粮食和其他补给品的浮鼓，然后立即撤退，由驻瓜岛日军乘小艇再把浮鼓捞回去。

就这样，日军又开始了极为凄惨的增援行动。

在努美阿，哈尔西考虑到南太平洋部队在这 5 次大规模的海战中也已精疲力竭，消耗很大，为更有效地对付日本人，他立即着手舰队的整编工作，精心搞了三支特混编队：一支是航空母舰特混编队，以航空母舰“萨拉托加”号和“企业”

① ［日］辻政信：《卡拉路卡拿路争夺战》，香港马昆杰文化事业公司版，1971 年，第 228-229 页。

美军在瓜达尔卡纳尔岛抓获的部分日军战俘

号为主；一支是战列舰特混编队，以战列舰“华盛顿”号、“北卡罗来纳”号和“印第安纳”号为主；还有一支由金凯德少将指挥的巡洋舰特混编队，由重巡洋舰“彭萨科拉”号、“新奥尔良”号和“诺思安普敦”号以及轻巡洋舰“檀香山”号和“海伦娜”号组成。

11 月 24 日，金凯德到达圣埃斯皮里图岛，就任巡洋舰特混编队 (第 67 特混编队) 的指挥官。为反击日军夜间登陆的任何行动，上任后仅三天的金凯德就制定出一项新的作战方案。可是方案问世仅一天，金凯德就被调往北太平洋另有高就，继任者为海军少将赖特。

赖特仔细研究了金凯德的新方案：将第 67 特混编队分为一个驱逐舰群，两个巡洋舰群，每群中至少有一艘舰装有 SG 型对海搜索雷达，以便及早发现敌目标；在夜战中，水上飞机负责侦察和夜间照明；驱逐舰配置在前方警戒并在遇敌时首先发起鱼雷攻击，攻击完毕即行撤出，以免妨碍巡洋舰炮击；当鱼雷即将命中目标时，舰炮立即开火发挥神威。

赖特少将当即采纳了这一作战方案。

11 月 29 日黄昏，哈尔西获悉一支由 8 艘日军驱逐舰组成的护航运输队将于 11 月 30 日夜抵达瓜岛塔萨法隆格海岸，便命令赖特将军迅速出动，前往截击这列“东京快车”。

塔萨法隆格海战随即爆发。

第五节　田中出奇制胜的隆加海夜战

11 月 29 日晚 11 时，赖特率第 67 特混编队离开了圣埃斯皮里图岛，在漆黑的夜晚穿过遍布水雷障碍的夕冈德水道，向瓜岛海域进发。

就在这同一时刻，田中少将果然率领由 8 艘驱逐舰组成的“东京快车”，装载着 1100 个浮桶和少量部队驶离了布干维尔岛南端的布因港。为隐蔽行踪，田中准备先向北通过布干维尔海峡，然后向东对着龙卡多尔礁航行，最后向南急转，驶入“铁底湾”。

11 月 30 日上午 10 时，一架美军侦察机飞临日舰编队上空。田中大为懊恼，预感到自己的行踪已经暴露了。可惜的是，美方并没有收到这架侦察机发出的报告，赖特收到唯一关于日舰的报告，还是转自一名潜伏在布因的澳大利亚海岸观察哨的电报：“估计有 10 艘日本驱逐舰已经出航。”

可悲的是，在与日舰编队交战之前，赖特的情报失灵了，对田中编队出击的详情，他竟丝毫不知，恰如盲人骑瞎马！

与此相反，田中对美舰的动向却一清二楚。一方面，瓜岛上的日军司令部把附近海域美舰活动情况及时通报给田中；另一方面，腊包尔的日军司令部也向田中发出急电：美军巡洋舰编队正在向“铁底湾”航进！

本来，田中这一次并不是来求战的，他希望能在不发一弹的情况下完成运输任务，但眼见敌情危急，他立即下令各舰做好战斗准备。

11 月 30 日 22 时 25 分，赖特海军少将率美军舰队通过了夜幕笼罩的嫩格水道。此时，美舰编队一改过去在海战中采取的一字长蛇阵的纵队队形，而采用金凯德的方案来编队：4 艘驱逐舰“弗莱彻”号、“珀金斯”号、“莫利”号和“德雷顿”号在编队的左前方位置上；5 艘巡洋舰“明尼阿波利斯”号、“新奥尔良”号、“彭萨科拉”号、“檀香山”号和“诺思安普敦”号在稍后位置上与之并列前进；驱逐舰“拉姆森”号和“拉德纳”号断后。

22 时 45 分，田中少将率领驱逐舰编队以单纵队形，沿萨沃岛西面破浪南下。与赖特相比，田中兵力十分单薄：旗舰“长波”号首当其冲，“高波”号在旗舰左前方担任警戒，“卷波”号、“亲潮”号、“黑潮”号、“阳炎”号、“江风”号和“凉风”号满载着补给品，鱼贯跟在“长波”号后面。整个编队是清一色的驱逐舰，看不到一艘巡洋舰的影子。

夜幕中，两支敌对的舰队正迎面对开，高速接近！

日舰没有装备雷达，这对在暗夜中发现对手极为不利。而赖特编队临战前的侦察工作也十分糟糕，他没有派出更多的驱逐舰做早期预警，加上奉命担任侦察和照明的水上飞机迟迟没有升空，因而赖特未能及早发现日本“东京快车”。

23 时，田中指挥的“东京快车”正在离瓜岛海岸不到 2 海里的位置上，以 12 节的速度徐徐进入“铁底湾”，准备投放浮桶，少量士兵则准备换乘小艇登陆。

夜海漆黑一片，发现目标主要靠雷达。23 时 6 分，赖特的旗舰、装备新式 SG 型对海搜索雷达的“明尼阿波利斯”号首先发现目标，立即报告说：“方位 284 度，距离 21 千米，发现日本舰队！”特纳立即通报了各舰。

6 分钟后，日舰编队中担任警戒的驱逐舰“高波”号上，夜枭一般的瞭望员也发现了美军舰队，立即报告了田中。此刻，正是美舰开火前的 8 分钟，报告对日舰迅速采取迎敌之策极为重要。不幸的是，这一重要的情报没有及时送达田中少将手中。

时间在飞逝。23 时 16 分，美军前卫驱逐舰“弗莱彻”号的雷达已显示出迅速迫近的日军舰队，双方距离已缩短到 6300 米。这是绝好的攻击时机，美军驱逐舰战队指挥官柯尔中校迫不及待地要求赖特允许他发射鱼雷。

在这稍纵即逝的关键时刻，赖特将军却犹豫了。他一方面感到距离尚远，二则因为虽然“东京快车”迎面冲来，但由于海岸山影的掩蔽，在雷达荧光屏上显得模糊不清，难以分辨清楚。举棋不定之际，赖特竟用无线电话与柯尔中校商议。迟至 23 时 20 分，赖特才命令前卫驱逐舰进行鱼雷攻击，但宝贵的 4 分钟就这样白白地浪费掉了。

两支舰队对开，速度极快，“东京快车”闪电般地从美军舰队左侧擦身而过，阵位已相当不利于实施鱼雷攻击。但“弗莱彻”号仍然匆忙地发射了 10 枚鱼雷。

紧跟在“弗莱彻”号后面的驱逐舰“珀金斯”号向左侧的日舰发射了 8 枚鱼雷，“德雷顿”号也向另一个目标发射了 2 枚鱼雷，但所有鱼雷全部扑空。

美军前卫驱逐舰发射鱼雷完毕，赖特立即下令舰炮射击。旗舰“明尼阿波利斯”号首先向距离 8280 米的日舰开炮，其他各舰也争先恐后地迅猛射击。4 艘美

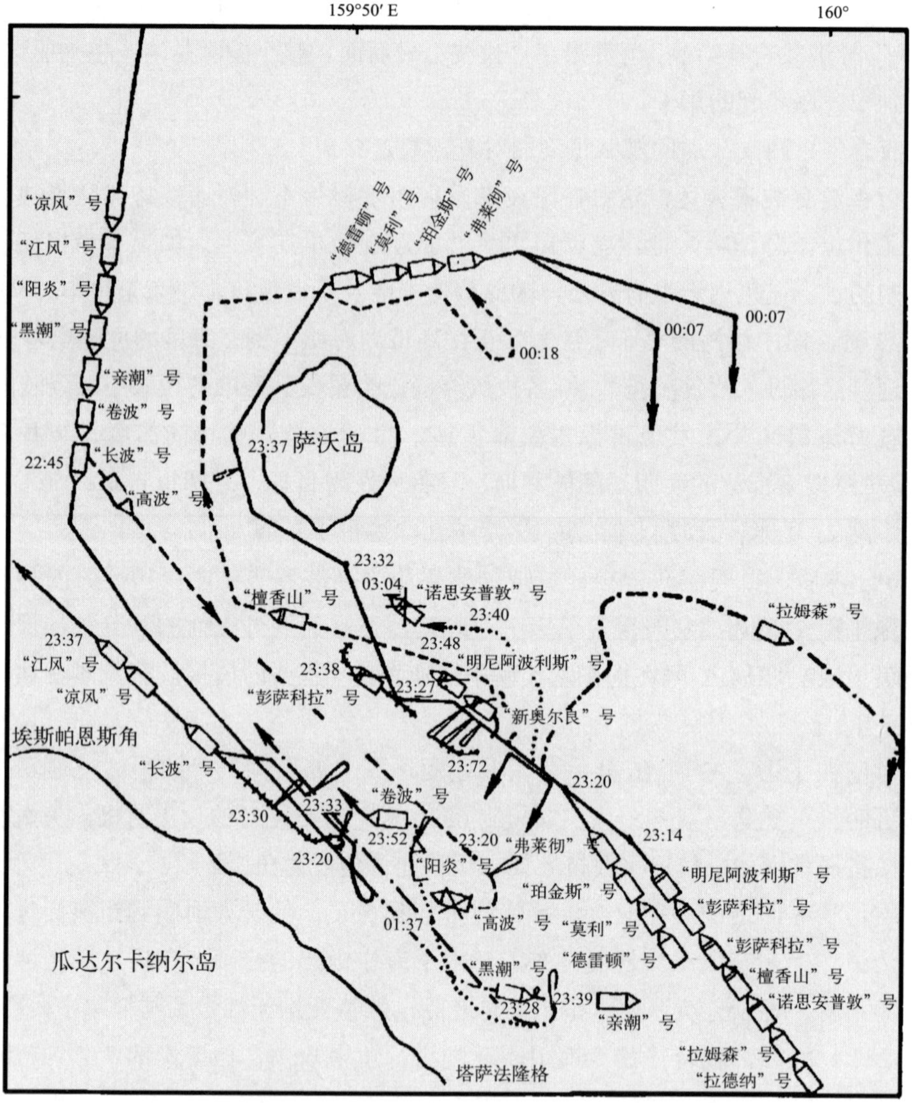

塔萨法隆格海战概图（1942 年 11 月 30 日）

军驱逐舰在鱼雷发射完毕后，也进行了短暂炮击。刹那间，曳光弹在黑暗的夜空中闪烁，沉寂的“铁底湾”又翻江倒海似的喧闹起来。

当田中发现美军鱼雷航迹时，顿感大祸临头，幸而鱼雷无一命中，日舰安然无恙。而美舰炮击时的闪光，反倒成了日军驱逐舰鱼雷攻击的极好目标。田中在战前就反复叮嘱过他的部下：“美舰发炮的闪光可以作为发射鱼雷的瞄准点。”“尽量用鱼雷攻击敌人，攻击后迅速撤退！”“除非绝对必要，不使用舰炮射击。”①

美军驱逐舰鱼雷攻击失败、巡洋舰炮火闪光暴露了自己位置。在此绝妙时刻，田中的参谋长发出了集中进行鱼雷攻击的命令，塔萨法隆格海战全面打响了。

在日军舰队前方担任警戒的驱逐舰“高波”号接令后单枪匹马杀向美舰，并在发射鱼雷之后迅速右转逃脱。不料因与美舰距离太近，遂成为众矢之的，遭到凶猛的炮击。尽管“高波”号顽强还击，但终因寡不敌众，在中弹达 70 余发之后着火爆炸。后于 12 月 1 日凌晨 1 时 37 分沉没。

日军旗舰“长波”号看到飞蹿而来的鱼雷，惶恐万状，迅速转舵向右后方急转，首先逃之夭夭，但后面的驱逐舰仍旧继续向东南疾驶……

这时，美军巡洋舰的炮火更加猛烈了。至 23 时 27 分，“明尼阿波利斯”号和“新奥尔良”号已齐射 9 次，“彭萨科拉”号、“檀香山”号和“诺思安普敦”号也纷纷向“东京快车”开火。炮弹溅起的水柱，其密集程度仿佛一堵水墙，奇怪的是，竟不见任何日舰回击。

原来，在这炮火连天、硝烟弥漫之际，日军驱逐舰“卷波”号、“亲潮”号、“黑潮”号和“阳炎”号在向东南疾驶中迅速把装有粮食的浮鼓投入水中，然后在右转疾驶中纷纷向美舰发射鱼雷；“黑潮”号于 23 时 28 分发射了 2 枚鱼雷；回逃中的“长波”号也进行了一次鱼雷齐射；不久，“亲潮”号和“江风”号也不失时机地分别向美军巡洋舰分队发射了 8 枚鱼雷；“凉风”号也向美舰发射了威力大、

塔萨法隆格海战中的双方指挥官，左为赖特少将，右为田中赖三少将

① ［美］塞缪尔·莫里森：《瓜达尔卡纳尔的斗争》，波士顿英文版，引自译本《瓜达尔卡纳尔登陆战役》，第 148 页。

精准度高的鱼雷。

一枚又一枚鱼雷在黑沉沉的海面上向美舰飞蹿……

就在日舰发射鱼雷的瞬间，柯尔中校指挥的 4 艘前卫驱逐舰在打了几炮之后，没有掉转头前来协助巡洋舰作战，却径自沿萨沃岛西面撤离了。而由赖特亲自率领的巡洋舰编队，在炮击中仍保持着原航向和原速度继续北进，没有采取连续齐转或其他机动措施，因而当进入日舰发射鱼雷的扇面水域时，5 艘巡洋舰处在万分危急之中。

23 时 27 分，赖特的旗舰“明尼阿波利斯”号在痛快淋漓地连续进行了 9 次齐射之后，突然被两枚鱼雷击中。随着巨大的爆炸声，舰上顿起烈焰，航速急剧下降；衔尾疾驶的“新奥尔良”号见状不妙，立即满舵右转，虽避免了与旗舰碰撞，但却一头撞在一枚鱼雷上，引起火药库爆炸，航速马上降至 5 节。

转眼之间，赖特的 2 艘巡洋舰已身负重伤，丧失了战斗力。

“彭萨科拉”号紧跟在“新奥尔良”号后面，为了避免相撞，它迅速满舵左转，不幸闯入正在燃烧的美军巡洋舰与日舰之间。烈焰衬托出“彭萨科拉”号庞大的躯体，立刻成为日舰明显的靶子，18 枚鱼雷凶猛地向它扑来。结果，一枚鱼雷击中“彭萨科拉”号，致使主机舱大量进水，航速降至 8 节。

遭重创的“明尼阿波利斯”号

只有队列中的第 4 艘巡洋舰“檀香山”号安然无恙，它巧妙地躲到非交战的一侧，既避免了鱼雷攻击，又没有暴露自己。此刻，坐镇该舰的巡洋舰分队指挥官海军少将提斯德尔受赖特之命接管指挥权。

提斯德尔受命后顾不得集合残兵败将，立即亲驾“檀香山”号，单枪匹马地以 30 节高速，边打边驶往萨沃岛北方海域去搜索日舰……

1942 年 11 月 30 日，参加塔萨法隆格海战的重巡洋舰“新奥尔良”号，它在夜战中受重创

然而，队列中最后一艘巡洋舰“诺思安普敦”号却惨遭厄运。23 时 39 分，日军驱逐舰“亲潮”号向它发射了 8 枚鱼雷，数分钟后，有 2 枚鱼雷击中了“诺思安普敦”号。该舰后部机舱立刻洞裂，海水汹涌灌入，舰身向左倾斜；舰后部油料着火，烈焰弥漫全舰，倾斜逐渐加剧，终于在 12 月 1 日凌晨 3 时 4 分沉入“铁底湾”。

黑暗中，又一次出现了自相残杀的情形。美舰编队后面的 2 艘驱逐舰“拉姆森”号和“拉德纳”号在混战中成了受伤的美军巡洋舰射击的活靶，被误击数弹，两舰一看苗头不对，匆忙撤离战场。

这时，一名美机驾驶员报告：“发现 1 艘日军驱逐舰正在遣送部队登陆，请允许投放照明弹。”提斯德尔闻报大喜，一面批准投放，一面命令“檀香山”号猛扑过去。该舰正准备赐以炮火，忽然发现这个目标原来是两个星期前在瓜岛海战中被击毁的 1 艘搁浅的日军运输舰、一艘已经废弃了的破船。

夜海激战至凌晨 1 时 30 分，出奇制胜的田中少将不敢恋战，除“高波”号倾覆外，他率领其余 7 艘驱逐舰撤离“铁底湾”，于上午驶回肖特兰德基地。遭受重创的美军巡洋舰和驱逐舰则摇摇晃晃地各自驶往图拉吉港。

塔萨法隆格海战是瓜岛争夺战中，日军在战略失败已成定局的情况下，在战术上取得胜利的一次海战。在这次海战中，日军以劣势的、没有装备雷达的驱逐舰编队，将优势的、装备新式雷达的巡洋舰编队打得落花流水，以仅损失 1 艘驱逐舰的代价，取得击沉美军重巡洋舰 1 艘，重创巡洋舰 3 艘的丰硕战果。这是一次萨沃岛式的海战。

但是，由于这次海战不可能使处于败局地位的日军起死回生，遂使这一辉煌胜利黯然失色。日军海军少将田中在这次海战中指挥得当，以弱胜强，大获全胜，不禁使哈尔西瞠目结舌。

尼米兹把这次失败归咎于命运不佳和作战海区太狭窄。其实，这并不是失败的症结。不难看出，美军在海战中存在许多问题，诸如临战前侦察不足；指挥官不能当机立断，从而贻误了战机；美军驱逐舰发射鱼雷的距离太远，雷攻后又未能很好地协助巡洋舰进行炮战，反而擅自撤离；另外，美军巡洋舰的射击技术也不太高明。

日本的一位军事家对此海战评论说："在夜间战斗中必须更积极地使用驱逐舰。如果美军驱逐舰敢于穿插到日舰的队形中来，在巡洋舰的支援下进行决战，即使驱逐舰的数量很少，要消灭日军的运输舰并不一定是件难事。"①

海战之后，尼米兹实事求是地向海军提出"训练，训练，再训练"的训词。他还赞扬日军的舰炮和鱼雷射击技术高超，并说日军"有能力，有耐性，有勇气"②。

日军大本营称这次海战为"隆加海夜战"。①

第六节　太平洋战争转折点终于来到

凭借隆加海夜战的余威，田中的"东京快车"又每隔 4 天南下运输一次，共接连偷运了 3 次。然而，今非昔比，结果一次更比一次糟糕。

12 月 3 日，田中率领由 10 艘驱逐舰组成的"东京快车"，不顾"仙人掌航空

---

① ［美］塞缪尔·莫里森：《瓜达尔卡纳尔的斗争》，波士顿英文版，引自译本《瓜达尔卡纳尔岛登陆战役》，第 152 页，第 153 页。

② ［日］服部卓四郎：《大东亚战争全史》，原书房日文版，1975 年，第 376 页。

队”的轰炸截击，顽强地经“狭口”海峡南下，成功地在塔萨法隆格附近海域投放了装有补给品的1500个浮桶。可是瓜岛日军耗尽体力，只收回310个，其余浮桶皆被美机击碎。

12月7日，南下增援的“东京快车”又受到更猛烈的空中攻击，只有小部分日军运输舰抵达“铁底湾”，但又遭到从图拉吉港出击的8艘美军鱼雷快艇的攻击，致使“东京快车”来不及投放一只浮桶就仓皇返航了。

12月8日，田中把自己的将旗挂在2500吨级、性能极佳的“照月”号驱逐舰上，又一次启动“东京快车”，并在埃斯帕恩斯角海面成功地投放了1200个浮桶。可是，日舰在返航时被美军鱼雷快艇拦截，旗舰“照月”号中雷起火，引起弹药库爆炸。田中少将血流满面，险些丧命。

1942年12月9日，美军少将亚历山大·帕奇（中）接替范德格里夫特（右）

当日舰正欲打捞落水人员时，不料美军鱼雷快艇蜂拥冲了过来。日舰慌乱中仅将田中及少数几名军官救出，便狼狈逃窜了，结果大部分日军淹毙。

就在瓜岛日军焦头烂额、气力难支、走投无路之际，陆军中那些战争狂人仍不甘心失败，声嘶力竭地叫嚷要拼死一战夺回瓜岛。

1942年年底，日本第8方面军司令官今村均大将由横滨飞抵腊包尔，出任最高司令官。12月26日，他下达了新的作战宗旨：“以主力首先歼灭瓜达尔卡纳尔岛之敌，确保该岛的重要地区，以准备以后的攻势。”①

新制定的作战方案是：“预定至昭和十八年一月前后，将第6师团和第51师团一举投入瓜岛，1943年2月中旬前后开始总攻。”①

同时，今村均还强打精神训示说：“在所罗门群岛及东部新几内亚方面作战的

① ［日］服部卓四郎：《大东亚战争全史》，原书房日文版，1975年，第377页。

属下全体官兵，自作战开始以来，在敌机狂轰滥炸之下，长期忍受炎热，饥饿的折磨，克服重重艰难险阻，屡经激战苦斗，挫败美澳军反攻的锋芒，令其寒心丧胆。官兵之忠诚勇敢足以泣鬼神……决定皇国兴亡的大东亚战争的胜败，唯系于皇军的双肩，余将与官兵共同以炽烈强韧的斗志，决心冲破万难，击溃顽敌……”①

然而，此时此刻，精神胜利法已经于事无补。眼下，瓜岛上日军的状况究竟如何呢？

自从 12 月 8 日田中少将险些丧命以来，“东京快车”已近三个星期没有光顾“铁底湾”，岛上日本兵主要靠吃一些青草、树根和蕨类植物充饥，加之疟疾和赤痢流行，伤员创口腐烂，日军处在奄奄一息、坐以待毙的绝境之中。下面，摘录一位瓜岛生还者的一则日记。

瓜达尔卡纳尔岛上阵亡的日军士兵

12 月 27 日：“早上，又有好几个战友上天堂了。尸体七横八竖，苍蝇嗡嗡作响，蜂拥而来。看来，我们已经到了人类肉体的‘终极点’了。凡是苟且偷生的，个个都是面无人色，头发好像婴儿一样，疏疏落落，稀稀薄薄……瘦弱的人，就更瘦得骨骼嶙峋；臃肿的人，则懈得皮肉稀松。就是牙齿也烂如泥巴了，‘金牙套’和充填的东西也掉了。”②

如此奄奄待毙，谈何“炽烈强韧的斗志”？

面对困境，日军大本营也不得不承认：“争夺瓜岛的海空战如今已呈现消耗战的状态。日本海军缺乏军工生产的后盾，海空战力与美国相比每况愈下，其烦恼

① ［日］服部卓四郎：《大东亚战争全史》，原书房日文版，1975 年，第 377 页。
② ［日］辻政信：《卡拉路卡拿路争夺战》，香港马昆杰文化事业公司版，1971 年，第 231 页。

日甚一日。”①

12月31日，御前会议做出最后决断：“在所罗门群岛方面停止夺回瓜岛的作战，大约于1月下旬至2月上旬期间撤退在瓜岛的部队。”①

1943年1月4日，大本营向联合舰队司令长官和第8方面军司令官下达了上述方针，并以“K号作战”的名义指示了有关瓜岛撤退作战的陆海军决定，指出：“现正在进行的、结合再次进攻瓜岛所做的进攻作战准备应迅速做好，借以促进撤退作战的准备工作，以便隐蔽撤离企图……”①

至此，猖狂叫嚣要对瓜岛大举反攻的今村均大将奉命部署大撤退。

从瓜岛大撤退被视为高级机密，对岛上日军来说，仍要他们继续战斗，好像胜利就在眼前一样。而美军情报机关没有获悉日军决定撤离瓜岛的战略企图，反而全力以赴地部署兵力，准备向瓜岛上的日军阵地发动最后的大规模进攻。

在1943年1月，最悲惨凄怆的战斗莫过于对奥斯腾山的一个叫“岐阜”的阵地进行的争夺。日本冈大佐指挥两个营和1个山地炮兵团死守“岐阜”。但因粮食断绝，军火告罄，官兵逐日饿毙，阵地危在旦夕。阵地上的营旗手小尾少尉是寥寥落落的生还者之一，他曾在日记中有一段当时的战地记录：

1月10日：“奥斯腾山的守军好像朽木一样，动也不动，尸体堆积得竟无立足之地。暂还活着的，已经死了的，更有腐烂生蛆的以及化成了白骨的一群人，同枕共眠，好像冬眠的动物一样，一动不动……”

1月15日：“应该来临的日子终于来临！奥斯腾山的末日到了！敌人目睹没有一个日本兵投降，便发动了猛烈攻势。密林细碎而飞散了，沙土发出令人毛骨悚然的尖啸声，整个山岳为之怒吼！整个深谷为之回应……”

1月20日：“三个月不知肉味，我们如饿鬼似的狼吞虎咽了，吞噬了四脚蛇，咀嚼了槟榔，抢食了水苔，吃得肚子饱胀胀的。没有生火煮食，都是生吃……”②

经过数次进攻围剿，1月22日，美军攻下奥斯腾山，当天，哈尔西陪同美国海军部长诺克斯与美军太平洋舰队司令尼米兹抵达瓜岛视察。但他们没有一个人能够看出日军在撤退。瓜岛指挥官帕奇将军还颇有见解地认为：美军最早也得于4月1日才能消灭岛上的日军。

---

① ［日］服部卓四郎：《大东亚战争全史》，原书房日文版，1975年，第343页，第381-382页。

② ［日］辻政信：《卡拉路卡拿路争夺战》，香港马昆杰文化事业公司版，1971年，第264页，第267-270页。

美军缴获的日军轻机枪

实际上，日本人正在导演一场太平洋上的“敦刻尔克”式的大撤退，大撤退将由300架飞机掩护，20余艘驱逐舰接应。

2月2日晨，担任第一批撤运任务的19艘日军驱逐舰虽然在途中遭到美军轰炸机的攻击，但没有任何损失，顺利返回肖特兰德岛。

2月4日，日军进行第二次撤运。1艘巡洋舰和22艘驱逐舰不顾美机的阻击轰炸，突击进行抢运，顺利地完成了使命。

2月7日，日军派18艘驱逐舰冒着雷暴雨进行第三次撤运，再次成功。

对于日本人的每次撤退，情报不灵的美军都以为是在增援。

日军三次共从瓜岛撤出陆军约9800人，海军约830人。后来，尼米兹上将认为：日军伪装巧妙，行动果敢，因而能够顺利地完成撤退任务。

2月9日16时25分，美军全部占领瓜岛，正式宣称取得了瓜岛战役的彻底胜利。

瓜岛争夺战是太平洋战争中一场空前残酷而激烈的大搏斗，日、美双方为此都付出了沉重的代价。对于瓜岛那些腥风血雨的日子，一位美国战地目击者在一篇报道中感慨万分地写道：“对于我们这些身临其境的人来说，瓜达尔卡纳尔岛不是一个地名，而是一种感情。这种感情使人回想起那些空中殊死的战斗、夜晚激烈的海战，为供应和修建所做的狂热的努力，在潮湿的丛林中进行的残酷搏斗以及划破黑夜的凄厉的炸弹声和军舰炮轰时震耳欲聋的爆炸声。”①

这一残酷激烈的具有决定性意义的争夺战，遂使瓜岛战役成为第二次世界大战著名的战役之一。

在瓜岛争夺战中，美军先后出动地面部队总计约60 000余人，战死1592人，伤4200余人；日军实际派往瓜岛地面部队达36 000余人，战死或失踪者14 800

① ［英］温斯顿·丘吉尔：《第二次世界大战回忆录》，第五卷上部，第一分册，商务印书馆，1974年，第31页。

集结在瓜岛的美军士兵

余人，病死者 9000 余人，被俘 1000 余人。

在历时 6 个月的激战中，总计发生大小海上战斗近 30 次，规模较大的海战发生了 6 次。海战结果，日本方面共损失战列舰 2 艘，轻型航空母舰 1 艘，重巡洋舰 3 艘，轻巡洋舰 2 艘，驱逐舰 11 艘，潜艇 6 艘 (运输舰船未计)，还有大批舰只受创；美国方面损失航空母舰 2 艘，重巡洋舰 6 艘，轻巡洋舰 2 艘，驱逐舰 14 艘。

总的来看，双方损失相差无几，就吨位而言，日本略大。但是，应该指出："在瓜岛争夺战的 6 个月中，日本共丧失飞机 893 架、驾驶员 2362 名。"[①] 由于这一损失难以得到补充，从而在航空兵的力量对比方面使美军逐渐占了优势。

在瓜岛争夺战之初，把各种兵力的对比情况考虑在内，瓜岛方面日、美双方大体上是势均力敌的。从地理位置上看，瓜岛与日、美双方作战的大本营也是等距离的。那么，日军为什么在瓜岛战役中一败涂地呢？

(一) 战线拉长，力不从心。日军在珊瑚海海战和中途岛海战中遭受挫败之后，仍坚持全力进攻的方针，将侵略魔爪伸向瓜岛，这就远远超出了它的军事力量所能达到的范围。在瓜岛进行旷日持久的争夺，日军在舰艇部队、航空兵力、作战

① ［日］伊藤正德：《联合舰队的覆灭》，光人社日文版，1981 年，第 78 页。

人员与物资以及后勤补给等方面，都力不从心。“日本军队在敌我力量悬殊的情况下出击过猛，用军事术语说，那就是‘超越了进攻极限’。”[①] 而盟军方面，“经济已转入战时轨道，军备和武器生产不断提高，并开始在西南太平洋增加兵力”[②]。

一句话，日军战略企图与实力不足的矛盾，是其瓜岛战役失败的根本原因。

(二) 判断错误，逐次增兵。美军在瓜岛登陆前，已着手反攻，计划周密，准备充分，兵力充足。可是，当美军首次登陆时，日军大本营却把瓜岛称为“南太平洋上一个无足轻重的海岛”[③]。日军大本营判断，美军的战略反攻尚未准备就绪，最早也要等到 1943 年夏天才能开始。鉴于上述错误判断，日军当时重点在新几内亚莫尔兹比方面用兵，未能很快地全力以赴地重点实施瓜岛作战，未能趁对方立足未稳尽快地组织反击。当意识到这一点后，虽马上转移，但为时已晚。

在增援中，日军又“逐次增兵”，如第一次约 1000 人，第二次约 1500 人，第三次约 3500 人……而美军 8 月 7 日当天就有 11 000 人登陆，致使日军岛上兵力一直处于劣势，日军发起的进攻均被优势的美军“逐次击破”。

(三) 丧失机场，被动挨打。制空者制海，制海即为通向岛屿争夺战的胜利准备了条件，铺平了道路。我们从太平洋战争爆发的历次海空战来看，不难得出这一结论。在瓜岛，正是由于美军一举攻占并牢牢掌握了瓜岛机场，多次给予日舰编队和运输船队以沉重的打击，从而使美军在对瓜岛海域制空权和制海权的争夺中基本处于有利的地位；日军则处于被动挨打的境地，最后终于陷入“内无粮草，外无援兵”的困境，败退瓜岛。

(四) 思想保守，配合不利。日本海军军事思想保守落后，指挥员热衷于过时的“舰队决战”，注重于同美舰海上编队进行一次又一次拼杀，从而忽视了攻击对方的登陆输送船队。同时，日本陆海军缺乏统一指挥，互不信任，相互指责，支援不利。而美军将瓜岛地区作战明确地划归尼米兹的南太平洋部队指挥，行动比较协调，陆海军配合得力，成为美军取胜的一个因素。

在瓜岛争夺战如火如荼地进行的时候，世界大战的形势也在迅猛发展。

在毗邻太平洋的中国战场，中国军民正在浴血奋战，抗击着 42 个师团 (包括混成旅团) 约 136 万侵华日军，使侵略者疲于奔命，陷入泥潭而不能自拔。因而，太平洋战争爆发后，日军只能从中国战场上抽调一小部分兵力集中在上海、青岛

---

① ［日］伊藤正德：《联合舰队的覆灭》，光人社日文版，1981 年，第 79 页。

② 朱贵生等：《第二次世界大战史》，人民出版社，1982 年，第 336 页。

③ ［英］亨利·莫尔：《第二次世界大战的重大战役》，上海译文出版社，1983 年，第 242 页。

深陷中国战场的日军

待命南调，导致了日本人在太平洋战场上、在兵力方面一直患有“贫血症”。

在瓜岛争夺战中，日本侵略者使出吃奶的力气，才迟迟于 1942 年 11 月中旬从中国华北及朝鲜抽调了两个师团去增援瓜岛。然时过境迁，为时已晚，日军败局已定，无法挽回了。

不难看出，中国人民的抗日战争，有力地支援了太平洋战场上美军的对日斗争。

在瓜岛争夺战的同时，苏德战场上正在进行着震撼世界的斯大林格勒战役。从广泛的意义和角度来分析，斯大林格勒战役是第二次世界大战的一个转折点。

正如斯大林格勒战役使苏军在苏德战场上逐渐夺取战略主动权、为后来的战略大反攻创造条件一样，瓜岛战役使美军在太平洋战场上夺取了战略主动权。

瓜岛战役之后，美方获得了一个宝贵的喘息时机。在这一时期，美国战时经济已走上轨道，大量航空母舰、战列舰和性能极佳的飞机，在 1943 年上半年投入到作战部队，使大反攻具备了雄厚的物质基础。从此以后，盟军从北太平洋 (1943 年 3 月)、从西南太平洋 (1943 年 6 月)、从中太平洋 (1943 年 11 月) 全面展开了卓有成效的大反攻。因而，从某种意义上讲，瓜岛战役是太平洋战场上的“斯大林格勒战役”，是太平洋战争的转折点。

日、美两军在瓜岛进行的殊死大搏斗，实际上是双方国力、人力、物力、生产力、运输力以及战略战术思想的一次综合大较量。较量的结果是，日军败退，使太平洋战场上的形势发生了根本的变化。它使珊瑚海海战和中途岛海战对于整个太平洋战争所起的重大作用在此得到进一步扩大与深化，从而结束了太平洋战场上日、美双方战略相持阶段。

综上所述，自 1942 年 5 月 7 日珊瑚海海战爆发至 1943 年 2 月 9 日美军完全占领瓜岛历时 9 个多月的时间，是太平洋战争中日本与美国及其盟国战略相持阶段。这一战略阶段主要有以下五个特点：

(一) 日军在珊瑚海首遭挫败，南进莫尔兹比港未逞，东进中途岛夭折。在瓜岛，日、美同时出拳，两强对攻，胶着争夺。激战结果，日军终于相持不住，战线崩溃，开始败退。

(二) 双方围绕着登陆与抗登陆作战，爆发了一系列大规模的海战和陆上激战。这些战役的胜负决定了参战双方在战略相持阶段中如何转换，从而展示了各自未来的前途和命运。

(三) 交战双方所具有的优势和劣势在这一战略阶段中得到充分的体现和验证，表明了“日本的军力、经济力和政治组织力虽强，但这些力量在量的方面不足，日本国度比较的小，其人力、军力、财力、物力均感缺乏，经不起长期战争的消耗”①。

(四) 在这一战略阶段中，从根本上讲，也是围绕争夺太平洋上的制空权与制海权而展开的军事行动。争夺结果，日本基本丧失了在太平洋上的制空权和制海权。

(五) 在这一战略阶段中发生的战斗，往往在同一个战役中，陆地上动用了坦克大炮，水面下出动了潜艇，海面上使用了战舰和航空母舰，空中出动了陆基飞机和舰载机，因而，典型的独具特色的诸军兵种合同实施的立体战争在这一阶段出现了。

瓜岛战役结束后，太平洋战争进入了美国及其盟国战略大反攻，日本战略大溃败阶段。

① 《毛泽东选集》合订本，1971 年济南版，第 416 页。

第十二章

海空伏击　山本殒命

第一节　美军破译山本大将行踪密电

1943 年 4 月 13 日黄昏，日本联合舰队司令部发出的极其秘密的无线电波，飞越了辽阔的南太平洋海空，到达了日本在北所罗门群岛的各航空队、各守备部队的战斗指挥部。各地司令长官接到了一份非同寻常的绝密电报，电文如下：

> GF 长官定于 4 月 18 日上午 8 时由腊包尔出发，乘坐两架“一”式陆上攻击机，在 6 架“零”式战斗机保护下，前往巴莱尔、肖特兰德、布因基地视察，长官的全部属员都与之同行。机队将于 9 时 45 分在巴莱尔岛机场降落，然后乘潜艇于上午 10 时 40 分到达肖特兰德基地，下午 4 时乘“一”式陆上攻击机出发到布因，下午 5 时 40 分返航腊包尔。如遇气候不佳，顺后延期一天。①

这确实是一份罕见的电文！其代号为：NTF（日本东南方面舰队）第 131755 号（13 日 17 时 55 分发）绝密电报。

将这位太平洋战场上赫赫有名的所谓 GF 长官——海军大将山本五十六进行视察的详细路线和准确时间在电文中交代得如此一清二楚，真令人不可思议。难怪肖特兰德基地第 11 航空队司令官诚岛高次少将在接到这份电报后，大为吃惊地对自己的参谋说：“这里是前线，用这样详细的电文报道长官的行动，实在有点荒唐。”

但是，这份决定山本命运的行动日程表，用的是高深莫测、令人眼花缭乱的五位数字的乱数式密码。再说，乱数表是从 4 月 1 日变更的，所以，日本人当时坚信：“破译该电报，在理论上是不可能的。”

然而，与日本人断言的恰恰相反，正是这一份绝密电报，为山本五十六一行准备了坟墓。

因为，美国海军情报机关里不仅有一批聪明绝顶的“魔术大师”，而且自开战以来，一些天遂人意的事件还不断发生。

---

① ［日］阿川弘之：《山本五十六传》，香港现代出版公司，1969 年版，参见第 213 页译文。时间方面将原文顺加 2 小时，以求与后文取统一的时间标准。

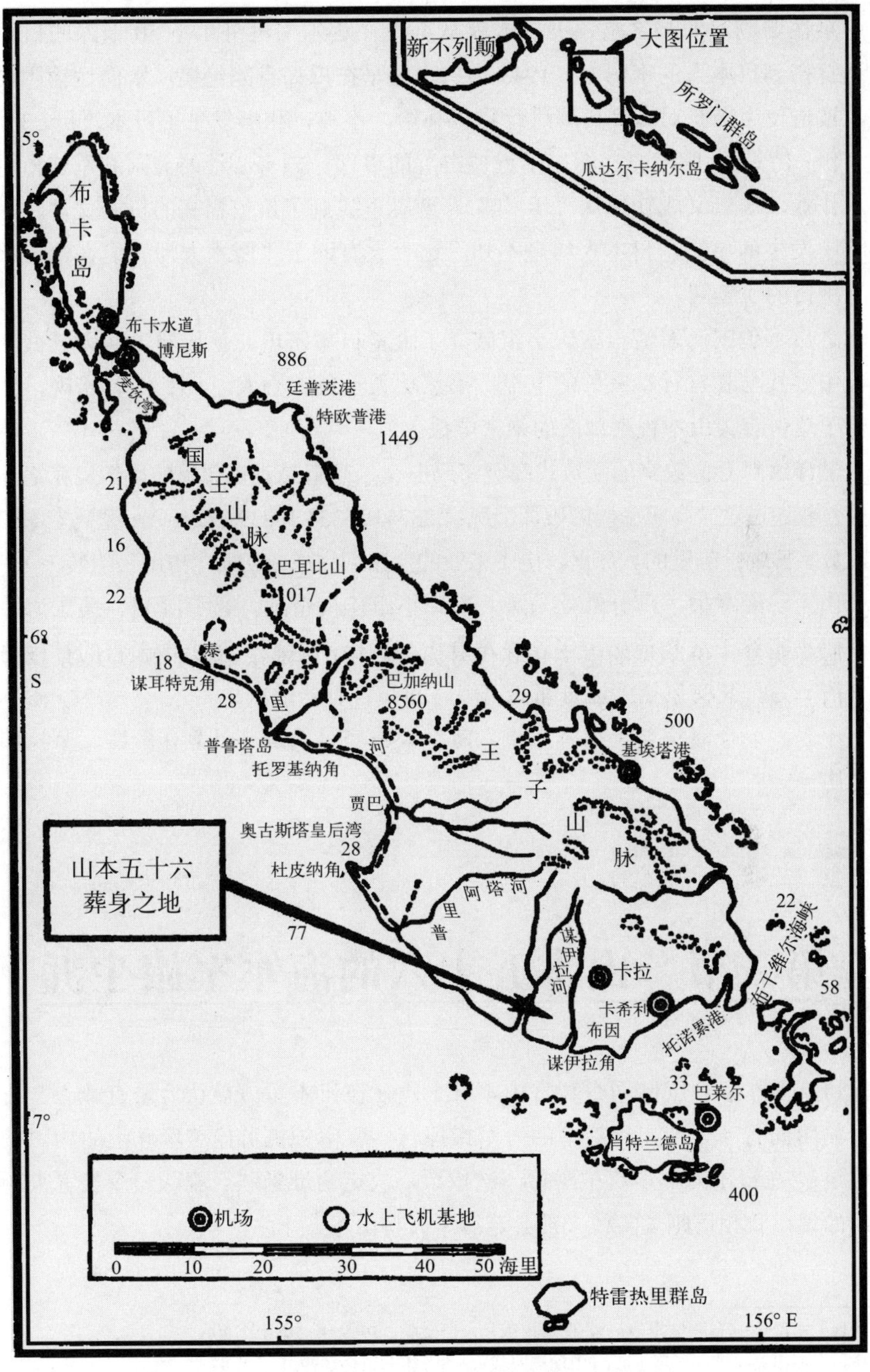

布干维尔及其接领岛屿图

早在珊瑚海海战之前，美国人就从沉没在达尔文港外水下50米深的日军潜艇上打捞到日本人的密码本。1943年初，日军在瓜岛身陷绝境，水面运输困难重重，被迫使用潜艇对瓜岛日军进行物资补给。不料，相继发生了日本“伊-3”号及“伊-1”号两艘潜艇在海岸附近被击沉的事件。颇有心计的美国海军连日进行潜水作业，居然又成功地从“伊-1”号潜艇里找到了价值极高的机密文件。这些在暗中发生的事情，日本人丝毫不知，这大大有助于“魔术大师”们在情报战中进行神奇的“表演”。

之后，美国海军情报密码小组破译了大量日本密电。他们努力从大量截获的密电中寻找与长官行动有关的电报。果然功夫不负有心人，4月13日傍晚，他们截获了这份有关山本视察部队的绝密电报。

破译这封五位数字的乱数式高级密码电文，简直是难以想象的事情。克洛斯特尔曼曾叙述过这一高级密码的破译情况：“28743 25354 19839 27291……密码专家们埋头在数字群中；隔壁的大厅里，电子工业的专家们完成最初的‘电脑’组装……”[①]

由于已经掌握了部分蛛丝马迹，破译小组连夜奋战。4月14日，美国海军情报密码小组终于成功地破译了这份难度极高的绝密电报，将山本大将的行程掌握得一清二楚，其中包括到达时间、离埠时间和各着陆地点。

于是，一个海空奇袭山本五十六海军大将座机的战斗计划在酝酿、争执和制订之中……

第二节　山本五十六的海军军旅生涯

日本海军联合舰队司令长官山本五十六，在日本军方被认为是有魄力、有胆识、精明而有才干的出类拔萃的海军指挥官。曾率领机群偷袭珍珠港的渊田美津雄说过：“在日本海军军官中举行一次投票，决定由谁当联合舰队司令长官来领导他们的话，我相信绝大多数人都会选海军大将山本五十六。”[②]

① ［日］实松让：《日美情报战记》，图书出版社，日文版，1969年，第192页。
② ［日］渊田美津雄、奥宫正武：《中途岛海战》，商务印书馆，1979年，第87页。

身着戎装的山本五十六

同时，他们还认为：日本海军除了山本大将外，别无其他军官有足够的能力将联合舰队引向胜利；但是，也有不少人对此表示异议。

那么，山本五十六究竟是一员名将还是一名愚将呢？

对此，部分日本海军军官认为：山本大将从来没有当过舰队司令，他仅有一年当舰长的经历，并长期从事军政工作，根本就没有从事过军令工作。然而，谁都想不到，这位根本就不懂作战的山本，居然很敬业地弄出了一个异想天开的珍珠港作战计划，而且居然还获得了巨大的成功。但实际上，太平洋战争中的陆海空战，除了袭击珍珠港，只要有山本五十六亲自跟着掺和的战斗，没有一场是不败的！

事情果真是这样吗？这位在帝国主义争夺和侵略中起家、被广泛认为是第二次世界大战十大“名将”之一的日本军阀，究竟是什么来路？

1884 年 4 月 4 日，新潟县长冈市武士高野贞吉的第六个儿子呱呱坠地了。因这一年高野贞吉正好 56 岁，所以这位老爸便给儿子取名为“高野五十六”。

早年的山本五十六（中间持酒杯者）

高野五十六自幼受到武士道和军事方面的熏陶，具有坚强的意志和争强好胜的进取精神。10 岁时，其父用武士刀 12 次划伤他的双腿，代表他已正式元服了。1901 年，17 岁的高野五十六以第二名的成绩考入江田岛海军兵学校第 32 期。自此，他与日本海军结下了不解之缘。

1904 年，高野五十六以名列第七的优异成绩毕业。 不久，他便提刀上阵，以少尉候补生的身份在“日进”号装甲巡洋舰上任见习枪炮官，参加了 1904 年至 1905 年爆发的日俄战争。在日俄海军对马海峡大混战中，高野五十六负了重伤，他的左手食指及中指被弹片炸飞后，便只剩下了八个手指，留下了终身残疾。由此，艺妓们还给他起了个“八毛钱”的绰号。

1908 年，高野五十六进入海军炮术学校学习。1914 年，30 岁的他以上尉军衔进入海军大学深造，翌年晋升为少佐。

1916 年，经牧野忠笃子爵介绍，五十六过继到旧长冈藩家老山本家，成为山本带刀的义子，高野五十六遂改名为“山本五十六”。那年代，在日本，缺乏子嗣的家庭收养别家的儿子以传承姓氏，是很常见的事。同年，山本五十六毕业于日本海军大学第十四期。

山本五十六是出名的赌博迷，据传赌技超群，赢钱太多，曾是摩纳哥赌场禁止入场的赌客。山本曾说，如果天皇能给他一年时间去赌博，他可以为日本赢回一艘航空母舰。

1919 年 4 月，山本五十六奉命到美国哈佛大学学习。首次赴美给山本带来很大的冲击，山本考察了底特律的汽车工厂和得克萨斯的油田，深深地感受到美国拥有的雄厚国力。

两年后，山本回国出任海军大学教官。1923 年出差欧洲，同年 12 月晋升大佐。1924 年 12 月，山本就任日本海军霞浦航空队教官兼副队长。他特别重视海军航空兵建设，因为航空兵不在华盛顿海军条约裁减范围之内，于是，他将自己的专业从炮术转为航空兵。

那时，他以自己的意志和才干，在飞行员中建立了威信。在他的组织指挥下，霞浦航空队的训练和军纪焕然一新。1925 年，山本出任日本驻美国大使馆海军武官。

山本五十六调任赴美时，队员们十分惋惜。当山本乘坐的“天洋丸”起航时，一个中队的飞机出现在该船上空，飞行员们驾机俯冲掠过，向他们尊敬的上司道别。

1928年，山本从美国归国，先后在“五十铃”号巡洋舰、“赤城”号航空母舰上担任舰长。1929年，山本晋升为少将，并出任海军航空部技术处长。1930年，山本以海军少将的身份参加了伦敦海军会议，并于1933年调任第一航空舰队司令长官。

1934年10月，山本五十六出席伦敦裁军会议时拍摄

翌年9月7日，山本以少将军衔作为日方全权代表到伦敦去参加裁军预备会议。11月15日，他又晋升为中将。同年以海军中将的身份参加第二次伦敦海军会议。

1935年12月，山本就任航空本部部长，大力发展日本海军航空兵。一年后，他又出任永野修身海军大臣的次官，并在米内光政继任海相后继续留任。显然，他是日本海军官场里的“不倒翁”！

在日本军国主义思潮甚嚣尘上之际，山本五十六也毫不例外地拥护侵略扩张政策，支持并积极参与了侵华战争。

在1937年8月13日至11月12日的淞沪会战期间，山本五十六派出两艘航空母舰上的舰载机轰炸了上海。此外，日机还轰炸了广德、杭州等城市。

轰炸上海、血洗南京，山本五十六因而获得了日本帝国的“旭日重光”勋章。1939年9月，山本出任第26任日本联合舰队司令长官。不久，他又兼任日本侵略印度支那派遣军的指挥官，双手沾满印度支那人民的鲜血。1940年12月15日，山本五十六晋升为海军大将。

1939年，为是否与德国和意大利结盟，日本陆军与海军意见相左。日本陆军少壮派军官开始公开指责少数亲美及反对德、意、日“三国轴心”的高级军官，说他们“损害日本的应得利益”。受指责者包括海相米内光政、海军次官山本五十六和海军军务局长井上成美少将。

日本陆军厌恶山本不断发出反对“三国轴心”的言论，曾派出宪兵部队“保护”山本，实际上是监视居住。山本为了防备暗杀，甚至一度在家里安放了机关枪。

同年9月1日，就在德国入侵波兰的当天，山本被调离海军次长的职位，米内光政任命他为海军联合舰队司令长官兼第1舰队司令官。这样，山本就可以在海军舰艇上办公了。这是米内光政内阁下台前最后的举措之一，米内当时担心如果山本留在岸上，则一定会在1939年内被不明真相的好战分子当国贼刺杀。

作为联合舰队司令长官，1940年，山本五十六在首相近卫文麿问起开战前景的时候回应说："一年半年没有问题，两年三年就没有把握了，三国条约已经签了，谁也没有办法。"言下之意是反对开战。

山本反对对美开战并非出于和平的考虑，而是从开战后日本极可能战败这一点出发的。尽管如此，他还是精心策划了偷袭珍珠港的行动，并一举获得巨大成功。

但中途岛大海战对山本五十六是一次极为沉重的打击。之后他亲自出马指挥瓜岛争夺战，仍难收残局，一路败退。

瓜岛战役失败后，山本五十六在参谋长宇垣缠的激励下，决定前往南太平洋前线视察以鼓舞士气。但是谁也没有料到，舰队司令部竟将这样一封极其重要的绝密电报轻率地发出去。

平心而论，山本作为"一个天生的赌徒"，以他那"要么全赢，要么就输个精光"[①]的胆量与个性，在指挥海空作战中，确实使美国海军吃了不少苦头，连美国方面也承认山本是"日本作战的天才指挥官"，是他们在太平洋上的一个很不好对付的家伙。

筹划作战方案的山本

不可否认，山本五十六海军大将是太平洋战争的标志性人物。他是一位优秀的行政官僚、大胆的赌徒、航空制胜论的过渡性人物、著名的日本海军联合舰队司令长官，开战初期，他被称为"太平洋之鹫"！

当时，美国人对山本的憎恨甚至比对希特勒还厉害。这主要因为山本是策划偷袭珍珠港的罪魁祸首，而且他还傲慢地扬

① ［日］渊田美津雄、奥宫正武：《中途岛海战》，商务印书馆，1979年，第88页。

言要在华盛顿的白宫与美方结“城下之盟”，这就大大地激起了美国人的痛恨。

绰号“蛮牛”的美国海军中将哈尔西认定山本大将是“仅次于裕仁天皇和东条首相的第三巨头”。其憎恨情绪用他的一句话表达得淋漓尽致：“我认为，把那个家伙（指山本五十六）套上锁链，牵着他在华盛顿的宾夕法尼亚路游街，由你们在后面踢着他走，那才最好不过呢！”[①]

后来，因伏击山本而一举成名的美军飞行员托马斯·兰菲尔中尉形容当时他的心理状态时说：“战争是一种驱使人心发狂的怪物，其症状之一就是凶残的复仇情绪。日军对珍珠港的突然袭击，激起了美国人强烈的复仇念头，矛头所向首先是那个发布第一号作战命令‘攀登新高山’的日本帝国联合舰队司令长官山本五十六海军大将。

“‘攀登新高山’这个日本军方隐语的声音，在美国作战指挥首脑部门引起了反响，它引出了‘干掉山本’的口号。如今，又要同这个可恨的对手真刀真枪决一死战了，性格坦率的将军们不仅出于复仇心理，而且也怀着一种充满友爱的感慨，暗暗地说：‘把山本干掉！’”[①]

在这种心理的支配下，可想而知，等待山本的将是什么样的命运！

第三节　尼米兹米切尔奉命猎获“孔雀”

纵然如此，制订伏击山本座机的作战计划也并不是一帆风顺的。美国海军首脑们对此犹豫不决：“是伏击并击毁山本座机从而使日本人失去其作战的天才指挥官呢，还是尽管我们已经知道他的飞行航线，但仍然放过他？”[②]

在具有骑士风度的古代战争中，曾有一个不成文的规定，那就是不得暗杀对方的指挥官，皇帝和将军们始终是战死在疆场上的。据说，美国人受这一观念的影响，在第二次世界大战中，有好几次完全可以参与暗杀希特勒和墨索里尼的行动，但他们都拒绝了，甚至不曾给予协助。

① ［日］实松让：《日美情报战记》，图书出版社，日文版，1969年，第187页。

② ［美］拉·法拉戈：《斗智》，群众出版社，1980年，第175页。

综观第二次世界大战的残酷现实，恰恰与之相反，阴谋杀害敌方首脑的事件层出不穷，屡见不鲜：一艘德国潜艇曾企图用鱼雷袭击罗斯福总统乘坐的驶向一个战时会议地点的舰只；在布尔吉战役中，德国人曾计划暗杀艾森豪威尔将军；德国人也曾袭击丘吉尔首相从地中海休假后飞回伦敦的座机，只不过他们弄错了，把著名演员、倒霉的莱斯利·霍华德的座机给揍了下来。

德国人在他们的间谍手册中就曾直言不讳地说："暗杀作战领袖是一种合法而正当的措施，如果它能导致敌人不利的话。"

虽然美国人一般拒绝采用这种手段，然而对于山本，则认为应另当别论。尽管尼米兹认为伏击山本座机似乎有点不光彩，但坚持截击的人认为：他在那"臭名远扬的日子里"已经丧失了法律保护权，他不就是违反战争规定而偷袭珍珠港的吗？退一步讲，他是在战斗区域中视察，在这种地方，一员大将和一名荷枪实弹的普通水兵，同为合法的射击目标。

海军将领们将此事交由华盛顿裁决。

1943 年 4 月 17 日上午 11 时，这一事关重大的电报被送交到华盛顿海军部长诺克斯和作战部长金海军上将的办公桌上，他们马上将此电文提交到当天罗斯福总统举办的例行午餐会上。

出席餐会者对这份标明详细巡视日程的电文提出了各种意见，进行了一些争论。有人还从另一个方面提出问题："巡视日程倒是不坏，但有点像是伪造电文，是不是企图以此为钓饵，把美机一网打尽？"①

纵然意见纷纷，但是与会者回想起珍珠港被偷袭那个惨痛的日子，认为对这个十恶不赦的山本，无论如何不能轻易放过。

午餐会上，罗斯福总统断然决定：击落山本座机，干掉日本这个杰出的指挥官。海军部长诺克斯也认为，应趁此机会，铲除美国海军最憎恨的山本，以报珍珠港一箭之仇。

山本五十六的最终命运就这样在敌人的餐桌上被决定了，首脑们还给这一行动起了一个恰如其分、耐人寻味的战斗代号——"复仇"。

对美国海军来说，山本一行是行将入网的猎物。但究竟能否最终猎获，仍需费一番脑筋，做一番努力。

海军部长诺克斯亲自拟定行动方案。他立即找来美国陆军航空部队司令阿诺

---

① ［日］每日新闻社编：《太平洋战争秘史》，日文版，第 174 页。

1943 年 4 月 18 日，击落山本五十六座机的 P-38“闪电”式战斗机

德将军和 P-38“闪电”式战斗机专家，讨论后认为：使用瓜达尔卡纳尔岛的 P-38 式战斗机可以猎杀到山本座机。

遵照美国总统的命令，诺克斯立即向珍珠港的尼米兹下达了“干掉山本”的指令。很快，这一命令又由努美阿的哈尔西传达给所罗门地区航空部队指挥官海军少将马克·米切尔。

米切尔少将生于 1887 年，威斯康星州人。他早年自海军学校毕业后，主要从事海军航空事业。太平洋战争爆发前，曾任海军航空兵司令部的技术部长。战时，他曾担任航空母舰“大黄蜂”号的舰长，载运过杜立特机队空袭东京，并参加过中途岛海战。后来，他又转战所罗门群岛。

这时，米切尔少将收到如下的作战命令：

山本司令将于 4 月 18 日清晨由新不列颠岛北端的腊包尔，去东南方最前线航空基地布干维尔岛南端的卡希利，但不是直达卡希利，而是在巴莱尔岛机场降落，然后乘潜艇到达对岸的卡希利，预定到达巴莱尔岛的时间是上午 9 时 45 分。

山本司令带领参谋人员，乘坐“一”式陆上攻击机，有 6 架“零”式战斗机护航……

P-38 机队要想尽一切办法击毙山本司令及参谋人员！山本司令以遵守时间闻名。总统重视这次战斗，结果速报华盛顿！这份电报不得转抄和保存，战斗结束后立即销毁！[①]

4 月 17 日下午 4 时整，被选中负责执行截击任务的美机驾驶员约翰·米歇尔少校和托马斯·兰菲尔中尉被秘密召唤到海军少将米切尔的司令部。该司令部设

① [日] 实松让：《日美情报战记》，图书出版社，日文版，1969 年，第 189 页。

奉命具体策划伏击山本五十六的美国海军少将（1946 年 3 月晋升为上将）马克·米切尔

在塔萨法隆格的椰林里，房屋一半埋在沙土中，地板上积满了泥水。极为秘密的截击计划将在这里商定。在座的还有作战参谋哈里斯准将、战斗机队长、陆战队司令官等有关人员。

米切尔开门见山地命令说："不管怎样，也必须抓住这只鸟，给我订个计划！"[①]

制订"复仇"作战的具体计划难度颇高。该计划必须建立在周密的计算时间、距离、速度及敌我战斗兵力的基础上，不能有丝毫差错。

米切尔一帮人详细地讨论了各种不同的方案。陆战队司令官建议在卡希利湾里袭击山本，主张当山本乘坐上潜艇驶离巴莱尔岛时，连人带艇一起击沉。

但米歇尔少校坚决反对，理由是："在港口中有那么多舰只，我们怎能知道他乘坐的舰艇是哪一艘呢？"[②] 兰菲尔中尉则惊叫道："这太异想天开了吧，我连潜艇和独木舟都分辨不出来。能不能找到？没有把握。在海上即使把舰艇击沉，本人也未必会死。要干的话，莫如让我在空中干！"[①]

在空中干，成功的关键就是选择几乎是分秒不差的时机，因而，在座的人员对密电的时间表发生了怀疑，认为这可能是当地间谍综合了腊包尔一带的传说而搞出来的，未必靠得住。即使时间表精确无误，但那位以严格遵守时间而闻名的山本，如果这一次恰恰没有严守时间，岂不是徒劳一场？

尽管兰菲尔中尉坚持说："我愿用我最后的一角钱打赌，他准会按时到来的！"[①]然而，受命制订空中截击计划的哈里斯准将以及其他当事者，甚至都不抱百分之一成功的希望。

他们取出地图，选择了截击山本大将的地点。这个地点在巴莱尔岛正前方，卡希利北端 56 千米的卡希利海湾附近上空，离山本计划降落的机场只有 7 分钟航程。

① ［日］实松让：《日美情报战记》，图书出版社，日文版，1969 年，第 189 页。
② ［美］拉·法拉戈：《斗智》，群众出版社，1980 年，第 175 页。

美军计划从瓜岛美军“亨德森”机场起飞伏击山本五十六海军大将

计划挑选18架P-38“闪电”式战斗机，分两个机群从瓜岛起飞前往截击。其中12架组成掩护机队，在高空诱开并纠缠住山本的护航机，指挥官是米歇尔少校；其余6架是由兰菲尔中尉任队长的攻击机队，任务是击毁山本座机。

分析判断后认为：大概将在9时35分与山本座机遭遇。估计山本座机的高度为3000米，掩护机队届时将爬高到6000米高空引逗“零”式战斗机，而攻击队则从低空出其不意地对山本座机进行突袭。

第四节　P-38奇袭山本五十六座机

1943年4月18日晨，山本五十六身穿草绿色新军装，左右胸襟悬挂着大将的襟章，神气十足地走出了他在腊包尔的官邸，踏上了死亡之途。

对于他的巡视计划，幕僚们极力反对。驻守在肖特兰德岛的第11航空战队司令官诚岛高次少将接到4月13日的电报后，气愤地对他的属下说：“在这样风云变幻的前线，怎能把长官的行动计划用如此冗长详细的电文发出来呢！只有傻瓜才会这样干。你们只能参考，用不着信以为真。这事太愚蠢了！”[①]

山本的好朋友、当地陆军指挥官今村均大将一直在劝阻他，担心此行有遭伏击的危险。第3舰队司令小泽治三郎反对尤烈。当他看到劝说无效，便退而建议道：“假如长官一味要去，随行6架战斗机的保护是不够的，我要向参谋长讲，多派几架战斗机护航。”[②] 不巧，参谋长宇垣缠中将正患疟疾，发着高烧睡着了。

出发前，诚岛高次少将特意赶到腊包尔，他苦劝山本：“这种荒唐的电报，行不得呀！长官，危险呀，不要去吧！”[②]可山本却不以为然；他还对同样劝阻的草鹿任一中将说：“不！既已通知各基地，一切都准备好了，所以我得去，我明晨出发，黄昏前回来，别忘了等我一起用晚餐。”[②]

山本五十六阵亡前最后一张照片（1943年4月18日）

毫无疑问，山本五十六大将的行踪，自然是日军的最高机密，只有极少数的高级指挥官方知。为保证山本的安全，日本海军谍报机关事先对飞行路线沿途的敌情也做了周密的调查，确定绝对安全之后，飞机才起飞的。

上午8时，山本大将及宇垣缠参谋长以下8名高级官员乘两架“一”式陆上攻击机，从腊包尔机场起飞。山本五十六、军医长高田六郎、航空参谋樋端久利雄和副官福琦升等4人乘坐一号机（编号323），机长兼主驾驶员是飞行兵曹长小谷立；而参谋长宇垣缠、联合舰队总会计长北村、友野气象长、通信参谋今中熏和航空参谋室井舍治等5人乘坐二号机（编号326），机长是一等飞行兵曹谷本，主驾驶员是二等飞行兵曹林浩。

日本204航空部的6架“零”式战斗机随之起飞，分两队护航。

此刻，在瓜岛“亨德森”机场，紧张的气氛令人窒息。美军航空部队第330大队的18架P-38“闪电”式战斗机威风凛凛地翘着双尾翼，准备出击。米切尔

① ［日］阿川弘之：《山本五十六》，解放军出版社，1987年，第586页。
② ［日］阿川弘之：《山本五十六传》，香港现代出版公司，1969年，第213页。

少将头戴长舌战斗帽，脸呈古铜色，紧闭着嘴，神态严峻，正目不转睛地注视着即将起飞的战机。

临行前，米切尔少将斩钉截铁地下达了最后一道命令："无论付出多大代价，也必须给我完成任务！"[①] 这就意味着：即使用机身冲撞敌机也要达到目的，决不允许白白地放跑山本。

7 时 30 分，起飞的 16 架美机（攻击队的 2 架飞机因故障未能起飞成功）编好队形，向布干维尔岛上空飞去。飞行中一律不使用无线电，只使用罗盘和速度表。机队在海面上低空飞行了两小时。9 时 33 分，P-38 机群穿过布干维尔岛绿色海岸线，在林海上空飞行，按预定时间到达了预定地点，只比山本座机到来的预期时间早 50 秒钟。

9 时 34 分[②]，在飞临卡希利以北 56 千米的上空时，美机在左前方 30 度突然发现了目标——两架双引擎飞机，山本大将一行果然出现了！

兰菲尔中尉在回忆这紧张而又激动的一刹那时说："看！'一'式陆上攻击机不是露出模模糊糊的黑色机身、振动着机翼急匆匆地赶来了吗？真像事先商定好这次聚会时间似的……"[①]

米歇尔少校的机群立即爬上 6000 米高空引诱日机。日本的护航战斗机果真上当了，他们甩开山本的座机，勇敢地向美军战斗机扑去。这一调虎离山之计一经奏效，在距山本座机约 500 米的右下方，兰菲尔上尉的攻击队迅速拉起，4 架 P-38"闪电"式战斗机风驰电掣般地升入山本座机的航线。

兰菲尔一马当先，后面紧跟着僚机里克斯·巴伯中尉以及第二分队长佐依·穆尔中尉和他的僚机吉姆·麦克拉纳汉中尉。

瞬间，兰菲尔和他的搭档巴伯中尉驾驶的战斗机已经差不多和两架"一"式陆上攻击机并排了。在这万分危急的关键时刻，上当的日本"零"式护航机发现了悄悄拉起来的美军战斗机，大吃一惊。日机全速俯冲下来，企图掩护山本大将的座机，可惜来不及了！兰菲尔等人已抢先一步。

兰菲尔后来在回忆这惊心动魄的一刹那时说："我扭转机身对准山本座机的前进方向连续地扫射，就在两架飞机即将错开的瞬间，我看见对方右发动机着火，接着，右机翼也着了火。'一'式陆上攻击机一旦起火，就无法挽救。而且在这样

---

① ［日］实松让：《日美情报战记》，图书出版社，日文版，1969 年，第 190 页。

② 日本时间是 7 时 34 分。

的低空，降落伞也无济于事。我的机头差点撞在因起火而失速的山本座机的屁股上。”①

这时，两架“零”式机向兰菲尔猛扑过来，只见他闭上眼睛，猛然把机头一拉……后来，他回忆说：“我那九死一生心爱飞机的方向舵上，留下了两个弹痕……”

宇垣缠参谋长的座机在遭到美机截击时，慌忙降低高度，做了两次闪避转弯。机内的宇垣缠急不可耐地向右方眺望，想看一看山本座机的命运如何。后来，他在记述这一极为痛苦、极其悲惨的瞬间时写道：“哎呀！在距离大约4000米处，一号机紧擦着原始密林，喷着浓烟和火焰，慢速向南下方坠落。我脑子里想，完啦！航空参谋室井站在我的斜后方的过道上，我拉了拉他的肩膀，示意让他注意长官的座机。这是我们同他的永诀……当我定睛再看时，座机已无影无踪，只见原始森林中升起了冲天的黑烟。啊，万事休矣……”①

山本座机坠毁的一刹那，兰菲尔看得十分清楚，他说：“我看见山本座机触到密林的树梢上，机翼被卷入紫色火焰、火光和破片当中。机翼掉了，机体像个红火球钻进密林……”①

兰菲尔中尉的僚机巴伯中尉当时也对山本的座机进行了攻击，将该机左引擎

美机截杀山本五十六座机（绘图）

① ［日］实松让：《日美情报战记》，图书出版社，日文版，1969年，第190页。

打得冒烟。他还不顾俯冲下来的“零”式战斗机的扫射，协同战友又向宇垣缠的座机发起攻击。这架飞机被击中后，在谋伊拉角的正南方海面上空摇摇晃晃，眨眼间，带着冒火的机翼，坠入卡希里湾。

伏击战仅历时 3 分钟，至 9 时 38 分，周围又恢复了原来的寂静。

海军少将米切尔向哈尔西报告：“约翰·米歇尔陆军少校指挥的 P-38 式机群向卡希利地区进攻。上午 9 时 30 分过后，击落了由编成密集队形的‘零’式战斗机护航的两架‘一’式陆上攻击机，还击落了 3 架‘零’式战斗机。我 1 架 P-38 式机尚未返回，4 月 18 日看来是我方胜利日。”[①]

感到满意的哈尔西立即回电：“祝贺你们的成功！在猎获的家鸭中，似乎夹着一只孔雀。”[①]

第五节　一代枭将尸抛荒郊下场可悲

当时在布因基地谋伊拉角守卫的日本哨兵，亲眼看到了宇垣缠座机溅落大海。不久，他们发现一个负伤的人挣扎着向岸边游来。原来这是二号机驾驶员飞行兵曹林浩，他竟奇迹般地只受一点轻伤。他刚游抵岸边，就上气不接下气地请求说：“海里还有两个人活着，拜托你们救一下。”

原来，就在宇垣缠座机中弹后，飞机向海面冲去的一瞬间，由于剧烈的震动，曹林浩和宇垣缠被从飞行员头顶上的天窗甩了出来。这时，几只木箱漂了过来，宇垣缠抓住一个最大的，用双腿慢慢地游着。就这样，身负重伤的参谋长宇垣缠中将大难不死，获救后被安置在布因航空队的防空壕内进行治疗。而同机的总会计长北村少将受伤后，一个人在水里拼死挣扎的时候，被日本海军的汽艇救了上来。

上午，渡边参谋及第 8 舰队军医长大久保信匆忙乘飞机从腊包尔赶来，他们首先见到了满脸包扎着绷带的宇垣缠参谋长。只见宇垣缠一边流着眼泪，一边急促地说：“谋伊拉角的东方七八千米处有情况，你们快去吧！”

渡边立即乘水上飞机飞抵现场进行侦察，结果一无所获。后来，他降落在一

① ［日］实松让：《日美情报战记》，图书出版社，日文版，1969 年，第 191 页。

艘扫雷艇旁，与艇上 60 名官兵进行商议之后，便一同进入山林进行搜索。

当时，布干维尔岛上驻有日本陆军第 17 军团的各支部队。事件发生之后，许多支搜索队纷纷出动，其中有驻布因的佐世保第 6 特别陆战队古川少尉指挥下的 9 人搜索队；有滨砂盈荣少尉指挥的一支搜索队以及从布因出发的海军搜索队，还有一支是陆军大尉安部茂的搜索队。

安部茂大尉曾亲眼看到此次伏击战的过程，目睹几架飞机被击落，但他万万没有想到会发生如此重大的事件。

午饭后不久，一辆三轮摩托车飞驰而来，“嘎”的一声停在安部茂大尉的队部门前。车上的海军参谋迅速跳下来，迫不及待地问：“你是队长吗？出了大事了，快上我的车！”

途中他们一言不发，直奔海军基地司令部。下车后，安部茂被带进司令办公室。一位海军参谋对安部茂说：“有重大任务命令你去执行，要绝对保守秘密。”他接着说：“今天早晨，山本司令长官的座机被击落……”

安部茂一听，大吃一惊，如雷轰顶。这位海军参谋继续说：“目前还生死不明，海军方面已派出搜索队，今派你作搜索指挥官，担任搜索任务。飞机坠落地点是在谋伊拉海角的北面，谋伊拉河上游右岸，在河口的第七个拐弯处。”

说着，他又让安部茂看了看空中摄影照片，还告知说：“有空中搜索飞机配合，一旦有情况，飞机将空投发烟筒联络。”①

随后，安部茂立即率部队乘船出发了，他们绕过谋伊拉角，于下午 3 时到达指定河口，花了 2 小时在河口左岸的小路上观测周围树林，无所发现。夜幕降临，他们只好就地宿营。

4 月 19 日晨，他们沿谋伊拉河右岸北上，逐渐接近航拍照片中的飞机坠落区域。搜索队先排成一列横队，后又集结成一团，反复搜查，仍一无所获；几次用篝火与空中联系，又不见回应。天渐渐黑下来了，他们只得再次宿营。

4 月 20 日晨，各路搜索队逐渐汇集在一起。古川少尉以及滨砂盈荣也赶到了，渡边也与海军搜索队合兵一处。据安部茂大尉回忆说：“由我统一指挥陆海两支部队。”

经过一个半小时的搜索，海军方面有人突然喊道：“这里有坠落的飞机！”安部茂闻讯急忙向呼喊方向赶去。前进大约 50 米，便发现了飞机机翼、烧焦的发动

---

① ［日］安部茂：《山本五十六尸体搜索记》，日刊《历史人物》，1981 年 9 月。

机，附近30米的热带树林悉被焚毁，但没有发现机身。安部茂立即发出命令："此处既然有机翼和发动机，机身一定距此不远，继续搜索！"①

在布干维尔岛被击落的山本五十六座机残骸

不久，在40米开外处终于发现了"一"式陆上攻击机机身，机头方向朝海，均已烧毁。在离机首约10米处，众人发现了山本五十六大将的尸体。

只见山本坐在飞机的坐垫上面，左手握军刀，套有白色手套的右手覆于其上，头耷拉在军刀上方，军装的左右襟悬挂的大将襟章，一边遗失，另一边还保留着。他的左下腋微微倚靠椅把，左胸流着血，沾染了白色手套……

山本身旁倒卧着军医长高田六郎少将。两具尸体上有少量生蛆在爬，气味异常难闻。

据第一基地陆军军医长田渊仪三郎于4月20日写的尸体检验记录，其伤势如下：左肩胛骨中央部有手指大小的创伤面，射孔向内前上方；左下颚部有手指大的射入孔……主要内脏器官受伤。推测死后约60小时。②

搜寻山本尸体的另一个版本，是日军工兵少尉滨砂的回忆。有资料称，"真正目睹山本座机遇难现场的人，实际上只有滨砂盈荣少尉搜索队的11个人"②。

滨砂说："山本的遗体位于飞机残骸之外的一棵树下，仍旧坐在座椅之上，戴着白色手套的双手拄着他的日本刀。我当场就认出了山本，海军大将的头微微低下犹如陷入沉思。解剖报告显示山本身上有两处枪伤：一发子弹自身后穿透他的左肩，另一发子弹从他的下颌左后方射入，从右眼上方穿出。"

关于山本在坠机后是否仍然有生命迹象，一直都有争议。有的说，山本的遗

① ［日］安部茂：《山本五十六尸体搜索记》，日刊《历史人物》，1981年9月。
② ［日］阿川弘之：《山本五十六传》，香港现代出版公司，1969年，第213页。

容像活着的人一样；有的说，飞机坠地后，山本根本就没有死，他是走出机舱后伏刀自刎的；还有的说，当搜救人员向他走近时，山本还猛然睁开眼睛看着周围的一切，然后才安然地死去。

但是，美国人认为，山本遗容的“美态”之说，不过是日本人为神话山本而编造出来的。

那么，对此如何解释呢？根据分析判断或者说是想象，飞机坠毁后，只有高田一人有意识，他唯恐山本的遗骸烧焦，才把他从机舱里拖出来，使他手握军刀，力求姿态威严。不久，高田自己也断气了。

4 月 21 日，山本等人的遗体在布因岛被火化。第二天，渡边参谋、宇垣缠参谋长、北村总会计长、大久保军医大佐等乘飞机将山本等人的骨灰护送回腊包尔。

山本战死的消息，当时对腊包尔的各部队也是保密的。这天夜里，骨灰盒被放在腊包尔基地司令部的半地下室里，昏黄的电灯光下点着两支蜡烛，两个汽水瓶子里插着当地的鲜花摆在灵前，士兵通夜守灵。

4 月 23 日，山本的骨灰由专人乘水上飞机从腊包尔运往停泊在特鲁克联合舰队的旗舰“武藏”号上。临出发时，草鹿任一、小泽治三郎、本多伊吉等很多人为之送行。

当天，山本的骨灰盒被安放在“武藏”号的司令长官办公室里。

料理完这一段丧事后，在热带丛林参与搜寻山本遗体时被蚊叮而患了疟疾的渡边参谋，此时实在支撑不住了。他“扑通”一下就倒了下去，这一病，竟连续 15 天未能起床。

第六节　山本追晋元帅头衔　天皇准予国葬

5 月 17 日上午 10 时，载着山本五十六骨灰的“武藏”号战列舰由特鲁克基地起航了。

5 月 18 日，泽本次官从次官室的保险箱中取出山本的一个袋子，袋中存放的遗物有：漂亮的百元钞票 16 张；山本在任海军次官时代的一份“述志”；昭和 16 年 1 月间任海军联合舰队司令长官的“觉书”一份；1941 年 12 月 8 日宣战离国赴前线的“述志”一份。

这些“觉书”和“述志”，字里行间，一派杀气，除死心塌地地向天皇表示效忠之外，还表达了他穷凶极恶地将法西斯战争进行到底的决心。

如在珍珠港事件当天，山本在其“述志”中写道:“此次奉大诏，堂堂出征，不难超然生与死。惟此战乃未曾有之大战，将有种种曲折，若有惜名洁己之私心，断然不得成此大任，切切觉悟矣，是故，惟思以身为皇上之盾，决不惜己之名与性命。”①

另外，在巨舰“武藏”号山本长官的私室抽屉里，还发现了像是遗书的一首诗歌，上面写道:“征战以来，几万之忠勇无双之将兵，拼命奋战成仁为护国之神。呜呼！我有何面目乎见皇上，将又无言可告已逝战友之父兄。身虽非铁石，亦要坚心贯彻，深攻入敌阵，以示日本男子之血气。暂时等待吧！成仁的年轻人！你们战死以后残余的一战，战得轰轰烈烈，而追随于你们后面的就是我了！”①

这实际上是山本大将在太平洋战场上连遭惨败后发出的哀鸣，表达了他那兔死狐悲的心境以及要继续为日本的侵略政策卖命的决心。

5 月 23 日，“武藏”号驶入东京湾，停泊在木更津外海。同日下午，日军大本营正式公开发表了山本的死讯，全文如下：

> 联合舰队司令长官海军大将山本五十六，于本年 4 月在前线全盘指导作战中遇敌，在作战飞机上壮烈殉职。另派海军大将古贺峰一接任遗缺，已经在指挥联合舰队继续作战中。①

日本官方称追授山本五十六大勋位菊花章，功一级，正三位，追授元帅大将头衔，并准予举行国葬。纳粹德国也宣布追授山本双剑橡叶骑士铁十字勋章，在获颁这一勋章的 159 人中，只有山本不是德国人。

日本海军方面曾经极尽努力，希望加封山本五十六“男爵”的称号，但当局给以批驳而未成。

山本五十六无疑是日本最具法西斯侵略胆识和伎俩的海军将领。虽然他在战前也曾预感到帝国将置身于一场毫无胜利希望的战争中，因而曾反对轻率地对美、英开战，但是，在甚嚣尘上的战争叫嚣中，他仍然挖空心思，积极卖命，组织了对珍珠港的偷袭，点燃了太平洋战火。他是日本在战争初期侵略气焰不可一世的象征与化身。而今这位“名将之花”遽尔凋谢，给日本军国主义者的心理以极其

① ［日］阿川弘之:《山本五十六传》，香港现代出版公司，1969 年，第 226 页。

山本五十六的座机坠毁后，日军给山本五十六等人在布干维尔岛的布因安建的坟头

沉重的打击。

美国在破译密电之后，尼米兹向珍珠港和华盛顿方面的最高情报官问道：“消灭山本是否有助于我们的目的？”换句话说，日本是否还有和山本一样的或比他更强的人来接替他呢？对于这一点，情报人员肯定地回答：“没有！”

事实证明：“对日本海军来说，失掉很干练、很泼辣的指挥官山本司令所遭到的这一打击和一次惨败差不多。”①

海空奇袭山本五十六，是太平洋战争中极具戏剧性的事件。这一事件曾一度使日本人大为惊慌，困惑不解。山本的死讯公布后，朝野震惊。对于被宣传机构蒙骗、以为日军自开战以来不断高歌猛进的日本民众来说，山本之死所造成的精神打击是难以估量的。日本政府也因此被迫承认美军的战争能力正在迅速恢复，甚至开始反击。

而对于盟军及反法西斯的各国人民，击毙名噪一时的山本，则是大快人心的捷报。

为防止日军得知自己的密码被破译，美国新闻媒体被告知是所罗门群岛当地人的海岸观察站目击山本登上了“一”式陆上攻击机。新闻媒体也没有公开大部分参与截杀行动的美军飞行员的名字，因为其中一人的兄弟当时是日军的战俘，担心有被虐杀的可能。

① ［美］C. W. 尼米兹，E. B. 波特《大海战》，1960 年，转引自《日美情报战记》图书出版社，日文版，1969 年，第 192 页。

在事件发生后，美方为了保密还做了许多手脚，例如：珍珠港海军新闻检察机关提高了警惕性，把能导致泄密的新闻报道全部扣压；美军 P-38 机队连续几天无目的地向布干维尔岛周围出动。这些措施的目的是使日本人相信：山本座机被击毁完全是一次偶然的遭遇。日本人果然信以为真，上当受骗了。

长期以来，日本方面坚信：山本出巡的日程、路线决不会被泄露，密码也不会遭破解，因为日本海军的密电码是在 4 月 1 日刚更换的，所以，他们只能根据种种迹象妄加推测。那时，在日军占领的所罗门群岛各岛，美军暗中派有 250 个情报小组，通称为“海岸监视队”。日本人因此得出这样的结论：山本大将之死，可能是因为美军的海岸监视队通过当地老百姓、华侨或传教士事先搞到了山本要去前线视察的情报；也可能是肖特兰德方面将情报擅自发往雷卡塔基地时使用了较简单的密码电报、即第 6 份密码电报所致。此外，有的说，是日本海军内部有盟军的潜伏特务；有的说，是因为两艘美国潜艇袭击马琴岛，全歼岛上 43 名日本海军特别陆战队谍报队员，缴去了密电码本；还有的说，从 1942 年夏到 1943 年春这一段时间中，所罗门群岛上空被击落的日本飞机为数甚多，机上携带的密电码本虽然立即停用，但是有经验的密电码专家仍可以根据旧码把新码破译出来。

“战后，从事这一问题研究的日本旧海军有关人员经调查了解后得知，关于山本前往布因和肖特兰德岛视察，前后共发了 6 份电报。第 5 份电报是 4 月 16 日以联合舰队司令长官的名义发给东京军令部总长及海军其他首脑。”①

当时，日本海军称山本五十六遇袭身亡为“甲级事件”；经过周密的调查，最后得出的结论却是一种“偶然论”。他们振振有词地说：“……如不破译山本司令长官行动计划的电报，是不可能了解我方企图的，而破译该电报，在理论上是不可能的。总之，结合敌人其他广播和报道来考察，许多人判断这个事件是一次偶然的遭遇。”②

山本之死，当时在美国也引起了种种猜测：有人认为是飞机事故，有人说山本是因战局不利而引咎剖腹的。

在日本，山本的副官透露了山本死前对战局一些悲观失望的话语，因而产生“可能是长官已经洞悉战局，早已寻觅他的死路”之传说。据有关资料记载说，山本死后，在他的旗舰的桌子里发现这样意味深长的字句：“开战后近两年，战局不

① ［日］阿川弘之：《山本五十六传》，香港现代出版公司，1969 年，第 226 页。
② ［日］实松让：《日美情报战记》，图书出版社，日文版，1969 年，第 186 页。

1943 年 5 月 23 日，日本军政官员到东京火车站迎接山本骨灰

振，问心有愧”，从而有人推测山本是自愿到前线送死的，用日本陆军的话说，就是他故意走进了敌人子弹横飞的火力网。

直到战后不久，当尼米兹接见记者时，有人问他：“能够击落山本司令官的座机是什么原因呢？”尼米兹并没有因涉及国家机密而拒绝答复，他用一种极少见的坦率态度表示，“当时我们可以破译日本方面所有的密码，我们完全掌握了山本司令被击落那天的行动计划”[①]，“是直接破译了正统的、详细的、准确的‘NTF 131755’绝密电报”[②]。日本人这才如梦初醒。

山本出巡这份密电是如何被破译的？近年来还有一种说法，认为是中国的谍报专家池步洲破译出来的。具体说法是这样的：池步洲破译的并不是日本海军密电码，而是外务省专用的 LA 码。关于山本五十六出巡的日程，原来有两份电报，一份是用海军密电码拍发的，通知到达地点的下属；一份是用 LA 码拍发，通知日本本土。池步洲截获并破译的是后一份密电。这份密电交毛庆祥上报蒋介石，蒋介石立即派人通知驻渝美方。据说，这一回，美国人完全折服中国破译专家的水平了，迅速行动，当即部署空军拦击，终于将山本五十六在南太平洋上空击毙，使其机毁人亡。

池步洲因在破译方面屡立战功，后被晋升为国军少将参谋，以文职而跻身将军行列。晚年的池步洲被选为上海市长宁区政协委员。2003 年 2 月 4 日，池步洲

① ［日］实松让：《日美情报战记》，图书出版社，日文版，1969 年，第 191 页。
② ［日］阿川弘之：《山本五十六》，解放军出版社，1987 年，第 621 页、第 624 页。

在日本神户逝世，享年96岁。他是中国的密码天才，但至今鲜为人知。

兰菲尔中尉在返航时便向基地汇报，称自己击落了山本的座机，被当作射杀山本的功臣应召回国。他在到达机场时接到命令："在宪兵的陪同下直接去陆军部，途中不准和任何人交谈。"① 这也是为了保守破译日军密码的机密而采取的措施。兰菲尔中尉因功晋升为上尉，并获得了勋章，甚至收到了罗斯福总统的贺电。但直到20世纪60年代，才公开发表了他的这一战功。

1943年4月18日，成功击落山本五十六座机的P-38"闪电"式战斗机队中队长托马斯·兰菲尔中尉被授勋

此事公开披露后，立即引起争议。

据当时双方飞行员的证词比对，山本五十六的尸检报告及座机残骸的分析看，巴伯中尉更有可能是真正的击落者。而兰菲尔和巴伯中尉都坚称是自己一个人的功劳，最后美国军方只好将击落山本的功劳一分为二，认定是由两个人共同击落。

1943年6月5日，山本元帅的国葬仪式在东京日比谷公园殡仪场举行。这是特意安排的日子。9年前，东乡平八郎大将的国葬仪式也是这一天。

国葬仪式委员长是米内光政，盐泽幸一为司祭长。山本五十六的遗孀礼子穿的是贵夫人着装的和式丧服。

上午8时50分，覆盖着白布的山本灵柩，由"武藏"号战列舰上的水兵捧着送上了等候在水交社门前的黑色炮车。内藤清五指挥的海军军乐队奏着肖邦的《送葬》曲，走在灵车的前头。

车队中，渡边安次参谋捧着山本元帅的指挥刀；三和义勇捧着山本的大勋位勋章。灵车队在海军大臣官邸前转弯，直向日比谷公园驶去，9时50分到达殡仪场。

① ［日］实松让：《日美情报战记》，图书出版社，日文版，1969年，第193页。

1943 年 6 月 5 日，日本当局为山本五十六举行隆重国葬

国葬仪式是在临时搭起的简易棚中举行的，虽然素朴简单，却不失庄严肃穆，里面祭奠着意大利法西斯头子墨索里尼送的玫瑰花束。

前来参加仪式的有 1500 余人，其中包括以总理大臣东条英机为首的那些“山本未必喜欢”的人。陆军大将土肥原贤二是参加国葬仪式的全体官兵的总指挥。

仪式正式开始后，首先到灵前吊唁的是天皇、皇后和皇太后所派的命臣德大寺侍从、小出事务官、两邑事务官等，接着是皇族的有关人士或他们所派来的代表。

当脚穿草鞋、戴着眼镜、手持玉串的山本五十六 22 岁长子义正缓步走到灵前时，军乐队奏起海军礼仪曲《舍生》的前八段乐曲，同时鸣枪三响，以示哀悼。

下午，有几万名普通市民前来参谒、吊唁。仪式结束后，山本的部分骨灰被葬在东京多摩霊园，安葬在东乡平八郎墓的旁边；剩下的部分骨灰则运回其家乡长冈市安葬。

第十三章

转入反攻　曙光初现

第一节　世界反法西斯力量转入反攻

就在山本五十六葬身布因基地谋伊拉角茫茫丛林的前后，世界反法西斯形势蓬勃发展，各战场捷报频传。

在太平洋战场毗邻的中国战场，众所周知，日本法西斯于1931年9月18日夜突然袭击，不宣而战，悍然制造了“九一八事变”，侵占了中国东三省；继而得寸进尺，于1937年7月7日蓄意挑衅，又一手制造了“卢沟桥事变”，全面抗战爆发。

在此万分危急的时刻，7月8日，中国共产党发表“为日军进攻卢沟桥通电”，指出：“中华民族危急！只有全民族实行抗战，才是我们的出路！全中国同胞、政府与军队，团结起来，建筑民族统一战线的坚固长城；国共两党亲密合作抵抗日寇的新进攻！”

10天后，7月17日，国民政府军事委员会委员长蒋介石长发表了著名的庐山

据守在卢沟桥上的中国机枪手

讲话，他说：“最后关头一至，我们只有牺牲到底，抗战到底，唯有牺牲到底的决心，才能博得最后的胜利；我们知道全国应战以后之局势，就只有牺牲到底，无丝毫侥幸求免之理；再没有妥协的机会，如果放弃尺寸土地与主权，便是中华民族的千古罪人；如果战端一开，那就是地无分南北，年无分老幼，无论何人，皆有守土抗战之责，皆应抱定牺牲一切之决心。”

由此，中日战争全面爆发了，中国军民独自抗击着日本法西斯优势兵力的进攻，为世界反法西斯战争拉开了序幕。

与此同时，中国出现两个战场，一个是以中国共产党为主领导的抗日“敌后战场”，一个是国民党领导的抗日“正面战场”。

至 1938 年，日本陆军共 34 个师团，其中 32 个师团用于侵华，占其陆军总兵力的 94%。1941 年太平洋战争爆发后，日本陆军共 51 个师团，其中 34 个师团和 44 个独立旅、混成旅团用于侵华，占其陆军总兵力的 80%，而用于南太平洋战场的陆军只有 10 个师团，尚不及侵华兵力的 20%。

这期间，中国军民以最大的民族牺牲，与武装到牙齿的日本侵略军浴血沙场，用鲜血和生命谱写着悲壮的抗日战歌。仅截至 1943 年年底，中国军队与日本侵略者共进行了 20 次规模在 10 万兵力以上的大会战，它们分别是：“淞沪会战”“太原会战”“南京保卫战”“徐州会战”“兰封会战”“武汉会战”“随枣会战”“南昌会战”“第一次长沙会战”“桂南会战”“枣宜会战”“百团大战”“豫南会战”“上高会战”“晋南会战”“第二次长沙会战”“第三次长沙会战”“浙赣会战”“鄂西会战”“常德会战”。

战场上的八路军 359 旅指挥部人员

中国百万抗日将士，浴血苦战、慷慨赴义，为国捐躯、日月同辉！

同时，1943 年前后，日军先后向中国共产党领导的解放区发动了“冀西作战”“北岳扫荡作战”“太行作战”“沂蒙山区扫荡”，等等。根据地军民在中国共产党领导下，内外线结合，展开了积极的反扫荡斗争，不仅粉碎了日伪军的扫荡，恢复了解放区，而且还使抗日根据地不断扩大。

在苏德战场，1942 年年初，苏联取得莫斯科战役胜利之后，又以 9 个方面军的兵力，在北方、西方、南方战线同时向 390 万德军及其仆从国军队发动了全线进攻。至 4 月下旬，苏军在各条战线上先后将德军击退了 150 ～ 400 千米，削弱了德军的军事优势，开始为夺取战略主动权而战斗。

为了赢得斯大林格勒战役的胜利，希特勒于 1942 年 7 月 17 日集中了 150 多万兵力，每天出动上千架次飞机，共投下 100 多万枚炸弹，几乎将整个城市夷为平地。但是，英勇的斯大林格勒军民冒着德军的狂轰滥炸与冲进市区的敌人展开了殊死搏斗，打退了德寇一次又一次整师整团的冲锋，顽强地守卫着每寸土地。

至 1942 年 11 月 19 日，苏联红军从斯大林格勒的西北和南面以迅雷不及掩耳之势，突破德军防线，转入反攻，5 天内将德军 22 个精锐师 33 万余人包围起来。1943 年元旦过后，苏联红军开始围歼困守斯大林格勒的德军。双方鏖战至 1943 年 2 月 2 日，被围德军大部被歼，余者投降，被生俘 9 万余人；以鲍罗斯元帅为首的 24 名将官也被活捉。历时 180 天的斯大林格勒战役以苏军的胜利、德军的惨败而告终。

战役中，双方同时参战人员高峰时竟达 200 万人以上、坦克 2000 余辆、大炮和迫击炮 25 000 余门，飞机 2300 多架。整个战役中，苏军歼敌 66 个师，150 余万人（西方学者估计轴心国军队伤亡为 85 万人），占当时苏德战场上轴心国兵力的四分之一。

取得斯大林格勒保卫战胜利的苏军将苏联国旗插上中央广场的高层建筑

苏军在斯大林格勒的胜利，扭转了苏德战场的整个战略形势，迫使德军转入战略防御，而苏军逐渐夺取了战略主动权，开始酝酿战略反攻。因此，斯大林格勒战役成为 1942 年年底世界反法西斯战争大转折的标志性事件。

在大西洋战场，1942 年德国海军的战略优势开始逐渐丧失，英、美海军摆脱了战争初期的不利局面，通过有效的联合作战，狠狠打击了德国海军的嚣张气焰。1942 年秋天，英、美海军击沉德军主力潜艇的数量，由 1941 年的 36 艘增加至 70 艘。1943 年，英、美击沉德军潜艇达到 237 艘，并迫使德军潜艇停航一个月。经过双方的反复争夺，盟军基本掌控了大西洋上从北美至英国和苏联的海上运输生命线。

在北非一地中海战场，1940 年夏，意大利趁法国战败、英国正在自保、无暇他顾之机，向北非发动了进攻，却连连受挫。由于北非位置重要，希特勒也派他的手下悍将隆美尔率军来到这里助战。1942 年夏，德、意军队势如破竹，所向无敌，曾一度推进到距亚历山大港只有 60 多千米的阿拉曼地区，开罗告急。

1942 年 10 月，蒙哥马利将军统率的英国第 8 集团军打响了阿拉曼战役。在蒙哥马利将军的指挥下，英军向德、意军队两翼发动攻击，撕开了对方防线，势不可当；德、意联军节节溃败，损失惨重，只得大规模撤退。

就在英军乘胜西进的同时，1942 年 11 月 8 日，艾森豪威尔率领的 10 万英、美联军，在 500 多艘战舰和大批飞机掩护下，成功地登陆北非，向东推进，北非的德、意军队处于东西夹击之中。战至 1943 年 2 月，英军将德、意联军从埃及境内的阿拉曼一直驱赶回突尼斯。此后，英、美军队合围突尼斯。1943 年 5 月 13

阿拉曼战役是北非战局的转折点。此后，德、意法西斯军队开始在北非地区节节败退，直至 1943 年 5 月被完全逐出非洲

日，猖狂一时的25万北非德、意联军向盟军投降。

阿拉曼战役是英军在北非一系列失败之后取得的重大胜利。丘吉尔评价此役时说："在阿拉曼战役以前我们是战无不败，在阿拉曼战役以后，我们是战无不胜。"①

这期间，1943年1月14—24日，美国总统罗斯福和英国首相丘吉尔等在摩洛哥的卡萨布兰卡举行会议，讨论了"二战"后期非洲、地中海、太平洋战局和下阶段对轴心国的作战问题，并就加强对德国的轰炸、土耳其在战争中的立场以及殖民地的命运问题进行磋商。会议结束后，罗斯福总统于1月24日在卡萨布兰卡记者招待会上宣布，同盟国将把战争进行到德、意、日三国无条件投降为止。

北非德、意联军投降后，1943年7月10日，盟军又发动了西西里岛战役。7月25日，墨索里尼倒台，巴多里奥的新内阁下令将这个法西斯罪魁祸首拘禁到蓬察岛上。这样，盟军最终完成了北非一地中海战场的战略转折。不久，意大利退出了战争，德国在欧洲大陆上从此陷入孤军作战的局面。

与此同时，1943年7月5日至8月23日，苏、德双方在库尔斯克进行了"二战"史上规模最大的坦克战——库尔斯克会战。此役双方投入总兵力近300万人。经此一战，德军损失巨大，被迫停止进攻；苏军彻底掌握了战略主动权，转入战略大反攻阶段。

正如斯大林在《论苏联伟大卫国战争》中所说的那样："如果说斯大林格勒附近的会战，预告了德国法西斯军队的覆灭，那么，库尔斯克附近的会战，就使它已经处在覆灭的边缘。"

库尔斯克战役结束后，苏军又发动了夏季攻势，解放了被占国土的三分之二。至此，士气高昂的苏军在人数和装备上均已大大超过法西斯军队。纳粹德国的丧钟即将敲响！

1943年10月，中国军队开始发起缅北、滇西反攻战，这一作战最终打通了中国与盟国间的路上交通线，揭开了太平洋战场和亚洲战场上向日军大反攻的序幕。

1943年间，中国战场、太平洋战场、苏德战场、大西洋战场、北非－地中海战场、滇缅战场捷报频传，战局彻底扭转，标志着世界反法西斯战争的胜利曙光已经显现！

---

① ［英］温斯顿·丘吉尔：《第二次世界大战回忆录》，1968年，第4卷第541页。

1943 年 5 月爆发的“鄂西会战”中，日本承认死伤 4660 人

第二节 中、美、英三国开罗会议及宣言

1943 年是整个第二次世界大战战略大转折的一年，但是，退却中的德、意、日法西斯军队还在顽固抵抗，如何进一步加强反法西斯同盟国之间的合作与协同，以便尽快击溃轴心国，早日结束这场空前浩劫的世界大战，已成同盟国的当务之急。

因此，1943 年 8 月，美、英两国政府首脑在加拿大的魁北克举行会议，会上通过了“霸王”作战计划，决定美、英军队于 1944 年 5 月 1 日在法国登陆，进攻德国“心脏”地区，并计划在德国崩溃后一年内打败日本法西斯。

为了在打败希特勒之后要求苏联出兵对日作战，罗斯福和丘吉尔渴望与斯大林会晤，同时也希望和中国政府首脑会谈，共同商讨和解决影响大战进程和人类命运的重大问题，并尝试规划战后世界秩序。

于是，1943 年 10 月 19—30 日，在莫斯科举行了苏、美、英三国外长会议，通过了“四国宣言”。其中，由于中国军民对世界反法西斯战争做出的巨大贡献，中国作为四大同盟国之一的国际地位受到认同和重视，中国政府便授权驻莫斯科大使傅秉常与三国外长一起在“四国宣言”上签了字。这四大国分别是：美利坚合众国政府、联合王国政府、苏联政府和中国政府。

10 月 28 日，在莫斯科三国外长会议接近尾声时，罗斯福再次致电蒋介石说：“莫斯科会议至今进行甚速，极望其结果得以有裨于各方。余正促成中、英、苏、美同盟之团结。余尚不知斯大林能否与我会晤，但在任何情况下，余极望与阁下及丘吉尔能及早会晤于某处。时间定为 11 月 22—26 日，余思亚历山大（埃及海岸）当为一良好地点。”

11 月 2 日，蒋介石致电罗斯福，表示同意前往埃及与罗斯福、丘吉尔会晤。于是，11 月 9 日，罗斯福正式电邀蒋介石于 11 月 21 日抵达开罗。

继之，丘吉尔也致电蒋介石，表示将“藉此良机，不仅得以相互承认，并得以共同商讨如何早日战胜共同之敌人，获得彻底之胜利，以及相互保证同盟国间将来各方面的工作，以促进安全和繁荣”。

同时，同盟国“四巨头”还达成这样的协议：先由美、英、中在开罗举行会议，紧接着，美、英、苏再举行德黑兰会议。

1943 年 11 月 22 日，宋美龄陪同蒋介石出席了开罗会议。会议由美国总统罗斯福主持。11 月 23 日晚间，蒋介石夫妇应罗斯福邀请赴宴，就有关面临的国际问题商谈至深夜 12 时。

开罗会议“三巨头”及宋美龄（从左至右）：蒋介石、罗斯福、丘吉尔和宋美龄

在开罗，中、美、英首脑经过数天的晤谈，在若干重大问题上达成一致。美国总统特别助理霍普金斯受罗斯福委托，根据中、美、英三国会谈和美、中首脑会晤精神，起草了《开罗宣言》。

在宣言中，其中一项重要内容是剥夺日本自 1914 年第一次世界大战开始以后在太平洋所夺得或占领的一切岛屿。在审阅宣言草案时，中国代表杨宣诚发现，上面仅有“台湾应归还中国”的字样，没有提及澎湖列岛。他立即将这一情况告诉了负责外交的王宠惠，提出应补上澎湖列岛。

王宠惠对此不以为然，他对杨宣诚说：“澎湖是台湾的一部分，宣言中既已说明台湾归还中国，那么澎湖自然已包括在内了。”

杨宣诚说：“不然，因当年《马关条约》写明割让台湾与澎湖，两者并列，乃系日本方面提出。日方坚持要写澎湖，也因恐俄国会出面要割让或租借。如今在宣言中只写出台湾不写出澎湖，与《马关条约》不合，战争结束后，日方也能借口不将澎湖归还。”

王宠惠听完此番话后，恍然大悟，连忙称赞道：“老杨，你身为将领而对历史熟稔如此，真乃儒将。”王宠惠带着杨宣诚提出的问题立即面见蒋介石。

最后，美国方面对宣言草稿进行了修改，在定稿的《开罗宣言》中，有关日本战后归还所占中国领土的内容是这样表述的：“使日本在中国所窃取之领土，如满洲、台湾、澎湖列岛等，归还中华民国。”

在宣言的最后，代表中国三军签字的指挥官是：陆军上将商震，海军中将杨宣诚，空军中将周至柔。

1943 年 12 月 1 日，《开罗宣言》在中国重庆、美国华盛顿、英国伦敦三地同时发表。

这样，《开罗宣言》在反法西斯战争的历史背景下，以中、美、英三国首脑会谈精神为基础，由美方代表草拟，经中、美、英三方代表认真讨论，最后三国首脑同意，并征得斯大林首肯，以国际协定的形式公布于世，表达了同盟国打击并惩罚法西斯侵略者、维护国际正义和战后国际新秩序的共同的政治纲领，其合理性、严肃性、正义性和有效性毋庸置疑！

中、美、英三国领袖于会议结束后发表公报全文如下：

罗斯福总统、蒋委员长、丘吉尔首相偕同各该国军事与外交顾问人员，在北非举行会议，业已完毕，兹发表概括之声明如下：

三国军事方面人员，关于今后对日作战计划，已获得一致意见。我三大盟国决心以不松弛之压力，从海陆空各方面，加诸残暴之敌人，此项压力，已经在增长之中。

我三大盟国此次进行战争之目的，在于制止及惩罚日本之侵略，三国决不为自己图利，亦无拓展领土之意图。三国之宗旨在剥夺日本自从 1914 年第一次世界大战开始后，在太平洋上所夺得的或占领之一切岛屿；在使日本所窃取于中国之领土，例如东北四省[①]、台湾、澎湖群岛等，归还中华民国；其他日本以武力或贪欲攫取之土地，亦务将日本驱逐出境。我三大盟国稔知朝鲜人民所受之奴隶待遇，决定在相当时期，使朝鲜自由与独立。

根据以上所认定之各项目标，并与其他对日作战之联合国家目标一致，我三大盟国将坚忍进行其重大而长期之战争，以获得日本无条件投降。[②]

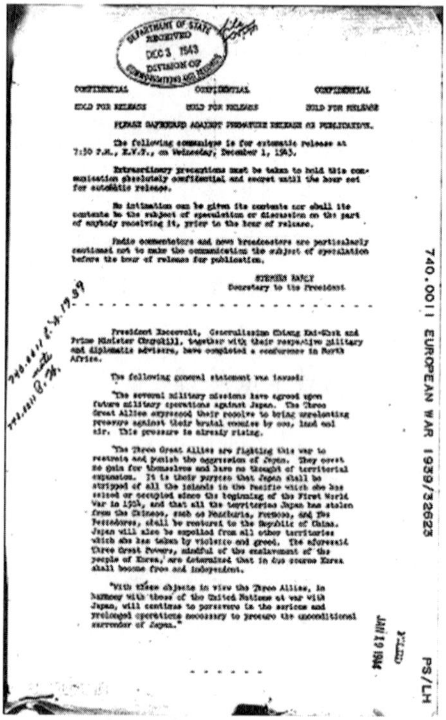

DEPARTMENT OF STATE RECEIVED DEC 3 1943 DIVISION OF COMMUNICATIONS AND RECORDS

CONFIDENTIAL CONFIDENTIAL CONFIDENTIAL

HOLD FOR RELEASE HOLD FOR RELEASE HOLD FOR RELEASE

PLEASE SAFEGUARD AGAINST PREMATURE RELEASE OR PUBLICATION.

The following communique is for automatic release at 7:30 P.M., E.W.T., on Wednesday, December 1, 1943.

Extraordinary precautions must be taken to hold this communication absolutely confidential and secret until the hour set for automatic release.

No intimation can be given its contents nor shall its contents be the subject of speculation or discussion on the part of anybody receiving it, prior to the hour of release.

Radio commentators and news broadcasters are particularly cautioned not to make the communication the subject of speculation before the hour of release for publication.

STEPHEN EARLY
Secretary to the President

President Roosevelt, Generalissimo Chiang Kai-Shek and Prime Minister Churchill, together with their respective military and diplomatic advisers, have completed a conference in North Africa.

The following general statement was issued:

"The several military missions have agreed upon future military operations against Japan. The Three Great Allies expressed their resolve to bring unrelenting pressure against their brutal enemies by sea, land and air. This pressure is already rising.

"The Three Great Allies are fighting this war to restrain and punish the aggression of Japan. They covet no gain for themselves and have no thought of territorial expansion. It is their purpose that Japan shall be stripped of all the islands in the Pacific which she has seized or occupied since the beginning of the First World War in 1914, and that all the territories Japan has stolen from the Chinese, such as Manchuria, Formosa, and The Pescadores, shall be restored to the Republic of China. Japan will also be expelled from all other territories which she has taken by violence and greed. The aforesaid Three Great Powers, mindful of the enslavement of the people of Korea, are determined that in due course Korea shall become free and independent.

"With these objects in view the Three Allies, in harmony with those of the United Nations at war with Japan, will continue to persevere in the serious and prolonged operations necessary to procure the unconditional surrender of Japan."

740.0011 EUROPEAN WAR 1939/32623

JAN 19 1944

PS/LH

《开罗宣言》文件

《开罗宣言》向全世界宣告了反法西斯同盟国团结合作、彻底打败日本的决心和途径，打击了日本法西斯的侵略气焰，是确定日本侵略罪行及战后处置日本问题的重要国际文件之一。

开罗会议重大历史意义，简言之，有以下三点：

第一，该会议是中国自鸦片战争以来100多年间政府首脑第一次以世界大国身份参加的国际会议，会议提高了中国的国际威望，确立了中国在世界的四强地位。这是中国军民前赴后继，不怕牺牲，英勇抗击日本法西斯赢得的成果。也正因如此，美、英为了与中国一起打败日本，才邀请蒋介石参加开罗会议，并公开宣称蒋介石是“四强首脑之一”。在英国地位下降的丘吉尔也没有对此表示反对，斯大林也同意《开罗宣言》的内容，说明各方都承认了中国的大国地位。

至此，中国跻身世界四大强国之列。尔后，1945年4月在旧金山召开的联合国制宪会议上，中国与美、英、苏一起以四大发起国的身份轮流主持会议，并最

① 东北四省：指当时地理上属于东北地区的黑龙江、吉林、辽宁和热河这四省。“九一八事变”后，日军先后攻占黑龙江、吉林、辽宁三省，后又在1933年的长城抗战中侵占了热河省，至此东北四省皆沦陷。

② 录自1943年12月3日桂林《大公报》。开罗会议公报史称“开罗宣言”，美国东部时间1943年12月1日晚7时50分于华盛顿发表（中译本于重庆时间1943年12月2日公布，12月3日在各报发表）。

终成为联合国创始会员国和五大常任理事国之一。

第二，开罗会议和《开罗宣言》为中国战后收回被日本侵占的领土提供了国际法律依据。据此，中国不但名正言顺地收回了被日本占领的大陆领土，而且收回日本在1895年甲午战争中从中国窃取的长达50年之久的台湾和澎湖列岛。

第三，开罗会议和《开罗宣言》为结束战争和战后处置日本提供了依据。该《宣言》明确指出要“使朝鲜自由独立”，并向世界宣布，结束战争的唯一条件是日本无条件投降。

据此，1945年7月26日发表的由美国起草、经英国同意、邀请中国参加的《波茨坦公告》中，明确规定“开罗宣言之条件必将实施”。要求日本政府“立即宣布所有日本武装部队无条件投降”。

开罗会议和《开罗宣言》对打败日本、结束第二次世界大战具有重大历史意义。

在开罗会议期间，蒋介石与罗斯福共会谈4次。11月23日晚，蒋介石带王宠惠等人与罗斯福会谈。在谈到剥夺日本在太平洋侵占的岛屿时，罗斯福想到了琉球群岛，并对蒋介石说：“琉球系许多岛屿组成的弧形群岛，日本当年是用不正当手段抢夺该岛的，也应予剥夺。我考虑琉球在地理位置上离贵国很近，历史上与贵国有很紧密的联系，贵国如想得到琉球群岛，可以交给贵国管理。”

罗斯福突然提出将琉球群岛交给中国，大大出乎蒋介石的预料，令他不知道如何回答。过了一会儿，他才对罗斯福说：“我觉得此群岛应由中、美两国占领，然后两国共同管理为好。”蒋介石这么一说，罗斯福觉得他不想要琉球群岛，故未再往下说。

至11月25日，蒋介石与罗斯福再度会晤时，又谈到琉球群岛，还是坚持共同管理。据当时同去开会的国民党官员后来分析说，蒋介石去开罗主要是争东北、台湾及澎湖列岛，没有争琉球群岛的计划；另一方面，他怕中国得到琉球群岛后，日本战后找中国扯皮，使中日两国再度结新怨。

现在看来，这是蒋介石在开罗会议中令人遗憾的重大失误。

当然，开罗会议也有它的不完美之处，譬如：《开罗宣言》只规定剥夺日本占领的太平洋岛屿的统治权，却未谈如何处理；关于朝鲜独立日期的规定含糊不清；丘吉尔则拒绝讨论任何有关远东英国殖民地的前途问题，拒绝交还中国的香港与九龙，对香港的地位亦未做出明确规定，等等。

但是，作为奠定战后格局的基础性文件之一，《开罗宣言》有着充分、深刻的历史正义性，宣言所拥有的合法性和权威性不容侵犯，任何试图违反《开罗宣言》

的言行都必将受到世界各国的一致谴责。可以认为,《开罗宣言》是“二战”后亚洲太平洋地区领土安排和规范东亚国际秩序的基石。

开罗会议结束后的第二天,即 1943 年 11 月 28 日下午至 12 月 1 日,苏、美、英三国随即在伊朗首都召开了德黑兰会议,主要讨论研究并制定了对德国的作战方针,即开辟“第二战场”;此外,还就波兰边界问题、战后分割德国问题、战后维持世界和平的国际组织问题交换了意见。

会议最后签订了《苏、美、英三国德黑兰宣言》和《苏、美、英三国德黑兰总协定》。

开罗会议与德黑兰会议是同盟国“二战”中最重要的国际会议,所确立的原则为战后世界新秩序的建立打下了坚实的基础,维护了战后 70 余年的世界秩序。

期间,虽然出现过东西方阵营对立的“冷战”局面,也曾发生过局部地区的武装冲突,但从整体上讲,世界再也没有发生类似前两次世界大战那样深重的灾难。

当今亚太局势处于深刻变化之中,一些不稳定的因素仍然存在,其主要原因就是某些国家企图违背当年开罗会议和德黑兰会议所确立的国际原则,试图打破维护人类和平 70 余年的行为准则。其中,最令人瞩目的就是关于钓鱼岛的归属问题。

但是,铁一般的历史事实证明:无论是从发现所有权,还是从《开罗宣言》和《波茨坦公告》以及 20 世纪 60 年代以来生效的《大陆架公约》《联合国海洋法公约》来看,中国对钓鱼岛的主权是世界公认的,是无可争辩的。

第三节 钓鱼岛渊源及主权归属历史考

钓鱼岛及其附属岛屿,是中国大陆棚架最东端的突出岛屿,附属于台湾岛,以冲绳海沟与琉球群岛相隔,由钓鱼岛、黄尾屿、赤尾屿、北小岛、南小岛、南屿、北屿和飞屿等岛礁组成,总面积约 5.69 平方千米。其中,钓鱼岛面积最大,约 3.91 平方千米,主峰海拔 362 米,岛上无人长期居住。

钓鱼岛及其附属岛屿散布于北纬 25°40′—26°00′、东经 123°20′—124°40′ 之间,其周围海域面积约为 17 万平方千米,相当于 5 个台湾本岛面积。钓鱼岛距中国台湾省基隆市约 190 千米，距福建省福州市和冲绳那霸均为 420 千米。该列岛地质结构为新三纪沉积盆地，富藏石油。

钓鱼岛

复旦大学韩结根教授经过对中国史籍的考证，出版了《钓鱼岛历史真相》一书，以丰富翔实的历史资料，论证中国最早发现钓鱼岛的时间是公元 610 年，这比日本于 1884 年首先提到钓鱼岛整整早了 1274 年。

历史文献资料记载：隋大业六年（公元 610 年），隋军统帅武贲中郎将和大夫张镇州在率领船队前往琉球途中，广泛考察了沿途诸海岛，正式命名了“高华屿”。

继之，关于钓鱼岛的记载还见于晋代郭璞所作的《玄中记》：“东海有蛇丘，地险，多渐洳，众蛇居之，无人民，蛇或人首而蛇身。”这里所言“蛇丘”指的便是钓鱼岛的附属岛屿南小岛，因该岛以多蛇而著称。

中国与琉球交流始于隋唐，在此后的唐代欧阳询《艺文类聚》，宋代李昉《太平广记》等都有关于这个“蛇丘”即南小岛的记载。

1368 年后，明太祖威震四方，琉球王乃正式进贡朝廷，成为明朝藩邦属国。1372 年明朝开始派册封吏使渡海赴琉球，据记载，同年，中国人杨载首先驻足钓鱼岛。

“中国对钓鱼岛的命名最晚出现在 1392 年。”韩结根教授说，“我们根据琉球王国汉文文献考察，中国把钓鱼岛及其附属岛屿改为今名，至迟是在明洪武二十五年，即 1392 年。这一年，明太祖朱元璋为了加速琉球的归化，让这一刚刚加入中华朝贡体系二十年的成员国早日与中国‘文教同风’，采用政府移民的方式，把福建籍的许多名族大户迁徙至琉球，史称‘钦赐闽人三十六姓’”。

钓鱼岛及其附属岛屿

前往琉球王国要从福州出发，必须有指南针指示航道，并且以星月、水势、山形为参照物，此称为“针路”。在琉球紫金大夫程顺则所写《指南广义》中，在“针路条记”一款里便有十条出自“闽人三十六姓所传针本”。尽管这些带去的针本残缺不全，但其中钓鱼岛、黄尾屿、赤尾屿等岛屿的名称仍清晰可见。

“这说明，早在1392年之前，中国福建沿海人民就已经把钓鱼岛及其附近岛屿改定为今名，并利用它们作为海上航行的航标了。”韩结根教授说。

由此可见，中国对钓鱼岛的命名，从最早隋代的“高华屿”到晋、唐的“蛇丘”一直到明代的“钓鱼岛”，迄今至少已经有1400多年的历史。

这期间，中国人经累次勘查航路、校正针路、记载海屿水势地形后，再图文并茂地汇编成书。至1403年，重新修订而成的《顺风相送》一书，明确记载了钓鱼岛、赤坎屿等名称及海况。该书中“钓鱼台”一节记载“澳口好取柴水开，打水十五托”，即有可供船舶停靠及补给的天然港湾，并标示了海水深度。

这是当今最早记有钓鱼岛等岛屿名称的航海指南，说明中国在明代中期航海足迹已达钓鱼岛，有力证明了中国人最早命名了钓鱼岛和其各岛的名称。因此，近代各国地图皆将钓鱼岛标注为中国领土。

《顺风相送》一书手抄本现收藏于逾300年历史的英国牛津大学博德利图书馆，是该馆的“镇馆之宝”。

据记载，此书是1639年由时任牛津校监的威廉·劳德赠予博德利图书馆的，直到中国学者在20世纪30年代整理牛津大学收藏的华文古籍时发现，始受重视。

2014年3月28日至6月底，英国牛津大学博德利图书馆将证明中国拥有钓鱼岛主权的最早文献《顺风相送》及《指南正法》，连同十多件古代航海图、瓷器等珍贵文物，在香港的海事博物馆公开展出，这也是这批珍贵的文献首次在中国展出。

《顺风相送》一书据说由郑和下西洋的水师们所著，其后广为航海商旅手抄备用，迄今仅牛津大学收藏的孤本存世。

另一件在香港同时公开展出的记载钓鱼岛山水状况的珍贵文献，是明末清初的手抄本《指南正法》，书中细致记载钓鱼岛“山上鸟木甚多，有礁出水，不可近”等陆地资讯。

在香港公开展出的这两件极其珍贵的历史文献有力地证明了中国在明代中期航海足迹已达钓鱼岛，有力地证明了钓鱼岛自古以来就属于中国。

其间，明朝人在台湾辖区钓鱼岛海域采珠集药、捕鱼开发从未间断过，这些在明嘉靖十一年陈侃所著的《使琉球录》中也有清楚记载。

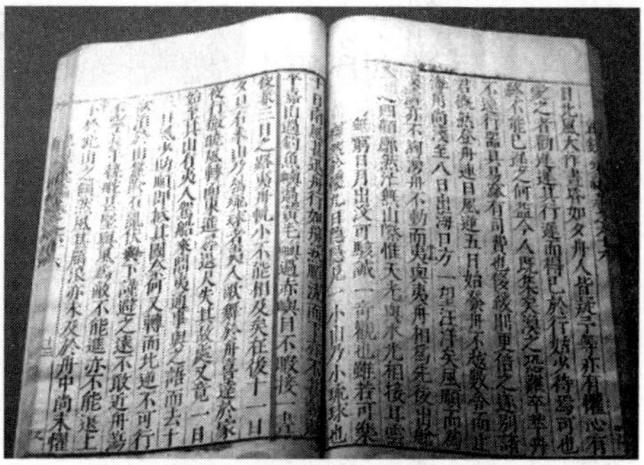

《使琉球录》的有关记载

1534年，明朝册封使陈侃与前来迎接的琉球人一起乘船赴琉球，并在《使琉球录》中明确记载：“过平嘉山，过钓鱼屿，过黄毛屿，过赤屿，目不暇接……见古米山，乃属琉球者，夷人鼓舞于舟，喜达于家。”

古米山，又称“姑米山”“古米岛”，即现在冲绳的久米岛；夷人指当时船上的琉球人。这表明，当时的琉球人认为过了钓鱼岛，到达古米岛（久米岛）后，才算回到自己的国家，而钓鱼岛、黄毛屿（黄尾屿）、赤屿（赤尾屿）等则不属于琉球。

1556年6月郑舜功奉命赴日考察半年后撰写了《日本一鉴》一书。该书“万里长歌”篇中通过描述海上航线，明确记载了钓鱼岛属于台湾附属岛屿：“取小东岛之鸡笼山……约至十更，取钓鱼屿……自梅花渡澎湖，之小东，至琉球，到日本，为昔陈给事出使琉球时从其从人得此方程也……而澎湖岛在泉海中，相去回头[①]百六十里。钓鱼屿，小东小屿也。”所谓“小东”，即当时明朝人对台湾的一种称呼。

这说明，郑舜功经钓鱼岛赴日本时就已认定钓鱼岛是台湾的附属岛屿。

此后，1561年的册封使郭汝霖所著《重编使琉球录》中也有以下记载：“闰五月初一日，过钓鱼屿。初三日，至赤屿焉。赤屿者，界琉球地方山也。再一日之风，即可望姑米山（久米岛）矣。”

这段话更清楚地证实，当时中国已将钓鱼岛列屿中最靠近琉球的赤屿，即现在的赤尾屿作为与琉球分界的标志。1606年，册封使夏子阳所写的《琉球录》中也说，看到久米岛后，琉球人认为到家了而特别高兴，久米岛上的头领出来迎接，奉献了几只海螺。

明嘉靖四十一年（1562年），由郑若曾、邵芳绘图并撰写《筹海图编》一书，由抗倭名将胡宗宪亲自主编审定，书中将彭加山、钓鱼岛等划归到“自粤抵辽延袤八千五百余里”的中国边防系列岛屿之中。证明中国政府已经对这些岛屿实行了有效管辖。及至16世纪中叶，明代抗倭最高军事长官胡宗宪将钓鱼列岛正式划入海防区域。

与此同时，早在明代，钓鱼岛就已被作为中国领土列入中国的海上防区。当时，倭寇十分猖獗，经常伙同中国当地海盗骚扰中国浙江、福建沿海一带。1561年，明朝军事地理学家郑若曾绘制的“万里海疆图”、明朝荡寇名将胡宗宪与郑若曾编纂的《筹海图编》一书中的“沿海山沙图”、1621年茅元仪绘制出版的中国海防图《武备志·海防二·福建沿海山沙图》等，都标明了“钓鱼屿”“黄尾山”和“赤屿”，并将其视为抵御倭寇骚扰浙闽的海上前沿。

这有力地证明，早在明朝，中国便确立起对钓鱼岛及其附属岛屿的实际管辖权。明朝中叶，戚继光等民族英雄抗击倭寇时，也以钓鱼岛为战略防线。

1602年，日本侵犯琉球，琉球曾经遭日本人监督内政达40余年；1654年，清康熙帝册封琉球王为尚质王，定两年进贡一次，称中国为“父国”，用大清年号。

到清朝，中国与琉球的界线在钓鱼岛的赤尾屿南面海槽一带，已成为中国航海家的常识。清朝第二次册封史汪楫1683年赴琉球，翌年写下《使琉球杂录》。

---

① 即古代福建的回头屿，现称“围头屿”。

该书记载了他途经钓鱼岛、赤尾屿后，为避海难祭祀时，船上人告诉他船所经过的海槽（当时称“过郊”或“过沟”）即“中外之界也”。

另有清朝副册封史徐葆光于1719年5月出使琉球并旅居，在披览琉球国《中山世监》及山川图籍、并勘其海行针路后，编成《中山传信缘》六卷，编成后深受中、日、琉官方及学者的推崇。

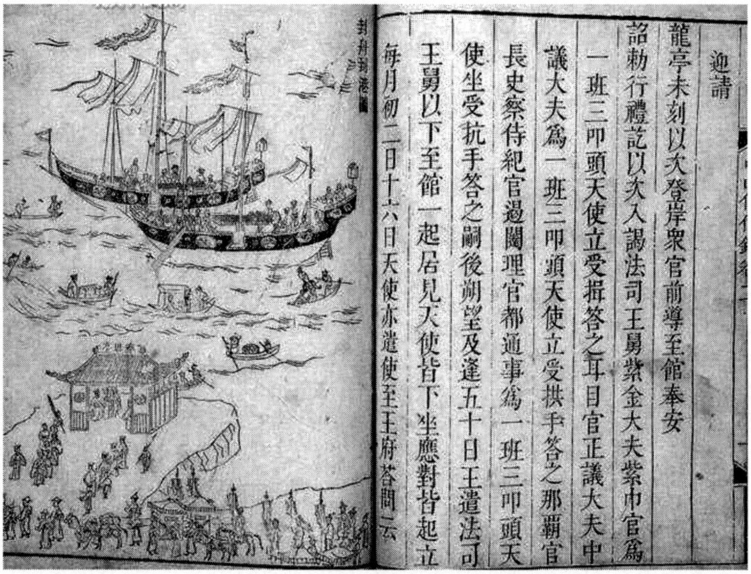

《中山传信录》中的记录

当时，对日本及琉球影响最大的是清朝康熙册封使徐葆光（1719年赴琉球）所著《中山传信录》。该书被译为日文，成为日本人了解琉球的重要资料来源。该书指出册封使赴琉球的海上航路是：由闽安镇出五虎门，取鸡笼头，经花瓶屿、彭家山、钓鱼台、黄尾屿、赤尾屿，取古米山（琉球西南方界上镇山）、马齿岛，入琉球那霸港。括号中“琉球西南方界上镇山”系徐葆光特意加注的。“镇山”古代原指主山。这里的所谓“界上镇山”，无疑是指中国钓鱼岛及其附属岛屿中的赤尾屿与琉球那霸西南海上边界的主岛。

另外，还记载“福州五虎门至琉球姑米山共四十更舟日”，这也是将琉球的古米山（久米岛）作为中琉两国分界的有力佐证。

清康熙六十一年（1722年），巡台御史黄淑璥所写《台海使槎录》同样表明钓鱼岛及其附近岛屿曾是海上巡逻船只出入之地，中国对其进行了有效管辖。

综上所述，无可辩驳的历史事实证明，中国发现、命名和长期管辖使用钓鱼岛及其附属岛屿，毫无疑问拥有该岛的主权。

与此同时，各国在绘制地图时都明确将钓鱼岛标注为中国领土。

首先，现收藏于美国哈佛大学地图室里的1752年由法国人绘制的中国地图，是目前所见到的外国人所绘地图中，最早介绍中国钓鱼岛及其附属岛屿的珍贵历史文献。图中将日本和朝鲜半岛分别用绿色和红色标注，而将钓鱼岛及其周边岛屿绘成与中国大陆相同的黄颜色，岛屿名称亦按闽南方言、用拉丁字母记音，根据名从主人的原则，显示其主权归属为中国。

再如，法国传教士蒋友仁 1767 年奉乾隆皇帝之命所绘制的《坤舆全图》以及木刻印行，是一部具有权威性的国家级地图。图中用闽南方言记各岛屿名称，即将钓鱼岛记作“好鱼须”。

第三，由法国地理学家和制图学家唐维尔绘制的名为《亚洲第二图：中国、部分印度及鞑靼、巽他群岛、马六甲、菲律宾及日本诸岛》的地图于 1775 年正式出版。该图用英文标注图名和图例。在该图中，钓鱼岛及其附近岛屿所标注名称与 1752 年法国佚名氏所绘图中名称相同。

第四，1785 年，日本仙台人林子平著《三国通览图说》。其中有“琉球三省并三十六岛之图”。这是日本古籍中留存下来有关证实钓鱼岛及其附属岛屿属于中国领土的重要文献。图中琉球与中国福建之间标有两条海路：一条所经历的岛屿为赤尾山、黄尾山、钓鱼台、彭佳山、花瓶屿。图中将这些岛屿一律绘成浅红色，与中国大陆着色完全相同。

第五，还有 1859 年美国出版的《柯顿的中国》，1877 年英国海军编制的《中国东海沿海自香港至辽东湾海图》等，均将钓鱼岛列入中国版图。

1879 年日本出兵侵占清朝属国琉球，并入日本后改为“冲绳县”。由于此时清王朝已腐败无能，面对琉球王派到京城哭诉求援的使臣，只向日本提出“强烈抗议”后就不了了之，琉球从此被日本掠夺。但其间钓鱼岛始终归大清国的台湾管辖。清光绪十九年（1893 年）10 月，慈禧太后还把钓鱼岛列屿赏赐给清廷内务官盛宣怀，供其采药之用。

迄至 19 世纪中叶，清代官方图籍不仅屡屡宣示钓鱼岛及其附属岛屿为中国海疆、划为中国海防区，而且还划归为台湾省地方政府行政管辖之内，琉、日两国从未表示异议。

日本宣称对钓鱼岛拥有主权的一个借口便是钓鱼岛属于被日本攫取的琉球群岛。但大量的史实证明，钓鱼岛从来都不属于琉球。

琉球王国作为中国的附属国，历朝历代都要接受中国皇帝的册封。而册封使前往琉球则必经钓鱼岛。如上所述，明嘉靖四十年（1561 年），明世宗派遣郭汝霖等携带诏书前往琉球册封世子尚元为中山王，郭汝霖《重刻使琉球录》记海上经历岛屿时说:“赤屿者，界琉球地方山也。再一日之风即可望姑米山矣。”清楚地指出，

琉球被日本吞并前，琉球人与日本人的合影，可以看出二者衣着迥异

赤尾屿是中国领土边界上的山、边界上的岛屿，钓鱼岛在此范围以内。

然而，自日本吞并琉球将其改名为“冲绳县”之后，又有了异想，又食髓知味，得陇望蜀，把贪婪的目光投向了中国的固有领土钓鱼岛及其附属岛屿。

1885 年，日本人古贺辰四郎擅自进入钓鱼岛采集信天翁鸟羽及海产，认为由此可以致富，乃突发奇想，向冲绳县“租赁”该岛，同年日本内务省向冲绳县大书记森长义发出“秘密”指令，于 1885 年派遣“出云丸”号船只秘密前往钓鱼岛调查，得出其为所谓“无人岛”的结论，并企图建立标桩，但由于顾忌中国的反应，未敢轻举妄动。

1895 年 4 月 17 日，日本迫使清政府签订不平等的《马关条约》，割让台湾全岛及包括钓鱼岛在内的所有附属岛屿。1896 年，日本趁甲午战争中国战败之机，在偷偷摸摸的情况下将钓鱼岛“秘密”编入版图。

1900 年，由冲绳县师范学校教师黑岩恒根据英国海军出版地图中对部分岛屿的命名，将钓鱼岛及其附属岛屿意译为“尖阁列岛”，划归冲绳石垣市管辖。

所谓“尖阁列岛”之名是日本从西洋人对钓鱼台列屿统称的“Pinnacle Groups”（意谓状似教堂尖顶）翻译过来后窃用的。对钓鱼岛，日本从来没有自己的命名。

1941 年日占台湾时期，“台北州”与琉球冲绳县为所谓“尖阁列岛”发生主权之争，1944 年由东京法院判决，冲绳县败诉，该群岛依旧归属“台北州”。显然，东京法院也承认钓鱼岛及其附属岛屿主权属于台北市。

1970 年 8 月，古贺辰四郎的儿子古贺善次答复记者提问时，否认钓鱼岛是他父亲首先发现的，他只承认他父亲曾经到过钓鱼岛，但在此之前早已经有人去过。此举可谓“釜底抽薪”，从根本上戳穿了日本某些人130余年来所编造的一系列谎言。

另外，某些日本人说一百多年来中国人从来没有占用过钓鱼岛，这是他们罔顾历史事实。

据有关档案材料记载：1955年中国军队占据钓鱼岛达五个月之久，国军张希敏部还击沉过入侵钓鱼岛的日本船舶“第三清德丸”号；1968年和1970年，台湾兴南工程公司等方面曾派工人登上南小岛并修建设施，拆除在附近搁浅的巴拿马万吨货轮“银峰”号和台湾货船“海生二号”。

以上事实说明，即便在日本接受《波茨坦公告》之后，中国人仍最先占有并使用钓鱼岛，并对此岛进行过驻军及有效管理。中方以及美国方面，皆有公私文书存放于有关部门，无疑充分证明钓鱼岛是中国领土。

上述铁一般的事实，不是某些势力联手或一撮日本极右分子信口雌黄所能够随意掩盖和抹杀的。

第四节　维护战后秩序　钓鱼岛不容侵占

“二战”后日本问题如何处置？对此，同盟国早在1943年11月的开罗会议中，由中国、美国、英国三方在深入讨论协商后发布的纲领性的《开罗宣言》中已经有明确的规定。

继之，1945年7月26日，中、英、美发布的《波茨坦公告》中有这样的陈述：“《开罗宣言》之条件，必将实施，而日本之主权必将限于本州、北海道、九州、四国，及吾人所决定的其他小岛之内。”

当时，虽然尚未来得及明确哪些小岛归属日本，但已明确向世界宣布，公告认定的日本领土，由战胜国盟国来决定，日本的领土不仅不包括钓鱼岛，甚至连琉球群岛都不包括，且战败国日本也不具备对领土自我解释的能力和权利。日本依据《开罗宣言》和《波茨坦公告》，不仅应将台湾、澎湖列岛、钓鱼岛及其附属岛屿一起归还中国，琉球的归属亦应由盟国共同来决定。

1951 年 9 月 4 日召开的旧金山会议，是美国力图扶持日本、打击和孤立新中国和其他社会主义国家、迅速在亚洲建立起“冷战”秩序的重要产物，在没有两岸中国人参与的情况下，肆意将开罗会议及《波茨坦公告》的精神扭曲了。

在美国与日本签订的《旧金山和约》（又称《旧金山对日和平条约》或《旧金山和平条约》）中，《波茨坦公告》中的“吾人”，即中、英、美盟国不见了，琉球群岛名义上交由联合国托管，实际上变成完全由美国“独家代理”。

尤其令人不能容忍的是，美国擅自把北纬 29° 以北的岛屿划入琉球群岛范围内，但即便如此，钓鱼岛也不归属琉球群岛。

由于《旧金山和约》草案的起草工作被美国所垄断，曾引起不少国家的强烈不满。9 月 8 日，参加旧金山和会的 49 国代表在对日和约上签字，但苏联、波兰和捷克斯洛伐克三国拒绝签字。

《旧金山和约》签订不久，中华人民共和国总理兼外交部部长周恩来代表中国人民，在 1951 年 9 月 18 日纪念“九一八事变”时发表了《关于美国及其仆从国家签订旧金山对日和约的声明》，指出：“中华人民共和国中央人民政府再一次声明：旧金山和约由于没有中华人民共和国参加、准备、拟制和签订，中央人民政府认为是非法的、无效的，因而是绝对不能承认的。”

孰料，朝鲜战争爆发以后，1953 年 12 月 25 日，美国又发布了“第 27 号布告”，重新指定“琉球群岛的地理界线”，擅自将界限由北纬 29° 南移至北纬 24°。而钓鱼岛、黄尾屿、赤尾屿等岛屿恰恰位于北纬 25° 到 26° 之间，从而将中国固有领土钓鱼岛非法划归进了琉球群岛。

美国这一做法没有任何国际法律依据。对此，周恩来总理曾先后 5 次代表中国政府发表声明，宣称其为非法、无效，并告知美、日政府，中国政府坚决不予承认。

日本窃取钓鱼岛最重要的一步发生在 1969 年 11 月，当年，美国总统尼克松与日本首相佐藤达成协议，决定自 1972 年起，把琉球群岛的施政权交给日本。

1971 年 6 月 17 日，美日两国正式签署了《关于琉球诸岛和大东诸岛的协定》（简称“归还冲绳协定”），该协定根据《旧金山和约》和美国“第 27 号布告”所非法划定的琉球群岛范围，将包括中国固有领土钓鱼岛及其附属岛屿在内的施政权一起授予冲绳县。

同年 10 月，日本政府又将钓鱼岛及其附属岛屿周围海域划入日本自卫队的“海卫识别圈”之内。可以说，战后美、日背着中国签订的《旧金山和约》和“归还冲绳协定”成为日本声称对钓鱼岛拥有主权的依据。

很明显，问题的实质就是，美国政府拿中国的固有领土非法“馈送”他人，导致中日矛盾加剧、关系紧张、地区不安定因素加剧，始作俑者，美国也；而日本方面，虽然也心知肚明钓鱼岛自古以来就是中国的领土，但却借此契机，顺手牵羊，胡搅蛮缠，昧着良知，妄图卑鄙肮脏地将钓鱼岛攫为己有。

对于美国这一严重践踏国际法的非法行径，中国政府和人民以及海外华侨当即表示了强烈反对。中国外交部立即发表严正声明，强烈谴责美、日两国政府公然把中国领土钓鱼岛划入“归还区域”，指出：“这是对中国领土主权明目张胆的侵犯。中国人民绝对不能容忍！”

当年，世界各地的海外华侨纷纷成立了各类“保卫钓鱼岛联合会”。40 多年来，海内外民间保钓活动风起云涌，从来没有间断过。

美国与日本对钓鱼岛进行私相授受法理不容。对此，美国政府做贼心虚，不得不作出澄清，公开表示：“把原从日本取得的对这些岛屿的施政权归还给日本，毫不损害有关主权的主张。”

同年，美国参议院批准“归还冲绳协定”时，美国国务院发表声明称，尽管美国将该群岛的施政权交还日本，但在中日双方对群岛对抗性的领土主张中，美国将采取中立立场，不偏向于争端中的任何一方。

事实说明，无论是 1895 年日本窃取中国固有领土钓鱼岛，还是 20 世纪 70 年代美日对钓鱼岛进行私相授受，都严重侵犯了中国的领土主权，都是非法的、无效的，不可能也决不会改变钓鱼岛自古以来就是属于中国的这一铁的事实。

1972 年，中日邦交正常化以及 1978 年缔结中日和平友好条约的谈判过程中，两国老一辈领导人着眼大局，就“钓鱼岛问题放一放，留待以后解决”达成了重要谅解和共识。

然而，20 世纪 70 年代末以来，日本政府一再违反共识，多次纵容日本右翼分子登岛、修建“灯塔”。近年来，日本在钓鱼岛的侵权行动日益凸显官方色彩，政府方面先后从“民间所有者”手中“租用”钓鱼岛及南小岛、北小岛，将右翼分子修建的“灯塔”收归“国有”，把国民户籍“登记”在钓鱼岛，并向联合国秘书长交存标有钓鱼岛“领海”的海图。

同时，日本还对非法攫取钓鱼岛主权开展了大量极其丑恶的舆论战。到了 2012 年 9 月，日本更变本加厉、利令智昏地上演所谓“购岛”闹剧，搞什么自欺欺人的“国有化”。

很明显，日本政府此举目的在于通过所谓“国有化”，强化其对钓鱼岛的所谓

"实际管辖"，以最终实现对钓鱼岛的彻底侵占。

但是，无论日本政府如何辩解和粉饰，都掩盖不了这一行径的实质是在拿别人的东西进行"买卖"。稍有常识的人都知道，这种行为是荒唐的，也是非法的，日本觊觎钓鱼岛的任何图谋注定不可能得逞。

因此，针对近年来日方一系列侵权行径，中国政府进行了坚决有力的抵制和斗争。

外交上，中国政府对日本政府提出严正交涉，并采取有力的反制措施。日本政府被迫明确表态"不支持、不鼓励、不承认"右翼分子在钓鱼岛的行为，承诺对其进行管束，禁止其登岛。

法律上，中方采取一系列措施，重申对钓鱼岛的主权。1992 年 2 月，中国颁布《中华人民共和国领海及毗连区法》，以立法形式重申钓鱼岛为中国领土；2008 年 5 月 15 日，针对日方向联合国交存包含钓鱼岛在内"领海"海图，中国政府向联合国秘书长提交了反对照会；2012 年 3 月 3 日，中国公布了钓鱼岛及其部分附属岛屿的标准名称；同年 9 月 10 日，中国政府发表声明，公布了钓鱼岛及其附属岛屿的领海基线。

同时，中国渔政船只在钓鱼岛海域进行常态化执法巡航，中国海监船只也在该海域开展维权巡航，行使中国对钓鱼岛及其附近海域的管辖；2013 年 11 月 23 日，中国划设东海防空识别区，区内包括钓鱼岛。

巡航在钓鱼岛海域的中国海监船只

中国政府上述一系列措施，有力打击了日本侵占钓鱼岛的图谋。

2015 年年初，76 岁的美籍德裔好莱坞导演克里斯蒂·里比自筹 50 万美元，拍摄了 42 分钟的纪录片《钓鱼岛真相》。影片回顾了 1895 年以来日本历次侵华战争的历史，讲述了甲午战争后日本强占中国钓鱼岛的事实，梳理了钓鱼岛争端的来龙去脉，以大量的无可辩驳的史料论证了“钓鱼岛及其附属岛屿自古以来就属于中国的”这铁一般的事实。

同时，影片呼吁日本政府正视历史，为战争罪行向中国人民道歉，承认钓鱼岛属于中国。影片还批评美国政府在 1951 年《旧金山和约》签署时罔顾中国对收回钓鱼岛的正义要求。一部《钓鱼岛真相》，让日本媒体集体失语。

里比说，作为一个生活在美国的德国人，愿以西方人的视角向世界说几句公道话，他说:“我感到自己应当为弥补西方媒体在钓鱼岛问题上的缺失而做些力所能及的事情，这便是我创作《钓鱼岛真相》的初衷。我希望影片有助于美国及日本民众了解真相。”

该片率先在美国洛杉矶首映后，来自南加州大学的琳恩·克兰德尔对记者说:“美国在钓鱼岛问题上过于偏袒日本，我们应该站在更中立的立场上，去追求和平而不是分裂。”

中国驻洛杉矶总领事馆副总领事孙伟德表示，钓鱼岛及其附属岛屿属于中国铁证如山，但是美国公众对这个历史事实还缺乏了解，特别是有些人对钓鱼岛问题还存在偏见,《钓鱼岛真相》有助于美国公众了解钓鱼岛的历史，还原历史的本来面目。

美国《中华商报》社长苏子涵对记者表示:“国际上需要有这样的声音，克里斯蒂·里比做了一件很有意义的事。”

事实上，像里比这样的具有良知的艺术家、历史学家、文学家并不少，其中包括日本京都大学已故教授井上清、横滨国立大学教授村田忠禧等，他们不畏强权，勇于说出钓鱼岛自古以来属于中国这一历史真相。

日本在钓鱼岛问题上的错误行径，根源在于日本一些极右势力对军国主义侵略罪责缺乏正确认识和深刻反省，实质是对《开罗宣言》和《波茨坦公告》等国际法律文件所确定的战后对日安排和亚太地区新秩序的蔑视和翻案，是对世界反法西斯战争胜利成果的否定和挑战。

中国政府和人民维护领土主权完整的意志是坚定不移的，第二次世界大战后形成的国际新秩序不容破坏，日本在钓鱼岛的任何图谋终将失败。